科技引领
深入推进农业农村高质量发展

——2021–2022年山东省农业农村专家顾问团
论文选编

主编　蒋景春

山东科学技术出版社
·济南·

图书在版编目（CIP）数据

科技引领 深入推进农业农村高质量发展：2021—2022年山东省农业农村专家顾问团论文选编 / 蒋景春主编．-- 济南：山东科学技术出版社，2023.12
ISBN 978-7-5723-1949-5

Ⅰ．①科… Ⅱ．①蒋… Ⅲ．①农业经济发展－中国－文集 ②农村经济发展－中国－文集 Ⅳ．① F323-53

中国国家版本馆 CIP 数据核字 (2023) 第 254229 号

科技引领 深入推进农业农村高质量发展

——2021—2022 年山东省农业农村专家顾问团论文选编

KEJI YINLING SHENRU TUIJIN NONGYE NONGCUN GAOZHILIANG FAZHAN

——2021—2022 NIAN SHANDONG SHENG NONGYE NONGCUN ZHUANJIA GUWENTUAN LUNWEN XUANBIAN

责任编辑：于 军
装帧设计：李晨溪

主管单位：山东出版传媒股份有限公司
出 版 者：山东科学技术出版社
地址：济南市市中区舜耕路 517 号
邮编：250003 电话：（0531）82098088
网址：www.lkj.com.cn
电子邮件：sdkj@sdcbcm.com
发 行 者：山东科学技术出版社
地址：济南市市中区舜耕路 517 号
邮编：250003 电话：（0531）82098067
印 刷 者：志强云印（山东）智能科技有限公司
地址：济南市历下区八涧堡西路 81 号
邮编：250000 电话：（0531）68657789

规格：16 开（170 mm × 240 mm）
印张：22.75 **字数**：470 千
版次：2023 年 12 月第 1 版 **印次**：2023 年 12 月第 1 次印刷
定价：65.00 元

科技引领　深入推进农业农村高质量发展

——2021—2022 年山东省农业农村专家顾问团论文选编

主　编　蒋景春

副主编　侯献伟　李德伟　陈世伟
　　　　张慧敏　杨硕林　洪　浩
　　　　潘祥瑞　曹　茜　侯恒军

目　录

山东省大豆生产与科技创新发展调研报告

小麦分团　黄承彦　徐冉　张彦威

2022 年 3 月 6 日习近平总书记看望参加全国政协十三届五次会议的委员时强调:“要优化布局,稳口粮、稳玉米、扩大豆、扩油料,保证粮食年产量保持在 1.3 万亿斤以上,确保中国人的饭碗主要装中国粮。”2022 年中央 1 号文件强调“大力实施大豆和油料提升工程”。为贯彻落实习近平总书记和党中央的指示精神,山东省农业农村专家顾问团小麦分团就山东省大豆产业定位、目前发展水平、存在的问题及如何实现快速发展等问题开展了深入调研。

一、山东省在我国大豆生产与产业发展中的地位

大豆原产中国,已有五千多年的栽培历史,是中国重要的粮油兼用作物。我国大豆种植分为五个主产区:北方春大豆区、黄淮海夏大豆区、长江流域春夏大豆区、东南春夏秋大豆区和华南四季大豆区。其中,北方春大豆区和黄淮海流域夏大豆区是我国最重要的两个大豆主产区。北方春大豆产区主要集中在黑龙江省,大豆种植面积占全国种植面积的 33%,总产量更是占全国的 37%以上。

黄淮海流域夏大豆区是我国大豆第二大产区,年种植面积占全国的 1/4,产量占全国的 1/3。山东省是该区重要的大豆生产省份,在保障国家粮食、油脂安全中具有重要战略地位。

二、“十一五”以来山东省大豆生产与科技创新发展情况

1. 加入世界贸易组织(WTO)对大豆生产与产业发展的影响

2001 年,中国加入 WTO 是深度参与经济全球化的里程碑,标志着我国改革开放进入历史新阶段。加入 WTO 给我国大豆生产与产业发展也带来深刻影响,进口大豆价格的绝对优势,促进了国内大豆消

费快速增长，进口量大幅度增加，我国对进口大豆的依赖度越来越高。2000—2020年，我国的大豆进口量从1 000万吨左右增加到1亿多吨，平均每年增加450万吨，大豆自给率从2000年的59.7%下降到2015年的13.1%（表1），近两年自给率略有回升，也只有15%左右。同时，2004年以来外资大量进入我国大豆压榨和加工行业，通过收购、合作等方式逐步强化大豆采购主导力量，采购权占据主导地位，进一步加剧了对大豆种植业的影响。

表1　　加入WTO以来我国大豆进口情况

年份	2000	2005	2010	2015	2020	2021
进口（万吨）	1 042	2 680	5 480	8 169	10 033	9 652
自给率（%）	59.7	37.9	21.9	13.1	16.3	15

加入WTO给我国大豆种植业带来严重冲击。由于进口大豆价格竞争力强，国产大豆种植比较效益低，并缺乏不同作物间市场价格的调节机制，农民种植大豆的积极性严重受挫，特别是黄淮海夏大豆区种植面积急剧下降。加入WTO前山东省大豆种植面积接近800万亩①，到2016年减少到不足200万亩，近几年有所恢复，但仍不到300万亩（图1）。

加入WTO也一度给我国大豆科研工作带来较大冲击。大豆属于土地密集型产品，与玉米相比，要生产出同样数量的大豆，需要比玉米多出两倍多的种植面积。由于我国耕地资源缺乏，社会上出现了“种豆不如买豆”“进口大豆就是进口土地和水”的思想。受其影响，国家及许多省市（包括山东省）一度减少了对大豆科技创新工作的支持，大豆遗传育种与栽培技术研究被边缘化，科研经费匮乏、科研人员大量流失、科研条件得不到改善。“十一五”以来，随着国家现代农业产业技术体系、国家转基因重大专项、农业良种工程等一批重大项目的启动，大豆科技创新工作逐步得到加强。

---

①1亩=666.7米^2。为方便读者阅读，本书仍采用“亩”，1公顷=15亩。

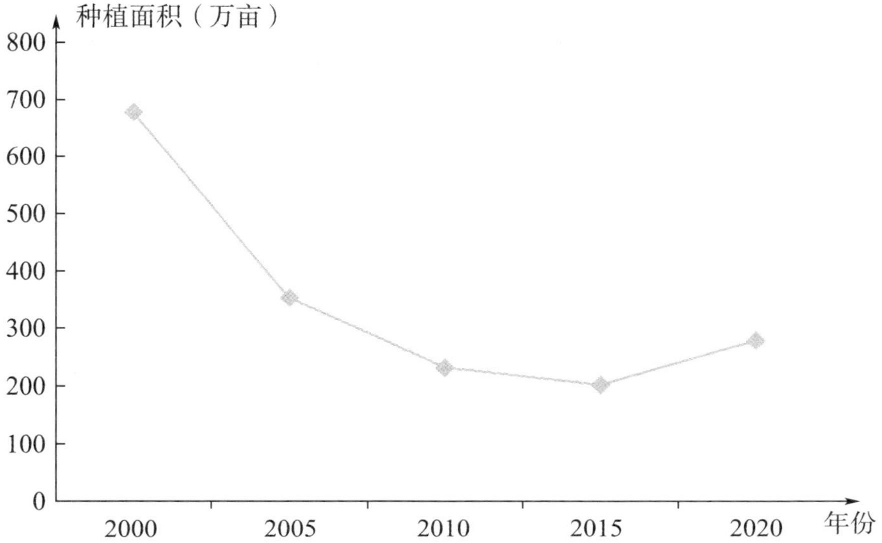

图1　加入WTO对山东省大豆种植面积的影响

2. 山东省大豆生产情况

“十一五”以来，山东省大豆年种植面积不足300万亩（表2），是我国加入WTO之前大豆年种植面积的1/3左右。2006—2017年，大豆种植面积基本上呈逐年下降趋势，2017年下降至最低点179.3万亩。之后的4年间，随着国家大豆种植补贴政策的实施，年种植面积逐步回升，2020年种植面积达到283.0万亩。

“十一五”以来，山东省大豆单产呈稳步上升趋势（表2），2006年全省大豆平均亩产162.2千克，2011年平均亩产173.3千克，2016年平均亩产接近180千克，2020年平均亩产达到196.1千克，每五年单产提高10千克左右。据农业农村部统计数据，山东省是我国大豆单产水平最高的省份。2016—2018年三年平均大豆亩产超过180千克的省份有山东、新疆、广东和福建，亩产分别为182.26千克、180.88千克、180.51千克和180.07千克，2020年和2021年山东省大豆平均亩产均超过了190千克。大豆种植面积排在前两位的黑龙江省和内蒙古自治区，2016—2018年三年平均单产分别为120.79千克/亩和109.26千克/亩，河南省为118.09千克/亩。

表 2 山东省 2006—2021 年大豆生产数据

年份	面积(万亩)	产量(万吨)	单产(千克/亩)
2006	274.4	44.5	162.2
2007	252.8	40.7	161.0
2008	250.5	40.1	160.1
2009	241.8	39.6	163.8
2010	235.4	38.6	164.0
2011	234.3	40.6	173.3
2012	219.6	37.4	170.3
2013	218.9	35.8	163.6
2014	224.3	36.7	163.7
2015	205.8	34.8	169.1
2016	187.1	33.6	179.6
2017	179.3	23.1	128.9
2018	230.3	43.3	188.1
2019	275.3	52.4	190.2
2020	283.0	55.5	196.1
2021	274.2	53.5	195.1

3. 山东省大豆科技创新成果及贡献

山东省大豆单产水平高的重要原因之一是强有力的科技支撑。山东省大豆遗传育种与栽培技术研究起步较早,山东省农业科学院作物研究所在 20 世纪 50 年代至 20 世纪末,先后培育出齐黄 1 号、齐黄 10、鲁豆 4 号、鲁豆 10 号等在我国具有较大影响力的大面积推广品种,确立了山东省大豆生产与科研创新在全国的优势地位,也为后续研究奠定了坚实基础。

"十一五"以来,山东省农业科学院承担了国家现代农业产业技术体系、国家转基因重大专项、山东省农业良种工程等一批重大项目,在新品种选育、新技术应用等方面取得一系列成果,为山东省大豆产业发展提供了有力科技支撑。在育种理论与育种技术创新方面,研究建立了大豆抗烟粉虱鉴定技术体系，筛选出抗烟粉虱种质，克隆了抗性基因，育成抗烟粉虱大豆新品系，填补了国内空白；系统研究了大豆产量构成因素的遗传变异规律和产量效应，建立了大豆杂交组合优选模型，推进了智能化育种技术发展，获得国家发明专利。在品种创新方面，“十一五”以来，山东省育成审定大豆新品种56个。其中，山东省农业科学院作物研究所育成的齐黄34，具有高产稳产、品质双高（高蛋白、高油）、抗病广适、耐涝耐旱耐盐碱等突出优点，是我国大豆育种的一个重大突破。该品种5年8点次创亩产300千克以上高产典型，在黄淮海夏大豆区大面积推广应用，累计推广3 325万亩，为黄淮海第一、山东省（占40%）和江苏省（占25%）第一大品种，2021年获得山东省科技进步奖一等奖。在大豆种植技术方面，系统研究了大豆产量构成因素和水肥措施的产量效应，集成大豆一三三高产栽培技术，成为指导山东省和黄淮海地区大豆高产的主要技术，被山东省农业农村厅确定为主推技术，与齐黄34良种良法配套推广，创造了全国夏大豆高产纪录和山东省、甘肃省大豆高产纪录（表3）。

表3　　齐黄34大豆高产纪录一览

年份	地点	亩产量（千克）	所创纪录
2013	甘肃省靖远县东湾镇	335.3	甘肃省大豆高产纪录
2014	山东省嘉祥县老僧堂镇	313.75	山东省大豆高产纪录
2019	山东省德州市陵城区临齐街道	341.64	山东省大豆高产纪录
2020	山东省东明县马头镇	353.45	全国夏大豆高产纪录
2020	甘肃省靖远县兴农种植合作社	367.4	甘肃省大豆高产纪录

三、当前我国大豆市场需求与产业发展趋势

1.市场需求

我国大豆需求增长的关键驱动力是压榨消费。大豆及豆制品是饮食中主要的蛋白来源，随着城镇化快速推进、居民收入持续增加，我国居民膳食结构转变，从食用谷物为主转向更多的动物性食品，同时大豆压榨所产生的豆粕是生猪养殖业规模化生产必不可少的蛋白饲

料，禽产业和水产业也依赖豆粕。蛋白饲料需求增加推升了大豆压榨需求，进而拉动消费增长。中国饲料工业协会统计数据显示，2021 年全国养殖业饲料消耗量约为 4.5 亿吨，按照豆粕用量在饲料中占 15.3%计算，需要近 6 885 万吨大豆。据统计数据，2021 年我国大豆压榨消费为9 949.83万吨，占总消费的比例为 85.34%；食用消费为 1 460.07万吨，占比 12.52%；种用和其他消费 249.56 万吨，占比 2.14%，大豆成为满足人民美好生活需要的刚性需求。2021 年我国进口大豆 9 651 万吨，占世界大豆总出口量的 59.68%，占国内大豆总消费量的 82.77%。大豆进口主要来自美国和巴西。2021 年进口大豆的 60%来自巴西，美国大豆占 33%。近年来，我国从美国进口大豆量持续减少，从巴西进口大豆量呈增加趋势。

2.发展趋势

大豆在国家粮食安全中占有重要地位。为了推动大豆产业发展，2007 年我国启动了大豆产业技术体系，2008 年实施了转基因大豆重大专项，2014 年农业部启动了大豆良种重大科研协作攻关项目，2017 年启动了七大作物育种专项，2019 年启动了制种大县奖励政策，支持制种大县平台建设、大豆种子生产经营、创新和服务能力提升。2022 年中央 1 号文件提出，大力实施大豆和油料产能提升工程，加大耕地轮作补贴和产油大县奖励力度。近年来，我国大豆进口量逐年增加，对外依存度高，大豆产能问题受到格外关注。为缓解进口压力，我国出台了一系列政策振兴国产大豆。《“十四五”全国种植业发展规划》提出，到 2025 年，力争大豆播种面积达到 1.6 亿亩左右，产量达到 2 300万吨左右，推动提升大豆自给率。可以看到，“十一五”以来国家支持大豆产业发展的政策措施陆续出台，大豆生产与科技创新持续发力。

中国农业展望大会发布的《中国农业展望报告(2022—2031)》预测，在“稳口粮、稳玉米、扩大豆、扩油料”和实施大豆油料产能提升工程等政策强力支持下，未来 10 年大豆播种面积将不断扩大，预计 2031 年达到 2 亿亩；随着种业技术创新取得新突破，大豆单产预计年均增长 3.0%，产量年均增长 6.9%，至 2031 年大豆产量将达到 3 507 万吨。由于压榨消费需求增速放缓，大豆消费量平稳略增，预计 2031 年为 11 853 万吨，年均增长 0.7%。随着大豆自给率不断提高，进口量将平稳下降，年均降幅 1.0%。

要实现大豆种植业快速发展，科技支撑至关重要。国家及各地将会持续出台振兴大豆产业的相关政策，加大对大豆科技创新工作的财政支持力度。我国大豆产业和大豆科技创新将迎来快速发展的时期，同时也肩负着重要的历史使命和责任担当。

四、山东省大豆生产与科技创新的瓶颈与发展建议

1. 存在的主要瓶颈问题

(1)产量低、生产成本高：从产量看，2021 年我国大豆平均亩产 130 千克，美国、巴西大豆单产分别是 230.67 千克/亩和 236.67 千克/亩，世界大豆平均亩产 180 千克。山东省大豆单产水平全国最高，仅与世界平均单产水平相当。从生产成本看，中国大豆生产成本700 元/亩左右，美国 400 元/亩左右，巴西 320 元/亩左右，按中国亩产 130 千克、美国和巴西亩产 230 千克、海运成本 0.2 元/千克计算，每千克大豆成本，中国为 5.38 元、美国为 1.94 元、巴西为 1.59 元。另外，我国大豆生产区域较分散，规模小、品种多，难以实现标准化管理和规模化生产，也是生产成本高的原因之一。产量低、成本高严重影响大豆种植收益和种植积极性。

(2)品质差、压榨加工出油率较低：从品种的品质看，进口大豆脂肪含量高，美国、巴西、阿根廷大豆的脂肪含量 22%左右，品质相对均一，压榨出油率一般在 20%左右，国产大豆出油率一般在 17%左右。我国压榨大豆市场需求增长快，需求量大，国产大豆在市场竞争中劣势明显。国产大豆蛋白质含量高，主要是直接食用、加工豆制品和大豆蛋白等，市场需求相对平稳，我国可以自给自足。

(3)大豆科技创新实力相对薄弱：从硬实力方面看，山东省大豆科技创新基础设施建设相对薄弱，研发团队规模小而分散，科技创新经费投入不足。有些单位的大豆科研是小作坊式，几个人的团队、十几万元的资金，与国外大型种业企业及科研机构的工厂化育种、大规模

试验相比差距巨大。从软实力方面看，大豆种质资源评价鉴定与基因挖掘、高产育种理论与关键技术等基础研究薄弱，缺乏突破大豆产量低、成本高等“卡脖子”问题的重大关键技术等。

2. 发展建议

第一，科技先行、突出创新，增强内生动力。打铁还需自身硬，突破性新品种创制、重大关键技术创新是推动大豆产业振兴与可持续发展的内生动力。一是加强大豆科技创新队伍建设和领军人才培养，组织目标明确、专业搭配、密切合作的联合攻关团队，加速突破性品种创制和重大关键技术创新，提升单产水平，降低生产成本，缩小与世界大豆主产国的差距。二是加强大豆科研创新条件建设，建立仪器设备先进、配套设施齐全的大豆研发中心或重点实验室，为科研工作者搭建一流创新平台。三是增强对大豆科技创新工作的财政支持力度，设立专项研发资金，出台相关政策，充分调动和发挥大豆科研工作者的创新激情和创造力。

第二，加大补贴、扩大面积，提高大豆产能。认真贯彻落实国家“稳口粮、稳玉米、扩大豆、扩油料”和大豆油料产能提升工程的战略部署，充分利用 WTO 农业规则，给予大豆种植农户和大豆产业发展更多补贴。在稳定生产者补贴的基础上，加大大豆生产服务补贴、大豆良种补贴，同时落实大豆全成本保险及种植收入保险，强化合规补贴，合理保障大豆种植收益，充分调动种植大豆的积极性。同时，通过大豆产业合作组织创新，实现专业化种植、集约化管理、产业化经营，提高大豆产业价值链的内生增值效应，增加豆农收入。

第三，整体规划，区域布局，推进可持续发展。根据山东省农业生产条件和区域种植特点，结合大豆全产业链发展需求，科学规划布局山东省大豆主产区，配套相关支持政策，推进山东省大豆生产区域化种植、规模化生产、标准化管理和产业化经营，促进大豆产业新型经营主体发展，大力推广大豆科技创新成果，大幅度提高大豆生产效率，持续增加大豆种植收益，实现山东省大豆生产和产业可持续发展。

山东省小麦育种成就和发展建议

小麦分团　黄承彦

习近平总书记来山东省视察时强调“手中有粮，心中不慌”“中国人的饭碗要牢牢端在自己手中”，把粮食安全问题提高到了前所未有的高度。面对粮食需求刚性增长、耕地面积持续下降、资源环境压力不断增大的形势，国家提出了“以我为主，立足国内，确保产能，适度进口，科技支撑”“谷物基本自给，口粮绝对安全”“藏粮于地、藏粮于技”等战略，确保国家粮食安全。小麦是我国重要的粮食作物，山东省是我国小麦主产区，也是我国优质小麦主产区，在我国小麦生产和保障国家粮食安全中具有非常重要的战略地位。

提高小麦产量，确保小麦生产持续丰收，品种是关键。据分析，山东省良种对粮食增产的贡献率为47%，小麦品种创新与推广在保障山东省小麦生产持续丰收中发挥着关键性基础作用。长期以来，山东省高度重视小麦科研创新工作，从创新队伍、创新平台、创新研究立项等方面给予大力支持，使山东省小麦育种水平一直走在全国前列，有力支撑了山东省小麦生产持续丰收。2021 年，山东省小麦总产达到263.67 亿千克，实现连续 3 年突破 250 亿千克。

据测算，未来 20 年要保障我国粮食安全，小麦产量需在现有基础上每年递增 1.4%。但近年来小麦产量增长趋势明显放缓，主产区产量潜力年均增长率仅为 0.8%。进一步提高小麦单产、增加总产、保障供给，一直是山东省乃至全国小麦育种发展面临的长期性战略任务。为此，小麦分团以“山东省‘十三五’小麦育种成就和‘十四五’发展建议”为题开展调研工作，总结了山东省“十三五”小麦育种成就，梳理了小麦育种工作中存在的“卡脖子”问题，提出了“十四五”发展建议。

一、山东省“十三五”小麦育种成就

1. 小麦种质创新取得重大突破

被称为小麦“癌症”的赤霉病是农业领域的世界性难题，严重威胁粮食生产和食品安全，是亟待解决的重大农业问题。山东农业大学的科研团队经过20多年的持续研究，成功克隆了来源于长穗偃麦草的抗赤霉病主效基因*Fhb7*，有效地使用细胞遗传学、突变基因组学、病毒诱导的基因沉默（VIGS）和转基因技术进行功能验证，揭示了其抗病分子机理和遗传机理，并成功应用于小麦育种。田间试验表明，携带*Fhb7*基因的长穗偃麦草染色质片段在不同背景小麦中对产量性状均没有产生明显的负面影响，是禾谷类作物种质改良和创新难得的好基因，该研究成果对我国及国际小麦抗赤霉病育种具有重要意义。2020年4月，该研究成果发表在《科学》(*Science*)杂志上，这是我国小麦该研究领域首篇*Science*文章，也是我国有关小麦重要功能基因研究的首篇三大主刊(《细胞》《自然》《科学》)文章。近几年，山东农业大学的科研团队已经将携带*Fhb7*基因的小麦种子材料送到30多个育种单位，用于小麦赤霉病抗性品种改良，已有多个小麦新品系进入国家、安徽省、山东省预备试验和区域试验，被纳入我国小麦良种联合攻关计划。

2. 小麦育种技术取得重要进展

山东省农业科学院作物研究所利用农杆菌介导的*CRISPR/Cas9*基因编辑技术对与小麦籽粒硬度相关的*pinb*基因、与淀粉品质相关的*waxy*基因、与面团褐变相关的*ppo*基因和与面粉黄色素含量相关的*psy*基因进行高效打靶编辑，分别创制出了高籽粒硬度的硬质小麦新种质、低直链淀粉含量的糯小麦新种质、低多酚氧化酶活性和低黄色素含量的小麦新种质。*CRISPR/Cas9*基因编辑技术可以对生物体内的基因进行精准修饰，创造出自然界中原本不存在的新种质。尽管种质的获得过程是通过转基因手段实现的，但是获得的材料通过自交分离后没有外来DNA序列遗留在体内，所创制的小麦新种质与自然突变或物理、化学诱变材料一样，在基因组中只有部分碱基的添加、缺失或替换，不含有外源转基因成分。这些小麦新种质的创制，有效拓宽了小麦品质育种的基因资源，为山东省小麦品质育种奠定了坚实的种质基础。

3. 小麦品种产量潜力稳步提高

长期以来，山东省小麦育种工作者致力于小麦高产育种，品种产量潜力稳步提高。继 2014 年山东省小面积实打小麦亩产突破 800 千克之后，2020 年小麦新品种山农 28 号实打亩产 856.9 千克，刷新全国冬小麦单产纪录。山东省旱地小麦育种水平也不断提升，烟农 1212 在旱地管理条件下亩产达到 702.1 千克。高产品种不仅提高了山东省小麦产量，也为国家粮食安全做出了突出贡献。以济麦 22 为例，2009—2017 年连续 9 年为全国种植面积最大的小麦品种，占全国冬小麦总面积的 11.09%，至今全国已累计种植 3.13 亿亩。

4. 小麦育种取得新突破

山东省具有生产优质小麦的优越自然地理条件，适宜强筋、中强筋类型小麦生产。近年来，山东省以粮食供给侧结构性改革为主线，大力发展优质专用品种，较好地协调了高产与优质的矛盾，初步解决了优质小麦因产量较低而推广难的问题，促进了山东省优质小麦产业发展。2019 年泰科麦 33 实打亩产 805.4 千克，实现了中强筋小麦突破 800 千克的纪录；2020 年济麦 44 实打亩产 766.62 千克，创全国强筋小麦单产纪录，年种植面积已达 428 万亩。

5. 小麦品种类型更加丰富多样

“十三五”期间，山东省育成审定小麦品种 78 个，其中水地高产品种 59 个、旱地小麦品种 13 个，包括水地强筋小麦品种 4 个、旱地强筋小麦品种 1 个，育成审定黑粒小麦、糯小麦等特殊用途小麦品种 6 个，初步实现了水地、旱地、中筋、中强筋、强筋、特殊用途小麦品种配套种植推广，为丰富山东省小麦食品加工类型、改善小麦加工品质、逐步实现由“吃得饱”向“吃得好”转变奠定了良好基础。

二、山东省小麦育种面临的突出问题

回顾“十三五”，山东省小麦育种取得可喜进展，走在了全国小麦育种前列。但是，山东省小麦生产中的许多制约性问题还未得到根本性解决，一些影响小麦生产的新问题、新趋势日益凸显，给小麦育种提出更高的要求。

1. 小麦育种面临诸多新挑战

(1)大面积均衡增产路途艰难：国家粮食安全形势需要进一步提高小麦单产和总产，其根本途径是实现小麦大面积均衡增产。2020年，山东省小麦平均单产已达到425.28千克/亩，但是不同区域间小麦生产技术水平发展不平衡，大面积均衡增产难度增大，山东省保持多年的全国平均单产第一已被其他省份超越，小麦生产形势严峻。主要限制因素包括品种、技术、土壤、水利等多个方面，品种仍是主要限制因素之一，需要加速培育出新的具有水肥资源高效利用特点的高产、广适型小麦新品种。

(2)育种新突破进程缓慢：根据全国农业技术推广服务中心统计，我国每年种植的小麦品种数量为250～300个，但大面积种植、突破性的品种非常少，每年种植面积超过千万亩的品种只有2～3个，超过2 000万亩的品种更少。山东省育成的济麦22已连续9年成为全国第一大品种，从2006年审定至今仍然是山东省第一大品种，这充分证明了济麦22具有广泛的适应性、稳定的产量表现和较好的综合抗性。但从另一个角度考虑，济麦22之后山东省育成审定120多个小麦新品种，小面积实打产量不断刷新，特别"十三五"期间多个品种产量潜力突破了800千克/亩，但却没有一个品种种植面积超过济麦22。就品种的综合表现与济麦22相比，还没有取得实质性的突破，育种突破更加艰难。

(3)有害生物危害形势严峻：随着种植制度、气候条件的变化，秸秆还田的推广，小麦有害生物种类不断增加，次要有害生物逐渐上升为主要有害生物，偶发性病害上升为常发性病害。以前主要在长江以南发生的小麦赤霉病迅速向北推进，在山东省逐渐成为主要病害。土传病害日益严重，纹枯病、根腐病、茎基腐病等根茎部病害与白粉病等叶部病害一起成为常发性病害。尤其是小麦茎基腐病，2020年山东省发生面积突破1 200万亩，遍布15市123个县(市、区)，个别管理粗放的重发地块白穗率达30%～50%，已经成为山东省小麦重大病害，对粮食安全构成严重威胁。面对赤霉病、茎基腐病、纹枯病等小麦病害的快速发展和蔓延，小麦育种抗原缺乏问题日益突出，严重制约抗病育种的进展。

(4)极端气候频发：全球气候正经历着一次以变暖为主要特征的显著变化。据报道，在过去的100年中，全球平均温度升高了0.6℃，我国气温上升了0.4～0.5℃，山东省气温变化趋势与全国基本一致。一年四季中，冬季增温幅度最大，达1.4℃，这不仅表现在平均气温的升高上，还表现在极端最低气温的发生上。气候变化的另一特点是极端天气、气候事件频繁发生，农业气象灾害增加。小麦生产中低温冻害、倒春寒、干旱、干热风、暴风雨等自然灾害发生的风险加大，对小麦品种抵御极端气候灾害的能力提出更高的要求。

2. 小麦育种科研资源分散

多年来，在国家和省财政的支持下，山东省小麦育种队伍不断壮大，育种条件持续改善，综合育种能力和水平明显提高。但是，育种科研资源分散问题日益突出。一是虽然育种队伍扩大了，但缺乏分工合作，重复研究明显，不同研究方向的研究力量分配不合理，各单位研究力量不足和重复设置现象共存；二是虽然育种条件不断改善，但重复建设、分散建设明显，缺乏全省域的整体布局和配套建设；三是虽然小麦育种研究单位多，但每个单位的规模小，不同单位间缺乏实质性的分工合作，造成人力、物力、财力资源分散和浪费。

三、山东省“十四五”小麦育种发展建议

1. 砥砺创新，突破小麦育种瓶颈

(1)加强小麦育种应用基础研究：小麦育种应用基础研究包括种质资源、育种技术、育种理论等方面，其研究内容既来源于育种需求，又高于育种需求，必须得到重视与加强。以前山东省的小麦育种研究主要集中在新品种选育上，强调快出品种、多出品种，应用基础研究由于见效慢、难出品种而重视不够，反过来影响突破性品种的选育，并造成品种间严重的同质化现象。

种质资源是小麦育种的物质基础，突破性小麦新品种的培育离不开种质资源的创新与应用。种质资源数量、类型和新基因资源的占有及开发利用程度，在某种意义上已成为育种研究制高点和育种实力的重要指标。要针对小麦生产和育种在产量、品质、生物及非生物胁迫等方面面临的新问题、新趋势，发掘和创制新种质、新基因、新材料，为实现育种新突破铺路架桥。育种技术的进步对品种的选育起到了至关重要的作用，传统的“经验育种”正逐步向定向高效的“精确育种”转化。转基因技术、基因编辑为利用丰富多样的基因库进行品种改良开辟了一条新的途径；全基因组选择、分子育种等前沿技术的发展和应用，为小麦定向、高效育种新突破提供了有效方法。面对小麦育种在产量、品质、生物及非生物胁迫等方面的新问题、新趋势，要加强相关遗传理论研究，探索其遗传规律，提出育种策略，指导育种实践。

(2)加强小麦新型病害应对研究：次要有害生物逐渐上升为主要有害生物，偶发性病害上升为常发性病害，这是“十三五”期间山东省小麦病害发生的重要特征和趋势。小麦抗病育种不仅要考虑白粉病、条锈病、叶锈病和秆锈病等传统的主要病害，还要考虑赤霉病、茎基腐病、纹枯病等新形成的主要病害。赤霉病是长江中下游地区小麦的主要病害，虽然开展了长期大量的研究，但进展缓慢，被称为小麦“癌症”，目前小麦育种中仍缺乏好用的有效抗原材料。茎基腐病、纹枯病等小麦病害为土传根部病害，研究难度大、研究较少，缺乏有效的抗原育种材料，更缺乏高抗或免疫品种。因此，“十四五”时期必须将上述病害作为重点攻关对象开展研究。

山东农业大学在小麦赤霉病研究方面已经取得了重要突破，“十四五”时期应在此基础上加速创新材料的育种应用，尽快培育出高抗赤霉病的高产小麦新品种，实现赤霉病抗性育种新突破，同时要继续挖掘新抗原、新基因，创造新种质。对茎基腐病、纹枯病的研究，要组织强有力的攻关团队，从基础研究开始，做好长期研究规划，充分利用分子标记、基因克隆、基因编辑等生物技术手段，提高研究效率，加速实现新突破。

(3)加强异常气候条件应对研究：小麦生育期 240 余天，历经秋冬春夏四季，常常受异常气候侵袭而造成灾害，如冬季冻害、倒春寒冻害、冬春干旱、后期倒伏和早衰等都能带来严重减产，必须提高小麦品种的抗寒、抗旱、抗倒伏、抗早衰能力。

以往小麦育种对小麦特性的选择主要集中在植株地上部（如叶、蘖、茎、穗等）的表现，而大量研究表明，小麦的抗寒、抗旱、抗倒伏、抗早衰等能力都与根系有密切的关系。小麦根系特别是种子根可扎深2米以上，1.5米以下土层水分含量变化相对较小，为水分稳定层，1～3米内根系生物量积累较多，有利于吸收深层土壤水分，提高小麦抗寒、抗旱能力和延缓后期衰老。因此，小麦育种除对地上部性状的选择外，还应特别关注对根系的研究，以探索改良小麦抗寒、抗旱、抗倒伏、抗早衰的新途径。另外，通过提高茎秆质量可以提高品种抗倒伏能力，应加强对小麦茎秆质量的测定和育种应用研究。

（4）加强优质强筋小麦育种研究：虽然我国小麦产量达到供需有余，但每年仍需进口数百万吨小麦，主要是强筋小麦。我国强筋小麦市场供不应求，需求缺口有增加的趋势。山东省是我国中强筋、强筋小麦优势产区，具有发展强筋小麦生产的区位优势，目前的关键是有好的强筋小麦品种。

“十三五”期间山东省育成审定了5个强筋小麦品种，对促进山东省优质小麦生产和产业发展发挥了重要作用，但仍然存在一些突出的问题。一是强筋小麦产量仍然较低，虽然是优质优价收购，但老百姓种植强筋小麦增收不明显，积极性不高；二是同样的强筋小麦品种在不同区域、不同年份间生产的强筋小麦品质指标不够稳定。因此，要继续加强优质强筋小麦育种研究，突破产量和品质稳定性瓶颈，更好地支撑优质强筋小麦产业发展。

2. 整合资源，加强创新队伍建设

针对山东省小麦育种科研力量分散、育种单位各自为战、重复研究等问题，深化科技创新体制改革，打破固化的利益格局，清除科技人才脱颖而出的束缚，整合全省相关单位的科研力量，围绕小麦育种“卡脖子”关键问题，建立整体科研布局合理、分工明确、产权清晰、合作紧密的创新体系，营造风清气正的创新生态，激发创新潜能，提升创新体系的整体效能。

3. 重点支持，升级品种创新平台

针对科研平台重复建设、分散建设等问题，对山东省小麦育种科研平台根据研究分工的整体布局进行针对性的配套建设，加大投资力度，科学配置科技资源，盘活优质科技资源，创新科研组织模式，推动创新链、资金链、人才链深度融合，全面提升山东省小麦育种科技创新平台。

青岛市新型农业经济体农业技术推广的现状和发展建议

小麦分团　石岩　李松坚

为了解鲁东农业社会化服务体系建设与发展情况，小麦分团与青岛市农业农村局农业技术推广中心合作，系统调研了平度市农业社会化服务体系建设与发展情况，并对今后粮食产业社会化服务的发展提出了建议。

一、平度市开展粮食产业社会化服务的调研

1. 平度市农业技术推广情况

平度市是山东省面积最大的县级市，是全国唯一的粮油肉果总产均跨入百强的县市。为了把先进适用的农业新技术推广到田间地头，按照“良种良法配套、农机农艺融合”的要求，平度市建立健全了市镇村三级农技推广体系，持续加强与科研院校的产学研用协作，示范推广了一系列新品种、新技术、新成果，集成的小麦全程机械化暨水肥一体化高质高效栽培技术，创造了 2019 年与 2020 年小麦实打亩产超 800 千克的青岛纪录。

(1)建立三级农技推广体系，把农业技术送到田间地头：按照“优化市级、完善镇级、加强村级”的要求，平度市建立健全了市镇村三级

农技推广体系。在青岛市率先建立起覆盖所有镇村的农技推广服务网络，成立庄户学院，建立田间学校和农业科技示范基地，为所有的镇农业服务中心配备了检测设备和农技推广服务车，实现了工作有场所、下乡有工具、服务有手段、经费有保障。在全市选聘了100名技术指导员，联系帮包100个科技示范村，培育了1 000名科技带头户，为每个村配备1名植物医生，定期对他们进行技术培训，充分发挥农技推广的桥梁纽带作用，打通了科研到应用的最后1 000米，把技术送到田间地头，引进推广农作物新品种1 000多万亩，培训农民1万多人次，增加社会经济效益10亿多元。

(2)推进产学研用协作攻关，强化农技推广科技支撑：为了解决"产学研用"联系不紧密的问题，平度市农技站针对制约农业生产的瓶颈问题，先后与山东农业大学、青岛农业大学、鲁东大学、山东省农业科学院、北京市农林科学院、烟台市农业科学研究院、青岛市农业科学研究院等科研院校建立长期合作关系，每年承接国家、山东省、青岛市等各类试验课题10多项，集中示范展示农业新品种、新技术、新成果，为持续提升农业产能提供技术支撑，先后被确定为农业农村部农作物长势长相田间定点监测试点县、国家小麦产业技术体系示范县、小麦测墒补灌节水栽培试验示范县等。这一校地深度融合模式，有效提高了农业科技成果转化率，为基层农业科技推广探索出新路子，为实现乡村振兴插上了科技的翅膀。

(3)藏粮于地、藏粮于技，粮食生产始终走在全国前列：多年来，平度市农技站贯彻实施"藏粮于地、藏粮于技"战略，实施全市整建制绿色优质高效创建，累计建成142个粮油高产创建万亩示范片，划定129万亩粮食生产功能区，2019年全市粮食总产达到14.25亿千克，占青岛市的47.1%，居山东省县级市首位，连续15年荣获"全国粮食生产先进单位"，连续9次荣获"全国超级产量大县"，粮食生产始终走在全国前列。2020年，平度市按照"稳政策、稳面积、稳产量"的总体要求，层层落实粮食生产安全责任，通过落实强农惠农政策，加强农田基础设施建设，充分调动农民种粮的积极性，粮食种植面积稳定在280万亩以上；通过增施有机肥，实施深耕+秸秆还田，切实提升土地产出能力;采用宽幅精播、单粒精播技术,提高播种质量,确保一播全苗;融合自动喷灌和水肥一体化技术,创新发展无畦背种植,提高了水分利用效率、土地利用率和农田管理水平;实施氮肥后移、一喷三防、一防双减、适期晚收等绿色高质高效技术,充分发挥了技术措施的保产增产作用,为粮食安全提供了强有力的科技支撑。

(4)以问题为导向,探索集成绿色优质高效技术模式:针对近年来持续严重的干旱和粮食生产管理过程中浇水、追肥、喷药需要大量人工的实际问题,坚持问题导向,以科技为支撑,以项目为载体,按照良种良法配套、农机农艺融合的要求进行技术攻关。

开展超高产攻关试验,小麦亩产连续两年实打验收突破 800 千克。为充分挖掘产量三因素的增产潜力,一直以来,农技人员坚持向技术要产量,千方百计增加亩穗数、穗粒数和千粒重,平度市的小麦亩产通过一项又一项新技术的推广,实现了一次又一次产量的突破。1999 年,通过精播技术的推广应用,小麦亩产突破了 600 千克;2008 年,通过氮肥后移技术的推广应用,小麦亩产突破了 700 千克;2015 年,通过宽幅精播技术的推广应用,小麦亩产突破了 750 千克;2018 年,通过平度市农技站集成的小麦玉米全程机械化暨水肥一体化绿色优质高效技术模式的推广应用,小麦亩产突破了 800 千克;2019 年,在同一地块安排了山农 29 和青农 6 号、青农 7 号 3 个小麦品种各 10 亩超高产攻关试验,经专家组现场实打验收,30 亩平均亩产达到 803.4 千克。连续两年实现小麦亩产超 800 千克,充分证明了平度市的小麦玉米全程机械化暨水肥一体化技术亩产吨半粮是可复制、可推广、可持续的绿色优质高效栽培技术模式,对于今后在生产中示范推广提供了科技支撑和实践基础。

2. 平度市农机服务中心技术服务情况

平度市农机服务中心以助力乡村振兴为目标,认真做好农机安全生产工作,助力全市农业生产,全市主要农作物耕种收全程机械化率达到 89.2%,农业机械总动力达到 281.3 万千瓦。

(1)认真做好农机安全生产工作,增强农机安全风险防控能力:成立了平度市农机安全生产专业委员会,负责全市农机领域安全生产各项工作，将农机安全生产工作纳入镇（街）年度工作考核。借助新媒体强化宣传力度，提高安全生产意识，先后印发宣传材料 7 000 余份，制作相关宣传课件 10 个，举办农机安全培训班 5 期，培训从业人员1 000余人次。通过召开全市农机合作社安全生产工作现场会议，强化示范推动和制度规范。深入开展“农机安全进万家”“平安农机”创建活动，并有两个单位获省级“平安农机”示范单位称号。启动农机安全生产专项整治 3 年行动，集中开展农机“安全月”活动，重点对全市的维修点和农机合作社进行隐患检查，发现安全隐患 15 处并全部进行了整改。严格牌证审批管理，规范培训时间，严格考试程序和纪律，严格农业机械注册登记和牌证管理，全年共办理各项农机业务 4 000 余件次，其中新挂牌 1 479 副，组织驾驶员考试 4 次，合格 41 人。

（2）全面落实农机惠民政策，助力农民增收：强化服务意识，全力做好农机购置补贴工作。全面完成农机购置补贴资金 4 738 万元，补贴机具 3 575 台，受益 2 537 户。工作中，健全工作机制，强化政策宣传，积极推广使用“三合一”管理平台和手机 APP 模式，同时全市增设 5 个便民服务点，服务购机户 300 多户，让群众少跑腿，确保一次办好，获得了购机户的一致好评，并被评为 2020 年全省农机推广工作先进单位。

认真做好农机深松（翻）整地和保护性耕地工作。完成农机深松整地作业 8 万亩，农机深松（翻）作业 12 万亩，保护性耕作 2.4 万亩，增强了地力，实现了农民增产增收。

全面完成了农机报废更新工作。超额完成拆解农业机械 70 台，使用资金 60 万元，更新机具 80 余台，并健全了回收拆解档案。

积极做好跨区作业服务工作。及时发放跨区作业证，并通过微信在作业区域、供求信息、天气预警、配件提供等方面为机手做好服务。全年先后组织 600 多台小麦、玉米收割机到省内外跨区作业，助农增收 2 000 余万元。

（3）强化试验示范推广，助力两全两高机械化进程：大力实施全程机械化示范区建设，续建小麦玉米连作、花生胡萝卜、苹果 3 个全程机械化示范区，同时建设农机新技术试验示范基地 8 处。举办粮食作物、花生、苹果全程机械化培训班5期，培训各类技术人员350人次，形成机械化作业技术模式4套、机具操作规程9种，编制机具配套方案4套，推进了耕种收全程机械化进程。

加快以智能化农机为重点的新技术、新机具的推广应用，全市深松(翻)整地、保护性耕作全部实现了自动监测。依托购机补贴政策，全市优先配备高效植保无人机和无人驾驶终端设备等绿色高效智能装备340台，举办新技能培训班2期，培训60余人次。

(4)认真做好农机维修质量监管，切实维护群众利益：疫情期间，先后开展农机3.15线上技术指导和电话答疑活动3期，接受咨询40余次，网上答疑15次。对全市较大农机网点进行拉网式检查6次，查看进货记录，严查假冒伪劣农机产品，处理农机质量投诉4起，结案率100%。市农机维修站被评为2020年度全省农机维修工作先进单位。

(5)强化舆论宣传，展现农机化工作新面貌：紧紧抓住农机化工作重点和热点，开展多方位、高层次的宣传报道，先后在《人民日报》《农民日报》《青岛日报》以及山东电视台、人民网、大众网、中国网等各大媒体发表专题报道60多篇次。其中，农机保春耕、大蒜机械化收获、智慧农机助力“三夏”麦收等在《人民日报》头版头条、新华社、山东电视台新闻联播等栏目播发。

3.农机专业合作社典型代表(青岛西寨农机专业合作社)社会化服务情况

青岛西寨农机专业合作社成立于2012年6月，注册资金100万元，位于平度市田庄镇西寨村，主要从事农机田间作业、农业机械维修、农艺技术指导等社会化服务。合作社占地5 336平方米，其中办公室72平方米、农机库720平方米、维修车间216平方米、配件库72平方米、粮仓及水泥晒场4 256平方米，农机总动力达到2 811千瓦。农机保有量66台，其中智能农机装备8台套；拖拉机40台，功率介于22～155千瓦，88千瓦的拖拉机应用较多；小麦精量播种机8台，其中宽幅精播机5台；玉米精量播种机9台，其中玉米侧深施肥精播机4台，玉米全层施肥精播机5台；玉米联合收获机5台，其中玉米茎穗兼收收获机2台；小麦联合收获机4台，固定资产300万元。合作社农机化托管土地面积 20 000 亩，土地流转面积 4 000 亩，建设了 4 000 亩以小麦玉米连作生产为主的全程机械化作业示范区，涉及 8 个村庄 595 户，辐射农户 2 500 户。从合作社机械化作业面积来看，亩均功率仅为 0.12 千瓦，合作社装备配套合理，机具使用效率较高。

合作社配套设施完善，建有一处农机维修服务中心，拥有专业维修人员 6 名，先后购置了农机维修计量器具 11 台、农机通用维修设备 25 台、手工工具 71 台、底盘电器维修设备 5 台、维修服务车辆 1 台及其他各类维修设备 100 余台。农忙时节，合作社组织维修人员到田间地头、进村入户进行维修服务，随叫随到、随到随修，服务辐射半径达 50 千米，覆盖明村、马戈庄、张舍、田庄、白埠等 5 个镇 80 多个村庄和社区。

合作社不断完善管理制度，推进规范化管理和诚信经营，以“全程机械化＋综合农事”为发展方向，坚持市场化发展的原则，不断壮大经营规模，提升集约化、专业化程度，树立品牌意识，增强农机社会化服务能力，拓宽农机作业社会化服务领域，规范运营机制。2018—2020 年合作社累计完成社会化作业服务面积 12.57 万亩，各类经营收入近 1 457 万元，其中农机社会化服务收入 1 380.4 万元，占合作社各类经营收入的 89.5%，农机社会化服务是合作社发展的主业。2019 年入选全国首批全程机械化＋综合农事服务中心典型案例，对全市农机专业合作社的发展起到了积极的引导作用。

4.粮食种植大户典型代表（王玉芹家庭农场）社会化服务情况

平度市王玉芹家庭农场成立于 2013 年 3 月 18 日。王玉芹是当地有名的“种粮大户”，她从 2009 年开始流转土地，承租土地 3 500 余亩，并成立了专业合作社，现有近 2 000 亩土地，目前农场拥有大型拖拉机、播种机等农用机械 40 多台套。随着土地适度规模化经营，除了机械化种植以外，为了夺取粮食优质高产，王玉芹还重视新技术、新品种的推广应用，总结了 3 条现代种地的经验：用心管理，选择良种，提高效率。

通过应用农业新技术、新成果，把撂荒的土地变成一望无际的麦田，采用大型机械作业，实现了农业增产增收，带动本村及周边群众走上农业集约化规模经营之路，现在村里每户每年都有固定收益。

2011 年 12 月 26 日，国务院在北京人民大会堂首次隆重举行了全国粮食生产表彰奖励大会，会议对全国 200 个产粮大县、300 名有突出贡献的农业技术人员、300 名种粮售粮大户和 100 名先进工作者给予表彰，王玉芹获得“全国种粮售粮大户”称号。

5. 良种繁育专业化服务典型代表（青岛青农种子产销专业合作社）社会化服务情况

青岛青农种子产销专业合作社于 2013 年 3 月 28 日成立。2019 年 9 月至 2020 年 7 月，合作社结合小麦良种繁育，在蓼兰镇南张家丘村、家后村、胜利村、西杜家村、小八里庄村、冯戈庄村、大彭家村、初家村、小于家村、七里庄村、后于家村、孙家礼府村、丘西村、庄头村、南陈家村、北张家丘村、韩丘村、邢家村、侯西庄村等 19 个村庄开展了 2 万亩小麦生产“全过程”社会化服务，主要开展统一供种、统一播种、统一耕地做畦、统一喷药、统一去杂、统一收获、统一订单收购等“七统一”耕种管收售“全过程”社会化服务。

全过程社会化服务工作人员共 486 人，包括土地深翻旋耕机机手 35 人、起垄机机手 52 人、小麦收获机机手 56 人、小麦播种机机手 87 人、无人机操作机手 10 人、运输机械司机 112 人、种子去杂人员 90 人、管理人员 5 人、备用机手 8 人、维修人员 5 人、后勤服务人员 26 人，搞好机收、机播作业衔接及农时记录、工作档案的记录，确保小麦适期播种、收获。在项目实施前对机器设备进行全面检修和保养，对机手、运输司机及其他服务人员进行安全和工作培训，在抢收的同时，密切关注防火工作，并做好防火宣传，树立防火意识，配备灭火器，确保人民生命和财产安全，保证项目安全、顺利实施。

2019 年 10 月 1—15 日，合作社统一安排轮式拖拉机 87 台，旋耕机、翻转犁 35 台，起垄机 52 台，为 2 万亩绿色优质高效创建示范区进行统一耕地做畦。2019 年 10 月 5—20 日安排小麦播种机 87 台，对 2 万亩小麦绿色优质高效创建示范区进行统一供种、专机播种，主要品种为青丰 1 号、青农 2 号、青农 6 号、青农 7 号、青农 177 号等良种，亩播量 10 千克，2 万亩共计统一供种 20 万千克，全部采用小麦宽幅精播技术统一机械播种。

根据小麦长势及气候，2020 年 4 月 10—17 日于小麦拔节后植保喷药 1 次，防治白粉病和蚜虫，壮秆壮苗；5 月 8—15 日小麦抽穗后植保喷药 1 次，防治白粉病、蚜虫及干热风。每次喷药周期为 6～7 天，无人机喷药工作量为 40 亩/时，每天工作 10 小时，喷洒面积为 400 亩/天。配套 8 台多旋翼无人机，保质保量地完成了 2 万亩小麦植保喷药。

成立专业去杂队伍，分别于 4 月 13—23 日、5 月 10—20 日集中力量统一进行了 2 次种子田去杂。去杂时根据品种的株高、穗形、穗色、芒的长短等主要性状，拔除混入本品种的其他植株，同时彻底连根拔除大麦、燕麦、节节草等恶性杂草，都是整株拔除，不用剪刀、掐或折压，以防遗漏穗层以下的杂穗，去掉的杂株（穗）、杂草带出种子田并进行处理。去杂逐地块进行，做到种子田去杂全覆盖，确保了种子田的种子纯度。

根据小麦的成熟时间，从 6 月 10 日开始统一进行小麦专机收获运输，6 月 22 日收尾。共安排小麦联合收割机 56 台、运输车 112 辆，满足了项目区 2 万亩小麦机械化收获运输的需求，保质保量地完成了小麦机械化收割与运输工作。

对 2 万亩小麦绿色优质高效创建示范区生产的 900 万千克小麦良种全部以高于市场 0.2 元/千克的价格统一订单收购，为农户增收180 万元。

合作社为农户提供了耕种管收全过程社会化服务，极大地降低了生产投入；同时通过标准化种植技术的推广，确保了小麦良种繁育的质量，实现了小麦良种订单种植、订单收购，示范带动周边农户采用示范区内主导品种和主推技术，开展社会化服务，带动农户增收。

二、进一步做好粮食产业社会化服务体系建设的建议

1. 强化公益性服务组织的基础性作用，布局农业社会化服务主体

坚持政府引导、市场主导、融合发展，打造以公益性服务组织为基础的农业社会化服务体系，发挥好农业专家服务队伍的作用，做好小农户做不了、做不好、做了不划算的事情。以市县两级农技服务、职业

农民培育等中心为载体，发挥好农业专家服务队伍的作用，为广大农户提供农技指导等公益性服务。

培育市场化、多元化服务主体，激活农业服务主体发展的内生动力，重点包括农业生产经营服务类专业合作社及联合社、供销社等系统成立的合作社和行业协会等服务组织，以及村级集体经济组织、农业专业性或综合性服务公司等企业。立足农民生产经营需要，发展生产托管服务、综合农事服务、产加销一体全产业链服务等多种服务模式。鼓励各类服务主体创新经营模式，完善利益联结机制。强化场场联合，引导家庭农场、种养大户等组建合作社，从“单打独斗”转变为“抱团发展”。

2. 进一步构建粮食产业效益与生态链条，不断拓宽社会化服务领域

推动服务供给与需求有效对接，打造覆盖全程、综合配套、便捷高效的社会化服务网络。对市场成熟的机耕机收等环节减少支持，重点向统防统治、秸秆回收等薄弱环节倾斜。结合秸秆禁烧工作，推广堆肥还田、打捆离田等服务，不断提高农作物秸秆利用率。

以家庭农场、专业合作社等新型经营主体和社会化服务组织、村级集体经济组织为主体，实施水肥一体化技术示范、有机肥替代化肥技术示范推广、地膜污染综合防治及农药包装废弃物回收处置等耕地地力保护示范项目，全面提升农业绿色发展水平。进一步支持新型经营主体将社会化服务向加工销售、品牌创建延伸，积极发展培育农村电子商务，将服务链条从线下延伸至线上。

3. 搭建服务平台，进一步提高服务质量

为服务好农业社会化服务主体，引导其高质量发展，应坚持平台思维，通过搭建政策支持、产业培育、信息服务、金融保障等平台，以政府购买服务、以奖代补等方式，支持和引导社会化服务组织开展服务，引导新型农业经营主体、服务主体提升规模化经营水平，完善利益联结机制，为社会化服务体系高效运转提供坚实支撑。

山东省玉米种业现状与发展对策

玉米分团　李登海　蒋庆功　兰进好

一、山东省玉米种业现状

2020年，美国玉米播种面积5.01亿亩，单产735.3千克/亩，总产量3.68亿吨；我国玉米播种面积6.19亿亩，单产421.1千克/亩，总产量2.61亿吨。与美国相比，我国的玉米单产水平还有提升空间。黄淮海玉米种植区是我国玉米主产区之一，山东省是黄淮海玉米种植区主要生产大省，2020年播种面积5 769.7万亩，单产439.6千克/亩，总产量2 536万吨。玉米高产稳产，优良玉米品种尤为重要。

目前，山东省持证种业企业649家，其中育繁推企业10家，中国种业信用骨干企业8家，分别占全国的6.8%、8.4%、10.4%。2020年，全省种业销售收入87.9亿元，销售利润6.8亿元，分别占全国的11.3%、10.4%，均居全国第一位。企业科研投入4.67亿元，占销售额的比例提高到6%，审定品种占比达到72.2%。其中，登海玉米种业成为全国同行业的领军企业。山东省2020年和2021年审定的玉米品种数分别为89个和91个。

山东省玉米生产主要制约因素：风灾、干旱、涝渍、高温热害、阴雨寡照等非生物逆境灾害频发；茎腐病、锈病、叶斑病、穗腐病、蚜虫、玉米螟等病虫害严重，防控成本高；多数区域一年两熟制，玉米生产光温资源矛盾突出；缺乏突破性种质，先进育种技术利用少，缺乏高产、耐密植、抗逆、宜机械化的优良玉米品种；绿色简化、高产高效栽培技术不配套，全程机械化程度低，生产成本高，经济效益低；机收籽粒比例低、烘干和贮藏设备不配套；玉米产业竞争力低，规模化、专业化、标准化和集约化生产水平亟须提高。

种子是农业的“芯片”，种业位于农业产业链的最前端，也是引领农业供给侧结构性改革和促进农业提质增效、长期稳定发展的关键所在。一直以来，山东省委、省政府高度重视种业创新，1995 年由山东省科技厅牵头，在全国率先实施“农业良种工程”，近 30 年来持续攻坚、久久为功，现已成为全国种业创新的品牌。放眼山东种业，突破性作物新品种不断涌现，2020 年 20 个“荣誉殿堂”玉米品种名单出炉，山东省选育的鲁单、登海系列 8 个品种榜上有名。其中，鲁单 50 品种累计推广面积 0.50 亿亩，登海 605 品种累计推广面积 0.85 亿亩。这充分说明山东省玉米育种具有较强的创新能力，为全国玉米产业健康发展作出了巨大贡献。

二、山东省玉米种业发展中存在的问题

尽管山东省玉米种业为玉米产业发展及打造乡村振兴齐鲁样板发挥了重要作用，但针对“十四五”期间玉米高产稳产高效及乡村振兴战略新形势、新要求和新目标，仍然存在一些亟待解决的问题。

1.产学研用融合度不足

有关玉米育种、种子生产、种子加工、种子贮藏、品种推广等环节的种子企业(产)、涉农院校(学)、科研单位(研)、用种单位(用)结合不密切，在一定程度上造成了育、繁、推脱节，产、供、销分离，使得育种目标与用种需求信息不对称，导致选育的品种市场需求缺乏弹性，育种组织体系需要进一步优化和创新。

2.种质资源基础工作不足

种质资源收集、保护、鉴定、评价和利用工作不足，重点体现在种质创新不足，缺乏符合育种目标的新种质和自交系。一是育种单位间重复性或相似性种质资源过多，存在大量类同性、无效性工作，种质资源鉴定共享利用相对滞后，单位核心种质资源不能交流共享；二是对种质资源重收集保护、轻鉴定评价，97%以上的种质资源未经过深度鉴定分析，无法确定其利用价值；三是优质核心种质创制和功能基因发掘的数量少、速度慢，相关研究手段相对落后。

3. 育种技术手段创新不足

农业院校和科研单位重视玉米生物技术育种理论的基础研究，玉米育种企业往往倾向于采用常规育种手段，更关注育种实践和育种成果，二者在一定程度上存在玉米育种基础研究和应用实践脱离现象。另外，玉米生物育种技术产业化进程慢，大多数种业企业、科研单位还不具备分子生物育种技术的应用能力。2021 年以来，山东省农业良种工程等种业领域项目均要求企业牵头申报，产学研密切合作。从一定角度看，就是为了打通基础研究和应用实践，引导实现传统育种和现代育种技术手段有机融合。

4. 适宜全程机械化的突破性新品种过少，配套的绿色高效栽培技术缺乏

目前，中美玉米产业的差距主要体现在单产水平和机械化程度。培育高产、优质、多抗、耐密、适宜全程机械化的玉米新品种，是山东省玉米种业亟待解决的科学难题。优良品种遗传潜力的发挥离不开配套栽培技术，继新品种选育后，必须进行有品种针对性的绿色高效配套栽培技术研发。目前，适宜籽粒机收的玉米品种明显不足，或适宜机收的效果不理想，或品种的地域适应性狭窄，品种与农机融合度严重不够。

5. 育种后种子产业环节技术创新性落后

种子生产、加工、贮藏、处理、检验等技术研究和集成能力相对落后，研究基础、研究力量薄弱，缺少完善的种子科学与技术研究体系。种子生产、加工处理、质量控制、机械装备等技术研究和应用与发达国家相比仍有较大差距，种子产品质量和生产效率市场竞争力不强。特别是高活力种子鉴定筛选技术与配套工艺流程研发滞后，是玉米单粒播种技术难以推广普及或生产预期效果不佳的主要原因。

6. 种业服务体系能力不强

各级种子管理机构人员少、专业水平不高、经费不足、手段落后等问题比较普遍，尤其是基层种业管理机构人员编制严重不足，使得服务现代种业发展的能力明显不足，严重影响种子监管和服务水平，制约了当地种业进一步发展和产能提升。

7. 玉米种业市场竞争能力亟待提高

一是企业整体竞争力不强。新增市场主体大多是小企业，造成低水平、重复性竞争加剧，不利于企业做大做强和地方龙头企业的诞生。二是自主创新能力不强。企业完全自主创新的主体地位尚未完全建立和巩固，企业研发人员的理论和技术层次、育种投入、育种手段、研发水平等都还处在较低水平。三是国际竞争日益加剧。《外商投资准入特别管理措施(负面清单)(2020 年版)》进一步放宽了种业领域的准入，国内企业将直接面对国际种业竞争的压力。在玉米育种方面，除了登海种业外，亟须培养和壮大一批各具特色的龙头种业，并引导兼并重组，提升山东省种业整体市场竞争力。在种业龙头企业培育、项目首席专家遴选等方面，思想守旧、机制陈旧，官本位现象严重，唯才是举的政策支持力度严重不足，导致难以产生有真正市场竞争力的种子企业和有崇高学术威望的种业首席专家。

三、山东省玉米种业发展途径与对策

1. 加快商业化玉米育种体系建设

以市场需求为导向，产学研用有机结合、农机农艺相互融合，充分发挥玉米种子产业各环节有关部门和人员的长处，全面调动整个产业链人员的积极性、创造性，实现现代玉米种业发展的社会化、专业化、集约化、规模化、信息化、智慧化、现代化。构建科学完善的商业化育种体系，有利于我国种企和科研院所、相关院校节约资源，提高种业效率，实现种业新旧动能有效转换。

2. 加强玉米种质资源保护利用

强化种质资源库建设，建成由高级种业专门人员运营管理、公立性的省级玉米核心种质资源库。引入现代化的种质资源管理技术体系和先进的种质贮藏设施设备，加强种质资源普查、收集、登记、入库等规范化工作制度的建立和完善。建立种质资源鉴定评价、创新利用的技术体系和标准体系，发掘具有重要应用价值并具有自主知识产权的关键功能基因，创制目标性状突出、综合性状优良的新种质和自交系，并定期公开发布相关种质资源信息。出台有关玉米种质资源，特别是骨干自交系的分发和共享政策，鼓励种质资源共享、合作共赢，减少重复工作，提高玉米育种效率。该项工作还可以减少玉米育种单位之间品种选育的同质性问题，维持和保护品种的多样化，提高山东省玉米抵御自然灾害的遗传能力，保障玉米生产安全。

3.打造创新平台，提升育种技术

政府通过制定相关政策，引导建成一批省级以上重点实验室、工程技术研究中心等玉米种业科技创新平台，引进和培养一批涵盖常规育种技术和生物育种技术、具有全国乃至世界先进水平的玉米种业创新人才团队，全面提升山东省玉米育种能力，创制全新种质，培育综合性状优良的突破性新品种。

4.改善管理服务机构条件，提高种业服务能力

通过对种业管理和服务机构的政策支持、资金注入、人才培养、能力提升等措施，全面提升玉米种业综合服务能力，建立健全玉米品种区域试验网络、展示示范网络、种子质量检测体系和综合信息网络平台，实现互联网＋种业融合发展。在种业管理和服务机构的人员选用上，要重视专业素养、事业心和大局意识等方面的选拔和培养，使其充分认识到种业工作的重要性和种业在我国国民经济中的基础性、战略性地位。只有这样，才能提高相关人员服务种业的自觉性、积极性和责任担当意识。

5.提高玉米种子生产效率，保障种子企业供种能力

(1)优化种子生产基地布局：在充分考虑气候条件、土壤条件、灌溉资源、经济条件、耕作制度、人力资源、机械化水平等因素的前提下，在国内筛选和建成一批规模化、标准化、集约化和机械化玉米种子生产基地，配套建设和改造升级一批现代化种子生产加工中心，提升良种生产和加工能力。与此同时，做好种子生产基地的生态保护、环境保护和人居环境建设、居民经济发展等工作，确保种子生产基地长期稳定存在和发展。

(2)强化南繁基地建设：充分利用海南省南繁基地的光热资源，进行玉米材料加代繁育，这是提高玉米育种效率、缩短育种进程的关键环节。将高度分散且基础设施和种植条件参差不齐的南繁基地集中

起来，坚持高标准建设山东省南繁科研育种基地，加快田间基础设施升级改造，协调推进南繁科研配套服务区建设。同时，广泛拓展南繁基地建设的融资渠道，构建、优化南繁基地高效的运营机制。另外，要重视与当地政府和当地居民的公共关系，加强联系与合作，以维持南繁基地长期的健康稳定发展。

(3)健全风险保障机制：高度重视和维持玉米品种的遗传多样性，健全种业信息监测网络，建立省级救灾备荒种子储备制度。在品种审定试验中，要加强对同质性品种的检测、监督力度，避免出现同质性品种“井喷现象”，最大限度避免自然灾害、病虫害发生严重的年份，因品种遗传单一性可能带来的大范围绝产或严重减产的玉米生产风险。

(4)综合技术集成创新：加强种子生产、加工、贮藏、检验等综合技术的研发集成与创新，研究相关理论技术，研发相应工业流程，全面促进玉米种业产业升级。

6. 鼓励种子企业兼并重组，培育壮大龙头企业，提高玉米种业核心竞争力

通过出台相关政策，引导山东省部分民营玉米种业兼并重组，或政府牵头筹建国有种子企业，吸引部分民营企业并轨加盟，实现山东省种业企业优势互补、资源共享、人才共用，全力提高玉米育种水平，全面提升种业核心竞争力，提高玉米种业市场占有率。

黄淮海区域大豆玉米带状复合种植生产情况调研

玉米分团　张吉旺　张春庆

2022 年 10 月，国家玉米产业技术体系组织黄淮海区域 15 个综合试验站，针对所辖示范县的大豆玉米带状复合种植生产情况进行了调研。

一、总体情况

2022年，黄淮海区域大豆玉米带状复合种植播种面积491.3万亩。其中，山东省种植面积166万亩、河南省种植面积100万亩、河北省种植面积102.3万亩、江苏省种植面积63万亩、安徽省种植面积60万亩。因种植规模和种植主体不同，各地带状复合种植方式和田间管理方式各不相同。玉米∶大豆行比2∶4、2∶6、3∶4、3∶6、4∶2、4∶4、4∶6、5∶4、5∶5、6∶4等模式均存在，其中以2∶4、3∶4、4∶4和4∶6模式为主；病虫草害防治采用化学除草、人工除草、一喷综防等措施，其中以苗后除草为主，部分区域采用播后苗前封闭式除草；肥料多采用种肥同播方式一次性施入，其中玉米采用复合肥或控释肥，亩施40～60千克，大豆采用复合肥，亩施10～25千克。汇总所调研区域15个站共77个点合计22 000亩次的数据表明，带状复合种植模式玉米平均种植密度3 964株/亩，大豆平均种植密度8 442株/亩；玉米平均亩穗数3 771、穗粒数459.8，单产486.12千克/亩，大豆平均亩株数7 545.5、株粒数76.3，单产107.98千克/亩。带状复合种植玉米较单作减产18.13%，大豆较单作减产46.49%；复合种植玉米和大豆总产较单作玉米增产0.05%，较单作大豆增产194.44%。带状复合种植成本1 309.16元/亩(其中，种子102.41元/亩、肥料264.81元/亩、农药80.33元/亩、人工136.72元/亩、机械油电206.88元/亩、土地租赁518.01元/亩)，产出1 972.82元/亩(玉米单产486.12千克/亩、单价2.67元/千克，合计1 297.94元/亩；大豆单产107.98千克/亩、单价6.25元/千克，合计674.88元/亩)，政府补贴266.93元/亩，合计带状复合种植收益930.59元/亩。单作玉米成本996.74元/亩(其中，种子54.72元/亩、肥料197.69元/亩、农药42.6元/亩、人工68.69元/亩、机械油电141.44元/亩、土地租赁491.6元/亩)，产出1 576.27元/亩(玉米单产594.82千克/亩、单价2.65元/千克，合计1 576.27元/亩)，政府补贴2.17元/亩，合计单作玉米收益581.70元/亩；单作大豆成本829.79元/亩(其中，种子56.73元/亩、肥料82.98元/亩、农药42.43元/亩、人工73.89元/亩、机械油电114.67元/亩、土地租赁

459.09 元/亩)，产出 1 261.06 元/亩(大豆单产 201.77 千克/亩、单价 6.25 元/千克，合计 1 261.06 元/亩)，政府补贴 40.26 元/亩，合计单作大豆收益 471.53 元/亩。带状复合种植比单作玉米成本(种子、农药、机械、人工等)增加 31.34%，增收 348.89 元/亩；比单作大豆成本(种子、农药、机械、人工等)增加 57.77%，增收 459.06 元/亩。扣除补贴政策因素，带状复合种植模式比单作玉米增收 84.13 元/亩，比单作大豆增收 232.39 元/亩。

二、存在的主要问题

1. 品种和种植模式选择随机性较大

第一年开展大豆玉米带状复合种植模式，没有符合当地实际的成熟经验和技术可借鉴，农户没有严格按照省农技部门推荐选择玉米品种和大豆品种，随机性较大，按照自己的经验选择或跟风选择，导致品种适配性较低，难以发挥玉米的边行优势，保证产量。若选择耐阴性较差的大豆品种，则会导致大豆产量较低。另外，行比模式选择也较随机，有的农户为适配播种机，随意种植，在一定程度上影响了玉米和大豆的产量。

2. 种植密度小，群体不足

调查发现，有的农户没有按照农技部门推荐的种植密度进行播种，仍按照单作玉米的种植密度种植，较推荐符合种植的密度减少 500～2 000 株/亩，难以保证玉米的产量。同时，转弯后玉米大豆间距较大，也降低了种植密度，达不到预期的效果。

3. 农艺农机不配套，播种质量较差，群体整齐度不足

目前，我国农业机械化类设备均需要农民自行购置，虽然政府在此方面有惠农补贴政策，但由于农民经济收入有限，购置小型或家用农机设备仍会受到售价的影响。部分农户未购置专用播种机械，大多选择改装现有机械播种，导致玉米在确定 10～12 厘米株距时控制性差，出苗均匀性差；少数玉米播深 7～8 厘米(过深)，大豆播种深度 5 厘米(较深)，导致难出苗，出苗率较低，整齐度较差，部分地块出现较严重的缺苗断垄现象。另外，玉米、大豆同时播种后进行统一畦灌，导致

土壤板结，大豆“翻身”顶土难，导致豆粒烂在土壤中。相当比例地块大豆播种2～3遍，大豆“出苗关”是重要“卡点”。

4.极端天气频发，影响玉米、大豆的稳产性

6月后降水比较集中，在播种期间多次遇到强降水，导致刚播种的大豆出苗难；平均降水较常年偏多，多次强降雨导致部分已出苗地块受渍涝影响较重；同时高温天气较多，部分地块已播大豆出现高温烫伤烫死现象，个别地块已补种或翻种2～3次。8月玉米抽雄散粉期、大豆开花结荚期持续高温干旱，影响结实。个别田块出现“花粒”现象，边行优势不能得到充分发挥，边行玉米受高温干旱影响相对较大。高温高湿条件非常利于大豆害虫暴发，尤其是鳞翅目咀嚼式害虫、半翅目的点蜂缘蝽及同翅目的蚜虫、白粉虱等，控制不及时，导致虫害大暴发，大豆产量严重降低。

5.田间管理难度较大

当前，大豆玉米复合种植的关键是过“除草关”。复合种植模式下，田间除草效果尤其不佳，田间喷施除草剂难以操作、费工费时。部分农户对封闭除草效果持观望态度或者大户耕地较多，来不及苗前封闭除草，加上播种期持续干旱，造成封闭除草技术覆盖率低，效果较差。大豆、玉米的除草剂剂型差异大，苗期除草由于大型机械缺乏，基本以自制小型机具和人工隔离除草为主，造成人工成本增加。另外，人工隔离或小型机具的隔离效果较差，除草剂飘散风险较大，不仅增加除草难度，还易产生药害。苗后除草在生产实践中很难实现，并且无法再用飞防等方式对整块地实施一次性喷药，增加了劳动量和劳动强度。此外，播后连续强降水影响除草作业质量，草害较重。玉米是喜水作物，大豆相对来说耐旱，浇水也会产生矛盾，玉米生长关键期的几次浇水和大豆需水期重合度不高，需要合理分配。

6.农户对带状复合种植模式生产的认识不足，种植效益预期心存担忧

农户主观上对大豆玉米带状复合种植模式的种植意愿不强烈，种植效益偏低。虽然在宣传大豆玉米带状复合种植模式时说“玉米不减产、多收一季豆”，但是实际生产中玉米产量比传统种植模式要低，导

致产量下降。农户担心收获的大豆价值不足以弥补玉米损失，即便加上政策补贴，仍然有可能不如种玉米划算。另外，复合种植与单作相比，显著增加了用工、农资、机械作业等成本，部分农户接受程度较低。复合种植模式尚缺乏专门的保险兜底保障，部分农户种植意愿不强，对预期收益担忧。

三、措施和建议

1. 开展技术协同攻关和试验示范

针对当地生态条件，开展品种适配性试验，筛选适宜当地复合种植模式的玉米、大豆品种。加强带状复合种植播种、田间管理、收获配套农机装备研制及智能化程度的提升，优化集成适宜不同区域生态条件的全程机械化种植、管理和收获的带状复合种植模式。按照试验、示范和推广的农业推广程序科学有序推进。

强化试验示范，发挥带动作用。以农机合作社、农民合作社、种植大户和家庭农场为依托，选择地势平坦、土地肥沃、相对集中连片、示范效果好的区域打造大豆玉米带状复合种植核心样板，开展大豆玉米带状复合种植品种、行比模式、机械化耕整地、一体化播种、分带分控植保机械、机械收获等在不同技术模式下的对比试验示范，筛选出满足该地区种植模式以及农艺要求的适用性机具，总结形成大豆玉米带状复合种植全程机械化技术区域模式。通过试验示范，促进农机农艺融合、良种良法配套。

2. 加强技术培训与指导

聚焦“出苗关”“除草关”和“收获关”等关键生产环节，组织专家和农技人员成立复合种植机械化技术专家指导小组，落实技术保障措施，蹲点包片、深入一线，对农业经营服务主体在模式选定、机具选型、技术标准、作业规范等方面给予具体技术指导。采用线上线下相结合的模式，通过快手、抖音、微信公众号、电视、报纸等媒体多元化开展大豆玉米带状复合种植技术模式、机具性能、配套机具应用、补贴政策等宣传，引导新型经营主体带头承担推广种植任务。就现实生产问题提出解决方案，及时、全方位地开展宣传与培训，让技术人员和农户真正掌握大豆玉米带状复合种植技术要点和注意事项。适时适地召开大豆玉米带状复合种植农机装备观摩会、展示会，展示、观摩先进适用机具。

3.农机农艺融合优化

农业机械、农业技术等相关部门应将推广工作落到实处，充分发挥自身职能优势，结合当地农业发展水平、农民经济水平、地理环境、农作物特点等，因地制宜开展农机与农艺的推广工作。依托当地农业龙头企业，开展新型经营主体试验示范，为农机农艺融合提供新的思路与发展方向。对于能形成科研成果的贡献性技术给予适当奖励，国家补贴也应该更倾向于新型农业机具的使用。

各项农业工艺的广泛应用必须建立在农民大量购置农业机械的基础上，但由于农民自身收入有限，不少农民更愿意以人工劳作代替机械。对此，政府部门需要加大经济投入力度，在惠农政策下让农民认识到农业经济收入与机械化发展之间的关系；采用先进科技手段与试验技术，在生产工艺、种植工艺、种植作物、农业机械等方面展开深入研究与探讨，尽可能减少机械设备的购置费用与维护成本，拓展农业机械的推广空间。

4.科学开展防灾减灾，一喷多防

加强高温、干旱、台风、洪涝、风雹等极端天气的监测预警，及时发布预警信息，督促各地提早做好防范准备。针对汛期气候状况总体偏差、极端天气事件偏多、旱涝灾害较重的形势，各地区应及早制定防灾预案，储备救灾物资，明确大豆玉米带状复合种植防灾抗灾减灾技术措施。针对实际生产问题，分类施策、因地制宜搞好田间管理，精准精细开展防灾减损各项工作。

大豆玉米带状复合种植要坚持“预防为主、综合防治”的策略，进行统防统治。要加强调查监测，及时掌握病虫草害发生动态，做到早发现、早防治。在病虫害防控关键时期，及时喷施绿色高效低毒农药，提高防控效果，控制病虫害的发生。针对玉米和大豆的共有病虫害，适宜采用广谱微生物菌剂、农用抗生素、高效低毒杀虫杀菌剂等统一防治，达到一次施药兼防多种病虫害的目的。大豆、玉米同期播种，除草剂的使用以播后、苗前封闭处理为主。

5. 规划调整作物布局，加强农业保险支持政策

立足于全国粮食生产优势区域布局特点，进一步规划和调整作物布局，建议加大大豆优势产区的政策、资金支持力度，充分发挥优势产区的增产优势。政府加大资金投入，进一步调动实施主体的积极性。会同有关单位、部门，加紧研究出台复合种植模式农业保险支持政策，切实保障农民收益。

山东省玉米生产的种质基础调研与分析

玉米分团　孟昭东　汪黎明

一、山东省玉米生产和育种情况

1. 生产概况

山东省是我国玉米生产和消费大省，近 10 年来，无论是玉米播种面积、总产量还是单产水平，都一直保持着全国优势地位，面积和总产均占全国的 10%左右。近年来，山东省玉米种植面积约 400 万公顷，单产超过 6 600 千克/公顷，总产量约 2 600 万吨（表 1），约占全省粮食作物的 50%。我国夏玉米高产纪录出自山东，单产纪录达到 21 042.9 千克/公顷（2005 年，山东省莱州市）。2015 年，山东省齐河县万亩粮食绿色增产模式攻关高产高效核心示范区，玉米平均单产达 12 025.5 千克/公顷，创造了全国最大面积夏玉米高产纪录。

表 1　2011—2020 年山东省玉米生产情况

年份	玉米总产量（万吨）	玉米播种面积（公顷）	单位面积产量（千克/公顷）
2011 年	2 226.16	3 370.58	6 604.67
2012 年	2 297.50	3 476.55	6 608.58
2013 年	2 320.02	3 663.09	6 333.49
2014 年	2 400.95	3 828.59	6 271.1
2015 年	2 505.40	3 943.81	6 352.74

（续表）

年份	玉米总产量(万吨)	玉米播种面积(千/公顷)	单位面积产量(千克/公顷)
2016 年	2 613.81	4 059.33	6 439.02
2017 年	2 662.15	4 000.12	6 655.18
2018 年	2 607.16	3 934.68	6 626.1
2019 年	2 536.53	3 846.47	6 594.5
2020 年	2 595.40	3 871.09	6 704.5

2. 研发力量

从山东省玉米产业发展的历史及其创新能力看，山东省玉米产业创新单元技术力量比较整齐，创新实力较强、水平较高，涉及玉米的国家级创新平台全国领先。在种质资源方面，建有山东省农作物种质资源中心。在种质创新与技术创新方面，依托公益科研单位建有小麦玉米国家工程实验室、农业农村部黄淮海北部玉米生物学与遗传育种重点实验室、国家玉米改良分中心、国家转基因中试与产业化基地等平台。在品种选育与产业化方面，依托企业建有国家玉米工程技术中心、山东省饲用玉米工程技术中心等平台。在种业发展方面，培育了享誉全国的掖单、鲁单、登海、天泰等系列玉米品牌，掖单 13、鲁单 50、鲁单 981、登海 605 等为全国具有时代标志性的品种。在种业科技人才团队建设方面，山东省在全国处于较高层次，山东省农业科学院玉米研究所、登海种业、中农天泰种业等单位聚集了全国农业科研杰出人才、泰山产业领军人才等全国育种知名专家及创新团队。在栽培生理与耕作模式方面，夏玉米世界纪录由山东省保持，花生、玉米均衡增产模式影响全国。在玉米加工利用方面，建有国家糖工程技术中心，山东大学微生物国家重点实验室也与玉米加工密切相关。

3. 品种现状

从近几年山东省玉米主推品种的推广面积变化情况（表 2）来看，第一大品种仍为郑单 958，种植面积略有下降，维持在 1 000 万亩左右；第二大品种为登海 605，年推广面积为 750 万亩以上；北京联创的玉米品种近几年推广面积逐年扩大；中科玉 505 和裕丰 303 已经成为山东省第三和第四大品种，总推广面积超过 700 万亩；其他外省企业品种，如伟科 702、农大 372、德单 5 号等的推广面积逐年扩大。

山东省种业企业品种除登海 605 外，推广面积均逐年萎缩，如登海 618、金海 5 号、聊玉 22 号、登海 3622、邦玉 339、LM518 等年推广面积均曾达到 50 万亩以上，尤其聊玉 22 号曾年推广面积百万亩以上，但 2019 年后已无种植。山东省近几年育成的新品种推广面积均没有超过 50 万亩，表明当前山东省育种企业的玉米品种严重缺乏市场竞争力。

表 2　山东省近几年玉米主推品种及其种植面积变化趋势（万亩）

品种	2017 年	2018 年	2019 年	2020 年	趋势
郑单 958	1 041.2	1 045.0	962.3	967.7	↓
登海 605	763.4	768.3	749.5	791.6	—
中科玉 505	0.0	137.1	157.3	276.3	↑
裕丰 303	0.0	113.0	172.6	246.4	↑
伟科 702	155.3	162.5	202.9	209.0	↑
隆平 206	249.7	243.6	244.1	194.0	↓
农大 372	50.3	80.1	115.5	167.5	↑
浚单 20	312.8	252.4	179.4	150.0	↓
登海 618	164.4	131.0	128.0	141.8	↓
先玉 335	243.3	234.3	151.6	127.6	↓
联创 808	50.9	111.4	87.9	127.0	↑
金海 5 号	143.9	116.8	120.3	124.7	↓
郑原玉 432	0.0	0.0	46.5	119.4	↑
德单 5	36.9	67.2	82.9	57.4	↑
农大 108	82.7	70.8	69.7	55.4	↓
迪卡 517	59.3	52.3	63.3	49.8	↓
登海 3622	55.3	69.9	60.9	36.7	↓
先玉 047	64.1	56.1	39.2	25.5	↓
聊玉 22 号	110.7	20.5	0.0	0.0	↓
邦玉 339	55.0	12.3	14.0	0.0	↓
中科 11 号	33.0	59.5	30.7	19.1	↓
LM518	30.0	34.4	52.2	19.0	↓

4. 存在的问题

一是严重缺乏持续性的种质群体改良工作。种质改良基础薄弱，没有关键性的创新和突破，造成新品种选育后劲缺乏。生产上急缺适应区域生态特性的高产稳产多抗品种及适宜时代发展的籽粒机收新品种。二是有竞争力的玉米新品种数量少，推广乏力。缺乏区域性生态适应品种，品种寿命短、稳产性不强，对复杂生态气候的适应性不足，对全省玉米产业发展支撑不够。三是缺乏系统化的生物育种技术支撑，技术手段相对落后。目前，仍以常规育种技术为主，现代生物育种技术应用不足，育种效率低。玉米品种模仿性强，同质化严重，原创性不强，原始创新投入不足，难以适应玉米品种数量井喷式爆发所造成的市场竞争。

二、山东省玉米主推品种的种质基础及利用分析

1. 规模品种的数量及其变化

2017—2020 年，山东省年推广面积 10 万亩以上的品种数量在 70 个左右，而 50 万亩以上的品种数量锐减至 15～18 个，100 万亩以上的品种数量 9～13 个，200 万亩以上的品种数量 4～5 个，500 万亩以上的品种数量 2 个，1 000 万亩以上的品种数量 1 个（表 3）。2020 年推广面积达 100 万亩以上的品种有 13 个，分别为郑单 958、登海 605、中科玉 505、裕丰 303、伟科 702、隆平 206、农大 372、浚单 20、登海 618、先玉 335、联创 808、金海 5 号、郑原玉 432。

表 3　山东省近几年玉米品种数量变化（个）

推广面积	2017 年	2018 年	2019 年	2020 年
1 000 万亩以上	1	1	0	0
500 万亩以上	2	2	2	2
200 万亩以上	5	5	4	5
100 万亩以上	9	11	11	13
50 万亩以上	16	18	17	15
10 万亩以上		75	78	67

2. 主推品种类型及其特点

山东省玉米品种类型较为丰富，当前年推广面积100万亩以上的品种，熟期有中早熟、中熟、中晚熟和晚熟，密度主要有高密度(4 500～5 000株/亩)和中等密度(3 800～4 300株/亩)，果穗以中大穗为主；多数抗倒性较强，耐高温性有强有弱；抗病性较好，对茎腐病、锈病、玉米螟等主要病虫害有较强的抗性；多数品种籽粒结实性好(表4)；具有各自适宜的种植优势区域，品种适宜果穗机收，但后期脱水快、适宜籽粒机收的品种缺乏。面对黄淮海玉米区复杂多变的生态限制因子和全程机械化需求，在品种综合抗性和灌浆、脱水性能等方面仍需进一步提升。

表4　山东省年推广面积100万亩以上玉米品种的生态特性

品种	熟期	类型	密度	生态特性
郑单958	中晚熟	中秆中穗	高密	抗倒伏，较耐旱、耐高温，耐阴雨，高抗叶病毒病，抗大斑病、小斑病和瘤黑粉病，易感南方锈病、褐斑病和顶腐病。结实性好
登海605	晚熟	中秆大穗	中密	抗倒伏，耐高温性一般，抗真菌性茎腐病，易感矮花叶病、大斑病、小斑病、弯孢菌叶斑病和细菌性茎腐病，高感褐斑病和瘤黑粉病，中抗玉米螟。稍秃尖
中科玉505	中早熟	中秆中穗	中密	抗倒伏，高抗弯孢菌叶斑病，抗小斑病，中抗大斑病，感茎腐病和矮花叶病，高感瘤黑粉病、褐斑病。脱水快
裕丰303	中熟	中秆中穗	中密	抗丝黑穗病，中抗茎腐病，感大斑病、穗腐病
伟科702	中熟	中秆大穗	中密	抗倒伏，较耐高温，中抗大斑病，感小斑病、褐斑病、茎腐病和南方锈病，高感弯孢菌叶斑病、瘤黑粉病和玉米螟。结实性好
隆平206	中晚	粗短穗	中密	抗倒性一般，耐高温，高抗矮花叶病，抗弯孢菌叶斑病、茎腐病，中抗大斑病、小斑病、瘤黑粉病、玉米螟，感粗缩病、纹枯病和褐斑病。结实性好

（续表）

品种	熟期	类型	密度	生态特性
农大 372	晚熟	高秆 大穗	中密	抗倒伏，抗镰孢茎腐病和大斑病，中抗小斑病和腐霉茎腐病，感弯孢菌叶斑病和穗腐病，高感粗缩病和瘤黑粉病
浚单 20	中熟	中秆 中穗	中高密	抗倒性不强，耐旱、耐盐碱、耐高温，抗小斑病，中抗弯孢菌叶斑病和茎腐病，感粗缩病、大斑病、褐斑病、顶腐病、南方锈病和瘤黑粉病，抗玉米螟。结实性好
登海 618	中早熟	中秆 中小穗	高密	抗倒伏，耐高温性弱，抗矮花叶病，中抗小斑病，感大斑病、弯孢菌叶斑病、茎腐病，感瘤黑粉病。出籽率高
先玉 335	中早熟	高秆 大穗	中密	抗折，不抗倒，耐旱，耐高温性不强，高抗茎腐病，抗锈病，中抗粗缩病、弯孢菌叶斑病和瘤黑粉病，感大斑病、小斑病、矮花叶病和玉米螟。出籽率高、脱水快
联创 808	中早熟	中穗	中密	光、温反应敏感，中抗大斑病，感小斑病、粗缩病和茎腐病，高感弯孢菌叶斑病和瘤黑粉病。脱水快
金海 5 号	中晚熟	中秆 大穗	中密	抗旱，中抗大、小叶斑病，抗弯孢菌叶斑病、青枯病、粗缩病，高抗玉米黑粉病、矮花叶病。适宜春播
郑原玉 432	早熟	矮秆 中穗	高密	抗倒伏，耐高温，中抗茎腐病，中抗穗腐病、小斑病，高感弯孢菌叶斑病、粗缩病、瘤黑粉病、南方锈病。脱水快

3. 主推品种的种质基础及杂优模式

山东省年推广面积 100 万亩以上品种的种质基础主要来自六类杂种优势群：①瑞德群，代表自交系是郑 58 及其改良系；②黄改群，代表自交系是昌 7－2、lx9801 及其改良系；③SS 群，代表自交系是 6WC 及其改良系；④NSS 群，代表自交系是 4CV、HCL645 及其改良系；⑤P 群，代表性自交系是齐 319、178 及其改良系，目前与改良瑞德群融合较多；⑥国外杂交种选系。近年来，从先玉 335 杂交种中选出一批自交系成为骨干自交系，如登海 605 和登海 608 的父本自交系，业内有专家称其为 X 群。从利用的骨干种质来看，主要集中在掖 107、郑 58、昌 7－2、lx9801、PH6WC、PH4CV、D1798Z、HCL645 和齐 319 等骨干自交系，尤以郑 58、昌 7－2、PH6WC 和 PH4CV 应用最多，这也是近 10 年黄淮海夏玉米区利用率最高的骨干种质。育种中缺乏创新培育的骨干种质，是导致品种遗传基础狭窄的重要因素之一，也易引发品种类型单一的生态风险。

山东省玉米主要杂优模式有：①瑞德群 ×黄改群，代表品种有郑单 958、伟科 702、隆平 206、浚单 20；②SS 群 ×NSS 群，代表品种有先玉 335、裕丰 303、迪卡 517；③瑞德群×X 群，代表品种有登海 605、登海 618（表 5）。

表 5　山东省年推广面积 100 万亩以上玉米品种的遗传基础

品种名称	审定时间	杂交组合	母本来源	父本来源
郑单 958	2000 年	郑 58×昌 7－2	选自掖 478 变异株，掖 478 来源于沈 5003×U8112，沈 5003 选自美国先锋杂交种 3147，U8112 选自美国杂交种 U8	昌单 7×S901，昌单 7 来自 V59×黄早四，V59 选自吉 69 杂株，吉 69 来自（127－32×铁 84）×（W24×W20），127－32 是西安地方品种选系，铁 84 是铁岭黄马牙选系，W24 和 W20 是美威斯康星大学选系，黄早四选自塘四平头天然杂株
登海 605	2010 年	DH351×DH382	DH158×掖 107，DH158 来自 x178 杂株；x178 是美国杂交种 78599 选系，掖 107 来自美国杂交种 XL80	选自美国杂交种 X1132X
中科玉 505	2017 年	CT1668/CT3354	CT01×PH6WC//PH6WC	（CT019×国外系 B）×国外系 B

（续表）

品种名称	审定时间	杂交组合	母本来源	父本来源
裕丰303	2017年	CT1669×CT3354	CT01×PH6WC//PH6WC	CT019×PH4CV//PH4CV
伟科702	2012年	WK858×WK798－2	选自8001×郑58//郑58	昌7－2、K12、陕314、黄野四、吉853、Lx9801、美系抗倒伏材料等小群体
隆平206	2007年	L239×L7221	郑58与美国杂交种选系	昌7－2选系
农大372	2015年	X24621×BA702	美杂选系	改郑58等
浚单20	2003年	浚9058×浚92－8	国外材料，6JK×泰8085//6JK	昌7－2×5237，5237来源于黄早4×丹340，丹340来源于旅9×有稃玉米
登海618	2017年	521/DH392	以81162/齐319为基础材料自交选育	国外杂交种先玉335
先玉335	2004年	PH6WC×PH4CV	PH01N×PH09B，属于国外SS群	PH7V0×PHBE2，属于Lancaster群
联创808	2015年	CT3566×CT3354	CT03×PH6WC//PH6WC	(CT019×国外系B)×国外系B
金海5号	2004年	JH78－2×JH3372	美国杂交种78599	沈5003×自330
郑原玉432	2018年	JCD122BR单15×JC1326	改良Reid群	改良Lanc群

山东省年推广面积500万亩以上的品种均为审定10年以上的品种(郑单958和登海605)，100万亩以上的品种中，审定6年以上的品种占到7个(郑单958、浚单20、先玉335、金海5号、登海605、隆平2076、伟科702)，品种更新换代速度慢。近年来审定的品种数量虽然

剧增，但具备200万亩以上推广潜力的品种凤毛麟角。

三、山东省玉米育种创新建议

1. 高度重视种质改良创新研究

加大科研投入，持续支持以群体改良为基础的种质改良创新工作。积极引进外来种质、突变体库和优异核心种质资源，通过全基因组关联分析、QTL定位发掘分子靶点，克隆抗虫耐逆等重要农艺性状关键基因，开发有利用价值的分子标记。利用高效遗传转化技术、双单倍体技术、全基因组选择技术、分子标记辅助育种技术等，创制一批具备突出抗性、耐密、早熟、脱水快、品质优良的特异性种质；融入国内外特异性种质，持续创新改良已有的优良骨干种质，形成遗传基础广、优良性状聚合的骨干种质衍生系群。

2. 加快推进育种技术的更新换代

跨国种业公司以先进生物技术创新为核心，结合现代信息技术，形成全产业链创新的发展格局。在功能基因研发领域，拜耳、先正达等公司聚焦有重要育种价值的抗病虫、抗逆、产量、品质等相关性状基因；在转基因研发领域，以拜耳、科迪华、先正达等为代表的跨国种业集团拥有绝对优势，不断推进多基因叠加产品的应用；在基因编辑领域，国外麻省理工学院Broad研究院、ToolGen公司等已经走在前列，我国在基因编辑领域也有多个创新研究成果；在双单倍体育种领域，以中国农业大学等单位为代表的单倍体理论与技术研究处于国际领先水平，已在国内外得到大规模应用。目前，我国正在实施种业振兴行动，要加快转基因等生物技术应用产业化。因此，山东省应当加大对现代生物育种技术研究的投入，加强转基因技术、基因编辑技术、生物信息学技术的研发利用。

3. 大力推进科企联合育种攻关

瞄准科技前沿，紧跟社会发展进程，着眼山东省玉米生产面临的重大关键性问题和“卡脖子”难题，以政府项目为载体，吸引社会资金投入，联合省内优势科研单位和企业研发力量，加强前沿性和前瞻性技术研究，联合开展育种攻关。加快培育高产、优质、高效、绿色、宜机收的突破性新品种，开发适宜加工、深加工的淀粉专用或特用鲜食玉米新品种，推进山东省玉米品种更新换代，满足企业和生产发展需要，为乡村产业振兴、保障国家粮食安全、实现稳粮保供目标作出新的更大贡献。

规模化种植下中低产田如何实现玉米稳产增效

玉米分团　宋希云　刘树堂　姜雯

玉米是我国重要的粮饲作物，其产量高低对我国粮食供应安全有着重要影响。山东省是我国玉米主产省份之一，2020 年播种面积约 5 806.6万亩，单产约 446.9 千克/亩，总产 2 595.4 万吨；2021 年播种面积约 5 845.0 万亩，单产约 442.99 千克/亩，总产 2 589.0 万吨。同时，山东省也是玉米消费大省，常年消费量约 4 800 万吨，长期处于供不应求的状态。随着畜牧业和加工业的快速发展，玉米的产需缺口也不断扩大。山东省耕地以中低产田为主，中低产田面积占耕地总面积的 60%以上，是重要的耕地资源，也是制约农业生产发展的重要因素。目前，中低产田玉米单产水平远未达到应有的生产能力，具有很大的增产潜力。充分挖掘中低产田的粮食增产潜力，实现农业生产可持续发展，对提高山东省乃至全国农业综合生产能力、维护国家粮食安全有着十分重要的意义。

一、中低产田粮食生产能力提升限制因素

土层浅薄、土壤养分贫瘠、土壤盐渍化、土壤保水保肥性能弱、渍涝、干旱是中低产田粮食生产力提升的主要限制因子。长期以来，由于种植结构和布局不合理、盲目施用通用型化肥、有机物料长期投入不足，中低产田土壤有机质含量低、土壤养分不平衡、土壤物理结构劣化和微生物菌群失调等问题日益突出。山东省自然地理条件差异大，耕地细碎、农田基础设施配套落后，各区域社会经济的发展程度不同

也影响中低产田总体改造的进程。因此，规模化种植下应加强科学规划、因地制宜、高标准农田开发，突出“示范引领、辐射带动”，重点推进山东省粮食生产核心区中低产田的规模化和标准化改造，保障耕地质量和生产力的可持续提升。

二、规模化种植下中低产田生产潜力提升途径

改、用、养相结合，综合治理，是中低产田改造、生产能力可持续提升的途径，即在对中低产田治理和改造、消除起主导作用的障碍因子的同时，需要与科学用地和养地相结合。

1. 开展全省中低产田耕地质量数字化长期监测和作物生产信息化管理

明确全省不同区域中低产田生产潜力限制因子，建立以耕地地力（地形地貌和土壤条件等）、耕地工程质量（农田水利、田间道路等基础设施）、作物产量等为核心的中低产田耕地质量评价指标体系，并利用大数据等数字化和信息化技术创新全省中低产田耕地数据管理模式，对全省中低产田耕地改造利用情况进行长期和系统监测。根据各区域中低产田规模化种植农田土壤养分、墒情、温度等生态因子和作物长势实时监测情况，制订发布区域尺度高效养分投入、精准灌溉、逆境防控等信息化管理技术方案，保障粮食稳产增产。

2. 加强中低产田基础设施建设

加强水利工程建设，完善灌溉和排涝配套设施。水利是粮食生产的命脉，也是制约中低产田粮食生产的最大障碍。在规模化种植区注重改造中低产田及大型灌区节水设施、开发重点水利工程等，统筹完善小型农田水利设施体系规划，建设小型排涝设施、小型集雨节灌工程和微喷灌节水灌溉工程等，设立专项资金补助小型农田水利建设。另外，调动农民参与小型农田水利建设的积极性，实现小型农田水利工程建设的多层次、多元化、协调发展，保障中低产田具备良好的灌溉和排涝体系，提高抵抗自然灾害的能力。

3. 中低产田肥沃耕层的长期培育与土壤蓄水和保肥性提升

（1）多源碳投入提升耕层土壤肥力：多源碳投入是提高土壤肥力

的关键因素，有利于土壤团聚体的形成、土壤碳结构的稳定与根际微环境的激活。

秸秆还田是目前小麦、玉米普遍采用的培肥地力措施，但近年来由于小麦、玉米双季秸秆还田量过大、土壤水分不足、秸秆腐解时碳氮比失衡、翻压质量不好等原因，秸秆腐解转化慢、出苗差、病虫害增加，往往造成减产。因此，小麦、玉米轮作的农田可单季秸秆还田，即小麦季玉米秸秆还田、玉米季小麦秸秆离田，或者玉米秸秆隔年还田等。小麦季玉米秸秆还田时，犁耕翻压前，每亩施用秸秆腐熟剂 2 ～ 3 千克，每 100 千克秸秆施纯氮 0.5～1.0 千克，调节碳氮比为(25～30)：1。秸秆腐熟剂可与氮肥或干土拌匀后撒施于抛撒好秸秆的田内(适用于粉剂和颗粒型)，或均匀喷施到抛撒好秸秆的田内(适用于液体型)。利用雨水或灌溉水使土壤保持较高的湿度，达到快速腐烂的效果。研究表明，深(耕)松下通过秸秆还田，配施氮肥调整碳氮比，能加速富里酸向胡敏酸转化，增强耕层土壤腐殖化程度和质量，可使根际土壤中富里酸、胡敏酸与胡敏素的含量分别提高 3.85%、32.69%、70.76%。

另外，有条件的农户建议采用好氧生物发酵堆肥还田方式，即依靠专性和兼性好氧微生物降解有机物的生化过程，将要堆腐的有机料与填充料按一定的比例混合，在合适的水分、通气条件下，使微生物繁殖并降解有机质，从而产生高温，杀死其中的病原菌及杂草种子，使有机物达到稳定化。小麦、玉米轮作模式下，可将小麦、玉米等农作物秸秆离田后在田间地头就近进行生物高效堆肥、发酵后还田，以有效增加土壤有机质、培肥地力和抑制病虫草害，提高作物产量。好氧微生物发酵堆肥过程中要注意：①堆肥前，将农作物秸秆、畜禽粪便、辅料混合均匀，腐熟剂接种量为堆肥物料质量的 0.4%～0.5%，调节堆料的碳氮比至(25～35)：1，调节堆料含水率为 55%～65%。②将混匀的堆肥物料堆起，堆体底部宽控制在 1.2 ～ 3.0 米，2.0 米左右最适宜，堆高控制在 0.8～2.0 米，以 1.5 米左右为最适宜。③堆肥过程中，每天测定堆体中心部位温度 1 次，堆肥升温期、高温期和降温期要及时翻抛。高温发酵后，为使堆肥进一步熟化，将腐熟后的物料移出堆肥场地继续堆置 15～30 天，后续堆置期间物料的含水率控制在

40%～50%，中间翻抛 1～2 次。④在发酵前期和发酵过程中添加屎肠球菌、双歧杆菌、植物乳杆菌等除臭菌株，控制和减少臭气的产生。⑤堆肥发酵结束后要判定堆肥样品是否腐熟，评价指标有外观、pH、含水率、种子发芽指数、有机质含量、虫卵死亡率、粪大肠菌群数。堆肥在秋季小麦播种前整地时作为基肥施用，不能与杀菌农药混用。堆肥还田前可添加一定比例的外源功能微生物，如枯草芽孢杆菌、贝莱斯芽孢杆菌等，更有利于增加土壤中有益菌的数量。

近年来，生物有机肥在农业生产中备受重视。生物有机肥是指特定功能的微生物与主要以动植物残体（如农作物秸秆等）为来源的有机物料混合，经无害化处理、腐熟，复合而成的一类兼具微生物肥料和有机肥效应的肥料。其中，添加的活性微生物制剂不仅有利于增加有益微生物的数量，而且还能通过微生物代谢活动释放周围土壤的养分，从而更好地被植物吸收利用。适量配施生物有机肥不仅能改善土壤理化性状、提供作物生长需要的营养，还可调节作物根区微生物数量，增强作物抗逆性。在生产上可采用生物有机肥等氮量替代一定比例（15%～20%）的化学氮肥。生物有机肥料宜在耕地前撒施，随耕作翻入耕层土壤，作业深度 20～25 厘米；基肥中的化肥随生物有机肥在耕前撒施或机械深施。需要注意的是，商品生物有机肥中使用的微生物菌种应安全、有效，有明确来源和种名。

（2）优化轮作和轮耕制度：根据前茬作物收后的地表特征及后茬作物生长需求确定合理的轮作轮耕制度，这是保持和提升土地生产能力及促进农业可持续发展的重要保障。中低产田规模化种植，要因地制宜，优化以主粮为主体的粮油、绿肥等轮作制度，如采用分带间套轮作技术，实现以田养田，边用边改，养用结合，不断提高耕层土壤肥力。实践证明，禾本科和豆科作物轮作倒茬可以优化土壤养分和微生物群落结构、减轻土传病虫害，增加产量，中低产田可以采用小麦—玉米→小麦—花生（大豆）等轮作模式。轮耕是一种针对长期单一性耕作及常年保护性耕作给作物生长和土壤生态环境带来的不利影响，通过保留传统耕作的有益部分来改善土壤物理性质和提高土壤供肥能力的土壤耕作技术体系。中低产田应结合农业生产实际对传统耕作制度进行优化，采用与土壤类型及秸秆还田相适宜的松、翻、旋等轮耕培肥制度，秸秆还田＋深松利于保持耕层土壤微生物生物群落多样性和稳定性。与常规旋耕相比，深松可使耕层土壤微生物生物量碳、微生物熵与微生物碳氮比分别提高49.81％、20.12％和138.51％。适当逐年加深耕作层，构建“虚实并存”的合理耕层结构，可显著增加土壤水稳性大团聚体含量和土壤孔隙度，协调耕层土壤水、肥、气、热，促进土壤微生物活动和有机质分解转化，提高土壤蓄水保墒和保肥能力，为作物生长发育创造良好的环境。

4. 中低产田玉米规模化高效种植

中低产田玉米规模化种植应采取水肥高效调控技术、抗灾减灾技术、轻简化高效栽培技术等，建立作物种植与土壤改良协调发展的技术体系。首先要重视抗逆丰产玉米品种的培育与筛选，针对不同类型中低产田的特点，筛选抗旱节水丰产型品种、养分高效型品种，提高品种的适应性和产量潜力。重视水肥资源精准高效供给利用，用养结合。建议规模化种植采用微灌技术，尤其是玉米滴灌水肥菌一体化精准高效技术。

（1）选用集播种、铺管、施肥于一体的玉米播种机进行播种，采用60厘米等行距或者小行距40厘米、大行距80厘米的大小行播种方式。播深3～5厘米为宜，采用精量单粒播种，根据品种特性选择适宜的种植密度。等行距播种方式滴灌管铺设在苗带上，滴灌管距离苗7～10厘米，大小行播种方式滴灌管铺设在小行中间。滴灌带铺设长度与水压成正比，长度一般为60～85米，滴头流量为1.3～2.0升/时，滴头间距为25～30厘米。质地偏沙质的土壤，滴头流量取小值。研究发现，沙质土壤低滴头流速处理（1.3升/时）和高滴头流速（2.0升/时）处理水分水平扩散距离分别达到45厘米和40厘米左右。

（2）滴灌次数与灌水量依据玉米需水规律、土壤墒情及降水情况确定，苗期—拔节、拔节—吐丝、吐丝—灌浆中期、灌浆后期各阶段田间相对含水量要分别达到60％、70％、75％、60％。

（3）施肥量按照养分平衡法确定，按每生产100千克籽粒需氮（N）2.2千克、磷（P_2O_5）1.0千克、钾（K_2O）2.0千克计算。播种期、玉米大喇叭口期、抽雄吐丝期施肥比例，氮肥为40%、20%、40%，磷肥为35%、25%、40%，钾肥为75%、25%、0%；大喇叭口期追施锌肥（每亩1.5千克硫酸锌）和液体微生物菌剂产品（施用量2 L/亩）。微生物菌剂选用枯草芽孢杆菌、贝莱斯芽孢杆菌等，有效活菌数≥2亿个/毫升、水不溶物低于5克/升的液体剂型产品。

（4）滴灌施肥结束后，保证滴清水20～30分钟，以将管道中残留的肥液冲净。玉米收获前1周采用滴灌带回收机械及时回收滴灌带（管）。

5.强化农业社会化服务体系建设，培育新型农业经营主体，提高中低产田专业化生产水平

规模化、专业化种植是实现山东省中低产田生产力总体提升和玉米等主粮作物提质增效的有效途径，强化以种养大户、家庭农场、农民合作社、农业产业化龙头企业为代表的新型规模经营组织和职业农民的培育引导。在促进中低产田土地流转的同时，通过农业社会化服务体系的发展，加大法律、政策、财政、金融、保险、人才、技术和管理等方面的支持，采取有效措施，提高农民对中低产田改造及可持续利用的认识和积极性。

山东省棉花收入保险模式调研报告

棉花分团　王桂峰

我国自2001年加入WTO后，棉花生产的市场化、国际化速度加快，棉花资源及消费融入全球产业链，成为世界上重要的棉花生产、消费、纺织品服装出口大国，其全球占比分别达23%、32%、38%，全国棉花生产量、消费量分别基本稳定在590万吨、800万吨水平附近。与此同时，也引致了农业生产结构变化及农业生产要素成本上扬、全国棉花生产区域发生重大调整变迁。2020年西北内陆棉区面积、总产全国占比分别为79.45%、87.83%，全国棉花生产“二八”格局到“一支独

大”态势明显。

山东省作为东部沿海经济大省，资源要素价格较高，棉花种植自然风险随机性强，尤其是市场风险大、比较效益低、植棉区域规模不断收窄细碎，棉花产业衰退凸显。山东省棉花面积、单产、总产分别从1949年的685.35万亩、12千克/亩、8.105万吨到2020年的214.35万亩、85.4千克/亩、18.3万吨，全国占比分别为4.51%、3.10%，棉花消费、纺织服装出口量分别占1/4、1/5。山东省棉花种植面积自2018年开始连续低于全省400万亩棉花生产保护区规划面积，2020年已降至国家棉花生产保护区规划的53.56%。

棉花是种植业作物生育期与产业链较长、商品率高达95%以上的重要经济作物。“十三五”末期山东省具有400型资质加工企业100家、棉花加工机械1 744台、规模以上纺织企业1 630家、纺织服装与服饰企业近1 200家，纺纱353.4万吨、织布44.4亿米。2019年纺织服装出口1 558.1亿元，带动全产业就业人员260万～280万人。山东省棉花生产与其全产业链体系完整，对全国产业配套能力强。

目前山东省纺织业年消耗原棉产能接近200万吨，但2019—2020年每年自产原棉仅20万吨产能，高品质原棉匮乏，原棉对外依存度高达90%，原棉自供率低，山东省棉花产业链、供给链协调稳定性问题加剧。

一、棉花目标价格保险试点与推进收入保险的必要性

从棉花目标价格保险试点机制运行效果梳理，提出山东省棉花收入保险模式的基本架构思路，以此推进内地棉花生产保护区省份加快引入棉花收入保险理论研究，在理论应用上探索棉花收入保险模式构建，夯实山东省棉花收入保险理论研究及理论应用基础。

自2001年棉花市场开放以来，特别是“十三五”期间，全国棉花生产格局及山东省等内地棉花产业发生了重大变迁。除了棉花自然风险不确定性外，棉花市场风险不断加大，植棉比较收益低且收益不确定性增加，出现了内陆省份及山东省地方棉花供给与需求不平衡、产量和质量不平衡、成本与收益不平衡、传统模式与创新发展不平衡。

因此，研究总结山东省棉花目标价格保险试点运行机制，并推出面向新型经营主体的附加棉花收入保险模式试点，对保障棉花生产稳定发展意义重大。

基于 2019—2020 年山东省棉花目标价格保险效果及玉米等收入保险试点，结合山东省棉花生产的工作实践与政策调研，研究山东省棉花收入保险模式设计框架及具体保险方案的重要组成，提出适合目前山东省棉花生产经营特点的棉花风险单位划分区域。根据目前生态植棉区域具体种植模式的不同产业结构特点，直接从实践角度提出棉花保险（预期）单产、保险价格及收获价格合理化确定建议，为山东省即将开展的棉花收入保险试点提供参考研究基础。

二、山东省棉花种植区域自然特点与面临的生产风险

棉花为喜温、耐适度盐碱的短日照作物，具有无限生长、营养生长和生殖生长重叠期较长、生育期与成熟期及收花期均较长等生理特性。

山东省农业自然条件优越，棉花产业经济综合配套能力突出，适宜棉花生长发育，棉纤维主要生产品质指标纤维断裂比强度、马克隆值较好，纤维断裂比强度优于新疆棉、纤维马克隆值与白棉占比高于长江流域棉区，植棉历史悠久，技术储备、基础能力厚实。

1. 山东省植棉生态区域自然条件及主要植棉区布局

山东省棉区≥15℃积温为 3 500～4 100℃，无霜期 180～230 天，年日照时数 2 200～2 900 小时，大部分县域≥15℃积温为 3 500～3 600℃，仅能满足中早熟品种对热量的要求；年降雨量 500～800 毫米，多集中在 7—8 月份。各地雨量分布、土壤等生态条件也有较大差异，春末初夏旱情频发，春秋日照适中，利于棉花生长和吐絮，日照由南向北逐渐减少，差异较大，晚秋降温不利于秋桃成熟与纤维成熟。

棉田土壤以壤质潮土为主，其中鲁西北棉区主要为沙壤土及盐土，沿渤海湾黄河三角洲植棉区为滨海盐碱地。全省基本棉田耕地质量低，棉秆基本作为发电原料，少量饲用或农村仍作为燃料，棉田物质单向循环较重，土壤有机质偏少、缺钾重。

2. 山东省棉花耕作制度、区域分布及棉纤维质量的特点

山东省"十三五"期间种植业结构调整加快，棉花生产区域集中度因种植区域不断收缩而降低，棉花生产区域进一步细碎化。目前，山东省棉花生产主要集中在鲁北、鲁西北、鲁西南三个相对集中植棉区，其中鲁北是黄河三角洲滨海盐碱地一熟传统棉区，鲁西北是一熟、两熟混作老棉区，鲁西南属蒜套棉(包括少量麦套棉)两熟高效棉区，鲁中、鲁南及其他为旱作微域化零星植棉区。

2019—2020 年植棉主要分布在全省 5 个市 13 个县区，全省植棉主要播种规模占比分别为鲁北 25.3%、鲁西北 15.2%、鲁西南 47%、其他旱地棉区域 12%。

2014—2019 年，山东省审定棉花品种 43 个，其中 2016—2019 年审定棉花品种 37 个。

山东省棉花品种"多、杂、乱"，种植方式不同。鲁北盐碱地与鲁西北棉区棉花纤维长度、断裂比强度较好，马克隆值较高，白棉占比较高；鲁西南以种植杂交棉为主，单产高，棉纤维成熟度低，马克隆值偏低，纤维强度、长度相对较低。

山东省棉花生产经营组织以小农户为主体，棉花生产的生态区域化、规模化程度较低，高品质原棉匮乏，严重制约棉花生产供给链与产业链的结构性均衡。

3. 山东省棉花生产发展面临的主要风险

棉花生产的季节性特点、生育周期和产业链条较长，导致其生产易受到自然与市场双重风险，供需弹性均低且供给弹性大于需求弹性，棉花生产风险保障难度大，比较效益低。

(1)自然风险："十三五"期间山东省棉花自然风险主要是鲁西南地区的渍涝灾害、鲁西北区域的雹灾、鲁北及鲁中的春播旱灾，成灾面积比较集中。棉花生产自然风险主要体现为产量风险。

(2)市场风险：棉花作为大宗农产品，受制于国际贸易及汇率，特别是国际市场的不确定性，市场价格波动渐强；我国连续三年保持进口 200 万吨左右，山东省棉花年需求保持在 200 万吨水平，自产 20 万吨左右；纺织服装业的原棉原料主要依赖新疆国产及进口棉。市场价

格剧烈波动成为山东省近两年棉花市场的主要风险因素，价格风险成为主要市场风险。

三、我国植棉政策演变和山东省棉花目标价格保险试点效果评价

棉花和粮食、油料、糖料一样，同属国民经济基础性的准公共产品产业特质，受国家长期政策性支持保护。

1. 棉花市场化改革后，国家调整植棉政策

1998 年 11 月，国务院出台《关于深化棉花流通体制改革的决定》(国发〔1998〕42 号)，从 1999 年起，国家主要通过储备、进出口调节等经济手段调控棉花市场，建立棉花资源市场体制合理配置机制。

2001 年我国加入 WTO，棉花内外市场开始接轨衔接。由此，我国扩大棉花市场准入，对关税内实行关税配额管理，并逐步降低关税税率、增加棉花进口关税配额数量。

2005 年对配额外棉花进口实施滑准税。基于保护国内棉农利益考虑，提高棉花进口成本，滑准税计算公式每年会进行微调。

2007 年棉花开始实施良种补贴。2007 年针对棉花品种“多、乱、杂”、棉纤维品质一致性差问题，中央财政首次安排 5 亿元，对全国近 4 000 万亩棉花进行补贴，补贴标准为每亩 15 元。2009 年将该政策扩展为全国普惠制良种补贴政策，调动了棉农种棉积极性，优化了棉种研发产业导向机制，推进了棉花生产区域化种植，棉花良种得以快速推广。

2007 年对新疆棉花及棉制品外运实施运费补贴。从 2007 年开始，国家对运往内地的新疆棉移库费用给予补贴，支持疆棉外运，对符合国标的出疆棉补贴 400 元/吨。2009 年，国家将出疆棉纱纳入补贴，补贴标准为每吨 400 元。“十二五”期间，对出疆棉(含棉纱、棉布)上调补贴标准为 500 元/吨，补贴期限暂定 2011—2015 年度。自 2012 年，国家开始对公路出疆棉花给予运费补贴 500 元/吨。

2011 年棉价高位迅跌，国家启动临时收储。在国内植棉面积增加，纺织消费受金融危机影响十分低迷的背景下，为防止国内棉价从

资金炒作的历史高位迅速下跌，国家八部委确定从 2011 年 9 月 1 日至 2012 年 3 月 31 日开展临时收储，开启为期三年的连续大规模收储。三年临时收储价分别为 19 800 元/吨、20 400 元/吨、20 400 元/吨，累计收储 1 600 余万吨，国内生产的皮棉大部分进入储备环节。

2014 年在新疆开启棉花目标价格补贴政策试点。2014 年 1 月，国家提出在新疆开启棉花目标价格补贴试点，确定 2014 年棉花目标价格为 19 800 元/吨，取消临时收储政策。国家决定从 8 月 31 日起停止抛售储备棉，探索推进农产品价格形成机制与政府补贴脱钩的“价补分离”机制。

2014—2016 年，新疆棉花目标价格分别为每吨 19 800 元、19 100 元和 18 600 元。与此同时，国家对山东、湖北、湖南、河北、江苏、安徽、河南、江西和甘肃 9 个棉花主产省给予补贴。2014 年，9 省棉花定额补贴标准为每吨皮棉 2 000 元，以后年度每吨补贴额根据新疆目标价格补贴标准的 60%测算，设立每吨 2 000 元上限。

继中央财政 2014 年对内地 9 省补贴，天津市由地方财政给予棉花定额补贴，这样内地实施种植棉花补贴的省市达 10 个，即形成“9 省＋1 市”内地棉花定额补贴模式。

内地棉花定额补贴按照种植面积及统一补贴标准方式补贴，是棉花实际种植者的“普惠制”补贴，在一定程度上弥补了棉花种植比较成本，缓解了内地植棉业加速下滑。

2. 山东省开展棉花生产政策性保险

2012 年，按山东省农业农村厅(鲁农种植字〔2012〕3 号)文件方案，确定政策性棉花保险补贴险种的保险责任范围为：对于雹灾涝灾造成的损失且损失率 20%(含)以上、重大流行性病虫害(棉花黄萎病和棉铃虫)造成的损失且损失率 50%(含)以上时，按合同保险公司给予赔偿。

此棉花生产成本保险为物化成本，2014 年棉花保险费为 18 元/亩，保险金额为 450 元/亩；2015 年以后棉花保险费为 30 元/亩，保险金额为 500 元/亩。棉花保费，按 80%比例给予补贴，农户自担其余 20%。其中，中央财政承担 35%、省财政承担 25%、市财政承担 6%、县财政承担14%。

2018年山东省棉花种植面积低于400万亩国家保护区规划。2019年根据财政部、农业农村部(财经502号)文件,山东省开展棉花目标价格保险试点并取得积极成效,提高了棉花补贴资金的使用效率,促进了棉花产业融合,稳定增加了试点县域植棉规模。

为促进山东省棉花产业高质量发展,提高农业保险政策保障水平,创新农业补贴方式,山东省农业农村厅、财政厅等部门联合印发了《山东省2019年棉花目标价格保险方案》,确定在东营区和平阴县、寿光市、鱼台县、夏津县、武城县等“1+5”个县(市区)开展棉花目标价格保险试点。

3. 山东省棉花目标价格保险试点主要成效

山东省棉花目标价格保险在试点县市区取得了一定成效,并取得积极的政策创设效果。

(1)试点地区棉农基本收益得到保障,棉农植棉积极性高涨。2019年山东省棉花目标价格保险方案“最低保障收益1 216元”的目标,确保了试点地区棉农的基本收益。棉花目标价格保险应保尽保,保费进行全额财政补贴,试点地区投保率均达到100%,普惠性强,使棉农在棉花价格低迷状态下看到了新的希望,潜在的植棉意向得到有效激发。如投保面积占到全省试点面积43.38%的夏津县,2020年植棉面积达到18.78万亩,较2019年的17.63万亩增长了6.52%。

(2)试点地区棉花价格风险得到规避,提升了棉花生产规模化区域“订单式”种植及产业融合度。棉花目标价格保险政策切中了棉花产业发展要害,打消了新型农业经营主体棉花规模化种植“市场价格波动大、种植效益不稳定”的后顾之忧,促进了订单生产、发展优质棉生产方式的转变。以夏津县为例,目前夏津县50亩以上棉花订单生产面积已发展到1.7万亩,实现了从零起步的跨越突破;夏津县新盛店镇的植棉大户李洪立和双庙镇的许桂霞,植棉面积分别从2019年的440亩和200亩增加到了2020年的550亩和509亩,增长率分别为25%和154.5%。

(3)试点政策的落实增强了棉农的投保信心,加快了农业保险的推广和创新。此次棉花目标价格保险试点采用“保险+期货”模式，通过期货市场对冲分散了市场风险，为试点地区棉农带来了实惠，得到了广大棉农支持，棉农积极参与又加快了农业保险的创新推广。

4. 山东省棉花目标价格保险试点过程中发现的问题

棉花目标价格保险帮助棉农抵御了市场风险，在试点地区取得了一定成效，属于符合世贸组织规则的“绿箱政策”，有效规避了定额补贴“黄箱政策”的约束，但仍然发现了一些问题。

(1)棉花种植风险大，抵御自然风险的保险覆盖率较低：山东省棉花目标价格保险在试点地区做到了百分之百全覆盖，为植棉农户抵御市场风险提供了保障。但棉花生产受自然风险与市场风险双重制约，棉农对抵御自然风险的种植保险的投保率与其面临的自然风险大小明显不匹配。

目前，山东省鲁北棉区多为中晚熟棉作一年一熟种植制度，与小麦、玉米等两熟制种植模式相比，面临的自然风险更大。两熟制作物两季都遭受自然灾害的概率比较小，而棉花种植一旦遇到干旱、高温、大风、阴雨、冰雹、低温冻害等气候灾害风险或棉铃虫、棉蚜、蜘蛛螨等病虫害风险，必将导致当年棉花产量风险而使棉农收益受损。

因此，即使棉花目标价格保险在全省推广，缓解了价格风险的植棉农户仍然面临由于气候灾害或病虫害等原因而导致产量及收入受损的可能。

(2)仅靠目标价格保险难以扭转植棉比较效益低的局面：2019 年 11 月对参与试点的济宁市鱼台县主要植棉乡镇进行了抽样调查，抽取鱼城镇、罗屯镇和李阁镇 3 个乡镇，每个乡镇抽取 3 个自然村，每村调查 10 户棉农，样本量共计 90 户。从抽样调查结果来看，棉花目标价格保险无法解决植棉比较效益低的问题。

目前试点的棉花目标价格保险模式，仍不能从根本上解决当前山东省棉花种植比较效益低、棉花种植的集中度偏低、无法推进机械化作业而导致人工成本高等窘境。

(3)棉农保险认知水平低，对补贴的需求远超过了保险：政府对保费予以财政补贴是我国农业政策保险支持的重要方式和农业保险展业不可缺少的动力支撑。实地调查发现，多数棉农并没有因此意识到保险对于农业生产的必要性，而仅是将保险赔付看作政府补贴，并期望政府接续给予更多补贴。

(4)完全相同的试点政策无法区分各棉花产区的实际保障目标：此次山东省棉花目标价格保险在各试点县(市、区)采用了完全一致的试点方案，并没有考虑各棉花产区生态区域种植特点及保障度。此次试点对某些地区、某些农户来说保险保障作用明显，而对有些地区或有些农户来说可能会显得保险保障力度不足。

目前试点推广的棉花保险主要是防范生产过程中发生的自然灾害风险，即产量保险，没覆盖市场价格风险，要探索开展作物收入保险模式研究及试点。收入保险是未来农业保险的主导业态，可有效提高重要农产品风险保障水平。

四、山东省开展棉花收入保险试点的必要性与可行性分析

国内外粮食、棉花收入保险研究推广及山东省金乡大蒜、滕州马铃薯特色蔬菜产品目标价格保险与济阳等玉米收入保险试点的经验表明，收入保险是当今农产品保险类别体系中保障涵盖面宽广的一款保险产品。结合山东省棉花生产区域结构与棉花产业链分布，开展棉花收入保险模式研究及试点推广，既必要又可行。

1. 山东省构建棉花收入保险模式及试点的必要性分析

山东省作为内地棉花生产保护区第一省份，现阶段主要利用棉花物化成本保险来防范棉花面临的自然风险，通过固定、单一、低水平的植棉补贴政策支持应对持续走高的完全生产成本、全要素成本，很难保障农民植棉比较收益。棉花目标价格保险试点也显示，不从保持、稳定植棉者收入切题，没有一定的植棉收入保障，棉花业态存续及棉花产业竞争力不能持续。

(1)推进棉花收入保险模式创新应用是统筹促进内地棉花可持续稳定的政策要求：我国“十三五”期间和2021年中央1号文件连续明确发展农业政策性保险的意见，2019年发布了《关于加快金融服务乡村振兴的指导意见》《关于加快农业保险高质量发展的指导意见》，加大

了农业保险“扩面、增品、提标”的工作力度,“保险＋期货”试点连续五年写入中央 1 号文件,推动农业保险从保价格向保收入转变,积极防控自然与市场双重风险。

因此,研究开展利用市场化保险工具,通过政府引导的“保险＋期货＋订单棉业＋棉花生产社会化服务”等市场合作方式,构建山东省棉花收入模式试点与推广,将提高山东省棉花生产及高质量发展能力。

(2)棉花收入保险模式是为棉花生产者提供全面的风险保障工具:山东省作为内地棉区,棉花种植层面分散较重,小微农户仍然是棉花生产主体。从普通农户角度,开展棉花收入保险模式既能为农户提供有效的植棉收入保障、稳定棉农收入,又可把小微棉农与现代棉花产业通过绿色金融模式有机衔接,使棉农统筹产量与价格风险,成为普通棉农简单易懂的实用家庭植棉收入保障支撑。

(3)棉花收入保险可满足新型棉花生产经营主体规模化生产风险管理需求:现阶段,新型棉花生产经营主体成长面临经营规模扩大与市场及自然风险更大的压力。内地植棉业稳定发展的支撑来源,一是家庭农场、植棉专业大户、农业合作社等新型经营主体;二是在此条件下的棉花区域化、规模化、标准化生产布局,得以实现棉花产业链条融合衔接;三是新型经营主体更需要全面的农业保险保障,而棉花收入保险为棉花生产者提供了较全面的风险管理能力。

2. 山东省开展棉花收入保险的可行性

有关研究表明,一个区域推行农产品收入保险机制有三个要素,一是比较系统的区域农产品单产与价格历史记录,二是期货市场对农产品具有高效价格发现功能,三是政府能够提供宽厚的财政支持和有效监管。经过试点梳理分析,山东省已初步具备了开展棉花收入保险试点的条件。

(1)具有系统化的行业性及产业完整的棉花数据和价格数据:棉花收入保险承保的是产量与价格风险,收入保险产品设计和费率厘定需要大量棉花产量数据,数据的质量影响收入保险产品设计的准确性。山东省自 1949 年就建立了以县级为行政单位的棉花产量相关统计数据，同时棉花市场价格也有较长的省市（地区）县级监测数据，这为棉花收入保险模式研究及试点提供了技术与产业基础。

山东省统计局、山东省供销社（山东省棉花协会、纺织服装协会）、山东省农业农村部门、山东省棉花学会等均有省市县棉花生产与市场数据完备的统计分析体系。另外，棉花市场价格信息可由多渠道获取，如中国棉花协会统计数据、农业农村部农业信息中心和农研中心系统等。

（2）山东省农业保险产品创新具备地方典型模式基础：2016—2020 年山东省农业保险险种丰富，种植业保险已基本全覆盖主要粮食、油料作物及山东特色农业产品。创新实践、试点试验形成了德州、潍坊、枣庄农业保险典型模式（包括农业生产土地托管、农业生产社会化服务体系）、小麦完全成本保险及玉米收入保险“共振效应”——济南市济阳区打造粮食生产风险保障“齐鲁模式”、安华农业保险山东分公司 2020 年烟台金融支农创新试点“订单＋保险＋期货（期权）”苹果品牌等。山东农业保险承保企业增多，提高了保险密度、深度，积累了大量的系统行业数据与产业经济社会发展数据。

五、积极完善普惠型棉花目标价格保险机制，构建补充型棉花收入保险模式

国内外农产品收入保险，特别是棉花收入保险试点，为山东省棉花收入保险开展提供了可以借鉴的模式经验与实践探索。因此，本文提出了构建补充型山东省棉花收入保险模式的基本思路。

山东省棉花收入保险模式构建及试点，要把握棉花生产的生态区域化、规模化种植，促进棉花全产业链融合与新型经营主体成长，构建政府积极引导、市场运作、自主自愿、协同推进的基本框架，扩大覆盖面，推进建立政府引导的“棉花生产保护区规划县或植棉 2 万亩以上植棉县普惠型棉花目标价格保险”＋“补充型生态区域化生产棉花收入保险”＋“高品质棉适纺型订单式种植”模式。

所有棉花生产者均参加棉花目标价格保险风险保障，政府全额补贴保费；而保障程度更高的补充型棉花收入保险重点目标群体将向新

型农业经营主体转变，由政府对保费进行不同程度的补助，引导推进棉花生产生态化、区域化、规模化、标准化。积极创新实践，形成政府、保险机构及农户等棉花保险参与者之间的互动、联动、可持续协调的机制体制。

1.创造开展棉花收入保险的条件

(1)遵照相关法律法规出台实施方案：遵照《中华人民共和国保险法》《中华人民共和国合同法》《中华人民共和国民法通则》等相关法律法规，本着尊重棉农个人意愿的原则，出台普惠性棉花目标价格保险和补充型收入保险＋适纺型高品质棉花订单式生产模式的引导政策和实施方案。

(2)利用现有监管体系制定监管制度：遵守现有的监管制度，利用现有的监管体系和部门制定棉花收入保险实施中保险公司、期货公司行业自律规章、信息交流机制、内部管理制度和信息披露制度等。

(3)按照大数法则要求积累数据资料：积累分析全国尤其是山东省历年棉花生产的种植面积、产量、单产、进出口价格、各地价格以及历次种植保险和价格保险的开展及赔付情况等，根据大数法则设定棉花收入保险费率。

(4)深入推进农产品期货期权市场建设：成熟完善的期货期权市场有助于更好地分散风险，山东省棉花收入保险应当借鉴目标价格保险试点经验，采用“政府＋保险＋期货”的模式进行，在稳步扩大“保险＋期货”全省覆盖的基础上，探索“订单农业＋保险＋期货(权)”试点。

(5)培育新型棉花主产经营主体，提升棉农组织化程度：新型棉花生产经营主体的培育和棉农组织化程度的提升，一方面利于开展棉花生产土地托管及棉花生产社会化服务体系建设，促进棉花生产区域种植规模化、标准化和绿色高效高质技术集成模式应用，既降低棉花人工成本，又方便收入保险统保统赔；另一方面，棉农组织化程度的提升有利于棉农接受金融和保险知识的普及教育，增强棉农的保险认知水平和对保险产品的接受程度，充分认识棉花收入保险对分散风险的重要意义，提高收入保险的投保率。

2. 开展补充型棉花收入保险试点

(1)试点原则:在棉花生产经营主体、保险公司、期货机构等各方自愿参与的基础上,体现普惠性原则,无论棉农棉花种植规模大小,全部纳入试点保障范围,享受保费财政补贴。在进行市场化运作的基础上,通过财政资金的撬动效应,保障棉农植棉收益。

(2)试点范围:在全省范围内开展试点,结合鲁西南、鲁西北、鲁北三大生态棉区及种植大县的异质化自然禀赋、生产方式、棉花单产,合理区分不同风险单位,实行不同的费率设定标准和保险赔付方案。

(3)投保人/被保险人:山东省所有棉花实际种植者,50 亩以上的专业大户、家庭农场、300 亩以上植棉专业合作社、2 000 亩以上棉花纺织加工企业和棉花生产基地等。

(4)保险标的:保险标的为新型生产经营主体的适纺型高品质棉花品种的种植收入。

高品质适纺型棉花收入保险的保险标的应为经政府部门审定合格的优质棉品种或规模以上纺织企业纺织原料需要的可纺 40 支纱以上的高品质棉品种(系),按照当地的优质棉种种植规范标准和山东省生产技术规程要求进行生产管理,正常生长,且成熟后棉花纤维指标体系符合当地高纺织技术标准要求。

投保人在投保时应当出具投保的棉花品种审定证明,品种购买合法凭证等。同时,承保的保险公司须对投保的棉花种子进行质量合格性检验。

根据当前山东省棉花生产保护区及种植区域分布等,可以选择在济南、东营、滨州、德州、济宁、菏泽、潍坊等市棉花生产保护区 3 万亩县和规模化种植区域进行补充型棉花收入保险试点工作。

(5)保险费及补贴:借鉴美国棉花收入保险的试点情况,补充型棉花收入保险,政府要给予不低于 50%的保费财政补贴。

(6)保险目标收入:保险目标收入的核定按照鲁西南、鲁西北和鲁北三大棉区的划定各自核定。保险目标收入=约定亩产×棉花目标价格基数×(1+浮动比率)。

约定亩产参照过去 5 年正常年份所在棉区棉花亩产平均值确定，棉花目标价格基数参照目标价格保险试点时的确定方法，结合山东省棉花产业实际情况和市场行情，并根据郑州商品交易所棉花期货市场于棉花收获期的均值，即山东省棉花收获期每年 9—12 月月度均值综合确定，再根据所在县人均 GDP 和人均消费水平设定一个浮动比率。

(7)保险期限：每年 9 月 1 日至 12 月 31 日为保险期间。

(8)保险责任：保险期限内棉农植棉收入低于保险金额，视为保险事故发生，由保险公司赔付差额。

(9)赔付处理：沿用目标价格保险试点中成功采用的“保险＋期货”方式，根据保险期间内郑州商品交易所棉花期货 9—12 月收盘价平均值，每月计算一次结算价格，再取 4 次结算价格的算术平均值作为核定实际收入的价格水平，此价格乘以指定产棉区当年度平均亩产水平就得到该棉区棉农植棉收入。若低于保险目标收入，则按实际差额与植棉面积的乘积进行赔付。

3. 建立棉花收入保险的风险分散机制

(1)利用“保险＋期货”进行风险对冲：保险公司和期货机构通过对收入保险费率的测算和场外期权产品的设计研发，利用期货市场进行风险对冲。

(2)利用农业再保险进行巨灾风险分散：由国家层面政策性农业再保险作为供给主体，有望实现棉花巨灾风险分散。

近年来，国内外农业政策性保险演变及棉花政策性保险“绿箱”化的变化加快，系统把握山东省棉花生产与产业发展的内在突出问题与支持政策调整，结合国内棉花目标价格保险试点及国内主要粮经农作物“保险＋期货”模式收入保险试点机制保障，不断完善山东省普惠型棉花目标价格保险模式，加快补充型棉花收入保险模式的具体创设架构研究，以全省棉花生产区域的不同生态化区域种植模式作为风险单位及保障程度区分的基本依据，为即将进一步调整的山东棉花补贴政策优化选择提供基础参考依据。

黄河三角洲盐碱地作物生态高效生产状况调研

棉花分团　董合忠　崔正鹏　李维江

黄河三角洲盐碱地是我国重要的粮棉作物生产基地，也是实施黄河流域生态保护和高质量发展战略的重要区域。但长期以来，该区盐碱地“重改良、轻适应”“重开发、轻保护”“重经济、轻生态”，不合理的作物布局和开发利用导致熟制单一、生态脆弱，农田周期性返盐和面源污染严重，极大影响了该区生态保护和作物生产可持续发展。因此，棉花分团对黄河三角洲盐碱地作物生产现状进行了系统调研，研究提出了黄河三角洲盐碱地作物生产的基本思路和技术路线，并提供了中度盐碱地上种植耐盐经济作物生产关键技术。

一、黄河三角洲盐碱地作物生产现状

当前，黄河三角洲盐碱地熟制单一、生态脆弱，农田周期性返盐和面源污染严重，影响了生态保护和作物生产可持续发展。

黄河三角洲土地总面积 215 万公顷，耕地面积 78.6 万公顷，目前仍有荒地资源 70 万公顷。但其自然资源丰富、生态环境独特、气候条件良好，是我国东部沿海少有的待开发的资源宝地。该区土壤为黄河冲积形成的潮土和滨海盐化潮土，由于盐碱化程度较高，很多作物无法良好生长，只能发展耐盐作物。其中，棉花种植曾经十分普遍，是黄河三角洲地区农村经济的传统支柱产业。20 世纪 90 年代前后，全区 19 个县(市)中的 18 个县(市)种植业以棉花种植为主，植棉收入占当地农民总收入的 30%以上。“十二五”以来，山东省棉花种植面积连续下滑，黄河三角洲的棉花种植规模也在迅速萎缩。究其原因，一方面是传统植棉方式工序多、用工多、机械化程度低，植棉效益低；另一方面是受政策层面影响，国家在新疆实行的诸多植棉鼓励政策未能惠及内地棉农。而且，自 2013 年“渤海粮仓”项目实施以来，黄河三角洲地区大量棉田改种了粮食作物。但在含盐量0.2%以上又缺乏水浇条件的盐碱地种粮，产量和效益远低于正常水平。以滨州市无棣县为例，盐碱地棉田改种小麦后，很多地块小麦亩产仅200千克左右，有约1/4的面积小麦产量低于100千克，纯经济效益为负值。应特别注意的是，部分缺水地块连续种植小麦、玉米多年后已经出现严重的返盐现象。受此影响，黄河三角洲地区棉花种植面积严重下滑，粮食低产田比比皆是，有些地方还出现了大片土地撂荒的情况。

黄河三角洲地区发展棉花等耐盐作物种植不仅是一个经济问题，还是一个生态问题。黄河三角洲地区土壤盐渍化程度高，生态系统较为脆弱，农业灌溉以外来的黄河客水为主，水资源较为紧缺。而棉花抗旱耐盐性好，有改良盐碱地"先锋作物"之称。与冬小麦、夏玉米粮食作物相比，棉花亩耗水量低，种植棉花还能有效改良耕层土壤结构，降低土壤耕层含盐量，显著抑制由于水分蒸发造成的土壤返盐，棉花秸秆还田后也能够对土壤起到保水抑盐的作用。一般中度以下的盐碱地连续种植棉花三年后即可以种植小麦、玉米等粮食作物。因此，发展棉花种植是黄河三角洲地区盐碱地综合治理、发展节水灌溉、改善生态环境的一项重要举措。针对目前熟制单一、生态脆弱、农田周期性返盐和面源污染严重等突出问题，必须因地制宜，合理布局棉花等耐盐作物，改革优化黄河三角洲盐碱地传统种植模式。

二、黄河三角洲盐碱地作物生产的基本思路

黄河三角洲盐碱地作物生产，必须从力争使盐碱地适应作物的传统思路，转变到选种耐盐作物适应盐碱地的现代思路。

黄河三角洲有一套特色鲜明的滨海盐碱地生态系统。十多年来，为了在盐碱地上多产粮食，大力开垦和利用盐碱地，通过大水漫灌洗盐从而降低土壤盐分种粮的生产方式尤为普遍。但这种方法既浪费淡水，又依赖淡水，一旦水资源短缺，停止大水漫灌，或连续种植几季小麦等粮食作物之后，耕地就会严重返盐。因此，必须转变观念、调整思路，从改变盐碱地以适应作物，到选种耐盐作物以适应并改良盐碱地。

不同的植物(作物)种类耐盐性不同,最耐盐的植物当属碱蓬、柽柳等盐生植物,在含盐量0.5%以上的重度盐碱地也能够正常生长。其中,碱蓬是细小的肉质植物,耐盐性极强,一般丛生于潮湿的海滩或黏性的盐渍土中,能够有效降低土壤表层含盐量,增加土壤有机质含量,且其植株呈紫色或红紫色,在海滩上特别显眼,构成一道亮丽的风景线,具有很强的生态修复和观赏价值。柽柳甚至能在含盐量1%的重盐碱地中生长,柽柳枝条细柔,姿态婆娑,开花如红蓼,颇为美观,既可观赏又具药用及经济价值。

除了以上盐生植物,在作物大家族中,比较耐盐的有棉花、甜菜、向日葵、蓖麻、高粱、饲用油菜、饲用小黑麦等。其中,棉花是大宗作物中最耐盐的,苗期棉花可以在含盐量为0.3%～0.35%的土壤中正常生长;伴随萌枝展叶、开花结果,到了生育盛期,即使在含盐量0.5%左右的土壤中,棉花也能正常生长发育、成熟吐絮。

冬小麦、花生、大豆、玉米等作物虽有一定的耐盐性,但其耐盐性显著低于棉花、高粱等耐盐作物。这些作物只有在耕层土壤含盐量低于0.2%的轻度盐碱地上种植,才能获得较高的产量和效益。

多年生产实践证明,棉花综合适应性强,且经济效益高,种植棉花是改良盐碱地最为经济有效的技术途径。一方面,植棉能改良盐碱地,特别是棉花秸秆还田,可起到土壤保水抑盐的作用,改良效果更好。另一方面,棉花还可以与其他耐盐经济作物间作、轮作和套种,在提高改良盐碱地效果的基础上增加经济效益。由此可见,棉花是盐碱地农业生产系统中的标志性作物,堪称“耐盐碱作物之王”。在中度盐碱地发展棉花生产对于实施黄河流域生态保护和高质量发展的国家战略具有重要意义。

三、黄河三角洲盐碱地作物生产的技术路线

黄河三角洲盐碱地作物生产,要采取“分类施策、依盐择种、因地施技、用养结合”的技术路线,其中“分类施策、用养结合”是关键。

黄河三角洲盐碱地是黄河流域生态系统的重要组成部分,但长期以来不合理的过度开发利用,导致周期性返盐日益明显、面源污染加

重、生态系统脆弱，严重制约了该区域的生态可持续发展。因此，必须从原来改变盐碱地以适应作物，向选种耐盐碱作物以适应并改良盐碱地转变。因此，我们提出了“分类施策、依盐择种、因地施技、用养结合”的黄三角盐碱地作物生产技术路线。

在轻度盐碱地上，可以选种小麦、玉米、大豆、花生等粮油作物，并通过发展粮油作物与棉花、高粱、饲草等耐盐作物周期性轮作。采用宽幅间作、轮作等技术模式，防止返盐，保持地力、保护生态。

在中度盐碱地上，要合理布局棉花、高粱、油葵、药用植物、饲草、绿肥等耐盐作物，科学配置一熟、两熟种植制度，采用单作、间作、轮作等种植模式，推广应用基于轻简化机械化的耐盐作物生态高效生产模式。特别是通过种植田菁、柽麻、二月兰、饲用油菜等绿肥作物，实现地表周年覆盖。在盐碱地经济作物高效生产的同时，做到种养结合。

对于重度盐碱地，要以生态保护为主，通过发展碱蓬、柽柳等盐生植物复合种植模式，实现地表覆盖，抑制返盐、保护生态，打造景观，提升生态效益。

黄河三角洲地区土壤盐渍化面积约占黄河三角洲总面积的 50%以上，其中重度盐渍化土壤和盐碱光板地约占盐渍化面积的 60%，土壤表层盐分在 0.4%～3.0%范围内变化。对黄河三角洲盐碱地的种植布局管理，要树立大农业、大生态的观念，通过对轻、中、重度盐碱地分类施策、种养结合，实现生态效益和经济效益双提升，引领黄河三角洲盐碱地高效生态农业高质量可持续发展。

四、中度盐碱地上种植耐盐经济作物生产关键技术

黄河三角洲盐碱地作物生产要突出重点，其中中度盐碱地耐盐经济作物生产是黄河三角洲生态保护和高质量可持续发展的重点。

在黄河三角洲盐碱地耐盐经济作物生产发展中，棉花产业的发展最为关键。以滨州、东营两市为主的黄河三角洲地区是我国传统的植棉区，常年棉花种植面积占山东省总面积的近 30%。棉花种植曾经是这两个地区农业的支柱产业，植棉收入占当地农民总收入的 30%以上。然而，“十二五”以来，山东省棉花种植面积连续下滑，已跌破国家

提出的400万亩棉花保护区红线，黄河三角洲的棉花种植规模也迅速萎缩。究其原因，一是传统植棉工序复杂、用工多，机械化程度低，经济效益低；二是受政策影响，国家在新疆实行的诸多鼓励植棉的政策未能惠及内地棉农，伴随我国城镇化、工业化进程加快，大量农村劳动力向城镇转移。黄河三角洲地区的棉花产业要做到可持续发展，必须研究应用系列绿色轻简化植棉技术，增加植棉收益。

1. 加快应用棉花轻简化、机械化生产技术

以集中成熟为目标，通过减少棉花生产管理环节、简化农艺管理技术、加快发展植棉机械化、减少物化投入，实现棉花轻简高效种植。一是适期晚播，减少烂铃；二是机械精量播种，合理密植；三是科学化控，简化整枝；四是科学施肥，提高肥效；五是集中成熟，机械收获。该技术解决了传统植棉结铃分散、烂铃多、机械化程度低、用工多等问题。

2. 推广短季棉无膜轻简化绿色栽培技术

黄河三角洲地区传统采用的棉花地膜覆盖栽培技术，伏前桃多、烂铃重、结铃分散、集中采收难，而且残膜污染严重。通过选用短季棉品种，进行晚春播种、合理密植、无膜栽培，简化整枝、集中成铃，不仅较好地解决了传统栽培技术存在的烂铃、早衰等问题，还实现了集中成铃和采收，特别是避免了残膜污染，是绿色可持续发展的好模式，可在黄河三角洲盐碱地棉区广泛应用。

3. 推广“棉草两熟”种植制度

黄河三角洲地区多年来都是一年只种一季棉花，复种指数低，综合效益差。采用“棉草两熟”种植，即在前一年11月种植饲用小黑麦或者当年2月底种植燕麦，5月中下旬收获，饲草收获后经过简单整地进行短季棉品种直播，把单一的春棉种植改为牧草、棉花两茬种植，冬闲田和春闲田得到充分利用，土地利用率大大提高，不仅改善了土壤环境，还可使每亩地平均增收400～500元。此外，“棉草两熟”还可以以草带畜，促进当地畜牧业发展，大幅度提高农业综合效益。山东省农业科学院作物研究所（山东棉花研究中心）棉花栽培团队联合东营市农业科学院、山东绿风农业集团有限公司等创建了“棉草两熟”绿色

种植新技术，自主育成了鲁棉532和鲁棉551等短季棉品种，筛选出了一批与之配套的饲用小黑麦和燕麦品种，自2016年起在黄河三角洲地区试验示范。2021年6月5日，山东绿风农业集团有限公司在无棣县召开了“棉草两熟”绿色高效种植现场观摩会，全面展示了这一全新的绿色高效种植新技术，特别是该技术的“三个突破”：一是熟制突破，首次在黄河三角洲棉田实现了两熟制；二是全程机械化突破，无论是饲草还是棉花，从种到收全部实现了轻简化机械化，用工减少了80%以上；三是效益突破，经济效益较单作棉花翻了一番，而且由于免地膜，肥料、农药等投入大幅度减少，生态效益显著提高。这次现场会标志着“棉草两熟”绿色高效种植技术业已成熟，迈入了推广应用的新阶段。

总之，黄河三角洲盐碱地应当遵循宜粮则粮、宜棉则棉、宜草则草的原则，把中度盐碱地耐盐经济作物生产作为黄河三角洲生态保护和高质量发展的重点和抓手，实现经济效益、生态效益和社会效益的“三提升”。未来要在此基础上关注以下方面的研究：一是在轻度盐碱地研究建立粮油作物宽幅间作、轮作种植模式和技术。二是在中度盐碱地突破抗盐防涝栽培、集中成熟机械收获等单项关键技术，研究耐盐经济作物（棉花与小黑麦、油菜等）两熟制绿色高效栽培技术，实现两熟无膜种植；研究耐盐作物宽幅间作或轮作并接茬绿肥种植技术，实现地表周年覆盖，在避免返盐的同时肥田养地，实现种养结合。三是在重度盐碱地研究盐生植物和高耐盐作物复合种植模式，提高地表覆盖，抑制返盐，实现生态保护。四是筛选适宜不同程度盐碱地的耐盐作物品种，研制配套机械，充分挖掘不同生产模式和技术的增产增效潜力。在以上研究的基础上，因地制宜，优化集成黄河三角洲不同程度盐碱地生态高效生产模式和技术，依托新型农业经营主体建立高标准技术核心区和示范区，促进成果转化。

黄河三角洲地区棉花产业兴旺与盐碱地高效生态利用调研报告

棉花分团　董合忠　崔正鹏　李维江

根据2009年国务院批复的《黄河三角洲高效生态经济区发展规划》，黄河三角洲地区地域范围包括东营和滨州两市全部以及与其毗邻、自然环境条件相似的潍坊北部寒亭区、寿光市、昌邑市，德州乐陵市、庆云县，淄博高青县和烟台莱州市，共涉及6个设区市的19个县(市、区)。黄河三角洲土地总面积215万公顷，耕地面积78.6万公顷，荒地资源70万公顷，自然资源丰富、生态环境独特、气候条件良好，是我国东部沿海少有的待开发的资源宝地。棉花分团就黄河三角洲地区棉花生产历史和现状、棉花生产与盐碱地改良等进行了深入调研，探明了该区棉花产业发展与盐碱地高效生态利用是相辅相成、协调发展的，指明了山东省棉花产业和黄河三角洲地区农业现代化发展的道路。

一、黄河三角洲地区棉花产业发展现状

以滨州市和东营市为主体的黄河三角洲地区是我国传统的植棉区，棉花种植面积占山东省总面积的近30%。近些年，随着山东省其他地区面积调减，其占比已达40%以上。该区土壤为黄河冲积形成的潮土和滨海盐化潮土，由于盐碱化程度高，很多作物无法良好生长，植棉比较效益高。棉花种植曾经是黄河三角洲地区农村经济的传统支柱产业，1990年代前后，全区19个县(市)中的18个县(市)种植业以棉花为主，植棉收入占当地农民总收入的30%以上。“十二五”以来，山东省棉花种植面积连续下滑，黄河三角洲的棉花种植规模也在迅速萎缩。究其原因，一方面是传统植棉方式工序多、用工多、机械化程度低，植棉效益低；另一方面是受政策层面影响，国家在新疆实行的诸多

植棉鼓励政策未能惠及内地棉农。而且，自2013年“渤海粮仓”项目实施以来，黄河三角洲地区大量棉田改种了粮食。但在含盐量0.2%以上又缺乏水浇条件的盐碱地种粮，产量和效益远低于正常水平。以滨州市无棣县为例，盐碱地棉田改种小麦后，很多地块小麦亩产仅200千克左右，有约1/4的面积小麦产量低于100千克，纯经济效益为负值。应特别引起注意的是，部分缺水地块连续种植小麦后已经出现严重的返盐现象。受以上种种因素影响，黄河三角洲地区棉花种植面积下滑严重，粮食低产田比比皆是，有些地方还出现了大片土地撂荒的情况。

二、黄河三角洲盐碱地发展植棉的现实意义

据统计，2008年全国棉花种植面积575.4万公顷，长江流域、黄河流域和以新疆为主的西北内陆棉区分别占26.4%、42.2%和31.2%，呈“三足鼎立”的局面。近十年来我国棉花种植不断向新疆转移，2020年新疆棉花种植面积250.2万公顷，皮棉总产516万吨，分别占全国的78.9%和87.3%，呈“一枝独秀”的局面。作为黄河流域重要产棉区的山东省，2021年棉花种植面积仅为11万公顷，皮棉总产14万吨。2021年初，以美国为首的西方国家发起了一场针对新疆棉花的舆论战和经济战，令许多国人特别是棉花从业者猝不及防。长此以往，不仅会影响新疆棉花种植业，也将影响棉花加工、纺纱、织布等棉花下游产业，我国在纺织服装领域的全球性龙头地位也势必受到影响。面对新的国际政治经济形势，重新平衡棉花种植布局，引导内地农民科学植棉显得尤为重要和迫切。山东省是传统植棉大省，也是棉花产业经济大省，纺织业发达，棉纱线产量和纺织品服装出口创汇常年位居全国前列。山东省盐碱地、旱地资源比较丰富，利用棉花自身抗旱耐盐的特性，引导棉花种植逐渐向旱薄地、盐碱地转移显得格外重要，这也是保护和发展黄河三角洲地区棉花种植业的重要战略意义所在。

此外，黄河三角洲地区发展棉花种植不仅是一个经济问题，还是一个生态问题。黄河三角洲地区土壤盐渍化程度高，生态系统较为脆弱，农业灌溉以外来的黄河客水为主，水资源较为紧缺，而棉花抗旱耐

盐性好，有改良盐碱地“先锋作物”之称。研究表明，与冬小麦、夏玉米粮食作物相比，棉花亩耗水量低，种植棉花还能有效改良耕层土壤结构，降低土壤耕层含盐量，显著抑制由于水分蒸发造成的土壤返盐，棉花秸秆还田后也能够起到土壤保水抑盐的作用。一般中度以下盐碱地连续种植棉花三年后，即可以种植小麦、玉米等粮食作物。因此，发展棉花种植是黄河三角洲地区盐碱地综合治理、发展节水灌溉的一项重要举措。

三、黄河三角洲地区实现棉花产业兴旺的技术和政策建议

保障黄河三角洲地区棉花产业绿色可持续发展，实现产业兴旺，要从技术和政策角度解决目前棉花生产投入大、效益低、机械化程度差的根本性问题。

1. 加快棉花轻简化机械化生产技术的推广应用

黄河三角洲地区棉花轻简化机械化生产技术以黄河三角洲生态条件为基础，针对该地区传统植棉技术工序繁杂、用工多、机械化程度低的问题，以集中成熟为目标，通过减少棉花生产管理环节、简化农艺管理技术、加快发展植棉机械化、减少物化投入，实现棉花种植轻简高效。技术要点包括：①适期晚播，减少烂铃。春棉品种于 4 月 25 日—5 月5 日播种，播种较传统播种期推迟 10 天左右，控制伏前桃的数量，以减少烂铃。②精量播种，合理密植。选用株型较为紧凑的棉花品种，每公顷用脱绒包衣种子 15～22 千克，76 厘米等行距种植，不间苗、定苗，种植密度每公顷 7.5 万～9 万株。④科学化控，简化整枝。自现蕾开始喷施缩节安，坚持“少量多次”的原则，控制棉花最终株高在 100 厘米以下；不去叶枝，7 月 20 日以前打主茎顶，以后不再整枝。⑤脱叶催熟，机械收获。于 9 月底 10 月初田间吐絮率达到 50%～70%时，喷施脱叶催熟剂（每公顷用 50%噻苯隆可湿性粉剂 600～900 克＋40%乙烯利水剂 1 500～3 000 毫升），一次性机械收获。该技术解决了传统植棉结铃分散、烂铃多、机械化程度低、用工多等问题。

2. 发展“草棉两熟”新型种植制度

黄河三角洲地区积温条件不足，一直以来一年只种一季棉花，复

种指数低，综合效益差，冬闲期土地闲置还会造成土壤盐碱退化。“草棉两熟”种植模式，即前一年 11 月份种植黑麦草或当年 2 月份种植燕麦等适期牧草品种，5 月中下旬收获，5 月下旬经过简单整地后直播短季棉品种。这种新型种植制度把单一的春棉种植改为牧草、棉花两茬种植，冬闲田和春闲田得到充分利用，土地利用率大大提高，不仅改善了土壤环境，还使每公顷平均增收 6 000～12 000 元。“草棉两熟”种植制度还能以草带畜，促进该区域畜牧业健康稳定发展，农业综合效益大大提高。

3. 大力扶持和发展农业新型经营主体，改变传统棉花生产模式

建立黄河三角洲棉花高效生产体系，针对该地区历来“人少地多”以及劳动力向城市转移的现实，扶持建立一批家庭农场、种植合作社等新型农业经营主体，让这些新型经营主体成为棉花种植的主力军，有利于新品种、新技术的加速推广，有利于集合土地形成规模种植、规模效益，有利于发展订单农业，加强棉花上下游产业协作。棉花分团与当地政府部门联合，通过技术支持、项目帮扶等措施，扶持了一批新型农业经营主体。目前，这些农业公司、家庭农场和合作社已经成为当地植棉主力，通过其示范和带动，新品种、新技术、新成果能够迅速转化为生产力，为农业提质增效和农民增收起到了积极的作用。棉花分团组织专家赴滨州、东营实地考察了三家具有代表性的新型农业经营主体。

山东钟金燕家纺有限公司是一家集棉花加工、纺纱与家纺于一体的涉棉企业。以往，由于当地棉花种植品种多、皮棉品质参差不齐，公司纺纱车间每年都要购入大量新疆棉作为配棉使用，抬高了企业生产成本。2016 年，在当地政府帮助下，该公司联合农户成立优质棉生产合作社，通过土地流转，种植棉花 60 多公顷。棉花分团专家因地制宜，为其制定了适期晚播、增加密度、科学化控、集中成熟的轻简化植棉技术，实现了节本增产，进一步保障了棉花品质，为企业提供了优质原料。该公司通过棉花种植，延伸了产业链，节省了成本，提高了效益，也对周边农户起到了很好的技术示范作用。

无棣县绿丰农业开发有限公司原本主要从事牧草生产和经营，土

地种植模式单一、复种指数低。棉花分团专家为该公司制定了草棉轮作新型种植模式，在黄河三角洲盐碱地实现了“草棉两熟”。该模式的应用避免了土地闲置退化，大大提高了土地利用率，增加了一季收成。2020 年该公司每公顷土地增加纯收入近 1.5 万元。

利津县春喜棉花种植合作社通过长期租赁、入股分红等不同形式，共流转土地 1 300 多公顷，全部种植棉花。棉花分团专家帮助合作社选择对路品种，建立单粒精播、免整枝、一次性施肥、化学脱叶和机械采收等轻简化栽培技术，使采收前的用工从每公顷 150 多个降到 12 个，棉花主要生产管理环节基本实现机械化，大大提高了合作社的植棉收益。

4. 尽快落实棉花收入保险政策，为棉农收入“兜底”

目前实行的棉花目标价格保护政策并不能完全为棉农提供收入保障，因此棉花业态存续及棉花产业竞争力不能持续。棉花收入保险模式可以为棉花生产者提供较为全面的风险保障，特别是“保险＋期货”方式能够提高棉花种植者参与全产业链的话语权，较好地规避市场风险，为棉农收益提供基本保障。

5. 加快培育优质、抗逆棉花新品种

盐碱地植棉生产条件差，难以获得高产，要加强生物育种技术创新，以及耐盐碱、抗旱棉花种质资源发掘和创新利用。种子管理部门要明确优质、抗旱、耐盐碱育种方向，加快培育具有自主知识产权的突破性品种。

四、结语

习近平总书记在“深入推动黄河流域生态保护和高质量发展座谈会”上指出，要把握好推动黄河流域生态保护和高质量发展的重大问题，确保“十四五”时期黄河流域生态保护和高质量发展取得明显成效，为黄河永远造福中华民族而不懈奋斗。习近平总书记还特别提出了黄河三角洲农业现代化发展要向节水要效益，向科技要效益，发展旱作农业。

大力发展黄河三角洲地区棉花产业既能避免“粮棉争地”的矛盾，

又有利于该地区生态绿色高效发展，符合习近平总书记指明的黄河三角洲地区农业现代化道路。黄河三角洲地区棉花产业兴旺也是保障国家棉花安全的一项重要举措，为构建山东省400万亩棉花生产保护区建设提供保障。

关于加快发展花生产业的调研报告

花生分团　万书波

我国食用油及饲料自给率较低，所需原料严重依赖进口，其中食用油对外依存度超过65%。花生作为我国重要的油料作物，其单产及亩产油效率最高、种植效益较好，是国际竞争力相对较强的油料作物。作为一种“先锋作物”，适合种植的区域广泛，具有节水、固氮、省肥等优势，其秧蔓及饼粕是优质饲料，发展花生产业是缓解食用油及饲料供需紧张的有效措施之一。建立沿黄花生产业带、推广夏直播高产栽培模式以及花生全产业链提质增效，是花生产业发展的有效途径。建议国家建立花生产业国家重点实验室，加大对花生科技创新的支持力度和政策支持，推动花生产业的发展。

一、我国食用油和豆粕的供需现状

我国国产食用油资源严重短缺，2019年我国食用油供给量为3 913.8万吨，其中国产油量为1 202.8万吨，食用油自给率仅为31%，近70%的食用油依赖进口或进口油籽（主要是进口大豆）压榨，食用油安全供给存在重大隐患。

豆粕是大豆提取豆油后的一种副产品，是饲料生产的第二大原材料，主要为饲料提供蛋白质。2021年全国养殖业饲料消耗量为4.5亿吨，按照豆粕用量在饲料中占15.3%计算，需要近9 000万吨大豆。所需的大豆难以通过国内生产来满足需求，长期高度依赖进口，2020年进口大豆已超过1亿吨，豆粕饲用消费量几乎全部来自进口大豆压榨。按豆粕中蛋白质含量43%计算,折合蛋白质超过3 000万吨。随着我国生猪产能的增长,对于饲料的需求将持续增加。此外,随着经济社会的发展和人民生活水平的提高,对畜禽等动物性蛋白的需求量上升,进一步增加了豆粕的进口压力。

二、提高非大豆蛋白产量的必要性和紧迫性

我国2020年进口大豆超1亿吨,2021年进口9 652万吨,2022年进口大豆9 108万吨。2020年我国大豆播种面积1.48亿亩,产量仅1 960万吨,国产大豆仅为进口大豆的20%左右,大豆严重依赖进口。

国产大豆为非转基因大豆,主要用来加工豆制品,进口大豆主要用于压榨生产豆油和豆粕。据国家粮油信息中心统计,2019—2020年度(2019年10月至2020年9月)国内非转基因大豆消费1 837万吨,其中食用消费1 525万吨,压榨消费230万吨,种子消费82万吨,国产大豆能够满足国内豆类食品加工消费的需求。2020年我国大豆压榨消费量约9 900万吨,压榨生产豆油约1 700万吨,约占食用油供给量的40%,豆粕约7 500万吨,占豆粕供给量的95%以上。压榨原料中,进口大豆约9 670万吨,对外依存度超过97%。

目前我国大豆亩产仅130千克左右,且长期徘徊不前,2020年我国进口大豆折算国内种植面积相当于7.5亿亩,在保证"谷物基本自给、口粮绝对安全"的前提下,仅依靠国内生产大豆难以满足需求。面对国际政治、经济形势的巨大不确定性,作为全球最大的大豆进口国,我国大豆稳定供应面临严峻考验。因此,在国内发展花生等优势作物,提高非大豆蛋白产量,部分替代进口大豆成为当务之急。

三、发展花生产业的可行性

1.经济效益优势

花生是我国的主要油料作物之一,总产量居世界首位,单产位居世界前列,面积仅次于印度,中国为全球种植面积第二大的国家。在我国的农作物中,花生种植面积列第七位。在我国主要油料作物中,花生亩产油效率最高、种植效益较好、产值较大,是国际竞争力相对强

的油料作物。

2. 生态效益优势

花生抗旱耐瘠、适应性强，被称为“先锋作物”，全生育期需水量是玉米的55%，每亩生物固氮量约5千克，折合尿素约11千克，具有节水、耐逆性强、固氮涵养土壤和不与粮食作物争地的生物特性，是与粮(小麦、玉米、水稻)、棉有效轮作的理想作物，成为黄淮、东北粮食主产区优化种植结构、实施“藏粮于地”战略的核心轮作作物之一，在农业种植结构调整中占有重要位置。

3. 技术优势

目前我国已建立起学科较为齐全、方向特色明显、区域分布合理、规模总体较大的花生科研队伍，花生新品种培育总体跃居世界先进水平，高产绿色栽培技术创新成效卓著，机械化生产技术、加工技术研究取得长足进步。近十年来，花生科技领域获得的国家科技成果奖励达10项，花生单粒精播高产栽培技术、花生玉米宽幅间作高产高效技术、花生盐碱地丰产栽培技术、连作花生稳产栽培技术、旱薄地节水栽培技术、肥水一体化节本增效栽培技术、花生棉花等间作增产增效技术和花生病虫害绿色防控技术等一大批技术成果达到国际领先或先进水平，有力支撑了花生生产和产业化发展。

4. 营养优势

《国民营养计划(2017—2030年)》提出要“以优质动物、植物蛋白为主要营养基料，加大力度创新基础研究与加工技术工艺，开展双蛋白工程重点产品的转化推广”。花生蛋白质含量为25%～30%，是重要的植物蛋白资源。与其他植物蛋白相比，花生蛋白的消化率很高，消化系数可达90%，易被人体吸收利用，食用后不会产生食用大豆蛋白常出现的腹胀、嗝气现象，被认为是一种极具开发潜力的乳糖不耐症消费者的蛋白基料和牛乳等动物奶类的代替品。此外，花生中还含有大量不饱和脂肪酸、维生素等人体必需维生素以及白藜芦醇等功能成分，对于丰富我国人民的营养素来源，改善营养结构具有重要意义。

5. 花生生产现状和潜力分析

近年来，我国花生种植面积约7 000万亩，平均亩产约250千克，总产约 1 700 万吨，占全国油料的一半左右；约 50%的产量用于榨油，产油约 300 万吨，约占国产食用油的 1/4；年产花生秧约 1 700 万吨、花生饼粕约 300 万吨。

积极通过有效措施，发展花生的潜力较大。单产方面：通过土地改造、种植技术及品种更新、机械化水平提升等方面，可提高花生平均单产水平 10%～20%，亩产达到 275～300 千克，产量将增加 170 万～350 万吨。面积方面：一是花生与其他作物间作套种，能增加全田植株的密度和叶面积系数，同时能改善田间小气候，提高光能利用率和土地利用效率。据估算，通过花生与玉米、棉花等作物带状轮作，若能在黄淮、东北、西南及新疆地区扩大间作花生种植面积 3 000 万～4 000 万亩，在保障玉米、棉花、甘蔗等作物稳产的基础上，可平均增收花生约 130 千克/亩、总产增加约 390 万吨以上。二是在镰刀弯地区的旱薄地、华北漏斗区、沿黄沙地及盐碱地可扩大花生种植面积 1 000 万亩，结合国家轮作休耕政策，在新疆和东北等新兴花生产区新增花生种植面积1 000万亩，可增收花生约 500 万吨。

通过以上措施的实施，按增加的产量全部用于压榨计算，可增加花生油产量约 500 万吨，增加花生秧约 1 000 万吨，花生饼粕约 500 万吨。按花生秧粗蛋白含量 12%、花生饼粕蛋白含量 48%计算，折合蛋白质约 360 万吨，约占我国饲料用蛋白质需求量的 12%。

四、发展花生产业的具体措施

1. 建立沿黄花生产业带，带动其他地区花生生产

2019 年 9 月 18 日，习近平总书记在河南省郑州市主持召开座谈会，从中华民族伟大复兴和永续发展的千秋大计着眼，把“黄河流域生态保护和高质量发展”上升为重大国家战略，这是新时代深入推进生态文明建设、培育经济高质量发展的新动能，完善我国区域协调发展战略的又一重大布局，具有深远的战略意义。

黄河流域生态环境脆弱，水资源紧张。黄河中上游深入内陆，西北侧紧邻沙漠、戈壁，降水偏少，干旱多风，自然生态容量有限；黄河水资源总量不到长江的 7%，人均占有量仅为全国平均水平的 27%，建立

绿色高效的农业生产方式显得尤为重要。

黄河流域发展花生生产有着优越的气候和土壤条件、科研推广条件和坚实的产业基础，发展潜力巨大，仅山东、河南两省种植面积和总产量就分别占全国的40%和50%以上。建议确立以黄河流域为重点的发展战略，建立“沿黄花生产业带”，进而带动、巩固和发展福建、两广、辽吉丘陵平原等地区及西部地区的花生生产。

2. 推广夏直播花生高产栽培模式

小麦、花生两熟制是黄淮海地区解决粮油争地矛盾的有效途径。麦后夏直播花生是麦油两熟制主要种植方式之一，具有土壤基础肥力好、花生增产潜力大、前后两作无共生期、田间相互影响小、有利于前后两茬双高产，便于机械化生产等优点，因而具有广阔的发展前景。实行小麦收后直播花生，不仅可以解决麦套花生播种质量差等问题，而且具有便于小麦机械化收获和花生机械化播种，便于花生整地、施肥、播种和省时省工等优点，小麦、花生两熟区农民容易接受，是提高劳动效率、增加产量和效益的有效途径。

3. 技术措施

围绕花生生产发展对品种的需求，培育一批高油酸、抗病抗逆、适合机械化生产的专用型花生新品种，同时加大花生高产高效栽培技术、绿色植保技术、机械化生产技术、产后贮藏技术、深加工技术和食品卫生安全技术等技术成果的推广力度，提升从种子、种植、采收、加工到农副产品处理的全产业链条的科技含量。

五、政策建议

1. 建立花生产业国家重点实验室

国家重点实验室是国家科技创新体系的重要组成部分，目前花生领域的国家重点实验室尚未布局。建议结合花生产业发展需要，通过产学研结合等形式，以提升原始创新能力和产业核心竞争力为目标，建立花生产业国家重点实验室，聚焦重大科学前沿问题和具有行业代表性、技术前瞻性的关键共性技术，高水平开展基础研究和应用基础研究，进一步提升花生产业的综合实力、创新能力及转化应用体系水平，完善花生科研创新体系及平台布局，推动花生产业的高效、可持续发展。

2. 深化科技创新

建议进一步加大对花生科技创新的支持力度。一是继续加强对国家及省级花生产业技术体系的稳定支持，并在国家和省部级重点项目计划（国家重点研发计划、国家自然科学基金、国际科技合作、良种工程等）中，将花生纳入重要农作物范畴予以支持。二是整合现有科技资源，突破基础和原始创新，推进花生种质资源收集和品种改良、高产高效栽培技术、绿色植保技术、机械化生产技术、高效加工增值技术等研究。三是大力推进花生国际科技合作，不断提高我国花生科技的国际竞争力和影响力。

3. 确立重点扶持战略

我国花生产业发展的根本方向是绿色化、高质化、高效化、品牌化。目前我国对花生种植的财政补贴基本为零，建议国家应确定重点扶持战略目标，增加花生产量。一是把花生纳入政府农业发展和乡村振兴的重点支持范围，作为保障国家油脂安全，提高油脂产能的主攻方向。二是支持建设花生生产保护区，鼓励整合资金用于保护区建设，集中力量打造一批集中连片、设施配套、高产稳产、生态友好的生产基地，优先在保护区开展高标准农田建设。在黄淮海地区创建一批亩产超过 350 千克的高产县。三是在产业政策方面加强政策引导与扶持，加大金融、税收等政策倾斜力度，鼓励和支持社会资金进入生产、流通、加工及贸易等花生产业链，强化金融和保险业支持，健全花生大县奖励政策，促进花生产业快速健康发展。

山东省花生地膜覆盖技术应用现状、问题与建议

花生分团　万勇善　张昆

我国花生地膜覆盖栽培引进以来，经过多年试验、研究和示范推广，形成了具有我国特色的花生地膜覆盖栽培理论和技术体系。地膜覆盖增产效果显著，是花生单产提升的关键技术，是我国花生栽培技术的新突破。

一、花生地膜覆盖栽培技术应用现状与效果

1978年我国从日本引进地膜覆盖栽培技术，1979年首先在山东和辽宁花生生产上进行试点，1980年扩大到北方几省，1985年前后在山东省大面积应用，1990年前后开始在全国大面积推广，2002年推广到全国27个省份，成为我国花生高产栽培中不可或缺的技术。目前山东省地膜覆盖花生占花生总播面积的90%以上。

花生地膜覆盖栽培增产效果显著，低产地块（产量150～250千克/亩）增产40%左右，中产地块（产量250～400千克/亩）增产荚果30%以上，高产地块（产量400～500千克/亩）增产20%左右。按一般地块（300千克/亩）平均增产30%，每亩增产花生荚果90千克，经济效益和社会效益显著。花生地膜覆盖技术的推广应用提高了种植效益，激发了花生产区农民种植积极性，带动相关产业发展。

地膜覆盖栽培具有诸多优点，可以提高土壤温度，抑制水分蒸发保墒抗旱，减少养分流失，改善土壤理化性状，抗病防虫，抑制杂草，防风固沙保持水土，促进花生增产作用主要体现在四个方面。

1.增温调温促进了花生的生育进程

春花生播种出苗期和苗期，5厘米地温一般可提高2.5～4.0℃，全生育期平均日提高1.5℃，积温增加220～260℃。地膜栽培可提早

出苗5—7天，花芽分化进程加快，始花期明显提早，结荚期、饱果期相应提前，明显延长了产量形成期，全生育期缩短7—10天。根系、根瘤发育好，营养器官和生殖器官的发生和生长明显加强，叶面积扩展快，封垄早，茎枝生长旺，叶绿素含量高，叶色浓绿，地膜反光增强了叶片的受光强度，光合性能改善，干物质积累多。苗期花芽分化多，有效花多，开花结果集中，结荚初期可较早较快地形成强大的产品库。盖膜的突出表现是饱果多，饱果率高，果大果饱，出仁率提高。同时还可显著改善品质，O/L比率提高10%。

2.保墒提墒增强了花生的抗旱能力

地膜阻滞地面水分蒸发，苗期土壤含水量比露地一般高3%～5%，春旱时保墒效果更明显。

3.改善土壤物理性状，促进根系和果针入土结实

土壤容重降低0.1～0.2克/立方米，总孔隙度高2.0%～5.8%，利于根系、根瘤和荚果发育。

4.活化土壤微生物，释放土壤养分

由于地膜覆盖有土壤增温、疏松等作用，土壤微生物活动十分旺盛，土壤养分的分解、转化和吸收大幅度提高。尤其在丘陵沙土地采用地膜覆盖，大幅度增施肥料，可达到大幅度增产的目的。

二、花生地膜覆盖栽培中存在的问题

1.地膜覆盖起垄不规范

部分农户人工地膜覆盖花生，起垄时垄面过于狭窄，播种时垄上小行距小于30厘米，导致花生出苗后结果范围小，群体空间结构不合理。机械播种时播种机械机构调节不当，导致大小行配置不合理，起垄偏高或过低，偏高的外侧结果范围小，果针悬空不能入土结荚，垄过低无法发挥垄的排水、透气作用。

2.地膜厚度规格不适当

地膜规格方面，地膜的厚度越来越薄，从初期的0.016毫米到1990—1995年0.012毫米，2000年前后0.008毫米，2003—2005年0.006毫米，2010年之后0.004毫米，有的只有0.003毫米。人工播种

覆盖地膜时再将地膜抻一抻，成为超微地膜，这样成本虽越来越低，但是地膜不抗日晒、风雨侵蚀，达不到保温保墒效果，降低地膜覆盖作用。由于太薄，残膜回收难度加大，土壤残留地膜日积月累影响作物正常生长。

2017年农业农村部启动实施了农膜回收行动，出台强制性国家标准。新标准主要表现为“三提高一标示”，即提高了地膜厚度、力学性能、耐候性能和在产品合格证明显位置标示“使用后请回收利用，减少环境污染”字样。新标规定，地膜厚度不得小于0.01毫米。使用国标厚度的地膜，不易破碎，便于捡拾回收、重复性利用。但是由于成本比较高，仍有些企业生产不达标地膜，生产上小于0.01毫米的地膜仍然常见。

3. 花生主产区地膜覆盖，花生连年施用除草剂，造成土壤残留过多，影响下茬作物。

4. 地膜的广泛应用虽有力地推动了我国农业生产的发展，但残留地膜导致的“白色污染”问题也愈发突出，对我国农业生产和农业环境安全构成了巨大威胁。

三、地膜残留现状、危害及原因分析

1. 地膜残留现状

花生生产中使用地膜已成为确保花生高产稳产的重要手段。然而，目前大多数地膜为聚乙烯，地膜的熔融指数高，稳定性极高，降解过程相当缓慢，极难降解，其降解周期一般为200—300年。残留在土壤中的碎片不能被土壤微生物降解，也不能自行分解，更不能被作物吸收利用。据统计，我国农膜年残留量高达30万～40万吨，单位面积残留量超过600千克/公顷，有近50%的农膜残留在土壤中。我国地膜残留平均值为60千克/公顷。

残膜主要分布在0～10厘米土层(71.8%)，10～20厘米土层占22%，20～30厘米土层占6.2%。随着覆膜时间和间隔时间的延长，大块残膜的比例逐渐减少，残膜大小以100平方厘米左右的最多(73.7%)，20～100平方厘米的占20.2%，2～20平方厘米的占6%，小于2平方厘米的占0.1%，且随着覆膜时间和间隔时间的延长，大块残膜的比例逐渐减少。大小不同的残膜碎片在不同层次土壤中的分布不同，土壤浅层的残膜以小面积的碎片居多，且年度越久地膜的破碎度越高，即面积较大的残片数量越来越少，其机械回收或人工捡拾的难度也逐年增大。

2. 地膜残留的危害

随着残留地膜在耕地中的积累越来越多，不仅影响农业生态环境，而且对景观环境也造成污染，还威胁着牲畜的生命。土壤中残留地膜累积，对土壤毛管系统形成物理阻隔，严重影响土壤通气性，导致水肥运移不畅，同时土壤团粒结构形成受抑制，土壤孔隙度下降，透气性降低，微生物活性受抑制，养分转化、分解、释放受到影响，造成土壤肥力降低，阻碍作物根系生长发育和对水肥的吸收，导致作物减产。有些地方农作物因此减产幅度达 20%以上。

花生秸秆是非常优质的饲料，农民习惯用花生秧喂食牛羊，如果牛、羊误食残膜，会出现间歇性瘤胃积食，并弱化机体消化机能，严重情况下会死亡。

残留地膜主要分布在 0～30 厘米的耕层中，残留于土壤耕层的残膜会堵塞、缠绕作业机械的工作部件，影响机械化作业。

随着使用地膜栽培年限的延长，残留地膜得不到及时回收与处理，已经给土地带来难以解决的白色污染危害，对农业可持续发展构成了严重威胁。长期以来，农户对地膜回收不够重视，地膜残留带来的环境污染问题日益严重，成为我国“白色污染”治理的重点和难点。

3. 地膜残留原因分析

（1）农户参与农田地膜污染治理的积极性不高：近年来，全省主抓农业农村环境卫生整治和生态文明建设。大多数乡镇和农户出于农村环境整治和美丽乡村建设的硬性要求才加入农田地膜回收行列，而真正意识到地膜会污染土壤环境、破坏土壤结构、影响作物生长的农户数量不多。大多农户心存侥幸，并不认为农田残留地膜危害大。大多农户被动地参加农膜回收与地膜清理行动，所以地膜污染治理成效不够显著。

（2）地膜回收尚无利用价值，回收成本较高：多数农户通过人工捡拾法回收地膜，大大降低了地膜回收率，还增加了捡拾者的劳动强度。再加上地膜回收加工企业建设进程迟缓，残留地膜回收耗费人力物力，导致地膜残留在田间土壤，即便广泛宣传发动，引导农户大力开展地膜回收与清理，也收效甚微。回收加工企业数量较少，已有企业运营阶段面临棚膜资源化利用效益不高，废旧塑料再生行业因入不敷出而停止营业。超薄地膜（微膜）虽然可以使单位面积地膜用量相对减少，成本降低，但地膜越薄越易破碎，破碎后形成的地膜残片残留在地表和土壤中，给清理和回收带来很大困难。

（3）农田地膜可降解技术缺乏创新：从农业可持续发展角度来看，使用可降解技术处理地膜十分必要，是减轻污染、降低劳动强度的有效措施。然而，可降解膜的研发与投用，需要大量资金支持，并且引进可降解地膜技术的过程面临资金匮乏、成本偏高、农户环保意识匮乏等问题，再加上目前市面上的可降解地膜并不十分成熟且成本较高，农民使用的积极性也不高，所以可降解农田地膜未能广泛推广。

四、地膜残留污染治理建议

从根本上解决农用地膜残留问题，必须从地膜生产和使用环节入手，多管齐下，多策并举。

1. 防治地膜残留是一个系统工程，需要各方共同努力

加大地膜回收宣传力度，科普地膜残留对土壤及环境造成危害的相关知识，改变农户认知，让农户意识到地膜残留对未来农业生产及生态环境的严重危害，提高广大农民的生态环境保护意识，以促进农户地膜回收行为。拓宽财政农资补贴范围，将地膜起拾机械和残膜初加工设备纳入农机购置补贴范围；对农用地膜回收企业进行补贴，鼓励农民以旧膜换新膜；对环境友好型的新型生物可降解地膜推广应用给予补贴；同时，提高残膜收购价格，通过效益引导农民将捡拾地膜作为增收途径；调整补贴政策，由“补使用”转为“补回收”；提高补贴价格，充分发挥补贴的经济刺激作用。

2. 规范地膜生产和加强市场监管

国际上地膜厚度的标准要求是 0.012 毫米，美国农用地膜使用厚

度为0.020毫米，日本农用地膜厚度为0.015毫米。我国现行标准中，农用地膜厚度为0.010毫米，但是生产商流通的地膜很多是低于0.010 0毫米的，因此要从生产源头上实行严格的标准。同时，质检、工商等部门要加强对销售环节的市场监管，严厉处罚和打击销售不符合标准的地膜。保证地膜产品质量，以便于机械作业和人工捡拾，提高残膜回收率。严禁农资经销企业销售超薄型不可降解塑料农用地膜，试点地膜回收生产者责任延伸制度，探索“谁生产、谁回收”机制，将地膜回收责任由使用者转到生产者。

3. 推广合适的地膜机械回收机，增设残膜回收机构和站点

在地膜使用较多的田间设立固定残膜回收点，并由专人管理。准确定位政府支持政策的目标群体，实行差别化管理。支持非兼业小农户扩大生产规模，获取规模效益；鼓励兼业小农户流转出土地，促进规模化经营。从经济上支持种植大户购买地膜回收机械，提高劳动效率。

4. 加快可降解地膜生产

推广生物可降解地膜替代技术，从根本上解决地膜残留污染。

五、可降解地膜的种类及应用现状

1. 可降解地膜的种类及特点

目前可降解地膜主要有生物降解地膜、光降解地膜、光/生物降解地膜、植物纤维地膜、液态喷洒薄膜、多功能农用薄膜等。国内研究开发较多的是生物降解地膜、光降解地膜和光/生物降解地膜。

(1)生物降解地膜：生物降解地膜是在自然条件下，通过土壤微生物的生命活动而进行降解的一类地膜。生物降解地膜分为化学合成高分子基地膜、天然高分子基地膜两大类。

从降解机理看，生物降解地膜又可分为不完全生物降解地膜和可完全生物降解地膜。全生物降解地膜是以生物降解材料为主要成分，用于农作物种植时土壤表面覆盖、具有生物降解性能的薄膜。全生物降解地膜在自然条件(如土壤、沙土等)下或特定条件下(如堆肥、厌氧消化、水性培养液等)，能由自然界细菌、真菌、海藻等微生物作用分解

成低分子化合物，并最终完全降解变成二氧化碳(CO_2)或甲烷(CH_4)、水(H_2O)及其所含元素的矿化无机盐等。不完全生物降解地膜是在通用塑料中通过共混或接枝混入一定量的(10%～30%)具有生物降解性的物质。尽管这类地膜能够降解，但都存在加工困难、力学性能和耐水性能差的问题。

(2)光降解地膜：光降解地膜是在高分子聚合物中引入光增敏基团或加入光敏性物质，使其在吸收太阳紫外光后引起光化学反应而使大分子链断裂变为低分子质量化合物的一类地膜。光降解地膜分为添加型光降解地膜和合成型光降解地膜两大类。光降解地膜的降解主要是地膜中的光敏剂吸收了来自太阳光中的紫外线，在其他助剂的协同作用下引发光氧化反应，聚乙烯分子链开始断裂，地膜变脆，物理机械性能下降，最后破裂破碎和消失。但是光降解地膜也存在不足，一是降解受紫外线强度、地理环境、季节气候、农作物品种等因素的制约较大，降解速率很难准确控制；二是大田覆盖使用时，埋入土壤中的部分不能被降解，而且其分解物对大气、水质、土壤是否产生二次污染尚不明确。

(3)光/生物降解地膜：光/生物降解地膜是在通用高分子材料中添加光敏剂、自动氧化剂、抗氧剂和作为微生物培养基的生物降解助剂等制作而成的一类地膜。光/生物降解地膜的特点是把地膜降解成小颗粒，短期内对作物生长不会有太明显的负面影响。不过随着使用时间的延长，土壤中塑料颗粒逐渐增加，会影响作物根系的生长，甚至减产。另外，非常难清除降解后的塑料小颗粒，可以说用人工方法无法清除，不利于农业可持续发展。

2. 可降解地膜的应用现状

光降解地膜应用于花生生产中，具有与普通地膜相似的增温保墒增产效果，又可节省人工拾膜用工。陈明周等研究表明，花生光降解除草地膜在覆盖栽培中也具有与普通地膜相同的保温、保湿作用，增产效果明显，产量增幅高达 14.13%～30.79%，且具有控制田间常见杂草生长的作用。另外，光降解性避蚜地膜与普通地膜相比，具有降解、防治蚜虫及其他病虫害、保持土壤水分和肥效、调节土壤温度、强化光合作用等功能；可使作物增产20%左右，同时减少农药用量，且使用后会降解，减轻了白色污染，有显著的经济效益和社会效益。生物降解地膜的保温作用与普通地膜相同，且在低温时的保温性优于普通塑料地膜；保水作用比普通地膜略好，同样可以促进花生生长，实现丰产的栽培效果。旱地春花生利用双降解地膜覆盖栽培具有保温、保水、保肥、保持土壤疏松、除草等作用，具有增进春花生根、叶、花、果生长发育的作用，有利于干物质的积累与合理分配，加快生育进程，缩短生育期，从而避免和减少早春低温阴雨对花生出苗及生育后期夏旱的影响，缓解季节矛盾。从生产应用来看，可降解地膜和普通地膜的保水、保温和增产效果基本相同，而可降解地膜之间差异不显著。比较各降解地膜的降解状况，生物降解地膜降解最快，其次是光/生物降解地膜，光降解地膜最慢。

3. 可降解地膜的发展趋势

应用中多数降解地膜尚属于不完全降解型地膜，其降解性仅限于其中的淀粉或甲壳素等部分，不能降解其中的塑料成分。如光降解地膜土中部分无法降解，降解速率很难准确控制；光/生物降解地膜主要是加速了地膜中能降解部分的降解过程，不能解决根本问题，不能实现当季无害化。光降解地膜和光/生物降解地膜因其降解程度对环境的依赖性很强及降解的不彻底性，使其应用受到了一定限制。只有生物降解地膜可有效解决地膜的环境污染问题。不过就效益而言，光/生物降解地膜成本较低、降解重复性较好，地膜的成型加工简单易行，根据我国具体情况，目前是解决地膜残留污染重要而有效的途径之一，仍具有推广应用前景，但开发和应用完全生物降解地膜应是今后的发展趋势。

山东省盐碱地现状与花生适种建议

花生分团　单世华

土壤盐碱化是全球性资源和生态问题，据联合国粮农组织和教科文组织不完全统计，全球盐碱地占可耕地面积的10%左右，而中国的盐碱化程度较高，盐碱土总面积约占可利用土地面积的6%。其中，山东省盐碱地面积巨大，且70%处于待开发状态，成为制约山东省农业可持续发展的重要因素。花生是重要的经济作物和油料作物，属中等耐盐作物，并具抗旱、耐瘠、改良土壤等特性，发展盐碱地花生种植并提高其产量，对高效利用盐碱地资源、改善盐碱土区农业种植结构、保障粮油供给安全等均有十分重要的意义。

一、盐碱地现状

1. 我国盐碱地总体状况

根据国土"三调"标准，盐碱地指表层盐碱聚集，生长天然耐盐植物的土地，按未利用地管理。国土"三调"结果显示，全国盐碱地共有1.15亿亩，主要分布在三大片区。一是中西部干旱半干旱地区以硫酸盐—氯化物为主的盐碱地，分布在新疆、青海、内蒙古、宁夏等地，占全国盐碱地的96.1%；二是东北地区以碳酸盐为主的苏打盐碱地，分布在吉林、内蒙古、黑龙江等地，占全国盐碱地的3.2%；三是东部沿海以氯化物为主的滨海盐碱地，分布在山东、江苏、河北等地，不到全国盐碱地的1%。按照新一轮全国耕地后备资源调查评价成果，基于当前资源条件和技术水平，综合考虑生态、气候、土壤、区位等因素，现阶段全国适宜开发为耕地的盐碱地主要分布在山东、吉林、内蒙古、新疆、黑龙江等省(区)，这部分盐碱地在做好生态管控的前提下可优先开发利用。

在我国，盐碱地是主要的中低产土壤类型之一。据全国第二次土壤普查数据，我国约有各类盐碱地资源 14.9 亿亩，其中约有 5.5 亿亩盐碱地具备一定的利用价值。2011 年，农业农村部对盐碱地面积较大的京、津、冀、晋、蒙、辽、吉、黑、沪、苏、浙、皖、鲁、陕、甘、青、宁、新等 18 个省（自治区、直辖市）开展了调查，查明可利用盐碱地总面积约2.99 亿亩，其中盐碱耕地 1.14 亿亩，盐碱荒（草）地 1.85 亿亩。盐碱地是重要的后备耕地，在目前的耕地保护和粮食安全形势下，充分挖掘盐碱地综合利用潜力，加强现有盐碱耕地改造提升，有效遏制耕地盐碱化趋势，可以极大拓展农业生产空间，对保障国家粮食安全的重要意义不言而喻，该项工作也有着重要的生态意义。目前，我国部分地区耕地盐碱化趋势加剧，“三北”等地区盐碱地上植被稀疏，防风固沙能力差，如不加快治理，将增加荒漠化风险。对盐碱地进行综合治理，可有效改善水土生态环境，构建“山水林田湖草沙”生命共同体。

2. 山东省盐碱地分布状况

山东省盐碱地总面积为 5 926.73 平方千米，主要集中分布在东营、滨州、潍坊和德州市。其中轻度盐碱地 2 655.07 平方千米，占 44.80%；中度盐碱地 1 718.13 平方千米，占 28.99%；而重度盐碱地面积达 1 553.53 平方千米，占 26.21%。根据其成因和分布规律，可分为滨海盐碱地和内陆盐碱地两种类型。滨海盐碱地主要集中分布在东营、滨州和潍坊市，其面积和所占盐碱地总面积的比例分别为：东营市 2 263.33 平方千米，占比38.19%；滨州市 1 619.33 平方千米，占比 27.32%；潍坊市 688.67 平方千米，占比 11.62%。三市盐碱地的全省占比超过 75%，少部分滨海盐碱地分布在烟台市（主要在莱州）和青岛市（主要在胶州）。内陆盐碱地主要分布在滨州市部分区域和德州、聊城、菏泽等黄河冲积平原地区。其中，德州市 555.0 平方千米，占比 9.36%；聊城市 244.0 平方千米，占比4.12%；菏泽市 319.34 平方千米，占比 5.39%。中部济南、济宁和淄博市（主要在高青县）亦有小面积盐碱地分布，面积分别为 34.67 平方千米、114.00 平方千米和 17.34 平方千米，分别占 0.59%、1.92%和 0.29%。山东省盐碱地中轻度盐碱地2 655.07平方千米，占 44.80%；中度盐碱地 1 718.13 平方千米，占 28.99%；而重度盐碱地面积高达 1 553.53 平方千米，占 26.21%。

重度盐碱地主要是滨海盐碱土，集中分布在东营、滨州和潍坊，占重度盐碱地总面积的 92.35%。内陆盐碱地以轻度、中度为主。

东营市曾是一片“退海之地”，地下水都是很咸的海水，造就了大片极具代表性的滨海盐碱地。泛着斑白盐渍的盐碱地曾是荒凉贫瘠、不毛之地的代名词，“春天白茫茫，夏天雨汪汪，十年九不收，糠菜半年粮”曾是当地农民的真实写照。

3. 中高度盐碱地亟待开发利用

我国尤其是黄淮海平原盐碱土治理改良工作开始较早，20 世纪 80 年代便在旱涝盐碱综合治理、盐碱农业发展战略以及水盐运动等科学研究方面取得重大进展。黄河三角洲形成较晚，近几年滨海盐碱土改良利用才得以全面系统开展，但成效卓著，形成一系列成熟的盐碱地改良技术和方法，实现了山东省生态和经济协同健康发展。

山东省盐碱耕地 3 863.80 平方千米，盐碱地的利用率高达 65.19%；盐碱荒地 2 069.93 平方千米，其中未开垦利用的盐碱荒地 1 601.8平方千米，开垦过后撂荒的盐碱荒地 338.87 平方千米，无利用价值的盐碱荒地仅为 117.47 平方千米。即山东省共有 5 809.26 平方千米的盐碱耕地和盐碱荒地需要持续进行改良治理和利用。盐碱耕地的开发利用多基于轻度盐碱地，其中轻度盐碱耕地占盐碱耕地的 61.06%，中度盐碱耕地占 27.75%，而重度盐碱地改良利用仅占 11.19%。相反盐碱荒地中轻度盐碱地仅占 14.35%，中度盐碱地占 31.31%，重度盐碱地达 54.34%，未利用的比例较高。滨海重度盐碱地比例较高，盐碱地利用率较低，平均利用率为 59.81%，而内陆盐碱地平均利用率高达 84.06%。

二、盐碱地治理与耐盐碱花生育种发展建议

2021 年 10 月 21 日，习近平总书记在东营市黄河三角洲农业高新技术产业示范区考察调研时强调“要加强种质资源、耕地保护和利用等基础性研究，转变育种观念，由治理盐碱地适应作物向选育耐盐碱植物适应盐碱地转变”，开展盐碱地综合利用对保障国家粮食安全、端牢中国饭碗具有重要战略意义。此后，习近平总书记多次就盐碱地综

合改造利用作出重要指示。2023 年 5 月，习近平总书记在河北沧州市考察时指出，开展盐碱地综合利用是一个战略问题，必须摆上重要位置。2023 年 7 月 20 日召开的中央财经委员会第二次会议，习近平总书记指出，要做好盐碱地特色农业大文章。2023 年 12 月 1 日出版的第 23 期《求是》杂志发表习近平总书记的重要文章《切实加强耕地保护 抓好盐碱地综合改造利用》。与其他油料作物相比，花生产量和经济效益均较高，还有较强的耐盐碱能力，且管理轻简，可成为盐碱地种植的主要经济作物。新形势下，我们应牢记习近平总书记的嘱托，聚力耐盐碱花生种质创制、新品种选育及配套栽培措施等工作，有效开发利用盐碱土地，保障我国油脂安全。

1. 盐碱地形成原因

盐碱地主要分为盐化土壤和盐碱化土壤两个类型。在自然环境下，盐碱地多位于气候干旱、地下水位高、地下水矿化度高、地势低洼缺少排水出口的区域，其形成原因与水息息相关。由于降水量小，蒸发量大，溶解在水中的盐、碱随着水分的蒸发，在土壤表层积聚，从而形成盐碱地。此外，干旱、不合理耕作、落后的排水设备、设施栽培等人为因素，也会导致土壤次生盐碱化。按照地理区位、土壤因素、气候条件以及盐碱成因等，我国的盐碱地大致可分为滨海盐碱区、黄淮海平原盐碱区、东北松嫩平原盐碱区和西北内陆盐碱区。

2. 盐碱地治理历史变革

我国治理盐碱地有着悠久的历史，这也是一段人类改造自然、战天斗地的历程。相传公元前 2200 年，大禹治水就有建立沟渠排灌网改良盐碱地的实践，并在农书《禹贡》中对卤土(盐碱土)进行了分类与专门描述。在公元 6 世纪成书的《齐民要术》中，也有“绿肥轮作改碱”的记载。大规模盐碱地改良利用则始于中华人民共和国成立后，政府组织多轮大规模盐碱地综合治理和后备耕地开发。20 世纪 50 年代后期到 20 世纪 60 年代末，国家大规模开展水利建设，逐步建立健全了主要灌区的骨干工程及配套渠系工程，实施拦河修坝、修建平原水库、引黄灌溉等，拉开了盐碱地治理的序幕。20 世纪 70 年代起，人们一方面健全完善水利工程体系，疏浚整治黄河、淮河、海河等，一方面加强农田水利建设，完善灌排设施，通过洗盐、排盐治理盐碱地，取得积极成效。20 世纪 80 年代起，盐碱地治理总体思路逐步由“以水治土”向“防治并重、农水结合、综合治理、因地制宜”转变。2013 年，国务院批复实施《全国高标准农田建设总体规划》，各地持续推进高标准农田建设，极大提高了农田灌排能力，为预防土壤盐碱化提供了基础条件。2014 年，国家发改委、科技部、原农业部等 10 部门联合印发《关于加强盐碱地治理的指导意见》。在《农田水利条例》《土壤污染防治行动计划》《关于加快发展农业循环经济的指导意见》《全国土地整治规划》等文件中，均提出要加强盐碱地治理改良与利用。2020 年，农业农村部启动退化耕地治理试点，组织在河北、内蒙古等 8 个省（自治区）中轻度盐碱耕地上推进多模式探索。与此同时，盐碱地治理政策也在不断完善。

3. 挖掘创制耐盐碱花生新种质，夯实种业创新基础

盐碱地治理的关键是降低土壤盐分，目前主要是通过灌排淋洗、施加改良剂等工程技术手段，将土壤盐分降到可以进行农作物生产的程度。针对不同盐碱地类型和水土条件，目前已形成了东部滨海盐碱地暗管排盐、东北苏打盐碱地水稻种植综合改良、西部干旱绿洲区膜下滴灌改良等主要技术模式，取得了一定成效。

早期的盐碱地治理以改良土壤为主。然而，要彻底将土壤中的盐碱降为零，不但投入大，实践也很难达到。选育出适应盐碱地的作物品种，让“改地”和“改种”“双向奔赴”，无论是从效率还是经济上，都是更加现实的选择。种质资源是开展耐盐碱花生良种培育的基础和源头，是育种技术创新、种业振兴的重要基因库，也是实现花生产业可持续发展，保障国家食用油脂安全的重要战略性资源。因此，要持续加强耐盐碱花生种质资源搜集保护和利用工作，利用 EMS 化学诱变、钴 60 辐照、基因编辑等技术创制耐盐碱花生突变体库，建立健全花生耐盐碱精准鉴定技术，挖掘遗传基础广泛、目标性状突出、适应性强、具有重要应用价值和自主知识产权的新种质新材料，夯实种业创新基础。完善共享机制，真正实现耐盐碱种质资源和育种相互衔接，推动花生种质资源的高效利用，为耐盐碱花生突破性新品种选育奠定良好基础。

4. 建立耐盐碱生物育种平台，高效精准培育耐盐碱新品种

山东现有盐碱地近900万亩，其中黄河三角洲地区近700万亩，向盐碱地要粮大有可为。牢记习近平总书记的嘱托，山东不断加强科技创新，以科学的手段持续改造治理盐碱地，选育耐盐碱植物适应盐碱地，大力发展盐碱地特色农业，综合利用成效显著，正在将昔日的“不毛之地”变身“新粮仓”。

耐盐碱高产品种选育是盐碱地改良的最有效途径。利用创制的耐盐碱花生优异种质，突破全基因组选择、远缘杂交、转基因等生物育种关键技术，研究分子设计育种理论和方法，结合南繁加代，与常规育种技术组装集成，构建耐盐碱花生高效育种技术体系，利用创新种质材料开展聚合杂交和多性状协同改良育种技术研究，推动花生品种在产量、品质、耐盐碱等方面的协同改良。利用“表型＋分子标记”精准鉴定技术，挖掘出满足指标要求的后代，进而考察其综合性状，实现多个优异目标性状聚合，培育耐盐碱性状突出的高产优质突破性花生新品种。

5. 良种良法配套，有效开发利用中高度盐碱地

盐碱地种植花生，因土壤有机质含量低、出苗期土壤表层返盐较重、地温偏低，易造成花生出苗延迟、保全苗难、幼苗长势弱且不均匀、中后期易早衰等问题。因此，在加大力度开展耐盐碱品种选育的基础上，应持续开展盐碱地配套花生高产种植技术。

目前，盐碱地花生生产主要采取的技术要点有：①灌水压盐，一般选择在播种前20—30天灌水压盐，再进行春耕，可起到抑盐造墒作用。②播前精细准备，选择耐盐性较强的高产品种，进行拌种或包衣，施足底肥，尤其是增施有机肥。采用起垄覆膜和平播覆膜方式，适期晚播，一般在5月上中旬。采用膜下滴灌技术，铺设膜下管道，补充水肥。③提高田间管理质量，及时开孔引苗，以免烧苗。涝时及时排水，干旱时利用膜下滴灌及时补充水肥，防止中后期干旱和早衰。④及时防治病虫草害，尤其是盐碱地花生草害发生严重，应加强防治。⑤及时收获，盐碱地花生成熟较早，应适时早收。

山东省油料产业调研分析报告

花生分团　曾英松　姚远

山东省油料作物以花生、大豆为主。近年来，花生综合生产力连年下降，花生生产呈下滑态势，面积、总产退居全国第二位。优质、高产、适应性广的大豆新品种齐黄34大面积推广，以及机械化率的快速提高，促进了山东省大豆生产恢复性较快增长。

一、发展现状

1. 花生产业发展情况

花生是山东省主要油料作物，常年全省花生播种面积占油料的97.7%，总产占油料的98.6%；常年花生出口量50万吨左右，占全国的90%，花生油产量占全国的35%，均居全国首位，花生产业是山东省农村经济支柱产业之一。山东省花生产业科技创新不断发展，促进了花生产业（特别是二产）稳定发展，花生产业综合实力在全国遥遥领先。随着（2003年开始）国家农业政策的调整、经济的快速发展，市场化程度最高的山东省花生生产，率先进入转型期。长期的政策差距、人工成本大幅上升，以及较差的生产条件，导致2004年至今，山东省花生种植面积大幅下降，综合生产力减弱，制约着花生二、三产业的健康发展。

（1）种植面积大幅减少：山东省花生种植面积减少分为两个阶段，2004—2009年为快速减少阶段，6年减少了320万亩，减少21.6%，年均减3.6个百分点，其中麦套花生减少260万亩，占减少面积的80%。2010—2018年为缓慢减少阶段，9年减少了120万亩，减少10.3%，年均减1.1个百分点，其中春花生减少95万亩，占减少面积的79%。转型期，山东省花生面积共减少439万亩，减29.6%，年均减少2个百分点，是山东省花生综合生产力下降的直接影响因素。2021年，山东省花生播种面积947.6万亩，全国花生播种面积7 207.5万亩，仅占全国的13.1%，居全国第二位。而河南省花生播种面积上升很快，2021 年达到1 939.4万亩，位居全国第一，山东省仅为河南的 48.9%，不足河南的一半，可见山东省花生面积下滑严重。（图 1）

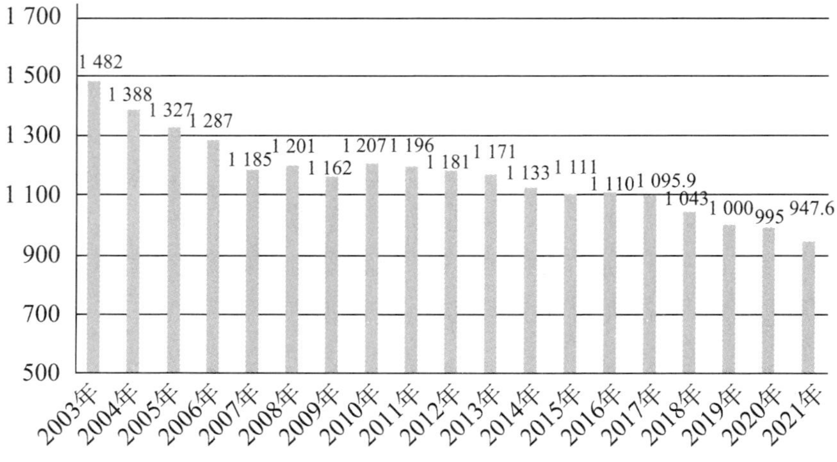

图 1　2003—2021 年山东省花生面积变化趋势（万亩）

（2）单产增加缓慢：2021 年山东省花生平均单产为 297.4 千克/亩，较 2003 年增加 57.4 千克/亩，增 23.9%，年均增加 1.6%。单产年增加速度小于面积减少速度 0.5 个百分点，导致花生综合生产力呈下降趋势。一直以来山东省花生单产较高，自 2010 年开始河南省花生单产超过山东，2021 年其单产达到 303.3 千克/亩，较山东省高 5.9 千克/亩，从一定程度上说明山东省花生单产提升较慢、投入不足。（图 2）

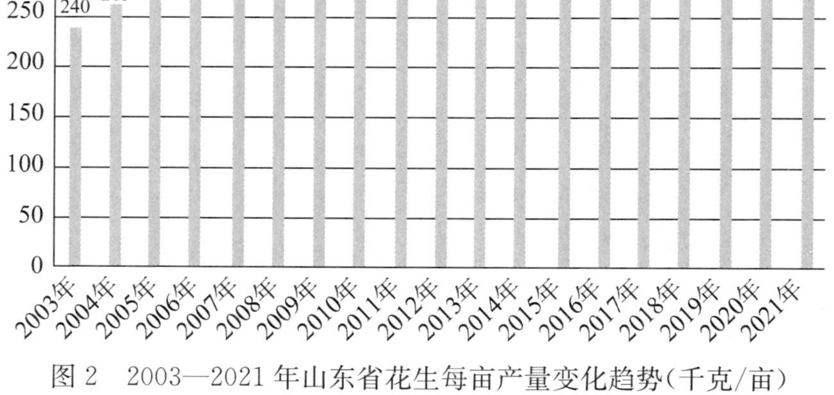

图 2　2003—2021 年山东省花生每亩产量变化趋势（千克/亩）

(3)总产显著减少：总产与面积和单产密切相关，面积上不去，总产受到直接影响。2021 年山东省花生总产为 281.8 万吨，较 2004 年减少 83.2 万吨，减 22.8%，年均减少 1.3%，花生综合生产力下降明显。2021 年全国花生总产 1 830.8 万吨，山东仅占全国的 15.4%。而河南总产达到 588.2 万吨，占全国的 32.1%，差不多占 1/3。山东仅为河南的 47.9%，也不足一半，与河南的差距很大。(图 3)

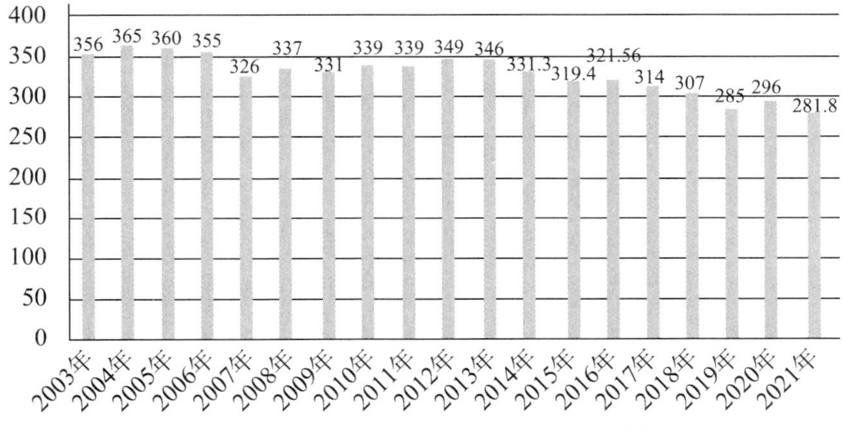

图 3　2003—2021 年山东省花生产量变化趋势(万吨)

(4)比较效益偏低：山东省传统花生生产与粮食作物相比，种植效益一直较高。山东有“一亩花生四亩粮”的说法，主要是因为花生价格通常是粮食价格的 3 倍，且单产较高。目前花生种植效益也是大田大宗作物最高的，但再考虑政策、劳动强度、市场波动等因素，花生比较效益并不高，且呈下滑趋势，是花生种植面积下降的主要原因。近年来，山东省花生年进口量超过 100 万吨，是出口量的 2 倍多，对花生价格影响巨大。玉米价格上涨一倍多，而花生价格上涨很少，比较效益下降，影响农民种植花生的积极性。

2. 大豆产业发展情况

山东省是全国大豆生产、加工、消费和种业大省，承担着国家大豆振兴的重要任务。为深入贯彻习近平总书记重要指示精神，全面落实国家大豆振兴战略，2018 年以来山东省连续 4 年较好地完成了国家安排的共 245 万亩耕地轮作休耕制度试点项目，2022 年又承担了国家安排的 150 万亩大豆玉米复合种植项目，山东省大豆生产出现加快发展的良好势头。

(1)种业基础良好：山东省是全国大豆主产省，也是大豆种业大省、加工大省和消费大省。全省年大豆良种生产、加工、销售能力均在 5 000 万千克以上，居全国第二位(第一位为黑龙江)、黄淮海地区第一位。在鲁西南地区已形成一个面积达 100 多万亩的大豆种子产业带，拥有“圣丰”“祥丰”等多个大豆种业品牌、20 余家大豆种业公司，销售网络和市场覆盖黄淮海、西北、长江流域和西南山区，大豆良种销售量占黄淮海地区的 50%以上，直接影响着整个黄淮海地区大豆产业的发展。

(2)综合生产力水平逐步提升：自中华人民共和国成立至 1950 年代后期，山东省大豆播种面积一直稳定在 3 000 万亩以上。1958 年以后，由于扩种甘薯、水稻等，大豆面积压缩到 2 000 万亩以下。1972 年以后，由于先后推广杂交玉米、杂交高粱以及扩种水稻，大豆播种面积跌至 1 500 万亩以下。1980 年代由于种植结构调整，大豆播种面积迅速下降到 1 000 万亩以下，2002 年降至 500 万亩以下，2006 年降至 300 万亩以下。2012 年以来，基本稳定在 200 万亩左右。近三年，山东省大豆得到快速发展，综合生产水平稳中有升。2021 年全省大豆播种面积 274 万亩，总产 53.5 万吨、平均亩产 195.3 千克，大豆加工量 2 100 万吨，加工量占全国的 20%，均居全国前列。(表 1)

表 1　　山东大豆生产情况

年份	播种面积(万亩)	总产(万吨)	亩产(千克)
1980	1 042.6	84.0	80.6
1981	1 078.8	83.0	76.9
1982	907.6	73.5	81.0
1983	768.3	65.0	84.6
1984	725.1	62.6	86.3
1985	766.8	79.5	103.7
1986	931.3	94.7	101.7
1987	874.7	103.0	117.8

（续表）

年份	播种面积（万亩）	总产（万吨）	亩产（千克）
1988	780.9	90.9	116.4
1989	731.2	78.4	107.2
1990	672.5	77.2	114.8
1991	604.4	80.2	132.7
1992	620.7	74.9	120.7
1993	900.3	131.6	146.2
1994	857.3	141.2	164.7
1995	771.8	123.0	159.4
1996	694.7	109.6	157.8
1997	793.8	82.1	103.4
1998	796.4	110.4	138.6
1999	738.3	96.9	131.2
2000	687.3	104.6	152.2
2001	593.1	91.0	153.4
2002	483.0	73.8	152.8
2003	428.5	69.2	161.4
2004	361.7	71.7	198.2
2005	358.0	65.1	181.8
2006	274.3	44.5	162.1
2007	252.8	40.7	160.9
2008	250.6	40.1	160.0
2009	241.7	39.6	163.6
2010	242.0	39.7	164.1
2011	234.2	40.6	173.3
2012	219.6	37.5	170.5
2013	218.8	35.8	163.6
2014	224.2	36.7	163.8

（续表）

年份	播种面积(万亩)	总产(万吨)	亩产(千克)
2015	205.7	34.8	169.3
2016	199.0	35.7	179.5
2017	190.9	34.2	179.2
2018	230.28	43.33	188.16
2019	275.3	52.35	190.16
2020	283	55.5	196.1
2021	274	53.5	195.3

(3)产能不足，比较效益偏低：山东省大豆产能偏低，满足不了省内加工需求。据统计，山东省大豆加工能力约为 2 000 万吨，其中大豆蛋白加工和传统豆制品加工能力约为 400 万吨，约占全国的 80%。但是，面对庞大的加工需求，山东省自产大豆不足 40 万吨，产能缺口较大。大豆种植比较效益偏低，对农民种植积极性影响较大。据测算，按照目前大豆平均单产 180 千克、价格 4 元/千克计算，亩产值为 720 元。扣除化肥、种子、农药等主要农资成本及人工成本，亩均纯收入约 510 元。如进行规模经营，山东省土地流转费每亩在 800 元至 1 200 元之间，规模种植大豆亏损较重。长期种植效益偏低，是制约大豆生产发展的最主要因素。

二、主要问题

目前，山东省油料科技创新持续发展，花生、大豆绿色高产高效生产技术较为成熟，基本做到了“藏粮于技”；玉米花生间作、玉米大豆间作和(带状)轮作、有机肥＋菌肥等生态保育技术的推广，推动了“藏粮于地”的发展，山东省油料生产转型升级已初见成效。但从当前油料生产情况看，面临诸多困难和问题。

(1)政策扶持差距大：与粮食作物相比，对油料的政策扶持相对较弱。大豆较花生相对较好，花生当前基本没有可持续的政策支持，加之种植比较效益较低，种植面积有逐年减少趋势，综合生产力不断下降。虽然近年来国家重视大豆等油料作物的发展，大豆面积有一定的恢复和提升，但是十分有限，一旦没有补贴等政策加持，面积还会下降。因此，政府需要在政策扶持层面予以重视。

（2）全省中低产田面积较大：粮食作物多种植在中高产田，油料作物种植主要集中在中低产田，特别是花生种植主要集中在鲁南、鲁东丘陵旱地，土壤有效养分含量低，资源约束大，靠天要产量，增产难度较大。

（3）地块分散：土地流转还未达到较高的程度，很难进行规模化、标准化种植，造成种植区域分散，规模化、产业化程度低，生产效率较低，质量安全不稳定。

（4）受种植习惯、种植者知识水平等诸多因素的影响，新品种及新技术难以较大范围、较快推广，且应用效果有所下降。家庭式种植造成大型机械无法使用，机械化程度难以提高，农机农艺融合度较低。

三、对策建议

1. 加大政策扶持

尽快出台有利于油料产业发展的扶持政策和措施，将油料纳入农业发展和乡村振兴的重点支持范围。支持建设油料生产保护区，鼓励整合资金用于保护区建设，优先在保护区开展高标准农田建设。继续实施油料示范基地建设补助项目，积极争取国家增加对山东省油料主产县（市、区）的转移支付，增加油料专用农机具补贴。逐步扩大油料生产农业保险范围，降低农民种植风险。建立油料生产奖励机制，对油料生产先进县（市、区）、花生生产大户及农技推广先进单位、先进个人进行表彰奖励，调动农民和基层发展油料生产的积极性。鼓励各地按规定将油料生产所需机械产品纳入农机购置补贴支持范围。

2. 增加资金投入

对油料高质量发展提供专项资金，推进油料高质量发展五大工程有效实施。综合运用补助、贴息、担保、以奖代补等手段，加大政府性资金投入力度，重点扶持油料良种繁育、油料基地高产创建和品牌培育等。创新油料生产加工投融资体制机制，鼓励和引导社会资金投向油料产业发展，加大对油料龙头企业的信贷支持力度，提高融资能力。

3. 加强组织领导

油料高质量发展项目区要加强组织领导，落实责任，逐级压实责任。各地要结合规划，将生产任务指标逐级分解，细化到县市，落实到地块，制定相应的工作方案，同时保持其他特色油料生产规模基本稳定。要加强调度考核，层层落实责任，确保各项重点工程落实落地。要完善油料生产保护区及相关基础设施建设管护机制，将管护责任落实到经营主体，督促和指导经营主体加强设施管护，确保长期稳定发挥作用。

4. 强化科技支撑

发挥山东省油料科技资源优势，以山东省农业科学院、山东农业大学、青岛农业大学等科研教学单位为依托，建立山东省科技创新基地，重点开展优质基因资源的挖掘与创新，培育高产专用新品种。大力开展减肥减药、节本增效等实用技术研究，建立健全产前、产中、产后配套技术标准，提高生产、加工的标准化水平，实施品质全程跟踪与溯源，提高产品安全性。充分借助现代信息传输手段，有针对性地对农民开展技术培训，提高农民科学种植水平。

5. 培育新型农民

基于从事农业生产的农民年龄高龄化问题，应积极采取措施培育知识化、年轻化、职业化的农民，引导有能力、有干劲、有创新力的新一代农民从事油料生产。畅通新型农民接收新知识、新技术传输渠道，强化定期定点的培训与观摩机制。积极树立优秀新型农民典型，以点带面带动农民职业化发展和建设。

我国全生物降解地膜研发应用现状、问题及对策研究报告

蔬菜分团　高中强　米庆华　丁习武　曾晓萍　李炜蔷　王晓婷

农膜(地膜和棚膜的统称)是继化肥、农药之后的第三大农业生产资料,它的应用给我国农业带来了一场"白色革命",对保障国家粮食安全和重要农产品有效供给做出了重要贡献。随着农用地膜的大面积推广应用,其所带来的"白色污染"问题也越来越严重,引起了社会各界的广泛关注。为深入贯彻习近平生态文明思想,加快落实"绿水青山就是金山银山"的发展理念,推动生态环境保护和高质量发展,打好农业面源污染攻坚战,有效降低农膜对生态环境的影响,我们组织有关专家,对我国农用地膜的应用现状、"白色污染"情况、全生物降解地膜研发和应用等方面进行了专题调研,深入分析了存在的主要问题,总结提出了下一步对策建议。

一、农用地膜的发展历史

20 世纪中叶,随着塑料工业的发展,尤其是农用塑料薄膜的出现,一些工业发达的国家利用塑料薄膜覆盖地面,进行蔬菜和其他作物的生产,均获得良好效果。日本最早从 1948 年开始研究利用,1955 年首先应用于草莓覆盖生产并进行小面积推广,1965 年正式开展了系统研究工作。1977 年日本全国 120 万公顷的露地栽培作物(包括蔬菜),地面覆盖面积已超过 20 万公顷,占露地栽培作物面积的 16%;保护地内地面覆盖的面积占 93%。日本地面覆盖栽培多用在产值高、效益大的蔬菜及其他经济作物上。1961 年法国开始在本国的东南部试用薄膜覆盖栽培瓜类作物。意大利于 1965 年对蔬菜、草莓、咖啡及烟草等主要作物进行地面覆盖栽培。美国于 1960 年代末开始用黑色薄膜覆盖栽培棉花。前苏联主要在低温干旱季节进行薄膜地面覆盖栽培,用以

提高地温，减少土地蒸发。

1978年，我国通过对外科技交流，从日本引进一整套地膜覆盖技术，包括作业方法、专用地膜和覆盖机械。1979年，在石本正一先生的帮助下，取得蔬菜覆膜栽培试验成功，随后在华北、东北、西北及长江流域一些地区进行试验、示范、推广。随后国内生产出厚度为0.015～0.02毫米的聚乙烯薄膜，为发展地面薄膜创造了条件。由于覆盖生产的效果显著，地膜覆盖在全国快速发展，覆盖栽培面积迅速增加。

二、地膜覆盖的主要作用

据国内外研究报道，地膜覆盖农作物增产高的可达30%～50%，增值40%～60%，农用地膜成为重要的农业生产资料，也是农业增产增效的重要保障。具体作用包括以下几个方面：

(1)提高地温：地膜覆盖后的增温效应，春季低温期在1～10厘米土层中可增温2～6℃；进入夏季高温期后，如无遮阴，膜下地温可高达50℃，但在有作物遮阴或膜表面淤积泥土后，只比露地提高1～5℃，土壤潮湿时，甚至比露地低0.5～1.0℃。从不同覆盖形式看，高垄(15厘米)覆盖比平畦覆盖的5厘米、10厘米、20厘米深土壤温度增加1.0℃、1.5℃、0.2℃(山西省农业科学院，1980)；宽形高垄比窄形高垄土温高1.6～2.6℃(天津市农业科学院蔬菜研究所)。不同垄型、不同时刻地温的分布也不同。此外，东西延长的高垄比南北延长的增温效果好；晴天比阴天的增温效果好；无色透明膜比其他有色膜的增温效果好。

(2)提高土壤保水能力：地膜覆盖后，阻碍了土壤水分蒸发，使土壤含水量比较稳定，可以长时间保持湿润，减少灌水次数，节约用水。在温室和大棚内，地膜覆盖可降低空气相对湿度。

(3)提高土壤养分含量：一是减少了雨水冲淋和不合理灌溉所造成的土壤中肥料流失；二是由于膜下土壤温、湿度适宜，微生物活动旺盛，可加速土壤中有机物质的分解转化，因而增加了土壤中速效性氮、磷、钾的含量。

(4)改善土壤理化性状：地膜覆盖后能避免土壤表面风吹、风淋的冲击，减少了中耕、除草、施肥、灌溉等人工和机械操作，因而能防止土壤板结，保持土壤疏松，通气性能良好，促进植株根系生长发育。据测定，盖膜后土壤孔隙度增加 4%～10%，容重减少，根系的呼吸强度有明显增加。

(5)减轻盐碱危害：盖膜后大大减少了土壤水分的蒸发量，从而抑制了随水分带到土壤表面的盐分，降低土壤表层盐分含量，减轻盐碱对作物的危害。

(6)增加近地面的光照：地膜具有反光作用，能增加植株下部叶片的光照强度，使下部叶片的衰老期推迟，促进干物质积累，提高产量。

(7)防除杂草：地膜覆盖对膜下土壤杂草滋生有一定的抑制作用，尤其是在透明地膜覆盖得非常密闭或者采用黑、绿色膜的情况下，防除杂草的效果更为突出。平畦覆盖对杂草的抑制作用不如高垄，黑色膜对杂草有全面的防治作用。

(8)早熟、增产：地膜覆盖改善了环境条件，尤其是土壤根系环境，使根系发达，吸收能力加大，促进作物生长，从而为作物早熟、增产奠定了基础。

三、我国农用地膜的应用现状

1. 全国地膜应用情况

我国是世界上使用塑料地膜最多的国家，使用量占世界的 70%左右。按地膜的功能和用途可分为普通地膜和特殊地膜两大类，普通地膜包括广谱地膜和微薄地膜，特殊地膜包括黑色地膜、黑白两面地膜、银黑两面地膜、绿色地膜、微孔地膜、切口地膜、银灰(避蚜)地膜、(化学)除草地膜、配色地膜、可控降解地膜、浮膜等。

据调查，2016 年全国地膜使用量达到高峰，总用量 146 万吨，覆盖面积 3 亿亩。随后地膜的使用量呈现零增长，且略有下降的趋势。2020 年，全国地膜使用量 135.7 万吨，地膜覆盖面积达 2.61 亿亩，约占全国耕地面积的 13%。目前，地膜及其覆盖栽培技术在全国所有省份得到了推广应用，不但应用于蔬菜栽培，也相继用于大田作物、果树、林业、花卉及经济作物的生产，覆盖的作物及果林苗木已达几十种。地膜不仅用于露地栽培，也用于早春保护设施内的覆盖。不仅在早春覆盖，夏、秋高温季节覆盖也取得良好效果。在我国北方旱区应用地膜覆盖具有抗旱保墒效果，多雨季节地膜覆盖也有防雨、排涝效果，很受生产者欢迎。

2. 山东地膜使用情况

山东是农用薄膜生产和使用大省，覆膜面积大，涉及作物品种多。近几年，农用薄膜使用量在 28 万吨左右。其中，地膜每年用量基本约 10 万吨，覆盖面积 2 800 万亩，均占全国的1/10左右。地膜覆盖的保温、保水、抑制杂草作用，是提高农作物产量的有效手段，对保证全省“米袋子”、丰富“菜篮子”、推进农业结构调整、增加农民收入发挥了重要作用。

3. 江苏地膜应用情况

江苏省农膜使用量处于全国中等水平，其中地膜年使用量约 4 万吨，地膜覆盖呈现出“两多一少”的特点。一是地膜覆盖作物种类多，主要以蔬菜、特粮、特经作物为主，花卉、水果等为辅，涉及番茄、辣椒、绿色叶菜、花生、玉米等 50 多种作物；二是地膜应用茬口多，地膜覆盖技术几乎贯穿全年农业生产，包括露地蔬菜、花生，设施蔬菜秋延后、冬春、越冬以及玉米一大蒜等间套种茬口，类型极为丰富；三是地膜覆盖规模化面积少，江苏土地资源紧缺，覆膜作物及茬口类型多样，小农户占比较大，为农膜回收、新型技术推广等工作增加不少难度。

四、地膜残留及其回收利用

随着农用地膜覆盖面积不断扩大，地膜生产加工工艺、设备和技术也在研究、创新。在开发出满足不同农艺要求多个种类地膜产品的同时，许多厂家为了迎合用户对低廉产品的需要，不断降低农用地膜的厚度，地膜厚度从 0.015 毫米下降到 0.004～0.008 毫米，而欧美国家为 0.024 毫米、日本为 0.015 毫米。超薄地膜应用成本降低了 20%～50%，推广面积每年几倍至几十倍增长。但薄型化成本降低的同时，带来了地膜使用后难以回收的问题，加重了“白色污染”的发生。随着农膜使用量的增加和使用时间的延续，残留地膜造成的“白色污染”越来越严重，已经成为农业农村经济持续发展过程中亟待解决的问题。

1. 地膜残留情况

根据专业人士的跟踪调查，农田地膜残留情况在不同地域、不同覆盖年份差异较大。从全国地膜残留情况看，平均为 100 千克/公顷。新疆地区大量使用地膜，其平均残留量居全国第一，达到 265 千克/公顷，最高地块达到 597 千克/公顷。从覆盖年限来看，连续 10 年覆盖地膜的地块地膜残留量平均为 262 千克/公顷，覆盖 15 年的为 350 千克/公顷，覆盖 20 年的达到 430 千克/公顷。

据调查，山东省地膜覆盖主要集中在蔬菜、花生、棉花、西甜瓜、马铃薯和烟草等作物，平均亩用量在 3.3 千克左右。开展“地膜减量替代技术”之前，大部分都在使用 0.004～0.006 毫米的超微地膜，地膜回收率仅为 25%～30%，大量的地膜残留在土壤中或被弃置在田间地头。从覆盖地膜的具体去向来看，除随作物收获由秸秆带走一部分，明显暴露于地表的大片残膜由农户捡拾出地外，在第二茬作物播种前耕耙地搂出一部分外，每年残存于土壤中的地膜仍占使用量的 20%左右，高者达 35%以上。根据全省 18 个国控点的调查分析，由于耕作方式和精细化程度不同，长期连续使用地膜的部分作物土壤耕层中（0～20 厘米）地膜残留量差异较大，棉花的残留量为 1.26～3.57 千克/亩，花生的残留量为 0.9～4.40 千克/亩，生姜、马铃薯、大蒜的残留量为 1 千克/亩以下，且地膜在土壤中的残留量与覆膜年限呈正相关。若每年按 20%的残留率计，每年土壤中残膜累积量将增加 2.6 万～2.8 万吨。

2. 地膜残留主要危害

（1）导致耕地质量下降：传统的聚乙烯塑料地膜在自然界中无法降解，其长期使用导致土壤中碎膜大量积累。由于土壤中残膜碎片改变或切断土壤孔隙的连续性，致使重力水移动时产生较大的阻力，重力水向下移动较为缓慢，从而使水分渗透量因地膜残留量增加而减少，土壤含水量下降，削弱了耕地的抗旱能力。甚至导致地下水难下渗，引起土壤次生盐碱化等严重后果。同时，残膜造成灌水不均匀和养分分配不均，土壤通气性能降低，影响土壤微生物活动和正常土壤结构形成，最终降低土壤肥力水平。

（2）影响作物生长发育：由于残膜影响和破坏了土壤的理化性状，直接影响作物根系发育和均匀分布，阻碍作物对水分和养分的吸收，严重影响作物生长发育，导致作物减产。凡具有残膜的土壤，均阻止根系串通，影响根系正常吸收水分和养分；作物株间施肥时，有大块残膜隔离则隔肥，影响肥效，致使产量下降。据测定，棉花种子播在残膜上，烂种率达 6.92%，烂芽率 5.17%，棉苗侧根比正常减少 4.8～7.6 条，2～3 片真叶期棉苗死亡 1.19%，子叶期棉苗死亡 3.08%，现蕾期推迟 3～5 天，株高降低 6.7～12.9 厘米。有关调查资料表明，残膜对玉米产量影响的差异达到显著水平，每公顷有 187.5 千克残膜的土地生产9 420 千克玉米，比无残膜的对照田减产玉米 909 千克，减产率 8.8%。

（3）危害牲畜健康：地面露头的残膜与牧草收在一起，牛羊误吃残膜后，阻隔食道，影响消化，甚至死亡。

（4）影响农村环境景观：由于回收残膜的局限性，加上处理回收残膜不彻底、方法欠妥，部分清理出的残膜弃于田边、地头、水渠、林带中，大风刮过后，残膜被吹至田间、树梢，影响农村环境景观，造成“视觉污染”。

2013 年 5 月 8 日《焦点访谈》——“农田里的白色污染”节目中提到，污染最严重的土壤中残膜量高达 597 千克/公顷。显然，废弃塑料地膜已造成了严重的“白色污染”，农民将其形象地称为“吃祖宗的饭，砸子孙的锅”。残留地膜污染问题如果得不到有效解决，不仅将严重破坏我国的生态环境，而且将对我国农业可持续发展以及国家粮食安全构成巨大的威胁。因此，开发和应用可控生物降解地膜是实现农业可持续发展的关键。

3. 残膜的回收利用

为减少“白色污染”，保护耕地生态，国家提倡加强残膜的回收利用。但从执行的情况来看，效果并不理想，主要存在以下几方面制约因素：

(1)使用的地膜厚度太薄，回收利用率低：1992 年版的《聚乙烯吹塑农用地面覆盖薄膜(GB13735—1992)》要求，地膜厚度最低标准为 0.008 毫米±0.003 毫米，但厚度为 0.005 毫米甚至 0.004 毫米的地膜也能合格流通。受利益驱使，当前生产上使用的地膜基本上为厚度 0.008毫米以下的超薄地膜，强度低、耐用性差、使用寿命短，人工捡拾或机械捡拾都十分困难。据调查，大面积使用超薄聚乙烯地膜的残膜回收率低、作业效率低、劳动强度大，每个劳动力每天收膜约 1.2 亩；作业成本高，雇工作业每亩在 80～200 元。目前残膜清除方式主要以人工捡拾为主，缺乏先进、实用、经济、高效的清膜机械设备，导致田间残留地膜难以回收，农田残膜回收率低。

(2)回收加工利润小，农民和企业积极性不高：第一，残膜收购价格偏低，加之残膜比重小，收购运输成本高，调动不起主体的积极性。据调查，残膜回收价格一般为 800～1 000 元/吨，约有 1/3 的农户根本不清除残膜，其他农户即使清除，大多也只清理大块的残膜，而忽视了小块的；只捡地表的，而不翻挖土里的。第二，农田残膜杂质含量高，需要投入大量的人力物力进行清洗。通常回收的地膜泥土等杂质较多，在清洗过程中大量的草、秸秆与地膜漂浮在一起，分离比较困难，造粒过程中还容易造成过滤网堵塞，造成成本增加。第三，残膜回收和再生加工企业利润微薄。经测算，一吨残膜颗粒从回收、清洗、加工所用的人工、水电、设备损耗、税收等成本高达 7 000 元/吨，而市场售价仅为 6 000 元/吨。如果单靠市场调节，单一生产加工一种品种，企业很难维持生计。

(3)管理手段薄弱，投入严重不足：据了解，各地尚未出台农膜残留污染防治方面的法规及农膜土壤残留标准，土壤残膜污染实际上处于放任自流的状态。同时，可降解地膜和标准地膜的推广以及残膜的回收利用还需要国家制定相应的补贴政策，对农田残膜污染防控和回收利用还没有专门的政策和资金扶持。尽管从 2013 年起，部分省份开始承担实施国家地膜残留回收利用清洁生产项目，但由于地方配套难度大、财政资金覆盖面小，且主要用于回收加工企业的生产能力建设，难以充分调动各方面的积极性。

4. 标准地膜推广应用面临挑战

根据国家最新出台的《聚乙烯吹塑农用地面覆盖薄膜》国家标准，强制性要求生产、使用标准地膜，消灭超薄地膜的市场。标准塑料地膜保温保墒效果好，增加厚度更利于回收加工利用。但从山东各地情况来看，也存在一定问题。一是标准地膜的厚度不利于花生果针下扎（大蒜出苗、蔬菜秧直接还田等），较 0.006～0.008 毫米地膜花生减产10%～20%；二是残膜 50%以上被花生秧带走，影响花生秧的利用，需研究配套地膜分离机器加以解决；三是残膜回收再利用体系尚未建立，缺少高效的捡拾机械，回收企业面临着经济和环保双重压力，在没有资金、政策支持和具体法律约束下，难以形成有效的回收再利用。

五、全生物降解地膜的开发应用

针对残留地膜造成的“白色污染”的解决方案，国际上公认的有两个，一是残膜回收利用，二是开发应用可控降解地膜。如果能够回收利用，当然是很好的解决办法。但是，由于我国地膜用量和覆盖面积大，厚度太薄，回收起来异常困难，在经济上得不偿失。据了解，韩国以生产和使用 20 微米厚地膜为主，其回收地膜厂只能靠国家环保补贴运行。因此，大面积开发应用可控降解地膜特别是全生物降解地膜，是解决残膜污染，实现可持续发展的重要途径。

1. 生物降解地膜的定义

根据《全生物降解农用地面覆盖薄膜（GB/T35795－2017）》的有关要求和定义，生物降解地膜是指在自然界中可通过微生物 100 %降解的一类地膜。以全生物降解树脂为主要原料经挤出吹塑加工而成，能被自然界中的细菌、真菌、海藻等微生物分解成低分子化合物，这类材料最终将被分解成水和二氧化碳，不会破坏土壤。目前，全球用于生物降解地膜的主要材料有脂肪芳香共聚酯（PBAT）、聚乳酸（PLA）和二氧化碳共聚物（PPC）等。

2. 生物降解塑料的研发

生产生物降解地膜的主要原料为生物降解塑料。据调查，全球生物降解塑料产能在 100 万吨左右，年增长率超 20%，且性能提高、成本降低，市场竞争力持续增强。在世界范围内，欧洲和日本是降解材料技术研发和使用最先进的国家和地区。全球聚乳酸（PLA）产能约28万吨/年，主要生产企业有美国 Nature Works 和荷兰 Total Corbion 等。聚对苯二甲酸—己二酸丁二醇酯（PBAT）和聚丁二酸丁二醇酯（PBS）产能超40万吨/年，主要企业有德国 BASF、日本三菱，此外还有法国 Limagrain 和意大利 Novamont 等。近年来，我国生物降解材料研究和产业化都发展迅速，研究工作主要集中在中国科学院、清华大学、复旦大学、浙江大学、中山大学、山东农业大学、中国石化、金发科技、鑫富科技等科研院校和企业。生物降解材料的生产企业增多，产能迅速扩大（表1）。

表1　国内主要生物降解塑料产能、产量情况

名称	简写	产能（万吨/年）	2020产量（万吨）	价格（万元/吨）	用途
聚对苯二甲酸—己二酸丁二醇酯	PBAT	30	13.8	2.2～2.5	膜袋类、地膜等
聚乳酸	PLA	13	2.0	2.2～3.2	注塑、吸塑、盒类和纤维等
聚碳酸亚丙酯	PPC	3.5	1.0	2.3～2.5	膜袋类、涂料和纤维等

3.国家相关政策和项目扶持

为推动全生物降解地膜的研发应用，国家出台了相关政策，提出了具体要求。如：《中华人民共和国土壤污染防治法》规定，鼓励和支持农业生产者“使用生物可降解农用薄膜”。农业农村部出台《农膜回收行动方案》，要求加快全生物可降解地膜的研发和推广应用；《农用薄膜管理办法》鼓励和支持生产、使用全生物降解农用薄膜；将“全生物降解地膜替代技术”列入农业农村部2018—2019年十项重大引领性农业技术。2021年中央1号文件强调，“加强可降解农膜研发推广”。2022年农业农村部、财政部《关于开展地膜科学使用回收试点工作的通知》，要求启动地膜科学使用回收试点工作，重点支持推广加厚高强度地膜和全生物降解地膜，力争到2025年，推广应用全生物降解地膜3 000万亩以上，推广应用加厚高强度地膜2亿亩以上，推动全国地膜回收率达到85%以上，全国农田地膜残留量实现零增长。

自“九五”以来，生物降解材料和地膜的研发一直是科技部科技计划支持的重点内容之一，如：“十二五”国家科技支撑计划项目“功能性环保农膜开发与产业化”，“十三五”国家重点研发计划项目“功能与寿命可调控的农用覆盖材料低成本制造技术”和“化学与结构驱动的可控性能农膜材料开发及产业化示范”，“十四五”国家重点研发项目“绿色可降解地膜专用材料及产品创制与产业化”。“全生物降解地膜替代技术”列入农业农村部2018—2019年十项重大引领性农业技术，生物降解地膜成为传统地膜覆盖的重要替代技术。2015年以来，农业农村部、财政部组织了全国可降解地膜评价对比试验，参与单位达100多个，构建了由分布在东北、华北、西北等6大农区32个试验点组成的网络化评价试验平台。连续3年在8种作物上进行了20个企业的近70个可降解地膜产品试验评价，肯定了生物降解地膜在大多数覆盖作物上应用的可行性和生态效益。

4.取得的主要进展和应用情况

一是产品性能得到大幅度提高。10微米厚生物降解地膜初始机械强度能达传统地膜90%左右；抗老化能力提高，开始破裂时间可超70天；水蒸气透过率从原来1 600克/(平方米·天$^{-1}$)下降到200克/(平方米·天$^{-1}$)左右，保墒性能提高，土壤的增温功能增加。二是超薄生物降解地膜(6微米厚)增强增韧技术达到国际领先水平，在部分地区能够基本替代超薄PE地膜在马铃薯、大蒜、花生、烟草、蔬菜等十多种作物上应用。三是建立了生物降解地膜产品评价方法。研究明确了生物降解地膜特征参数与农业生产应用的相互关系，建立了基于国家标准(GB/T35795—2017)，以产品机械强度、水蒸气透过量、开裂时间、经济成本等指标的评价体系(表2)。基于生物降解地膜产品特性、作物对地膜覆盖功能需求，构建了由生物降解地膜产品安全性、操作性、功能性、降解性和经济性，以及配套农艺技术构成的“五性一配套”的生物降解地膜产品评价和应用技术规范。

表 2　　生物降解地膜评价指标阈值与国标指标对照表

项目	初始抗拉强度(N)	开始破裂时间(天)	水蒸气透过量(克/(米^2·天$^{-1}$))	5厘米土层增温(℃)	产品成本(元/米^2)
GB/T35795	≥1.6	60～90	<800	——	——
阈值	≥1.6	60～90	<500	2.0	0.32

注:地膜厚度为0.01毫米;抗拉强度和水蒸气透过量为初始值;增温值为春季华北地区,生物降解地膜保持完整时的温度测定值。

到目前为止,我国的生物降解地膜在花生、大蒜、马铃薯、玉米、烟草等作物上的应用已比较成熟。大量的实验数据和使用效果已经验证,全生物降解地膜能够完全替代传统地膜,彻底解决聚乙烯地膜回收难,造成的"白色污染"等问题。这对保护农业生态环境,稳定提高农业生产力,实现农业可持续发展有着深远意义。超薄生物降解地膜已经在山东、甘肃、河北、黑龙江、湖北、浙江、河南、海南、北京等20多个省市自治区,马铃薯、大蒜、花生、玉米、棉花、蔬菜、烟草等10余种作物上示范应用,全生物降解地膜能够完全满足生产需要,具有可替代性。虽然与欧盟、日本全生物降解地膜年覆盖比例占8%～10%有差距,但应用比例上升势头良好,在华北、云贵的马铃薯、大蒜、花生,西北西红柿、甜菜等,以及设施大棚的蔬菜上已经进行了规范化应用,2020年的农作物覆膜面积在25万亩左右,其中山东省青岛市的8.5万亩全生物降解地膜覆盖马铃薯效果良好(表3)。

表 3　　近年来全国生物降解地膜应用区域作物和规模

年份	省区	主要作物	规模
2015	云、贵、鄂、渝、京、冀、鲁、辽,甘、新、蒙	烟草、玉米、马铃薯、花生、棉花、蔬菜	百亩级
2016	琼、云、贵、鄂、渝、京、冀、鲁、甘、辽,新、蒙	烟草、玉米、马铃薯、花生、棉花、蔬菜	百亩级
2017	琼、云、贵、鄂、渝、京、冀、鲁、豫、甘、辽,新、蒙	烟草、玉米、马铃薯、花生、棉花、蔬菜	万亩级

（续表）

年份	省区	主要作物	规模
2018	琼、云、贵、川、鄂、渝、京、冀、鲁、豫、晋、东北3省、甘、新、蒙	烟草、玉米、马铃薯、花生、棉花、蔬菜	6万亩
2019	除西藏外的全国所有省、市、自治区	烟草、玉米、马铃薯、花生、棉花、蔬菜、杂粮、水稻	10万亩
2020	除西藏外的全国所有省、市、自治区	烟草、玉米、马铃薯、花生、棉花、蔬菜、杂粮、水稻	25万亩

5.山东、江苏相关工作经验

(1)山东省:根据覆膜作物特点,按照先小后大、统筹推进的原则组织示范工作,最先开展小范围试验示范。2015—2017年,在烟台海阳市和临沂莒南县,选择花生作物开展全生物降解试验示范,掌握参试地膜保温保墒、降解性能等关键指标,系统总结出覆土栽培种植春花生的全生物降解地膜覆盖高产栽培技术规程。2018—2020年,在烟台、临沂建立了两个千亩大田示范样方,综合评价全生物降解地膜的农田适用性,稳妥有序地加大全生物降解地膜示范推广力度,全省累计推广面积20多万亩。特别是青岛市以绿色发展为导向,争取项目资金支持,试点推广全生物降解地膜,取得明显示范效果。2015年以来,青岛市共投入财政资金2 400万元,累计推广全生物降解地膜面积达16.5万亩。在全国首次发现了全生物降解地膜对马铃薯的增产效果,推广面积达15万亩,平均增产6.3%,累计增收6 000万元,减少使用普通地膜412.5吨。今年又在马铃薯生产上创造性提出"秸秆换堆肥,堆肥换地膜"的双重污染同步治理的技术模式,两项技术有机融合,污染治理与耕地地力保护同步推进。

(2)江苏省:高度重视地膜减量替代技术研究与示范推广,2019年由省财政列出专项,启动了"地膜减量替代技术试验示范与推广"项目。近两年全省共开展地膜减量替代技术试验近90个,先后在甘蓝、青花菜、大蒜、芋头、花生等作物上广泛开展了生物降解地膜试验示范推广工作,初步筛选出适合不同蔬菜作物栽培需要、降解周期适宜的全生物可降解地膜。同时针对一些用膜量多的地方规模特色产业如邳州大蒜等，联合有关企业开展全生物降解专用膜研发，以系统推进江苏省全生物降解地膜替代技术体系建设，为农膜回收工作奠定扎实技术基础。

六、全生物降解地膜研发应用面临的挑战

国外生物降解地膜研究主要在欧洲和日本，如德国 BASF、意大利 Novamont、日本三菱化学和法国 Limagrain 等。从国内情况看，全生物降解地膜研发应用集中在山东农业大学、清华大学、浙江大学、华中科技大学、中国科学院中国农业科学院以及一些化工企业。据了解，2020 年全国生物降解地膜使用面积占比 0.1%左右，发展潜力巨大。但与传统聚乙烯塑料地膜比较，全生物降解地膜面临很多问题和挑战，主要表现在：

（1）产品价格居高不下：成本高企是生物降解地膜规模化应用的一个重大瓶颈问题，生物降解地膜田间应用成本高（140 元～300 元/亩），是传统聚乙烯地膜（PE 地膜）的 2～3 倍，严重影响了农民购买和使用的积极性，制约了产品的大面积推广应用。

（2）适用性研究有待提高：不同类型全生物降解地膜、不同地区、不同耕作方式、不同作物之间的交叉叠加，导致全生物降解地膜适用的复杂性，加大了示范推广难度。

（3）专用产品亟需开发：生物降解地膜具有专一性，不同区域、不同季节、不同作物覆膜对生物降解地膜的需求不同，需要向专业化方向发展。PE 地膜的通用性极好，一膜打天下，可以适宜于不同环境和作物，而生物降解地膜由于增温保墒性能、功能持效期和降解可控度等特点，需要针对区域自然条件和作物需求，形成专用生物降解地膜产品。

（4）系统的评价体系有待形成：目前由于缺少较为系统权威的认证评价体系和科学应用技术规范，真假降解、概念炒作等不良现象依然存在。

七、加快全生物降解地膜研发应用的对策建议

根据我国地膜应用和残留污染防控的现实以及生物降解材料、生物降解地膜研发、产业化和应用情况，为强化生态环境保护，做好农业面源污染防控，推进全生物降解地膜替代传统地膜的规模化应用，提出的对策建议如下：

(1)加强“产学研推用”协同创新：针对全省生物降解地膜存在的瓶颈问题，加强“产学研推用”协同，通过重大专项的持续扶持，研发性能稳定、价格合理的降解塑料材料，开发高性能、低成本生物降解地膜产品，全面提升企业加工工艺、技术、能力和水平。

(2)加快全生物降解地膜应用示范：加强产品性能和质量稳定的生物降解地膜示范和推广力度，加大成熟产品的推介力度，在评价基础上总结形成一批产品推荐名录。加强配套农艺措施研究，指导推动有条件的地区在马铃薯、烟草、蔬菜等适宜作物上继续深入开展全生物降解地膜替代应用。

(3)强化政策和资金扶持引导：针对全生物降解地膜目前应用成本高的问题，完善相关的农业绿色发展扶持政策，加大扶持投入力度，采取政府引导补一点、农户出一点的办法，引导农民在适宜地区和适宜作物应用生物降解地膜，从源头上解决普通薄型地膜带来的“白色污染”问题。

(4)加大农用地膜检查和执法力度：针对目前市场上非标准地膜应用仍大量存在的问题，将严禁使用非标地膜纳入生态环保督察执法的重点。严格执行《中华人民共和国土地污染防治法》对地膜使用的相关规定，通过督查和执法全面推动标准地膜使用，促进聚乙烯地膜的回收再利用。加大标准地膜的应用和推广，将降低生物降解地膜使用的相对成本，有利于生物降解地膜的快速推广。

(5)广泛开展宣传发动：利用多种传媒手段，通过技术培训、讲座、公益广告、科教影片等，大力宣传“白色污染”的危害，及时总结一批典型案例和先进人物，形成全社会关心、支持残膜污染防控的良好氛围，加快全生物降解地膜大面积应用，为打造碧水蓝天做出积极贡献。

山东省芦笋产业发展调研报告

蔬菜分团　焦自高　李保华　李汝锋　门庆永　孙建磊

芦笋是多年生宿根性草本植物，以嫩茎供食，味道鲜美，风味独特，素有“蔬菜之王”的美称。山东省发展芦笋产业有独特的优势，芦笋种植面积大，产量高，高产地块年产白芦笋 2 000 千克，亩纯收入 0.8 万～1.2 万元，出口每吨创汇 2 万元左右。发展芦笋产业对增加农民收入和出口创汇、促进乡村振兴具有重要作用。为进一步了解芦笋产业发展现状，指导芦笋产业可持续发展，蔬菜分团部分成员对潍坊、日照、菏泽等地的生产基地及重点加工企业进行了调研。

一、山东省芦笋产业发展现状

1. 芦笋生产基地及面积

根据潍坊市农业科学院统计，山东省芦笋种植面积约为 30 万亩（表 1），占全国总量的 14.3%，位居全国各省首位。芦笋在山东省各地均有种植，但以菏泽市种植面积最大，全市芦笋面积达到 13 万亩，是全国最大的芦笋生产基地，年产量近 12 万吨。

表 1　　山东省各市芦笋种植面积（单位：万亩）

地区	菏泽	日照	东营	潍坊	泰安	济宁	聊城	烟台
面积	13	3.0	3.0	2.0	1.8	1.0	1.0	1.0
地区	青岛	济南	滨州	德州	淄博	枣庄	临沂	威海
面积	1.0	0.8	0.5	0.5	0.3	0.3	0.3	0.2

2. 品种类型及区域分布

山东省从 20 世纪 70 年代开始引种芦笋，最早应用品种为进口的 UC800、UC157 等常规品种或二代种。目前种植的国外优良杂交一代新品种有阿波罗、格兰蒂、杰西巨人、杰西奈特、紫色激情、UC115F1、太平洋 2000、阿特拉斯、特来蜜等，国产优良品种有京绿芦 1 号、金岭

85、鲁芦笋一号、芦笋王子、冠军、硕丰、鲁芦笋七号、盛丰、TC30 等。这些优良品种适应性强，生长优势明显，已成为山东省芦笋的主栽品种。

3. 生产方式

山东省芦笋生产方式，一种是采收白芦笋，培土种植方式；另一种是采收绿芦笋，不培土种植方式。菏泽市曹县芦笋 99% 为白芦笋，日照市莒县等地芦笋则全部为绿芦笋。近年来，绿芦笋设施栽培（拱棚和日光温室栽培）表现良好势头，采收期提前，日光温室栽培的可在春节上市，价格在每千克 40～60 元，延长了芦笋产品供应期。

4. 鲜食、加工消费情况

山东省是芦笋生产和出口第一大省，白芦笋适合加工成罐头出口，绿芦笋则以速冻产品出口。每年罐头出口量约占全国的 1/3，仅山东曹县芦笋罐头年出口量就达 5 万吨，其中当地加工罐头最大的企业——菏泽盛庆食品有限公司年加工白芦笋罐头 3 万～4 万吨。

随着国内生活水平的提高以及饮食观念的改变，国内芦笋消费量不断增加。目前，保鲜芦笋开始进入国际市场，特别是速冻芦笋产品已进入国外高端市场。芦笋还开发研制成芦笋冲剂、芦笋精片剂、芦笋精胶囊等系列保健品。

5. 加工企业及其产品出口情况

全省在芦笋集中产区有较多的加工企业，但规模化芦笋加工企业较少，菏泽盛庆食品有限公司、巨鑫源集团有限公司、潍坊葆润食品有限公司、山东中绿食品股份有限公司、山东方新食品有限公司等规模较大。如巨鑫源集团有限公司在朱洪庙镇承包万亩耕地种植芦笋，并积极发展芦笋加工业，开发了芦笋茶、芦笋啤酒、芦笋饮料等 30 多个芦笋产品。目前，曹县全县芦笋加工企业销售收入达 7.5 亿元，创汇 6 000万美元。

二、山东省芦笋产业发展中存在的问题

1. 用工成本高

芦笋属于劳动密集型产业，种植、采收、销售需要大量人力。对于一些劳动力缺乏或用工费用较高的地区，种植芦笋的经济效益较低。

芦笋采收用工较大，采收时段性强，几乎一天一采收，用工成本不断攀升，目前每人每天 100～150 元，导致笋农和加工企业收益降低。在芦笋做垄、培土、防病、采收等可以用机械操作方面，仍缺乏实用的机械。

2. 品种更新慢，生产技术水平有待提高

山东省多数地区种植的芦笋品种是老品种，很多芦笋田的笋龄较长，有的已连续采收十几年，但笋农不忍心将原有品种淘汰，导致栽培品种退化，产量和效益降低。所以生产上急需具有自主知识产权的芦笋新品种更新换代。另外，芦笋种子的品种不在审定、登记、备案等名录中，造成种子监管缺失，市场上假种子普遍。

芦笋生产过程中生产技术参差不齐，产品质量稳定性差。生产技术上的主要问题有：一是机械化程度低，特别是做垄、培土、收获很费工。目前国产培垄机械较德国培垄机械对根茎的损伤增加 30％左右。二是施肥方式和结构不合理，偏重氮磷钾等速效肥，过量使用化肥，导致营养元素失衡，土壤环境恶化，肥料效率大大降低。三是病虫害防治措施不当，盲目用药问题依然存在。四是栽培方式有待提高。芦笋设施栽培潜力很大，春节前设施采摘的鲜笋国内零售价格达到80～100元/千克。但目前芦笋设施栽培很少，如莒县设施面积占总栽培面积的 2.5％，潍坊为 3.0％，曹县为 1.3％，不能满足反季节芦笋的市场需求。

3. 销售渠道单一，加工企业原料季节性强，深加工程度不够

山东地区的芦笋销售渠道很窄，产品绝大部分出口，过分依靠外销，省内市场利用不足。作为芦笋加工企业，每年有 3—4 个月可以加工芦笋(春季 4—6 月份生产的鲜笋质量最好)，其余几个月则闲置。芦笋加工技术水平较低，还处在初级加工阶段，缺乏深加工产品的研发，产品附加值较低。

4. 小农生产模式普遍，未形成标准化、规模化、基地化格局

山东省芦笋大多为一家一户的小规模分散种植方式，缺乏整体协调能力，芦笋品质参差不齐，各加工企业对于产品的收购还没有统一的标准，产品的标准化还有较大差距。公司＋基地＋农户的联结方式不够紧密，因此抵御市场风险能力差，利润相对较低，品牌带动效应差。

三、山东省芦笋产业发展的对策及建议

1. 科学规划布局，建立规模化标准化基地，探索基地建设新机制

芦笋除了具有较高的食用、营养和药用价值外，还具有一定改善生态环境的作用。芦笋根系发达，耐干旱、耐盐碱性强，对于防风固沙、水土保持和开发盐碱地具有重要的作用。区域化和规模化种植，方便集中技术指导、产品收购和加工等。建立芦笋种子繁育及标准化生产基地，可以推进种植技术的提高，打造地方品牌。根据市场导向和需求，积极探索"政府推动、政策引导、企业运作、公司化管理"的基地建设新机制，与农民建立紧密、合理的利益联结机制。引导农民与龙头企业结成利益共同体，实现企业、农民双赢。

2. 加大科技创新力度，解决关键技术问题

集中力量解决芦笋生产中的薄弱环节和关键技术。一是加强种质资源和新品种选育研究。中国不是芦笋原产地，山东省乃至我国芦笋种业依然面临种质资源缺乏问题，导致具有自主知识产权的优良新品种相对不足。要加强芦笋病虫害抗性和耐盐机理的研究，推进抗病虫害和耐盐芦笋优良品种的选育。尤其要加强专用品种的选育与应用，芦笋鲜食、加工及兼用型要求的不同，选育不同用途的品种。二是研究建立高产高效、生态、可持续的芦笋栽培技术体系。推进农机农艺融合，加快研制芦笋生产的农业机械。三是开展药用价值研究，主要研究芦笋生物活性物质的抗病机理，研制配套加工新技术，开发特色新产品。四是研究芦笋贮藏保鲜和精深加工，延伸产业链条。通过贮藏保鲜技术研究，解决芦笋采后纤维化过快的问题。将芦笋加工产品延伸到芦笋酒、芦笋醋、芦笋饮料、芦笋茶、芦笋药品、芦笋保健品、芦笋化妆品等系列产品。

3. 加大政府的引导和扶持力度，建立产供销一体化服务体系

有关部门应加大对芦笋产业的支持力度。对研究工作基础好、稳定的科研团队在资金、项目等方面给予支持，尽快培育出具有自主知识产权的品种。对新发展的芦笋基地，在品种改良方面给予笋农补贴，设立专项资金扶持。对芦笋加工龙头企业在资金、政策、技术改

造、设备更新、良种繁育等方面给予扶持，提高其在国内外市场中的竞争力。大力推广种植高产、优质、适应国际市场要求的新一代品种，大力推广防虫网、粘虫板、杀虫灯、微生物菌剂、性诱剂等绿色病虫害防控技术和微滴灌、地膜覆盖等节水增效技术。建立芦笋质量追溯体系，确保产品质量符合出口要求，使芦笋产业能够持续高效发展。

4. 提高芦笋产品国际竞争力，拓展国内市场

鼓励各地芦笋企业创建示范区，开创本地芦笋自主品牌，提高国际竞争力。在占领国际市场的同时，更要着眼于国内市场，加大芦笋食用、药用价值的宣传力度，建立国内国际两大消费市场。

东营市盐碱地蔬菜生产调研报告

蔬菜分团　王　富　张守才　焦自高

2021 年 10 月 20—21 日，习近平总书记在黄河三角洲调研时指出："开展盐碱地综合利用对保障国家粮食安全、端牢中国饭碗具有重要战略意义。要加强种质资源、耕地保护和利用等基础性研究，转变育种观念，由治理盐碱地适应作物向选育耐盐碱植物适应盐碱地转变，挖掘盐碱地开发利用潜力，努力在关键核心技术和重要创新领域取得突破，将科研成果加快转化为现实生产力。"我国各类盐碱地总和约为 5.5 亿亩，且盐碱化等盐碱土地面积有逐年扩大的趋势。目前，在这些盐碱地中具有农业利用前景的盐碱地总面积 1.85 亿亩。在保持生态环境的基础上，改良并有效利用盐碱地资源，使其成为潜在耕地既可防止环境进一步恶化，又可为保障我国粮食安全做贡献。

据 2018 年山东省耕地土壤盐渍化调研报告，目前全省盐渍化耕地面积为 576 万亩，耕地中盐渍化土壤面积占全省耕地面积的 5.05%。全省盐渍化耕地以轻度盐渍化为主，其中黄河三角洲的东营、滨州市和黄泛平原区的聊城、菏泽市的盐渍化程度较高。盐渍化耕地中，轻度盐渍化面积 368.90 万亩，主要分布在东营、滨州、聊城和

德州，占盐渍化耕地面积的 64.04%；中度盐渍化面积 182.35 万亩，占比 31.66%，主要分布在东营、聊城、滨州、潍坊和德州；重度盐渍化面积 24.36 万亩，占比 4.23%，主要分布在滨州和东营；盐土面积 0.39 万亩，占比 0.07%，分布在东营和聊城。总体来看，土壤盐渍化程度较高的区域主要在黄河三角洲地区，以东营市相对集中。

通过对山东省黄河三角洲盐碱地核心地区的东营市蔬菜生产进行调研，了解了东营市蔬菜生产现状、技术水平和盐碱地蔬菜生产存在的问题，提出了盐碱地蔬菜生产主要思路和技术路径，为山东省盐碱地蔬菜生产提供意见和参考。

一、东营市蔬菜生产现状和存在的问题

东营市位于黄河入海口，是黄河三角洲核心区域，背陆面海，受亚欧大陆和西太平洋共同影响，属暖温带大陆性季风气候，冬寒夏热，四季分明。常年平均气温 12.8℃，无霜期 206 天，≥10℃ 的积温约 4 300℃，年平均降水量 555.9 毫米，可满足多数北方蔬菜生长需要。近年来，东营市把蔬菜产业作为保障民生重点产业之一，逐步优化蔬菜种植区域布局，推进蔬菜生产规模化、现代化、品牌化发展，种植效益逐步提高。

1. 蔬菜生产现状

(1)蔬菜种植面积趋于稳定：2009 年，东营市蔬菜种植面积(不含果用瓜)曾达到 30 835 公顷，之后由于蔬菜种植费工费时，效益减少，农民种植意愿不强，加之生态林场建设占地、农业生产用水不足等原因，蔬菜种植面积呈递减趋势。2017 年，全市蔬菜种植面积降至 11 697公顷。近年来，东营市积极引导发展设施蔬菜，多个现代化、规模化蔬菜生产项目建成，蔬菜播种面积、经济效益逐步提升，目前蔬菜播种面积约 15 000 公顷，总产量 75 万吨，产值 50.0 亿元。

(2)种植布局区域化明显：东营市辖三区两县，由于自然条件、种植习惯和产业发展基础不同，蔬菜种植形成区域化布局。广饶县、利津县种植较多，分别占全市的 35.1%和 34.1%。利津县主要种植叶菜类、白菜类、甘蓝类、豆类、瓜菜类蔬菜，广饶县主要种植茄果类、根茎

类、葱蒜类、食用菌。水生蔬菜(莲藕)主要分布在东营区和垦利区。

(3)具有一定的专业化水平:采用区位商系数(Local Quotient)对东营市蔬菜产业专业化程度进行分析。区位商系数又称专门化率,用来表示某地区某一行业的专业化程度,其计算公式为:

$$LQ_{ij}=(G_{ij}/G_j)/(G_i/G)$$

本研究中,LQ_{ij} 表示东营市蔬菜产业的区位商系数,G_{ij} 表示东营市蔬菜产值,G_j 表示东营市农业产值,G_i 表示山东省蔬菜产值,G 表示山东省农业产值。

表 1　　近五年东营市蔬菜产业区位商系数

项目	2015 年	2016 年	2017 年	2018 年	2019 年
东营市蔬菜产值(亿元)	28.72	29.24	21.64	34.81	41.97
东营市农业总产值(亿元)	104.17	103.55	95.49	98.12	95.91
山东省蔬菜产值(亿元)	1 836.98	1 480.70	1 384.54	1 632.20	1 697.49
山东省农业总产值(亿元)	4 929.85	4 387.51	4 403.23	4 678.26	4 914.43
区位商系数 LQ	0.74	0.84	0.72	1.02	1.27

注:数据来源于山东省统计年鉴、东营市统计年鉴。

由表 1 可知,东营市蔬菜生产专业化程度呈上升趋势。2019 年东营市蔬菜产业区位商系数达到 1.27,说明东营市蔬菜生产已有一定专业化水平,具有发展实力和潜力。

(4)蔬菜产品地域特色明显:黄河三角洲独特的气候和自然条件,使东营市所产蔬菜品质优良,具有明显地域特色,比较知名的有花官大蒜、黄河口白莲藕、李鹊胡萝卜等。其中,花官大蒜产于广饶县花官镇,常年种植面积 2 667 公顷。花官镇土壤天然富硒,所产大蒜硒含量达到高硒等级,花官蒜薹具有色泽翠绿、耐储存、不易老化的特点,每千克价格比其他产区高 0.4 元。黄河口白莲藕产于黄河滩区,土地弱盐碱、无污染,病虫害发生轻,品质优良,常年种植面积 3 333 公顷。李鹊胡萝卜常年播种面积 2 333 公顷,加工后出口韩国等国家和地区。东营市工厂化食用菌栽培发展早、档次高、规模大,技术成熟,“荣丰”“方华”等品牌在全国已有一定知名度,年产量 7 万吨左右。

2. 存在的问题

(1)生产规模小：2015 年以来东营市蔬菜产业规模指数(Scale Advantage Index)0.4 左右，明显小于 1，低于潍坊市、济南市和淄博市，也略低于气候、土壤条件相似的滨州市，说明东营市蔬菜产业规模化程度低。

(2)生产设施和技术水平有待提高：近几年，东营市高标准设施蔬菜生产发展迅速，但老蔬菜生产基地投入不足，棚体老化，棚内配套生产设备老旧，不能很好地对接水肥一体化等生产技术。有些蔬菜生产区，棚外生产路仍为泥土路，水电等设施落后。生产管理不规范，绿色、安全、高效的生产理念和先进种植技术还没有深入普及。

(3)蔬菜育苗、加工、流通环节滞后：年育苗量在 100 万株以上的蔬菜集约化育苗企业仅 12 家，年育苗量仅 9 765 万株。规模以上的蔬菜加工企业仅有 3 家(2020 年营业收入均不到 1 亿元)，较大型蔬菜批发市场仅有利津县北岭蔬菜批发市场等 3 个。

(4)产业支持力度小：农业科技服务体系、社会化服务体系、保险制度仍不健全。东营市地处黄河入海口，淡水资源贫乏，用水不足已成为制约蔬菜产业发展的重要因素。

二、东营市盐碱地蔬菜生产基本概况

1. 东营市盐碱地特色比较明显，形成了一定的蔬菜品牌优势

蔬菜的种植面积与其他地级市比相对较少，设施蔬菜占比 18%左右，盐碱地蔬菜种植面积占 10%左右，主要在含盐量 0.1%～0.3%的轻度盐碱地进行蔬菜生产。水生蔬菜莲藕种植和食用菌栽培具有较大规模，在省内具有较大影响。

2. 在中度和重度盐碱地区，设施无土栽培具有一定的规模

利用隔盐栽培可以生产各种蔬菜，如利津县的智联农创现代示范园区、广饶县大码头镇的惠泽果蔬种植农民专业合作社，利用基质无土栽培技术实现盐碱地种植蔬菜，被誉为“盐碱地上的果蔬工场创造”，并创造了较好的经济和社会效益。

3. 蔬菜灌溉用水缺乏限制了面积扩大

蔬菜是精耕细作的农作物，灌溉用水量大，而东营市淡水缺乏，利用城市居民饮用水灌溉成本高，而且用水指标有限，影响蔬菜产量和品质，限制了蔬菜生产面积的增加。

三、东营市发展盐碱地蔬菜生产的建议

东营市耕地面积 330.75 万亩，其中无盐渍化面积 134.65 万亩，占耕地面积的 40.71%；轻度盐渍化面积 126.28 万亩，占 38.18%；中度盐渍化面积 60.72 万亩，占 18.36%；重度盐渍化面积 8.80 万亩，占 2.66%；盐土面积 0.30 万亩，占 0.09%。针对东营市耕地盐碱化的基本情况，利用黄河流域高质量发展战略的有利契机，明确蔬菜产业发展思路，实现高质量跨越式发展。

1. 因地制宜，根据耕地盐碱度选择种植不同的蔬菜

蔬菜种类多，耐盐能力有较大差别。如菜豆、黄瓜等在土壤溶液含盐量小于0.1%的土壤中生长良好，茄果类、白菜类、莴苣类等在含盐量为 0.1%～0.2%的土壤中生长良好，葱蒜类、芹菜等在含盐量为 0.2%～0.25%的土壤中生长良好，芦笋、菠菜、甘蓝类等在含盐量为 0.25%～0.3%的土壤中生长良好。在中度或者重度盐碱地，可选择的蔬菜种类比较少，冰菜和黄秋葵总体来说耐盐性比较好，可以在含盐量 0.3%～0.5%的土壤中经过适当改良种植。利用湖泊和水面比较多的有利条件，种植莲藕等较耐盐的水生蔬菜，也可通过现代育种技术培育耐盐的蔬菜品种在中度盐碱地进行种植。

2. 建造栽培设施，隔盐栽培

在中度或重度盐碱地建造栽培设施，进行蔬菜基质栽培，可以通过基质调配、环境调控、水肥一体化等技术的集成应用，充分利用光温资源，统筹棚内肥水管理，重构作物生长环境，建造集雨设施，解决盐碱地蔬菜栽培灌溉用水问题，最终通过良种良法配套实现蔬菜作物优质高效生产。实现“不与粮争地、不与粮争水”，缓解粮菜、粮果争地矛盾。

3. 进行盐碱地改良

把中度盐碱地通过改良措施变成轻度盐碱地，可以进行蔬菜种

植。改良的主要方法有深沟、平地挖沟高筑田工程排盐，合理耕作、种稻改盐和沟种躲盐技术，培肥、地膜覆盖和种植耐盐植物等改良技术。

4. 以追求品质为蔬菜生产目标

"顺境出产量、逆境促品质"，盐碱地即是逆境。适度的盐碱胁迫可显著促进番茄、西甜瓜等果实中葡萄糖、果糖等初生代谢物质以及类黄酮、多酚等次生代谢物质的积累，显著提高了营养品质和风味品质。在追求品质的同时，尽量提高产量，提升经济效益，形成盐碱地蔬菜产业的独特优势。

5. 改变生产组织形式，实行规模化生产经营

提高生产组织化水平，创建标准化生产园区、家庭农场和农民合作社，统一生产技术和经营管理，统一品牌销售。如利津县"果蔬工场"采用"投资商＋运营商＋合伙人"的运营模式，为入园业主提供"物业式"和"保姆式"全流程、标准化服务；农户租赁进行统一管理，包括种苗、农资、技术、品牌、销售等，实现规模化、标准化的发展。

临沂大蒜产业发展形势分析与对策建议

蔬菜分团　周绪元　张永涛　刘雪平　赵莉　刘林

蔬菜分团通过开展大蒜生产加工情况调研，与相关企业、科研机构、专家座谈交流，结合文献材料分析，对国内外大蒜生产加工情况、存在的主要问题等有了初步了解，在此基础上提出了大蒜产业科技创新和提质增效的对策建议。

一、大蒜生产加工总体概况

1. 生产方面

我国大蒜常年栽培面积在 1 000 万亩左右，种植面积随大蒜价格波动影响较大。大蒜是中国传统优势和特色出口产品，在国际上占有非常重要的地位。中国大蒜种植面积占全球的 56％以上，大蒜产量占

世界总量的76%，出口占世界总量的80%以上。我国很多地区都有种植大蒜的传统，已形成明显的主产区。南方主产区在云南大理及其周边地区，主要出产紫皮蒜和独头蒜两种类型；北方大蒜主产区在山东金乡、兰陵，河南中牟和江苏邳州等地，以多头蒜为主。（图1）

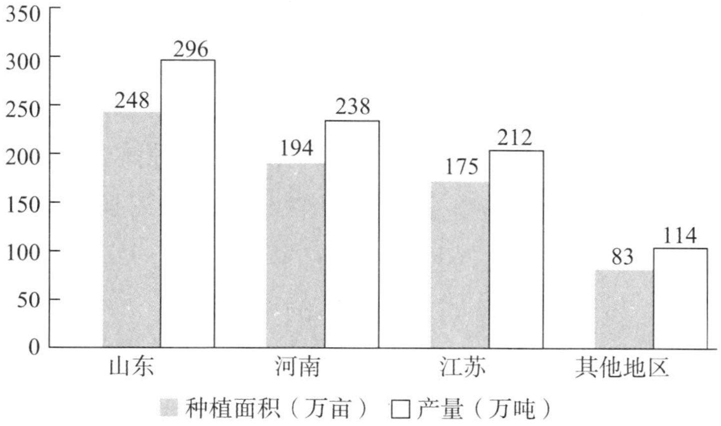

图1　2022年我国大蒜主产区种植面积及产量

2. *贸易方面*

中国大蒜出口量呈波动上升趋势，出口规模占绝对优势，山东省是主要出口大省。我国的大蒜市场需求结构主要包括四个部分，如图2所示。其中一半以上用于国内消费市场及出口，其他用于深加工及留作蒜种。

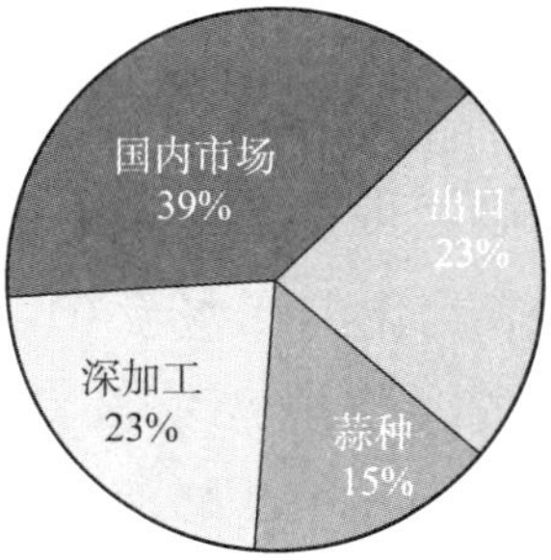

图2　我国大蒜市场需求构成占比

2016—2022年我国大蒜出口数据显示，出口数量稳定在180万吨左右，但出口均价波动较大，主要受国内大蒜价格影响，在744.24美元/吨到1 385.19美元/吨之间剧烈波动。

从我国鲜食或冷藏大蒜主要出口省份来看，2021 年山东省出口 118.6 万吨，占总出口量的 67%；江苏出口 24.4 万吨，占总出口量的 14%；河南出口 13.3 万吨，占总出口量的 7%。

3. 市场销售方面

大蒜价格频繁大幅波动，市场稳定性差。国内市场大蒜产品的价格差异很大，即使是同一产品，不同的品牌、产地，价格差异也非常大。就鲜蒜来说，一般市场价格在 9.5 元/千克左右，但有的品牌鲜蒜价格可达 100 元/千克。在不考虑生产成本，单从销售价格看，即使经过简单加工的大蒜产品，价格也显著增加，增幅从 38.8%到增加 24 倍。虽然脱水蒜粉价格增幅最大，但其生产成本也最高。总之，经过初步加工的大蒜产品，其销售价格呈 2～20 倍的增长。

4. 加工方面

大蒜主要以鲜食和初加工为主，功能性产品开发呈上升趋势。国内的大蒜生产以初级加工产品为主，精深加工产品过少，产品附加值相对较低，发达国家大蒜产品产后值与自然产值的比例多在 3.0∶1.0 左右，如美国达到 3.7∶1.0，德国、日本为 2.7∶1.0、2.5∶1.0，而我国还不到 0.5∶1.0。随着大健康保健业兴起，蒜素饮料、蒜素微胶囊等保健品需求量快速增长，同时以大蒜为原料的医用产品也将有很大市场需求。

5. 未来发展前景

大蒜精深加工产品研发将给大蒜产业发展带来新的机遇。通过调研分析看出，大蒜产品仍然以蒜粉、蒜片、蒜泥、蒜米等初级产品为主，缺乏多元化的产品和多元化的市场。但大蒜产品畅销的根源在于其十分重要的保健作用，所以蒜头贸易不是大蒜产业的真正出路，应积极调整产品结构，加强深加工产品的研究与开发，这是规避风险、保证大蒜产业发展的主要途径。现在亟需通过结合现代食品加工技术、生物发酵和提取技术来开发新的大蒜深加工制品，如大蒜精油、大蒜多糖、脱臭蒜素保健饮料及黑蒜等产品，进而提高大蒜加工产业的经济效益及国际竞争力，促进大蒜产业良性发展。

二、目前大蒜产业存在的主要问题

1.专用品种缺乏，优质高效安全生产技术体系不完善，标准化程度不高

大蒜长期无性繁殖造成病毒积累，影响生产，产量降低、品质变劣。品种退化、土壤生态失衡、化学农药及除草剂连年积累等因素，致使产品质量安全波动性大，需要集成应用绿色高效生产技术，破解品质难以提升的问题。

2.大蒜种收专用机械研发应用滞后，机械化生产水平急需提高

大蒜生产属于劳动密集型产业，如果不计种子成本，劳动力成本占大蒜种植成本的58%以上。大蒜种植机械化操作占比仅有10%，大蒜栽种和覆盖地膜仍以人工为主，收获机具处于小面积示范试验阶段，并且收获机具价格高，作业效率低，机手劳动强度大，影响了机具的推广应用。

3.精深加工系列产品较少，加工工艺与技术相对落后

一是大蒜类调味品成分单一、复合程度低，精细化或精准调味的产品少；二是大蒜提取物的保健品的剂型、组成和功能单一；三是医药用途产品较少。

4.价格波动剧烈，生产者、经营者、消费者、管理者心态复杂

一是大蒜市场规模小，容易操纵和炒作，价格涨跌速度和幅度被放大。二是一季生产，常年消费，制约了市场调节的灵活性。三是生产和经营者规模小，产区农民市场意识和把握市场规律的能力较差，跟风种植、盲目生产。

5.大蒜品牌溢价没有明显体现

虽然有苍山大蒜、金乡大蒜等比较有名的区域品牌，但由于“公地效应”，品牌价值在产品价格上并没有得到应有的体现。特别是企业品牌及产品品牌，能在全国乃至全世界知名的少之又少，导致在国内市场上，同一种产品不同产区的价格、不同企业的价格基本差不多，品牌价值、品牌溢价没有体现。

三、对深化临沂大蒜产业科技创新及提质增效的几点建议

1. 进一步推进品种培优、品质提升以及全程机械化生产等关键技术研发

一是促进蒜种培优。通过脱毒技术，解决大蒜种性退化的重大产业问题；通过研制微型蒜高效繁殖技术，解决传统大蒜脱毒系数低的瓶颈问题；通过多样性大蒜资源整合、优异种质创制和良种繁育相关技术集成，高效解决大蒜种苗的工厂化问题，为大蒜产业发展带来革新。二是强化品质提升。研究集成一套大蒜绿色高效栽培技术，研究苍山大蒜土壤连作障碍因子与主要病害发生规律，实施土壤精准改良、配方施肥、病虫害绿色防控技术，减少农药的用量，达到高效防治。三是加快全程机械化。完善农机与农艺配套技术体系，通过农机农艺融合的方法，重点解决大蒜播种机的大蒜鳞芽方向控制"瓶颈"问题；大蒜栽培模式不规范、不统一，阻碍了大蒜联合收获机设计和推广普及的问题；加大农机装备的研发和引进，引进机械设备也要注意适用性，因地制宜。

2. 加快推进多元化大蒜深加工产品及工艺研发

加快推进大蒜精深加工，深入挖掘大蒜产品附加值，把山东大蒜的资源优势转化为经济优势。研发大蒜功能食品、特医食品、保健品，将中药材的独特优势与大蒜产业融合，做足做透大蒜产业精深加工这篇文章。一是复合调味料研发。针对不同原料的特点（如淡水鱼的土腥味、海产品的腥味、羊肉的腥膻味等）、不同加工方法（炒、烤、腌、熏等）、不同作用效果，与其他调味料相互作用，赋予食物特色香气、风味的复合调味料。二是保健食品研发。通过高效、绿色的提取技术，高效提取大蒜素、大蒜多糖等活性物质，通过微生物发酵工程技术、基因工程技术等富集 SOD 等物质，利用中药配伍理论，将大蒜与传统药食同源的食品如山楂、牛蒡、银杏等配伍，制备出有效物质含量高、活性强、生物功能更多的保健食品。三是大蒜医药产品研发。大蒜素具有抗癌、抑制肿瘤、抑制真菌、抗病毒、抗氧化等作用，利用大蒜素的抗氧化、抗癌作用，开发出对调控癌细胞/肿瘤具有靶向作用的药品；大蒜

素对人体感染的腺病毒、单纯疱疹性病毒、甲型肝炎病毒、人类免疫缺陷病毒和轮状病毒等具有灭活作用，可针对儿童、青少年、成年人不同病毒易感人群开发药物，增加药物的靶向性和消费者的选择性；利用中西医药物配伍理论，制备具有预防动脉硬化的药品；开发大蒜精油与其他中草药精油复方，研发对心血管、呼吸系统疾病等有疗愈效果的产品。四是功能性大蒜休闲食品研发。利用风味掩蔽技术或包埋技术等加工手段，将大蒜加工成富含大蒜素、SOD、大蒜多糖等健康休闲食品，如焙烤类、饮料类、糖果类等。五是包装材料研发。大蒜素具有抑制霉菌、孢子、细菌等作用，将其加入包装材料中或者单独制成抑菌剂，可以对食品、纺织品、粮食等起到良好的抗霉抑菌作用。

3. 加快推进大蒜产业集群构建，强化全产业链价值提升，扶持扶优品牌主体创建

2021年，山东省人民政府为深入贯彻习近平总书记视察山东时重要讲话重要指示精神，组织相关部门制定了《“金乡大蒜”优势特色产业培育方案》，促进大蒜产业全产业链高质量发展。临沂大蒜产业应在深化优势特色产业培育上下真功夫。一是构建高效融合的大蒜产业集群。以推进基地支撑、产业融合、链条延伸、产品升级为方向，做实一产优质原料基地，做强二产工业化生产体系，做活三产品牌文化服务，构建包括绿色优质大蒜标准化种植业、大蒜特色产品加工业、现代农产品物流业、农业休闲旅游业和战略性新兴产业等为一体的大蒜产业集群，形成利益契约，强化高效联动、一体化发展。二是激发产业链内生发展动能。设立专班进行规划、组织、协调、督导；强化“标准化生产＋多元化加工＋冷链物流＋品牌文化＋科技创新＋智能服务”全产业链布局，促进产业有机融合，激发产业链内生发展动能，拓展各关键环节的价值潜能提升。三是深入实施大蒜品牌培育行动。加大政策支撑及专项培育资金扶持，引导企业开展品牌创建行动；深入做好苍山大蒜“三品一标”（品种培优，品质提升，品牌培育，标准化生产）实施方案，持续扩大区域品牌影响力和美誉度，力争将区域品牌建设打造成国际知名品牌，用区域品牌引领企业品牌和产业升级，不断放大资源优势；完善大蒜优质高效标准化生产体系、质量安全监管体系及

大蒜产品溯源体系，要建立完善一整套从种植、收获到加工、销售的高标准技术体系；打造多元化宣传平台，让品牌文化、品牌产品形象深入人心。

北方茶“谷雨工程”的提出、定位及其内涵

林果分团　丁兆堂

本文从分析北方“谷雨茶”的市场定位入手，提出了“谷雨工程”的概念。确定了谷雨工程是推进鲁茶高端品牌建设的核心工程，是整个鲁茶产业的“头部工程”，是推进鲁茶高质量发展的系统工程。并从幂律分布、头部效应、锁定高端三个方面，分析了谷雨工程的理论基础及其深刻内涵。谷雨工程的提出，对鲁茶高质量发展具有重要意义。

一、引言

中国是茶树的原产地，是世界茶文化的发祥地。众所周知，中国有四大产茶区，分别为江南茶区、江北茶区、华南茶区和西南茶区。以长江为界，长江以北的产茶区，包括山东、陕西、甘肃、河南南部、湖北、安徽和江苏北部等地，是我国最北方的茶区，尤以山东产茶区纬度最高，当地人通称其所产茶为“北方茶”。

茶树是四季常绿植物。在华南、西南茶区某些地域甚至一年四季都可采茶。但在江南、江北茶区，则四季分明，采茶季节分为春、夏、秋三季，分别称为“春茶、夏茶和秋茶”。毋庸置疑，茶叶品质与气候、季节变化密切相关。从种植环节开始，气候要素就“隐藏”于一片片茶叶中，决定茶叶的品质和口感。“早采三天是个宝，晚采三天是棵草”，讲的就是此理。

因此，为了图早，在江南有“明前茶”“雨前茶”之说。但在江北，尤其是高纬度产茶区的山东，气候和茶树立地条件与江南迥异。茶叶采摘期在 4 月中旬至 9 月底，而越冬休眠期在 10 月至 4 月初，长达 200

天。冬季气温常在0℃以下，极端最低温甚至在－10℃以下。同时，由于年平均降水量仅800毫米左右，而茶树正常的需水量在1 200毫米以上，因此茶树常受干旱胁迫，尤其是春季，更是“滴水贵如油”。温度、光照和水分等气象因素直接影响茶树的生长和发育。正是由于气候影响，北方春茶的萌发期比江南晚，新梢发育速度比南方慢，真正的采摘期是在谷雨前后。因此，“谷雨茶”才是北方“最早的茶”。如何打造“谷雨茶”，是山东茶产业高质量发展的关键。

二、“谷雨工程”的提出

宋代诗人夏竦曾在《江南春日》中写道：茶经谷雨依稀绿，花接清明次第开……明代许次纾在《茶疏》中谈到采茶时节时说“清明太早，立夏太迟，谷雨前后，其时适中。”

谷雨时节也是鲁茶生产的最佳时节。在山东，受春季气候影响，谷雨时节的茶树生长具有3个明显的特点：①温度光照适宜，使茶树生机盎然。谷雨前后的温度和光照非常有利于氨基酸的积累，使茶叶的滋味鲜爽；②昼夜温差使茶叶内含物积累较多。此时昼夜温差较大，有利于茶树光合产物的积累，消耗少，水浸出物积累最多，使茶叶滋味浓厚；③适度干旱胁迫使茶叶更香。春季降雨量少，对茶树形成适度干旱胁迫，不仅茶芽生长慢，而且有利于风味物质的形成，使茶叶香气和滋味更好。正因为如此，使北方的“谷雨茶”呈现出“滋味浓、香气高、耐冲泡”的三个典型的品质特征。

鉴于此，2021年山东省茶叶学会率先推出“谷雨工程·北方茶科普专项行动”，并于同年4月16日在长清茶文化节上，笔者代表省茶叶学会庄严宣布“谷雨工程·北方茶科普专项行动”正式启动，标志着“谷雨工程”在齐鲁大地上应运而生。

“谷雨工程”一经提出，立即得到全省广大茶叶生产者的热烈响应。自此开始，“谷雨工程”依次亮相全省各产茶区，从西到东，从济南、泰安、临沂、日照到青岛、烟台和威海，每一个茶区都陆续开始实施该项活动……

三、"谷雨工程"概念与定位

既然谷雨茶是整个鲁茶品质的最高端，那么"谷雨工程"就是以"谷雨茶"为抓手推进鲁茶高质量发展的系统工程。它是整个鲁茶产业的"头部工程"，也是推进鲁茶品牌高端发展的核心工程。抓住了高端，就抓住了产业发展的"牛鼻子"，就可以拉动整个产业向高质量发展。而整个茶产业的高质量发展，意味着高质量的供给、高质量的需求、高质量的配置、高质量的投入产出、高质量的收入分配和高质量的经济循环。

因此，"谷雨工程"是北方茶产业发展的"质量工程"，是继"南茶北引工程"之后的第二大茶产业发展工程，是鲁茶产业"由量变到质变"的转折点，也是鲁茶产业推动"二次创业"的新起点。谷雨工程，既可以视为政府推动产业发展的系统工程，也可以视为企业的高端战略。通过推动"谷雨工程"建设，可以推动北方茶的基地建设、人才培养、技术攻关、品牌培育与价值链整合，从而拉动整个茶产业链条向更高质量发展。

四、"谷雨工程"的理论基础与深刻内涵

"谷雨工程"是一个长期性、持续性、系统性的工程，不是一个茶叶产品，也不是一锤子买卖，而是具有深刻的理论内涵和核心价值。

1. 幂律分布：发现身边的高价值区

所谓幂律分布，其实最好的实例就是"二八法则"，简而言之就是越多的掌握在越少的人手中；等级越高越不均衡；极小或极少，会造成极多或极大的改变。

我们利用幂律分布理论，可以找到产业发展中的高价值区。以二八法则为例，北方茶叶生产分春、夏、秋三个季节，春茶的产量可能只占全年茶叶产量的 30%～40%，但可以卖出全年 70%～80%的收入。连续 5 年（2004—2009 年）的定点调查显示，日照市春、夏、秋季茶叶产量构成比例为：春 35.1%、夏 46.2%、秋 18.7%，春、夏、秋茶收入分别占年总收入的 60.9%、26%和 13.1%。春茶产量占全年产量的 35%，

但收入却占60%以上。近几年来，夏秋茶的采摘量减少，春茶的产量和收入比例大幅度增加。

既然谷雨茶能带来高收益，那就应该聚焦谷雨茶制高点，把有限的资金投到谷雨茶的生产上，投到谷雨茶的市场营销上，投到谷雨茶的技术研发上。在生产管理上，要以谷雨茶产量和品质为中心，加大"秋防秋控"力度，保证谷雨茶病少、虫少；加大越冬防护力度，确保越冬芽能安全越冬；加大春季管理，使越冬叶片在春风复苏时尽快恢复机能，保证谷雨茶发芽早、产量高、品质好。

在市场营销上，加大对谷雨茶市场走势、竞争态势、客户要求及需求进行分析，建立合理的市场细分规则，制定可盈利、可执行的商业计划，开展有效的市场开发与上市销售活动；在技术研发上，加大对谷雨茶品质形成机理研究，选育适制谷雨茶的品种，开展谷雨茶高产高效配套栽培技术，研发谷雨茶加工新工艺，不断提升高端谷雨茶的研发能力。

2.头部效应：站位比努力更重要

有研究表明，在一个系统里，头部品牌吸引的注意力大概占40%，第二名是20%，第三名是7%～10%，其他所有人共分其余的30%。头部会带来很多的关注和品牌影响力，这些都会提高品牌的溢价，带给你更高的收益。

头部效应就是：通过观察和判断，抢占高价值、有优势的头部，然后从小头部走向大头部。如果你是一个拥有30亩茶园的小茶场，你要考虑如何在30亩茶园上生产出更多的高档茶，抢占高档茶的头部；如果你是中小企业，那么就先占领中小企业的头部；如果你是种苗企业，那就思考如何击穿自己的市场，扩大种苗的培育力度和推广区域；如果你是一个小的茶叶经销商，那应该洞察的就是你在营销领域如何盘活前100名客户。

我们的经营者，也要从"南茶北引"以来追求规模、追求数量的状况，转向"谷雨工程"时代注重效益、效率和质量上来，真正实现茶产业的有效增长。实施"谷雨工程"，就是为茶叶企业找到发展的头部区域，引导茶叶企业，专注于做那些高价值、高优势的事。

3. 锁定高端，思考差异化优势

我国茶叶主产区在南方，在产量和市场占有率上"北方茶"无法与之竞争。"明前茶"追求早，从"早"上"北方茶"也无法与之竞争。因此，我们的功夫只能下在"好"上。但同样是北方的"谷雨茶"，由于地域、生态、品种、肥水管理、加工工艺的不同而产生了千变万化的香。有差异就有机会。为了追求差异化，我们不仅可以根据地域做差异化，根据茶园的生态条件做差异化，还可以根据栽培品种的香气做差异化，或者根据施肥、灌溉技术的不同做差异化，根据加工工艺的不同做差异化。也可以根据原料的不同，做茶叶种类的差异化，如春绿（谷雨时节做绿茶）、夏红（夏至时节做红茶）、秋白（白露时节做白茶），就是利用工艺差异增加附加值。同样是绿茶，日照市推出"海岸绿茶"的概念吸引消费者；同样是红茶，临沂借沂蒙山红色文化，打造"沂蒙红"，给当地红茶增加文化内涵，树立沂蒙茶的文化自信；同样是白茶，莒南县全力以赴，打造莒南白茶，试图抢占北方白茶的"头部"……用谷雨茶的色、香、味去寻求差异化，茶叶感官审评中的"五项因子"，任意一项因子有特异性，都可以做出附加值。

为什么要锁定高端？因为不是"高端"的"差异化"就不可能独领风骚，不可能带来高收益。在未来的茶叶市场竞争中，高端品牌竞争是大势所趋，所有企业必然面对这一挑战，必须思考这一现实问题。因为高端的头部企业之所以能脱颖而出，是因为他们比对手更重视客户价值，更关注高端客户，关注大客户，关注"鲸鱼客户"。要通过细分所有客户，抓住其中的牛鼻子客户；在所有品项中找到牛鼻子产品，专注于训练员工在这个产品上的营销能力。许多茶企战略短浅，典型的小家子气，只顾卖眼前那点茶叶，画地为牢，盘子思维，最终的结局一定是既做不高，也飞不远，更挣不到大钱。当你不懂得取舍，不懂得聚焦，那么从战略开始，就没有对产品区分，没有对客户区分，没有对市场细分，没有取舍，你的投入就是80%，产出也不过是20%。

"谷雨工程"的诞生是茶叶市场倒逼出来的。它告诉我们，必须开辟新赛道，抢占产业发展新的制高点。我们要开辟一个新市场，走谷雨茶发展的新道路！

蓬莱苹果产业领跑全国经验与思考

林果分团　王志刚　高文胜　李明丽　崔秀峰
徐月华　于国合　李国栋　季兴禄

烟台市蓬莱区地处环渤海苹果优势区，苹果产业已成为蓬莱农业农村经济的支柱产业和当地农民收入的主要来源。近二十年来，蓬莱苹果以“品种优良、技术先进、管理精细、质优价高”的产业特点闻名国内外。为总结经验、带动全省苹果产业高质量发展，林果分团多次赴蓬莱开展“蓬莱苹果产业领跑全国经验与思考”的专题调研。调研组走访了当地有代表性的新型果品生产和经营主体，与当地政府、业务部门和技术人员等进行了座谈交流，深入了解了蓬莱苹果栽培历史、产业现状及发展经验做法等。在对调研情况和数据进行全面分析、梳理和总结后，形成调研报告。

一、蓬莱苹果栽培历史与现状

1. 栽培历史

蓬莱苹果栽培历史悠久，1861 年美国传教士约翰·倪维思引入早苹果等 13 个西洋苹果品种，种植在刘家沟镇乌沟苗家村。19 世纪 80 年代初，引进西洋苹果“大金星”。1905 年以后，先后引进红玉、秋花皮、小国光、伏花皮、金帅等苹果品种，并自行选育出红国光品种。20 世纪 80 年代，引进红富士、烟青、新红星、金矮生、乔纳金、短枝国光、秀水等品种。改革开放以后，蓬莱苹果产业发展经历了品种选优、品种调整优化和栽培模式转变三个重要阶段。

第一阶段：1981 年—1994 年，乔化密植，品种选优。在栽培模式上，主要采用乔砧密植的栽培模式，以达到早期丰产的目的。从 1991 年开始，蓬莱与烟台市两级果树站合作，在蓬莱湾子口园艺场建设优系苹果新品种复选圃，从全国范围内寻找表现优良的红富士品系，并从国外引进部分苹果优良品种，在复选圃进行选优工作。

第二阶段：1995—2008 年，郁闭园改造、品种改劣换优，推进苹果品种优系化、质量优质化。1991—1995 年成功选育出优系红富士苹果烟富 1—6 号、烟嘎 1—3 号。自 1996 年开始，结合密植园、郁闭果园改造，全面进行老劣品种换优工作，建成区级千亩果树样板示范园 20 处，省“三 0”工程优质示范园 1 万亩。1993 年，在全国率先开始实施苹果套袋栽培技术，到 1998 年全部实行套袋技术，并在全国推广。苹果品种的优系化，果品质量的优质化，得到了国务院和省政府的认可，争取到山东省果品产、加、销集散地首批试点县，建成中国北方蓬莱果品批发市场。

第三阶段：2009 年至今，转变栽培模式，发展苹果现代矮砧集约栽培，促进苹果产业高质量发展。2009 年以来，蓬莱苹果生产逐步向集约化、机械化、智能化、现代化方向发展，栽培模式更多地采用现代矮砧集约栽培模式，并扎实开展了老龄低效果园改造。通过多年努力，发展现代矮砧集约栽培示范园 3 万多亩，“畜一沼一果”生态循环农业示范园 13 多万亩，老果园更新改建示范园 3.6 万亩，物联网系统应用技术示范园 0.65 万亩，果园种草、生草、覆盖面积 20 多万亩，节水灌溉与肥水一体化设施 30 多万亩，实施苹果郁闭园改造 8.5 万亩，建设 M_9T_{337} 矮化自根砧无病毒苗木繁育圃 1 000 多亩。

2. 产业现状

截止到 2020 年，苹果栽培面积 37.2 万亩，产量 108 万吨，优质果率达 85%以上，高档果占 40%以上。主栽品种以优系烟富 3、烟富 10、烟富 6、烟富 7 和元富红为主。蓬莱依托苹果产业，先后获得全国绿色食品原料标准化生产基地县、全国农业标准化示范区建设先进市、中国优质果品基地重点县、国家级绿色农业示范区建设单位、农业农村部“苹果园高效管理示范基地”“全国苹果产业 20 强”、农业农村部国家苹果产业技术体系服务县域经济支撑“一县一业”示范县、山东省苹果标准化示范区、“中国现存最长树龄苹果树”奖和“最高产果园”奖等荣誉称号。2014 年“蓬莱苹果”成功注册了地理标志证明商标。

二、蓬莱苹果产业发展的主要做法和经验

蓬莱苹果生产在政策扶持、调整种植结构、标准化生产、品牌培育、创新经营模式、科技创新、人才支撑等方面加大了力度，为苹果产业高质量发展积累了经验。

1. 加强政策扶持引导，示范引领产业发展

近年来，蓬莱区委、区政府始终把发展苹果产业作为壮大蓬莱农业经济、增加农民收入的主要途径，坚持绿色富农、质量兴农、品牌强农，积极构建现代果业体系，打造了优质的苹果产区。自 1996 年开始，蓬莱区政府制定了减免农林特产税等一系列优惠政策，又补助 700 多万元，结合密植园、郁闭果园改造，全面进行老劣品种换优工作，建成区级千亩果树样板示范园 20 处，省“三 0”工程优质示范园 1 万亩。2010 年以来，蓬莱积极争取并多次实施省现代农业发展资金（2016 年整合为高效特色农业发展平台项目），建设苹果现代矮砧集约栽培模式示范园 3 000 余亩，起到了很好的示范引领作用。

2. 完善良种繁育体系，调整优化种植结构

蓬莱多年来坚持以市场需求为导向，合理调整早、中、晚熟苹果比例，指导企业和果农主动更换优新品种，加强老劣低效果园升级改造，建立比例合理、成熟连续、优势互补的苹果产业布局。在成功选育烟富 1—6 号、烟嘎 1—3 号的基础上，又成功选育出了烟富 10、烟富 7、元富红、玖艳香、八仙早富及仙香绿新品种 6 个；引进“维纳斯黄金”晚熟黄色新品种 1 个，引进试验免袋苹果新品种 5 个，进一步优化了全区苹果品种，优化率达 95%以上。建成优质苹果苗木基地建设 5 处，面积 2 500 多亩；建成脱毒苗木繁育组培室、脱毒品种及母本树培育圃、采穗圃、M_9T_{337}脱毒砧木及苗木繁育圃、繁育温室大棚和生产示范展示园。年培育优质脱毒苗木 1 000 多万株，为蓬莱区苹果种植模式转变奠定了基础。选育的烟富 10、烟富 7、元富红等新品种成为全国苹果各产区的主栽品种，累计推广面积达 400 多万亩，为全国苹果产业发展做出了积极贡献。

3. 推广先进栽培技术，实现肥药减施增效

一是土肥水管理。在全面实施测土配方施肥的基础上，开展以化肥减量和治理土壤酸化为重点，加大有机肥的施用，大力推广节水灌溉技术，结合果园生草、覆草技术，培肥地力，改良土壤。有机肥平均每亩用量在 1 吨以上，沼液每亩用量 6～12 吨。发展沼液专用村 386 个，沼液果园 12 万亩，发展种草、生草、覆草果园 20 多万亩，安装节水灌溉与水肥一体化设施 30 多万亩。二是精细花果管理。全面应用提高果实外观质量和内在品质的配套技术，生产“好看、好吃、好卖”的“三好”苹果。1990 年总结人工授粉技术，在全省推广。1997 年开始应用铺设反光膜、摘叶、垫果、转果技术，是全国最早应用的。三是病虫害绿色防控。应用生物源、矿物源、植物源农药，使用太阳能频振式杀虫灯、杀虫板、性诱剂、粘虫板、糖醋罐等进行病虫害防治。利用生草栽培，培养和保护害虫天敌，减少农药使用 30%以上，从而保证了苹果的品质和质量安全。应用太阳能杀虫灯面积 7.35 万亩，粘虫板、性诱芯应用 1.5 万亩。

4. 建设标准示范基地，强化示范带动效应

通过建设标准化苹果示范基地，做样板、做示范，带着果农干，引领蓬莱苹果产业新旧动能转换、提档升级。共计建设标准化苹果示范基地 16 万亩，现代苹果矮砧集约栽培示范基地 3 万多亩。一是乔砧稀植标准化示范基地。多年来一直致力于苹果优质、高产、高效栽培技术的研究推广工作，培育了一大批优质高产高效的苹果示范园，曲受鹏和“苹果妈妈”张玉清的连续多年亩产超万千克示范园就是其中的典型代表。束怀瑞院士对连续 10 年亩产超万千克的示范园调研考察时，认为该项管理技术已达到世界先进水平。对蓬莱苹果产业的“高投入、高技术、高亩产、高质量、高价格、高效益”的“六高”生产模式给予高度评价，命名为“蓬莱模式”。蓬莱苹果的果品质量、单产、价格、效益位居全国前列。多年来，蓬莱苹果价格高于周边县市区 2.0 元/千克以上。二是现代苹果矮砧集约栽培示范基地。近年来，蓬莱积极实施省、市苹果产业项目，大力推广现代苹果矮砧集约栽培技术，建成现代矮砧集约栽培苹果示范园 3 万多亩，配套应用沼渣沼液综合利

用、生草覆盖、水肥一体化、病虫害绿色防控、物联网应用等技术，成效显著。采用 M_9T_{337} 自根砧当年苗建园，第三年亩产超 1 000 千克，第四年亩产超 2 000 千克。

5. 配套贮藏加工设施，提升完善产业链条

1988 年在农业农村部的支持下，蓬莱园艺场从意大利引进全国第一家 3 000 吨级的大规模气调保鲜库。积极引导果品贮藏、保鲜、加工等相关配套产业的发展，培育出鑫园工贸、联盛果蔬、昊林果蔬、金创果蔬、泰雨祥果业等一大批苹果产业化龙头企业。目前，全区拥有果品贮藏库 228 座，储存能力 58 万吨。其中保鲜气调库 56 座，年贮藏能力 18 万吨；冷风库 172 座，年贮藏能力 40 万吨；苹果加工企业 8 家，年加工能力 5 万吨。建成果品批发市场 17 个，年营销量达 45 万吨，主要销往东南亚各国、香港地区、欧盟等国家和地区。国内主要销往广东、福建、广西、贵州、上海、南京、浙江、北京、黑龙江、辽宁等大中城市。

6. 加强品牌培育力度，增强产业发展竞争力

2006 年以来，蓬莱鑫园工贸有限公司"润飘"苹果先后赢得中国名牌农产品、山东省著名商标、烟台名优果品第一名、烟台苹果十大品牌。在烟台名优农产品评选活动中，蓬莱的润飘、欢乐果园、和圣红、红孩儿苹果被评为烟台市名优果品。"金创"牌苹果是我国水果最大的批发市场——广州江南市场的第一品牌，销量最多，售价最高。昊林果蔬为全国最大的水果连锁经销商"百果园"收购苹果，是收购价格最高的经销商之一。"百果园"经销的"东方红"苹果主产地在蓬莱，该品牌苹果牢牢占据了北、上、广、深高端苹果市场，果品供不应求。蓬莱元富红、润飘、烟富 10 苹果在各届苹果大奖赛多次摘得桂冠。山东汇果农业发展有限公司的"汇果农业"品牌、烟台市仙阁果品专业合作社的"红孩儿"品牌荣获中国苹果产业协会"企业榜样品牌"；山东烟富农业科技有限公司的"烟富农业"品牌和山东海博元生态农业有限公司"元峰"品牌荣获"农资品牌"。

7. 坚持三产融合发展，开拓市场营销新渠道

坚持消费决定生产的理念，围绕市场需求，积极拓展苹果产业链条，大力发展果品贮藏、物流、保鲜、深加工、休闲观光、采摘等相关配

套产业，推进一二三产业深度融合。开拓营销新渠道，大力发展电子商务，目前已发展电商300多家，培育壮大一批如“田+”电子商务、拾鲜京东蓬莱馆、鲜然电子商务等电商企业，推动了苹果网络销售快速发展。2020年，全区电商销售农产品价值3亿多元，其中苹果销售1万多吨，产值1亿多元。

8.强化科技智力支撑，大力招才引智促发展

蓬莱引进中国工程院束怀瑞院士等3个工作站，与国家苹果产业技术体系24位岗位科学家签订合作协议，霍学喜教授、王金政研究员、陈学森教授、毛志泉教授、姜远茂教授、张东教授分别与3家企业签订了技术合作协议，为蓬莱现代果业发展提供了人才智力支撑。烟台市蓬莱区果业技术推广中心在职职工10人，其中农业技术推广研究员3人、高级农艺师2人、农艺师5人。承担了农业农村部、省、市等多个项目建设，同时主持了烟富7、元富红、玖艳香、八仙早富、仙香绿苹果新品种选育及配套技术研究与推广，参与了烟富1—6号、烟嘎1—3号、烟富10苹果新品种选育及配套技术研究、集成与推广，常年与山东省农业技术推广中心、山东农业大学、青岛农业大学、山东省果树研究所等大专院校和科研部门保持密切合作，进行了大量的科研基础工作，有着团结、协作、实干的科研技术队伍。先后获得国家技术发明二等奖1项，省科技进步二等奖2项，国家、省农牧渔业丰收奖及市级科技进步奖20多项，发明专利1项。

三、蓬莱苹果产业高质量发展的启示与思考

当前，山东省果业发展已进入转型升级的关键阶段，如何实现高质量发展，蓬莱经验提供了诸多启示。

一是加大政府财政资金投入。实现苹果产业高质量发展，基本途径是大力推广现代栽培模式，加快老果园更新改造步伐。今后5年，山东省应结合《山东省推动苹果产业高质量发展行动计划》六大工程实施，启动苹果生产推进系列项目，加大推广现代栽培模式、农机农艺结合等方面的资金支持。通过政策、资金支持，助推产业转型升级和高质量发展。

二是注重苹果品质提升。品质是苹果产业高质量发展的生命线，必须坚持质量兴农，改变过去单纯依靠扩大面积、提高产量为主的粗放式产业发展方式，把提高苹果品质作为首要任务，实现从增产导向向提质导向的转变。要加快名特新优品种示范推广，制定发布新品种推广应用的指导性意见，深入实施苹果良种苗木繁育工程，扶持建设一批新品种展示示范园和县级苗木繁育基地，加快推进品种更新优化。

三是大力推广现代栽培模式。加大高效特色农业发展水果（苹果）产业项目实施力度，建设一批高起点高标准的苹果现代矮砧集约栽培示范园，重点推广包括矮砧大苗建园、宽行密株、设立支架、起垄覆盖、行间生草等内容的适于机械化管理的现代矮砧集约栽培模式，以及绿色防控、肥水调控、整形修剪、花果管理、物联网等配套技术，逐步实现苹果生产绿色化、集约化和现代化。

四是加强品牌培育与推广。品牌是进入市场的通行证，是市场竞争的制高点。近年来，山东省在苹果品牌发展方面做了一些工作，但苹果企业品牌数量还比较少、知名度还不够高，要继续把培育品牌作为关键抓手，靠特色优势树立品牌，靠龙头企业打造品牌，靠文化内涵提升品牌，靠质量诚信维护品牌，努力做大做强山东苹果品牌。

五是培育新型经营主体。推进苹果产业高质量发展，必须把培育壮大苹果经营主体作为基础工程，不断创新产业经营模式，加快构建新型苹果经营体系。通过整合资源，做大做强农业企业和民合作组织，形成龙头带动集团，通过龙头主体带动，促进当地或区域苹果产业高质量发展。

六是强化科技和人才支撑。我们要按照习近平总书记“给农业插上科技的翅膀”重要指示，加快构建新型苹果科技创新体系、新技术新模式推广体系和果业科技人才体系，以科技创新引领苹果高质量发展。加快提升苹果园管理机械化水平、苹果新品种创制及苹果关键技术研发。改变传统栽培模式，推广现代矮砧集约高效栽培模式，在果实免套袋技术、化肥农药减量技术、土壤有机质提升等方面集中攻关，争取尽快取得突破。

七是培育发展“新六产”。苹果产业链条涵盖投入品供应、田间生产、包装运输、贮藏加工、销售等各个环节，应注重培育现代苹果“三产”融合发展，把苹果发展与旅游、采摘、观光、休闲、养生和体验结合起来，发展苹果（田园）综合体。同时，加强宣传推介和市场开拓，积极发展产销对接、连锁经营、电子商务、“互联网＋”等新型营销模式。

云南省花卉产业考察调研报告

林果分团　姜岳忠　邢广萍　卢洁

2022年8月，调研组赴云南对云南省花卉产业进行了考察调研，参观了云天化晋宁花卉产业现代化示范园、云南爱必达园艺科技有限公司、云南省花卉推广技术服务中心基地、云南省农业科学院花卉种植创新试验示范基地、楚雄滇耘花卉园艺有限公司、姚安云秀花卉有限公司、丽江佳润农业科技有限公司、昆明杨月季园艺有限责任公司等花卉企业和基地，参观了昆明国际花卉拍卖交易中心、斗南花卉市场等，就云南省花卉产业考察调研情况形成调研报告。

一、云南省花卉产业基本情况

云南素有“世界花园”“中国花都”之称，是全球生态气候类型最丰富的地区之一，也是世界三大适宜花卉生产的地区之一。经过近四十年的发展，云南省花卉产业已逐步成为云南高原特色现代农业产业中最具国际竞争力的优势产业，形成了以鲜切花、盆花、园林观赏植物、加工花卉、种用花卉等五大种类全面发展的格局；花卉种植区域从滇中、滇中南地区向滇西北、滇东北地区延伸，形成了全省性的花卉生产带。云南花卉畅销全国，占70％以上的市场份额，并出口至40多个国家和地区。

2021年，云南省花卉种植面积达192万亩，从事花卉生产的企业7 950家，花农达到13.3万户，花卉全产业链产值达1 034.2亿元。云南鲜切花种植面积全球第一，产量连续26年全国第一。2021年，全省鲜切花产量162.2亿枝，产值140.4亿元，占全国鲜切花总产量的50%以上，其中玫瑰约占全国总产量的70%。全省盆花种植面积12.9万亩，产量6.8亿盆，产值3.6亿元。其中，盆栽玫瑰产量0.15亿盆，占全国玫瑰盆花产量70%；大花蕙兰盆花产量0.66亿盆，占全国总产量90%以上；国兰盆花产量0.38亿盆，约占全国总产量的40%；多肉盆栽产量2.5亿盆，占全国总产量60%。

2021年，全省出口花卉销售额3.37亿美元，居全国第一，其中鲜切花出口量25.4亿枝，出口额1.06亿美元。斗南花卉市场是中国和亚洲最大的鲜切花交易市场，南亚、东南亚等国家以及云南省超过80%的鲜切花进出口花卉产品都集中于此，中国70多个大中城市和全球40多个国家和地区都有斗南市场销售的成品，斗南花卉市场是亚洲第一、世界第二大花卉交易中心，也是全球唯一一个对手交易、电子拍卖、电子商务、电子统一结算四种交易模式并存的鲜切花交易市场，已经成为中国和亚洲鲜切花交易市场价格的“风向标”和“晴雨表”。2021年，斗南花市鲜切花交易量达102.57亿枝，花卉交易总额112.44亿元人民币，双双突破“百亿”。

二、云南省推动花卉产业发展的主要做法

1. 充分发挥资源优势，做优做强花卉产业

云南省地理条件具有先天优越性，有着周年温差小、日温差大、光照充足、气候类型多样等优势，使云南在相同的时间段各地区可提供不同种类的花卉产品，甚至全省境内全年可生产几乎所有种类的商业花卉，具有花卉产品反季节生产的绝对优势。即使不采用温室、大棚技术，也能生产出大量高品质的花卉产品，在花卉种植的成本上与其他地区相比具有明显的优势。得天独厚的气候环境，孕育了云南丰富的观赏植物资源和野生花卉物种，云南具有15 000多种高等植物物种，占全国所有高等植物物种的一半以上，其中包括观赏性植物资源2 000多种，野生花卉物种1 500多种。近年来，随着云南花卉产业的发展，家喻户晓的产品紫红花滇百合、金茶花、轮叶绿绒蒿、兰花、木

兰、报春、龙胆八大名花等已走向世界。云南省具有全球观赏性植物的基因库，同时这些野生的物种也是云南花卉的特色资源，为云南省发展育种提供了自然资源优势。云南省是经济欠发达地区，在劳动力和土地价格方面明显低于全国经济发达地区，这种优势使花卉产业能在低成本情况下，进行扩张和更好的发展。

2. 健全完善体制机制，保障花卉产业发展

云南省花卉管理部门及协会组织各司其职、分工明确、互为补充，是云南省花卉产业健康和谐发展的基石。云南省政府成立了十大产业专家组，花卉产业专家组由国内知名花卉专家、管理部门人员及花卉企业家组成，分管副省长定期听取专家组关于花卉产业发展情况报告，共同探讨研究花卉发展大计。云南省农业农村厅绿色食品处是花卉行业主管部门，负责打造世界一流“绿色食品牌”工作，承担有关组织、管理协调、督促检查和绩效考评职责；承担茶叶、花卉、水果、蔬菜、坚果、咖啡、中药材等特色经济作物的发展管理工作，起草有关发展政策、规划并组织实施；指导产业结构、布局调整及标准化生产工作。云南省花卉技术培训推广中心是云南省农业农村厅直属事业单位，负责全省花卉产业技术培训，品种及技术引进集成推广，产业咨询，种质资源圃建设及品种收集保存，新品种测试；配合开展宣传、统计等工作。云南省花卉产业联合会是在云南省民政厅登记成立的全省花卉园艺行业非营利社会团体组织，业务指导部门是云南省农业农村厅。主要业务为组织开展行业调研，为企业做好信息和技术服务；组织举办和参加各类花卉展览会、商品交易会、信息交流会、研讨会等活动，促进国际国内花卉业的合作与交流；促进科研、教学、生产、经营单位的分工与合作，促进科技成果的转化和技术普及；加强对花卉植物新品种权的保护和促进，有效促进花卉行业整体健康有序发展；组织省内外花卉业务培训，提高花卉从业人员的业务素质和专业水平，提升行业自律水平；帮助会员开拓市场，维护公平竞争；宣传花卉知识，引导、普及、提升花卉消费。

3. 集成产业政策，助力花卉产业腾飞

(1)国家层面：2020 年 3 月 11 日，农业农村部、财政部联合下发

《关于开展优势特色产业集群建设的通知》,首批支持建设50个产业集群项目发展,云南承担了蔬菜和花卉两个产业集群的建设。2021年花卉产业集群6个县区种植面积达24.8万亩,鲜切花产量85.6亿枝,占全省鲜切花总产量的50.64%。“十四五”期间,国家继续给予云南省花卉种苗、种球、种子进口税收政策。自2001年起,国家给予云南省进口用于科研和种植的花卉种苗、种球和种子免征关税和进口环节增值税的优惠政策。政策执行20年来,共减免关税和进口环节增值税超过7亿元,有力、有效地推动了云南花卉产业的高质量发展。

(2)省级层面:2018年以来,云南先后出台了《关于创建“一县一业”示范县加快打造世界一流“绿色食品牌”的指导意见》等20余项政策措施,重点培育创建了20个“一县一业”示范县,每个示范创建县每年给予3 000万元的财政扶持。红河州开远市、玉溪市红塔区、昆明市晋宁区进入“一县一业”示范创建县名单,有15家花企获得“十大名花”称号,受到省委、省政府表彰奖励。与此同时,各州市及其县市区均出台了相应的政策措施,为花卉产业提质增效和高质量发展创造了良好的政策条件。

4.建成国际花拍市场,助推花卉产业与国际接轨

2001年,昆明国际花卉拍卖交易中心有限公司建成运营,这是一个以花卉拍卖为主,集花卉标准制定、新品种研发推广,市场信息服务、技术服务、金融服务、物流服务为一体的综合性产业服务平台。经过20多年的发展,昆明花拍中心已成为亚洲交易规模最大的花卉拍卖市场,在全球位列第二,已建立了花卉全产业供应链体系,标准、规范化的市场交易规则,“云花”品牌推广体系和交易服务体系,形成了全国花卉交易价格形成中心、行业标准制定和推广中心、大数据服务中心、全国花卉新品种推广中心。昆明花拍中心有2.5万个花卉生产者(供货商)会员和3 100多个产地批发商(购买商)会员,日均成交量超过400万枝,高峰期交易规模突破1 000万支,2021年实现交易量约20亿枝,成交率95%,交易额约24亿元,汇聚了2 000多个花卉品牌,形成以云南优势花卉为主,其他100多个品类为辅的花卉交易产品群,带动引领全国各类花卉交易价格。

5.提档升级现代产业体系，扩大绿色生产规模

以爱必达、品元、创森等为代表的本土科技型企业，利用智能玻璃温室或薄膜温室，采用基质栽培的生产模式，推行水肥一体化和精准高效种植方式，有效实现了园区的减药减肥，设施水平、产品质量、单位面积效益均达到国际一流水平，其中玫瑰智能栽培技术达到世界领先水平。晋宁、通海、泸西、开远等花卉主产区企业及新型主体，利用互联网、精准栽培技术对传统生产方式进行提升改造，产量和质量均实现大幅提升，利用“互联网+精准栽培”技术对第二代生产方式进行提升改造已成为产业新方向。2021 年，全省花卉绿色高效生产种植面积 2.8 万亩，较上一年度增长 53.8%，其中鲜切花无土栽培、水肥循环面积突破 1 万亩，单位面积产量和产值较传统种植增加了 2～3 倍，花卉生产种植模式绿色化发展进程加快。

6.加强品种自主创新，助力花卉产业提质增效。

云南已成为亚洲重要的花卉育种中心和种苗繁育中心。自 2004 年云南省首个自主培育的玫瑰新品种‘冰清’获得国家植物新品种权证书以来，至 2021 年，全省累计育成花卉新品种 1 054 个，占全国总量的 40.53%，引进推广新品种 600 余个，新品种引进及自主研发数量居全国第一，全省投入商品化生产的自主知识产权花卉新品种 50 余个，‘红唇’‘金辉’等自主研发花卉新优品种推广种植面积达 5 000 亩。2020 年，通过昆明国际花卉拍卖交易中心交易的专利新品种超过 140 个，专利费收取达 2 500 万元以上。通过自主研发、引进吸收、专利保护等多种方式，已具备生产 60% 以上花卉品种的种苗生产能力。随着品种和品质的不断改善，“云花”替代进口的能力已经有了较大提高，一批批拥有自主知识产权的花卉品种投入了生产实践，为云南花卉产业的发展提供了强有力的支撑。

三、山东省花卉产业可以借鉴的经验

山东省花卉产业发展具有区位优势、气候资源优势、种质资源优势、劳动力资源优势、市场潜力优势。改革开放以来，山东省花卉产业得到了快速发展，相继出台了《山东省人民政府关于实施蔬菜等五大

产业振兴规划的指导意见》《山东省花卉产业提质增效转型升级实施方案(2016—2020年)》等文件,在政策、市场、改革等方面提出了一系列重大举措,花卉种植面积和产值稳步增长。2021年,山东省花卉种植面积69.6万亩、居全国第15位,销售额166.8亿元、居全国第6位,盆栽植物类居全国首位。但与云南等花卉先进省相比,在花卉产业政策、产业组织体系、产业链延伸、产业集群发展、科技研发能力等方面还有较大差距,因此,山东省花卉产业可以从以下六方面借鉴云南省的发展经验。

1. 加强组织领导,推进花卉产业健康持续发展

2022年,国务院印发《关于支持山东深化新旧动能转换推动绿色低碳高质量发展的意见》,省委、省政府印发《关于做好2022年全面推进乡村振兴重点工作的实施意见》,省政府印发《"十强产业"2022年行动计划》(下称《计划》)。各级政府要把花卉产业发展纳入新旧动能转换、生态文明、乡村振兴战略大格局中,纳入国家、省级规划中来谋划,列入"十强产业"中来发展。建议省委、省政府加强组织领导,由省自然资源厅牵头,相关部门参与,组建花卉产业专班,建立横向协调、上下联动的工作机制,形成共商共促的发展合力,开展产业政策的研究制定和争取落实,谋划产业发展方向及突破重点,协调重大项目的争取、落地和建设等,推进花卉产业健康持续发展。

2. 制定完善政策措施,切实发挥战略引导作用

各级政府要制定和完善促进花卉产业发展的政策措施,加大扶持和投入力度。一是建立专项花卉扶持政策,从技术、生产、加工、流通、社会化服务综合规划,以项目的形式扶持重点花卉县建设,比如云南"一县一业"示范县政策。二是明确花卉科技的基础性、公共性和社会性地位,在花卉种质资源保护、新品种选育、技术研发等方面加大扶持力度,制定相应的补助优惠政策。三是制定花卉品种创新激励政策、花卉产业保险、花卉物流补贴等,提升花卉品种创新积极性,减少自然灾害的影响,提升花卉流通的效率,保障花卉品质。四是鲜切花、盆花是鲜活农产品,应该享受绿色通道政策,销售运输应与相关部门协调简化程序,降低相关费用。五是积极争取进口用于科研和种植的花卉

种苗、种球和种子免征关税和进口环节增值税的优惠政策。

3. 加大财政投入，推广高效绿色种植

统筹使用各类涉农资金，加大对花卉产业发展的支持力度。一是加大花卉基础设施改善，对扩能改建、环保节能设施建设给予财政补助，把温室大棚、水肥一体化设备、环境调控设备和保鲜冷库等配套设施设备纳入农机购置补贴范围分层次给予补贴。二是推广花卉生态高效栽培技术，对实施无土栽培、水肥一体化、循环水肥利用、节水灌溉等与设施相配套的绿色高效种植技术的企业、基地给予相关税费优惠、政策扶持。三是加大对花卉科研创新的补助，提升科研院所研发能力和科技成果推广能力，积极利用各类林业基层技术推广服务机构，构建覆盖全省范围的花卉种植技术推广服务平台，增强先进技术的传播能力、科技成果的推广能力。

4. 完善社会化服务体系，提升花卉产业软实力

山东省需进一步明确花卉行业管理部门与花卉行业协会的职能，成立省级花卉协会，建立健全各级花卉行业协会，更好地发挥其组织、指导、协调、服务功能，增进与企业、花农的桥梁纽带作用，推广行业技术、提供市场信息、规划区域设计、拓宽营销渠道，帮助企业和花农做好生产营销，提高抵抗风险能力。同时，发挥林业产业发展智库作用，形成推进花卉产业发展的强大合力。林保中心作为花卉行业管理部门的支撑单位，应该学习、借鉴云南省花卉技术培训推广中心开展的工作，做好全省花卉产业技术培训，与花企联合做好品种及技术引进集成推广，积极争取国家林草局花卉种质资源库建设，做好品种资源收集保存及新品种测试。

5. 提升花卉品种品质，打造山东花卉品牌形象

支持开展国内外花卉品种引进和筛选、特色花卉资源发掘利用、生物技术育种、新品种选育和产业化应用、高层次专业人才引进、国际知名育种企业并购或合作等工作，加大花卉新品种的研发力度，引导各类研发主体明确研发层次和研发方向。不断提高花卉新品种创新数量及其新品种的稳定性，提升研发成果的转化运用率，确保新品种能直接面向市场，切实提高国产替代能力。实施花卉产业品质提升行

动，引入国际知名育种商、设施设备企业，通过新品种、新技术的引进、集成和推广，提升山东省花卉品质及种植水平。“云花”是享誉国内外的云系品牌，是云南响亮的名片之一，“云花”历经四十载，已经做到亚洲第一、全球第二。未来山东省要加大品牌建设与宣传，着力培育一批带动能力强、品牌知名度高、产品具有竞争力的龙头企业与合作社，从而提高山东花卉的市场占有率和知名度，形成品牌效应，增加山东花卉产品品牌价值和议价能力，带动产销量得到大幅提升。

6. 推行标准化和专业化生产，加强产品质量体系建设

产品标准化是保证花卉产品品质的重要一环，包括生产技术标准化和产品质量标准化。云南有比较完善的花卉质量标准体系，产品可以做到高质量的输出。未来，山东省花卉产业可以借鉴云南的经验，加快制订和完善花卉产业的各项标准，包括花卉产品质量标准、出口质量标准、花肥花药质量标准等标准体系。另外，山东省花卉产业还要加强和推广标准化和规模化生产技术，让广大花农自愿接受农技人员的专业种植技术培训，采用科学种植法，摒弃过去的经验种植法。生产农具用品的企业可以通过统一供货的方式售卖给农户，给予农户一定优惠，以便让农户使用到更好的农具用品从而增产增收。政府及相关部门要提高花农的标准化和规模化生产意识，成立花农合作经济组织和专业种植合作社等机构进行辐射带动。

提升经略海洋能力　推动海洋经济高质量发展

水产分团　韩立民　李大海

青岛市第十三次党代会作出了“建设引领型现代海洋城市”的战略部署，海洋经济高质量发展是引领型现代海洋城市的重要标志。中国海洋大学韩立民教授主持的国家社科基金重大项目“加快建设海洋强国背景下我国‘深蓝渔业’发展战略研究”阶段性研究成果认为，应以习近平总书记经略海洋思想为指导，以提升经略海洋能力为统领，

以海洋资源开发能力、海洋科技创新能力、海洋可持续发展能力和海洋开放合作能力提升为重点，推动海洋经济高质量发展。

一、青岛市海洋经济发展现状

(1)海洋经济规模持续扩张：2021 年，海洋生产总值为 4 684.84 亿元，同比增长 18.3%。2016—2021 年，青岛市海洋 GDP 占 GDP 比重从 25.1%增长到 33.1%，海洋经济对 GDP 增长的贡献率从 40.2%上升到 62.3%。

(2)海洋经济结构不断优化：2021 年，海洋三次产业增长率分别为 7.5%、19.5%、18.0%。海洋第三产业(主要是滨海旅游业)比重下降，海洋第二产业所占比重明显上升，海洋战略性新兴产业发展加快。

(3)区域海洋经济集聚逐步形成：2021 年，“一谷两区”(蓝色硅谷、西海岸新区、红岛经济区)占全市海洋生产总值比重约 40%，对海洋经济升级的引领带动作用日益显现。海西湾海工装备产业园、崂山海洋生物产业园等新兴海洋产业集聚正在加快形成。

(4)海洋创新能力明显提升：“十三五”期间，建成青岛海洋科学与技术国家实验室、国家深海基地等国字号涉海科研平台 26 个，引进高水平海洋科研人才 6 200 余名。超级计算机升级项目落户青岛市，东方红三号、深海一号等先进科考船入列。

二、青岛市海洋经济发展存在的问题

海洋经济发展投资拉动、资源消耗性特征较为显著。海洋第二产业对海洋 GDP 增长的贡献率明显上升，而海洋第三产业对海洋 GDP 增长的贡献率出现下降。从各产业部门来看，传统海洋产业对海洋 GDP 增长的贡献率仍显著高于海洋战略性新兴产业。

(1)科技创新对海洋经济增长的拉动作用不明显：一是海洋科技实力有相对下降的趋势。2010—2020 年，青岛市涉海学科、涉海科研单位、涉海科研人员三大指标全国占比分别从 12.9%、5.8%和 13.2%下降到 7.4%、5.8%和 8.6%。二是科技与产业“两张皮”的现象仍比较突出。大学科研机构涉海技术成果难以转化、异地转化的现象比较普遍；涉海企业研发中心普遍存在研发规模小、人才结构不合理等问题。

(2)海洋经济发展面临的资源环境约束趋紧：一是近海海域空间冲突和深远海利用不足的现象并存，离岸开放海域尚未得到高效利用。二是特色海洋产业园区存在土地资源的利用粗放、单位面积产出比较小等问题。三是国家海域、环境保护政策收紧对海洋经济发展存在长期影响。

(3)海洋领域深化改革和扩大开放的力度不足：一是山东自由贸易区青岛片区、中国一上海合作组织地方经贸合作示范区等区域的政策优势尚未体现在海洋经济发展中。二是国际化大港对于区域海洋经济的带动作用有待进一步加强。三是带动内陆地区，特别是沿黄地区向海发展的龙头作用不突出。

综上，青岛市海洋经济虽然了保持高速增长，但距离高质量发展还存在一定的差距，主要原因在于经略海洋的能力培育、发展路径设计和模式选择等方面尚存在许多不足。

三、提升经略海洋能力，实现海洋经济高质量发展的建议

1.聚焦“一个中心”

以海洋经济高质量发展为中心，以提升经略海洋能力为主线，加快提升海洋资源开发能力、海洋科技创新能力、海洋可持续能力和海洋对外开放能力。着力推动深远海开发，进一步增加海洋新资源、新空间、新要素的供给，尽快突破制约青岛市海洋经济发展的资源和空间约束；着力推动海洋要素加快融入区域产业、科技体系，通过产业融合进一步催生新技术、新模式、新业态和新产业，实现全市海洋经济发展新动能提升。着力推动涉海开放“放管服”改革，打造山东对外开放的龙头，培育辐射全省的高端涉海服务业集聚区，实现海洋经济结构的进一步优化。

2.促进“两个融合”

(1)产业跨界融合：一是促进高新技术与海洋产业融合，以深水、绿色、智慧为目标，推动信息、新能源等新兴技术加速向海洋产业各部

门渗透。二是促进海洋产业内部融合，推动海洋渔业与滨海旅游业融合，推动海洋现代服务业与海洋先进制造业、海洋交通运输业融合，打造休闲渔业、蓝色金融、智慧航运等新产业。三是促进海陆产业交叉融合，滨海旅游业加快陆海旅游产品对接，港口航运业强化海陆联运和综合物流，新能源产业加快光伏下海、风电海陆对接。

(2)港产城发展融合：一是做大强港硬核。完善青岛港各港区分工，提升优势货种服务能级，探索开展中转集拼、整箱分批转运等新业态。完善海铁联运、江海联运集疏运网络，提升青岛港对全省和黄河流域海陆物流的核心节点功能。二是推进城市功能布局变革。优化港区产业和功能布局，统筹港口岸线和后方土地的开发，推动与港口关联度低的产业和功能向外迁移。三是促进临港特色产业发展。依托港口及临港特殊政策区，大力发展海洋特色先进制造业和现代服务业。

3. 推动“三个转换”

(1)海洋经济发展空间转换：优化海洋产业空间布局，推动产业空间梯次转移，提高海域空间配置效率。加快青岛国家深远海绿色养殖试验区建设，推动海洋渔业向深远海发展。推进近岸海域分类开发，提高港口和临港工业区的海域和岸线利用强度。逐步引导城市区域海岸线和海域使用“退二进三”，促进海洋制造业向董家口港区、古镇口军民融合示范区转移。

(2)海洋经济增长方式转换：坚持海洋产业内涵式发展，推动海洋要素与全市各产业部门深度融合。积极挖掘海洋经济发展新空间、新资源，扩大海洋产业发展的支撑要素。以科技创新、空间拓展、业态融合为主要手段，培育海洋开发新模式、新业态、新产业。

(3)海洋投资模式创新转换：鼓励涉海金融创新，发展服务海洋经济发展的股权投资、信托投资、风险投资等各类投融资模式，鼓励引导各类金融机构及民间资本进入海洋领域。支持发展涉海融资租赁业，鼓励涉海企业通过股票、债券、投资基金等方式融资。

4. 加强“四个统筹”

(1)陆海区域布局统筹：促进海洋相关规划与沿海土地、港口、经济发展等规划对接，实现陆海区域发展规划“一张图”。坚持以海定陆、统筹兼顾，加强“三区三线”“两空间内部一红线”的统筹协调。加强海岸线规划，科学划定生态岸线、渔业岸线、交通岸线、游憩岸线和工矿岸线，对岸线亲海临海要求进行科学规范和管控。

（2）陆海产业发展统筹：海洋第一产业重点推进产业链布局的陆海统筹，推动黄海冷水团深远海养殖业发展，发展海洋食品工业，陆海统筹提升海洋渔业价值链。海洋第二产业重点推进“四新”培育的陆海融合，加快现代信息、新能源、新材料技术向海洋产业渗透，打造海洋先进制造业。海洋第三产业重点推进陆地与海洋要素的联动，滨海旅游业加强与现代康养、运动娱乐的融合，海洋交通运输业加强与现代服务业的联动。

（3）陆海基础设施统筹：以构建功能完备、衔接畅通、支撑有力的海陆交通运输网络体系为目标，推进董家口至沂水西、董家口至潍坊疏港铁路、公路建设，实施前湾港区海铁联运配套设施和董家口港区中线铁路建设。大力推动在沿黄流域地区建设内陆“无水港”。

（4）陆海环境保护统筹：促进海洋资源与陆地资源的统筹利用、海洋环境与陆地环境的统筹保护。对接“湾长制”与“河长制”，实行海洋污染物排放总量控制。实行船舶污染物达标控制，加强废弃物海上倾倒管理，规范海水养殖排放。加强滨海湿地修复，保护湿地生物多样性。

5. 突出“五个引领”

（1）海洋战略规划引领：强化战略思维，找准产业发展方向和突破口，前瞻性规划产业布局，突出产业导向与空间布局有机结合。促进海洋空间规划、产业规划、科技规划、生态环境保护规划等有机衔接，构建统一完善的海洋规制体系。

（2）海洋科技引领：以满足国家重大战略需求为导向，以深水、绿色、安全为主线，加强海洋核心技术和关键共性技术研发。建设海洋科技成果交易和转化的公共服务平台，构建产学研相结合的海洋产业创新联盟，建立健全科研人员双向流动机制。

（3）海洋产业引领：围绕核心涉海企业，建链、补链、强链，形成“企业一链条一集群”产业发展新格局，着力构建一批海洋高端产业链条，壮大一批引领带动能力较强的海洋产业集群，打造技术先进、集约高效的海洋优势产业集群。

(4)海洋文化引领：整合全市优势海洋文化资源，依托海运文化、海盐文化、海洋军事文化、海洋科技文化、帆船文化、海洋民俗文化，推出有吸引力的海洋文化产品，打造海洋文化品牌。加强青岛海洋城市文化形象的外宣推广。

(5)海洋生态环境引领：坚持开发与保护并重、污染防治与生态修复并举。以海洋特色产业园区为示范，探索海洋生态经济发展模式，推动海洋开发方式向循环利用型转变。推进重要海洋生态功能区建设，加强海洋生态保护与修复。

6. 打造“六大国家级平台”

(1)海洋国家实验室：把握海洋国家实验室正式入列契机，将之作为涉海重大科技基础设施建设、重大科技专项实施、高水平科技人才引进的重要载体，发挥统筹全市、全省海洋科技资源的核心作用。

(2)海洋大科学中心：强化中国科学院海洋大科学中心的公共大型科技创新平台功能，支持科考船队、大型仪器区域中心、观测网络建设，支持组建海洋资源利用、海洋工程装备、海洋灾害防控等交叉研发集群。

(3)国家海洋基因库：推进国家海洋基因库项目建设，加快搭建大海洋基因平台、国家海洋实验室生物测序平台等研发平台，建设全球领先的海洋科研中心和教育中心。

(4)国家深海中心：支持自然资源部国家深海基地管理中心建设国家深海基因库、国家深海大数据中心和国家深海标本样品馆等“三大平台”，加快构建基于“深海一号”科考船的“三龙”装备作业体系。

(5)海洋工程技术协同创新中心：完善“企业＋研究院”前中后端对接机制，支持开展支撑海洋产业发展的核心共性技术研发和转化，优化“科技＋企业＋金融”对接机制，促进海洋科技成果转化。

(6)深远海科考船共享平台：以海洋国家实验室牵头组建的深远海科考船队为基础，进一步整合全国、全球科考船及海洋装备，统筹规划航次任务，开放共享，建成全国最大、全球领先的海洋科考船队。

7. 重点发展“七个海洋产业”

（1）海洋交通运输：以港区智能交通、智慧能源为特色，实施港口智能化改造；完善现代航运服务体系，优化整合船舶管理、货运代理等传统航运服务，加快发展航运金融、航运保险、船舶融资等高端航运服务业。

（2）海洋旅游：大力发展邮轮游艇、海上运动、滨海康养等旅游新业态；开发帆船帆板、游艇、沙滩运动、体验式捕捞等项目；积极拓展邮轮航线，争取邮轮旅游无目的地公海游试点。

（3）造船海工：提升自主设计、系统集成和总承包能力，开发新能源、清洁能源动力船舶。开展海洋油气资源勘探、开采船舶与装置的研制与集成创新，支持产学研联合研发深远海环境观测、监测和勘探装备。

（4）海洋渔业：整合海洋生物种质资源库，支持海水种业研发转化。开发智慧渔业大型养殖工船、海洋牧场综合体等项目，建设“三产融合”海洋牧场。引导物联网、大数据、人工智能等信息技术应用于海水养殖生产。

（5）海洋生物医药：支持海洋生物医药研发机构建设高水平海洋生物医药创新研制平台，推进实施“蓝色药库”开发计划。积极吸引国内外知名药物服务研发机构落户，完善海洋药物和生物制品产业链。

（6）海水利用：实施淡化海水“点对点”重点工业企业直供，加快构建“海淡互补”的供水新格局，探索建立工业用海水淡化水市场化价格导向机制。建设海水淡化装备制造产业园。

（7）海洋新能源：开展海上风能关键技术攻关和应用示范，支持胶州市风电装备产业园等风电装备基地建设。加强海上风电配套的储能设施建设，探索“海上风电＋海洋牧场＋海水制氢”融合发展模式，扩大波浪能、潮流能发电示范项目规模。

8. 积极培育“八类海洋新兴业态”

（1）深远海养殖：扩大青岛国家深远海绿色养殖试验区养殖规模，配套发展种苗繁育、饲料加工、设备制造、冷链物流等产业，培育发展食品加工、特色餐饮观光等衍生业态，尽快形成全国领先的深蓝渔业产业集群。

(2)南极磷虾：鼓励渔业企业建造和购置新型南极磷虾捕捞加工渔船，大力发展磷虾油、磷虾食品添加剂等高附加值产品，建设南极磷虾研发中心和深加工基地。逐步培育发展市场化的渔场、鱼汛观测预报服务。

(3)绿色船舶：支持造船企业加强绿色船型研发，重点突破超级节能环保油船、节能多用途船设计制造技术。加强绿色动力技术和绿色配套设备研发，开发新型船用发动机、低功耗安静型叶片泵与容积泵。

(4)极区装备：围绕服务全国"冰上丝绸之路"建设，开发结构安全、具备自除冰能力的极区船舶，开发极区钻井船和钻井平台，开发专用耐低温材料、加热系统、抗厚冰层结构、抗风暴海浪冲击结构和锚泊装备。

(5)海洋新材料：开发海藻纤维、甲壳素/纤维素复合纤维及功能新材料产品，发展海藻生物医药卫生材料。研发先进膜材料，提高高性能金属和高分子材料的本地化配套能力，突破特种海洋防腐涂料系列产品。

(6)深海采矿：加快建设中国海洋工程研究院，以水面平台、海底作业系统、运输提升系统、水下综合保障系统、水下传感监测系统为重点，加强对深海采矿关键技术装备开发的跟踪。

(7)智慧海洋：依托驻青科研单位分布式数据存储和计算能力，探索建立海洋数据标准，发展以存储、加工、应用设计和创意服务为核心的海洋大数据产业。面向海洋资源开发与生态环境管理，开发海洋大数据产品。

(8)蓝色金融：支持金融机构设立海洋金融业务专营机构，开发设计满足市场需求的航运金融衍生产品。开发海事保险服务平台，推动海洋经济相关保险险种创新，使之覆盖航运、跨境贸易、旅游等更多领域。

加强海洋赤潮检测预报
推动渤海增殖高效发展

水产分团　李成林　赵斌

山东省渤海南部莱州湾海区是我国浅海底播增殖、海洋牧场生态建设、海区生境改造修复的重要区域。浅海底播增殖是渔业生产的重要模式，属高品质海产品最重要的生产方式之一，经济和生态效益显著，是增养殖产业发展的重点方向。2022年初以来，陆续有渤海莱州湾附近的增殖企业反映，海区底播增殖生物出现死亡现象，损失对象主要以底播刺参为主。鉴于近年来增养殖环境气候异常多变，尤其自2021年秋冬季以来山东近海有赤潮引起海带大规模减产的报道，山东省政府农业专家顾问团水产分团结合山东省刺参产业技术体系，通过资料收集、远程咨询、实地查勘、多方查证等形式，开展了2021—2022年渤海增殖海区情况调查研究，现以渤海典型增殖海域莱州湾为例将此次调研结果与对策建议报告如下。

一、调查内容

1. 底播增殖生产情况

烟台北部渤海海域的底播增殖出现明显损失的区域主要为莱州地区芙蓉岛、三山岛、太平湾等海区，其中芙蓉岛海区（N37°16′05″～N37°16′45″，E119°51′80″～E119°52′24″）自2022年1月份观察到有海底刺参出现异常及化皮现象，一直延续至2—3月；个别区域3月份以来一直未观察到刺参出礁，化皮死亡较严重。金城镇底播海区受影响不大，3月中旬刺参普遍出礁。经潜水观测，个体数量与往年同期无显著差异，分布密度可达10个/平方米以上。周边地区情况：根据烟台其他海域和威海信息采集情况，2021年浅海增殖的刺参捕捞量较往年偏少，烟台东部、威海海域刺参增殖区基本正常。

2. 问题具体表现

在受损程度比较大的芙蓉岛周边海区，通过自2021年秋季以来的连续潜水观测，发现自2021年11月中旬至12月下旬，增殖区海水悬浮物量大，水体浑浊，难以采集增殖刺参图像信息，11月22日送检海水样本的悬浮物量达到74毫克/升。2022年1月初，海水透明度逐渐恢复，观察到化皮、死亡刺参个体，分布于礁体附近及滩面，多数参体蜷曲，自棘刺处化皮自溶，在体表形成溃烂白斑，直至整体化皮、死亡；同时发现日本蟳等蟹类的死亡个体，体表沉积物较厚。至2022年1月中下旬，在增殖海区底部持续观察到死亡刺参，个别参礁附近和礁下发现聚堆死亡个体，刺参化皮死亡情况严重，相当部分死亡个体旁有排出的橙黄色内脏，同时也观察到蛸类、蟹类等其他动物的死亡个体，整片区域几乎未见存活动物。

3. 增殖区域及周边环境因子变动情况

(1)黄河入海通量情况：2021年9月27日至10月6日黄河泄洪，为36年来黄河最大秋汛。2021年秋季黄河秋汛的入海通量在10月至11月份显著高于往年，流量在2 000～5 500立方米/秒。

(2)水体异常情况：通过相关环境检测部门和渔业主管部门了解情况，2021年至2022年春季莱州所辖近海海域未发生明显赤潮等水体异常情况，但在黄渤海远海区域连续发现3次水色异常现象，疑似赤潮分布。根据2021年12月11日对局部海域的调查，现场藻细胞密度最高可达到3×10^6个/升，已经达到赤潮水平。

第一次水色异常情况(10月27日—11月10日)：根据卫星遥感影像，本次水色异常主要位于东营北部海域，呈大面积块状及不规则条带状分布，覆盖面积约3 800平方千米，主要优势种为大洋角管藻。

第二次水色异常情况(11月14—25日)：根据卫星遥感影像，本次水色异常主要位于长岛西北部海域，呈大面积块状及不规则条带状分布，面积约2 917平方千米，主要优势种为血红哈卡藻。

第三次水色异常情况(11月26—27日)：根据卫星遥感影像，11月26—27日，本次水色异常主要位于蓬莱到威海区域，呈大面积块状及不规则条带状分布，面积约2 633平方千米，主要优势种为具刺膝沟藻。

(3)海水理化因子分布:根据所调查区域的海洋水文资料数据,2021 年 10 月—2022 年 1 月,莱州湾及其邻近海域海水部分理化因子分布显著异于往年,其中盐度较往年显著偏低,海水溶解无机氮和硅酸盐浓度显著偏高。日间溶氧从 10 毫克/升降到 3 毫克/升。

2021 年 10 月至 2022 年 2 月,芙蓉岛、三山岛、太平湾近海区域盐度仅为 20.5‰～22.5‰,持续时间长达 4 个月,并出现 20 余天盐度 18‰～19‰的持续低盐期,直至 2022 年 2 月 20 日以后方逐渐恢复,但仍低于正常水平 28‰～31‰。

三、原因分析

基于 2021 年秋冬季以来渤海莱州湾及其邻近海域环境因素变动情况,综合各类内外部因素,对 2021—2022 年增殖海区出现问题的原因分析如下。

1. 区位特征及黄河秋汛影响

莱州湾位于山东半岛西北、渤海南部,有多条河流流入,无机营养盐丰富,因栖息环境多样、食物饵料资源丰富而成为渤海重要渔业生产区域。同时,以黄河为主的渤海入海河流带来的陆源排放、热盐环流、层化、混合等过程对浮游藻类群落变化的影响较为明显,易引起海域优势种组成出现明显变化,在特定水环境条件下个别藻类成为优势种并大量繁殖从而引发赤潮。2021 年秋季黄河入海通量的显著升高,有可能带来大量陆源污染物并导致莱州湾近海增殖环境剧变,对局部海域底栖渔业生物产生较大影响。

2. 持续低盐影响

刺参为狭盐类水产动物,适宜盐度为 26‰～32‰。受黄河秋汛径流量显著增大等影响,2021 年 10 月至 2022 年 2 月,芙蓉岛、三山岛、太平湾近海区域盐度仅为 20.5‰～22.5‰,持续长达 4 个月,并出现 20 余天盐度 18‰～19‰的持续低盐期。长时间低盐胁迫已超出刺参耐受范围,极易造成刺参化皮、死亡。

3. 外海水体异常影响

根据国家藻类产业技术体系报道,2021 年 9 月下旬莱州湾的叶绿素 a 水平显著升高。2021 年 10 月至 11 月，外海发生 3 次水色明显变化。相关生产单位影像资料显示，期间近海局部水体也出现了显著的浑浊、发红现象。由于水体透明度降低，2021 年 11 月至 12 月期间水下摄像难以采集增殖刺参图像信息。水体异常原因有可能受外海赤潮影响产生，并因此导致水质变化，致使发生此海区内包括刺参在内的海洋动物发生死亡。

4. 其他因素

(1)溶氧：芙蓉岛增殖海域日常检测日间溶氧从 10 毫克/升降到 3 毫克/升，夜间可能出现短时缺氧状况，对底播刺参产生危害。

(2)pH：外海水体异常过后，可能带来海水 pH 降低，对刺参造成不利影响。

(3)有害毒素：外海水体异常中出现的甲藻等种类可分泌有害毒素，死后下沉累积导致海底暗红，致使刺参异样直至死亡。

(4)水交换：由于海区风浪、海流等因素也与往年显著不同，可能无法及时与外界水体进行交换，导致海底水质持续恶化。

四、阶段性结论

1. 根据调研掌握的信息，2021 年以来烟台、威海、青岛、日照等山东省主要刺参增殖区域的面上生产较为正常，预计产量较往年不会有明显变化。但烟台个别海域存在异常，尤其以莱州湾最为严重。

2. 莱州湾芙蓉岛等部分海域增殖生产出现了非人为因素造成的自然损失，受损程度严重，预计会造成大幅减产。主要原因：长期持续低盐和水体异常这两种主要因素叠加，随后导致多个因子累加而对海域底播生物产生较为严重危害。

五、对策建议

底播增殖由于在开放海域进行，存在不稳定性，人为干预程度较弱，具有潜在风险。鉴于芙蓉岛等部分海域的企业和养殖户底播增殖生产出现的损失，有必要在今后加强对浅海增殖信息的监测预警，采取相关措施，保障产业健康发展。

1. 加强信息监测与预警

此次造成增殖损失的主要原因之一是外海形成的疑似赤潮所导致，有必要加强对海域富营养化水平、水质理化因子变动的定时监测分析，尤其在有害藻华易发时段和易发海域进行重点监视监测，分析水质和水文气象异常变化要素，对可能诱发赤潮形成的时间、海域和路径进行预警预报。及时发布预报并指导生产单位采取防范及抢收措施，为从业者及时了解掌握灾害信息提供可靠的查询途径。

2. 关注环境因子变化

在离岸较近、礁体较密集、海流不畅的增殖海区，高温、多雨、少风天气在海底易形成严重缺氧层，对底播刺参生存造成极大威胁。因此在异常气候或极端天气发生时，应保持对环境因子变化的关注，及时监测各水层的溶氧、温度、盐度、pH 变化。如发现缺氧层等异常情况，可用船拖网形式搅动水体，必要时果断组织抢收。

3. 加强投礁区科学管理

加强增殖海区本底调查，科学评估养殖容量，合理确定增殖投苗规格、密度和收捕策略。加强对增殖礁区的基础性研究，综合分析海底状况、海流方向等因素，科学规划参礁类型和设置，避免随意投礁、挡流乱流等情况。加强信息化智能化技术在底播增殖中的应用，更好地控制成本投入、规避风险损失、提高产品质量。

4. 发挥技术体系支撑作用

充分发挥山东省现代农业产业技术体系等科研力量对增殖产业的科技支撑作用，加强对增殖生产活动的一线指导，建立从监测、预警到评价、溯源等内容的海洋牧场综合保障技术体系。基于已基本构建完善的联防预警体系，加强地区间增殖联防预警体系成员之间交流和信息沟通，提高联防预警在生产中的工作效率和信息互通作用。

5. 建立健全增殖保障机制

完善水产增养殖保险政策，建立自然灾害对增养殖损害的风险保障制度，推行渔民互助合作保险，完善专业合作社、行业协会等专业化组织在养殖户参保、防灾减灾、勘查定损、协调理赔等方面的作用，走利益共享、风险同担的产业合作发展之路。

推进山东省刺参种业高质量发展对策建议

水产分团　李成林　赵斌

种业是现代农业基础性、战略性、前瞻性核心产业，是农业科技创新的核心。2021 年中央 1 号文件指出："农业现代化，种子是基础。"国家发展改革委、农业农村部联合印发了《"十四五"现代种业提升工程建设规划》，将打好种业翻身仗提上日程。水产种业是种业的重要组成部分，作为水产养殖业的上游产业，为水产养殖业提供优质的种质来源与物质基础。

刺参是具有独特养生保健和生态环保作用的高值海水养殖品种，在 21 世纪初引领了国内"第五次"海水养殖浪潮。《中国渔业统计年鉴》统计资料显示，2021 年中国刺参产量已达 22.3 万吨，养殖规模达 24.7 万公顷，苗种年产量为 601.2 亿头。山东省是我国刺参的重要原产地和第一养殖大省，生产区域主要分布在威海、烟台、青岛、东营等地沿海。作为全国刺参苗种的主产区，2013—2021 年山东省刺参苗种产量均占全国 60%以上，其中 2015 年山东省苗种产量达 495.5 亿头，占全国苗种产量的 70%。在刺参增养殖产业高速发展的同时，为刺参种业优质苗种培育提出了更高要求。面向山东省刺参产业高质量发展方向与需求，研究刺参种业发展关键路径与策略，提高刺参种业科技创新水平，对刺参产业可持续发展具有重要意义。

一、刺参种业发展现状

1. 国内外刺参种业研究工作

随着近年来消费市场需求的不断扩大，国外对发展海参产业日益重视，日本、韩国、墨西哥等国已经开始优先扶持发展海参养殖企业。在海参繁殖、育种和养殖领域，国外仅进行了一些人工孵化、与其他品种混养以及提取物成分的研究。近几年随着重视程度不断提高，逐渐引入海参养殖技术，在海区环境适宜的地区开展了海参人工育苗及养殖技术的初步探索，而关于制种关键环节和领域的研究尚未开展。20世纪30年代，日本率先进行了繁育技术研究，并于1980年代与中国几乎同时突破了刺参的人工育苗技术。

国内于20世纪50年代起开展了刺参繁殖生物学研究，于1970年代取得人工育苗技术突破。其后陆续开展了刺参人工促熟与幼体室内培育技术的研究，确立了性腺发育至成熟期的有效积温、饵料投喂量、阴干诱导配子排放及幼体孵化培育等关键技术指标。其后，学者陆续对刺参进行了生化遗传学、分子遗传学等方向进行了研究，从基因水平对刺参生长、发育和代谢规律进行了基础性研究。2017年，刺参全基因组精细参考图谱构建完成，为刺参经济性状解析、全基因组选择育种提供了完整的理论基础。

2. 刺参新品种培育情况

2003年以来，随着国家"863"计划以及农业良种工程等育种领域重点科研项目的实施，中国刺参原良种体系逐步形成，种质创制试验平台不断完善，育种创新理论和技术方法不断出现，为中国刺参产业的健康发展和新品种资源的挖掘利用打下了良好的基础。截至2022年，中国已有通过全国水产原种与良种审定委员会审定的刺参新品种8个，其中山东省占7个。新品种的示范培育已取得了重要的生态和经济效益，对全省刺参产量和质量等方面持续提升发展也起到了积极的推动作用。

3. 刺参苗种产业现状

目前，山东省从事刺参苗种生产的规模企业达上千家，培育水体超过300万立方米，受地理环境及生产习惯影响，其分布呈现出显著的空间集聚特征。苗种生产企业主要集中在烟台、威海和青岛地区，企业数量占全省的80%以上。在全省刺参育苗企业的空间分布中，烟台苗种生产企业最多，苗种生产企业聚集地区为开发区、蓬莱等，被中国渔业协会授予"中国海参苗种之乡"称号。近年来，山东省水产种业企业能力不断增强，完善了相关保种制度，强化原、良种场管理措施。截至2022年底，建成刺参国家级原种场3个、良种场2个，分别为山东威海刺参原种场、山东蓬莱刺参原种场、山东荣成刺参原种场和国家级山东荣成刺参良种场、国家级青岛西海岸刺参良种场，刺参原良种场数量占全国的83%。为深入实施水产种业企业扶优行动，逐步形成“破难题、补短板、强优势”企业阵型，2022年农业农村部遴选全国121家企业为国家水产种业阵型企业，刺参种业企业4家作为强优势阵型入选，其中山东省占3家，种业带动优势明显。

4.刺参种业存在的主要问题

（1）片面注重引种杂交、本土种质资源保护不足：缺乏对刺参种业发展的引导，刺参育苗生产理念落后，部分从业人员对本土原良种的认可度不高，育种单位多注重引进国外刺参品种，存在着盲目引种、无序引种现象，忽视了引进品种对本土原种造成的影响，对本土优势经济原、良种的种质保护、提纯复壮和选育工作仍然不足。在已通过国家审定的8个刺参新品种中，利用本土野生种质资源作为亲本来源的仅占一半，本土种质资源的保护和利用依然任重道远。

（2）功能特色品种欠缺、复合良种种质创新不足：长期以来刺参育种工作主要聚焦于生产中优势经济性状，而对富含独特功能型成分或具有特殊表观特征的刺参品种开发进程缓慢，与之相关的品质性状及表观体色性状的评价与选育技术相对落后。此外，在异常气候常态化背景下，具有复合性状的新型刺参良种培育工作与选育技术仍有待跟进，能够应对多种不利环境、适宜养殖范围大的广域型品种开发不足，同时也缺乏针对特殊地理环境，拥有区位优势性状的地域型品种。

（3）新品种推广应用不足，配套养殖技术缺失：随着全球性气候变化影响，产业迫切需要耐高温、耐低盐等具抗逆性状新品种（系）的应用推广，以提高产业应对极端气候风险的能力。新品种具有的特定抗逆性状可很好地应对异常气候变化带来的养殖风险，以及适应不同地域特殊养殖环境，但目前新品种推广应用空间仍然较大，同时与新品种配套的养殖关键技术未能有效开发与推广，导致新品种应用过程中无法充分提升养殖增产中的良种贡献率。

（4）持续投入开发力度薄弱，现代化育种企业缺乏：新品种的培育、推广需要多年的连续攻关，是一个复杂的长期的过程，单独的企业、科研单位都难以做到，刺参的生长周期在2—3年，对于选种、制种与育种群体的种质保存、维护而言属长期过程，极易受限于外部天气、人力、物力和资金因素，对育种项目的支持力度和对育种企业、科研单位、相关技术与劳务人员等从业人员的激励尚待加强。

二、刺参种业发展趋势

在刺参育种技术创新方面，相较畜禽和其他水产经济物种，刺参育种技术相对落后，传统育种技术中的选择育种和杂交育种在刺参新品种培育中仍占主导地位，特别是近年来的新品种育种技术基本属于选择育种。随着现代分子遗传学育种理论和生物技术的创新与发展，特别是近年在生物基因组学技术领域取得的飞速发展，为了解经济性状的遗传基础和调控机理提供了可能，将传统育种学迅速带入了分子育种学的新时代。全基因组选育育种等分子育种技术研究在刺参育种领域将进一步深入，通过完善刺参育种技术与理论体系，全面提高制种效率与目标性状选育精准度。

在刺参突破性新品种开发方面，具有复合优势性状刺参新品种种质开发将成为育种领域的重点工作，随着产业的发展和消费市场需求的进一步融合，对同时具有生长、抗逆、多刺、表观独特的多种优势性状新品种的需求增加。选育出具有速生、抗逆、多刺、不同体色等复合优质性状的刺参新品种(系)，可切实解决刺参产业发展亟需的种质瓶颈问题。在多性状复合新品种，基于基因组选择与常规选育相结合的新品种创制和精准评价工作将逐步开展，通过刺参良种选育理论创新，建立传统育种和现代分子育种技术相结合的精准育种技术体系，可为突破性新品种开发提供有力技术支撑。

在刺参种质经济性状评测方面，随着新品种创制目标逐渐从单纯的生长、出皮率等单性状向综合抗逆性状、品质性状、体色性状的复合性状发展，经济性状测评和指标体系建立工作将面临更加艰巨与复杂的任务。今后对于刺参育种过程中年龄判别，以及体长、体重、刺型、数量、体色等性状将逐步建立起综合量化体系，完成定量与定性指标的整合测定，实现数量遗传性状准确测量技术的重大突破，向构建成熟、系统的刺参育种经济性状评测体系方向迈进。

在培育刺参种业企业方面，随着国家相关种业支持政策的出台，刺参育种企业作为种业创新的主体地位将不断强化，相关优势资源、高层次人才、创新技术等要素将向重点优势企业不断汇聚。相关主管部门在政策引导下将优先鼓励具有产业带动效应、核心竞争技术的航母型领军企业和专业化平台企业快速发展，形成优势刺参种业企业集群，打造刺参种业振兴的骨干力量。

在刺参种业经营模式转变方面，刺参产业将进一步细化分工市场。刺参苗种产业的专业化和精准化生产将成为新趋势，订单式生产将成为参苗市场供应主流，经营模式转变将带来刺参种业生产中育苗周期、育苗时间和育苗方式上的一系列改变。同时，刺参种业企业将紧密结合国家相关战略，加大自主研发投入，推广自主品种品牌，提升在种业创新链和产业链中的位势和影响力，搭建刺参种业交流交易及成果转化平台，逐步形成商业化刺参育种体系。

三、山东省刺参种业高质量发展建议

1. 加强本土种质资源利用

强化完善本土刺参种质资源收集保存、评价鉴定、创新利用评价技术体系，加快挖掘具有较高利用价值的功能基因，创制遗传稳定、目标性状突出、综合性状优良的新种质和育种材料。建立刺参基因型—表型数据库，打造刺参种质资源共享服务平台，构建种质资源技术服务体系。加强刺参育种基础理论和重要性状遗传机理研究，重点突破刺参品质、产量、抗逆、资源高效利用等重要性状遗传机理与生物学机制。突破刺参优异种质利用新途径与新方法，创新分子标记、基因编辑、全基因组选择等生物育种关键技术，强化基于组学大数据与生物信息学的育种新技术，构建现代精准高效刺参育种技术体系。

2. 加快刺参新品种普及推广

依托国家第一次水产养殖种质资源普查工作，全面掌握刺参种质资源种类、群体数量、区域分布、保护利用、特征特性及遗传结构等状况。以目前通过国家审定的刺参新品种为种质基础，扩大新品种示范辐射范围，多形式开展刺参新品种推广宣介，加大对新品种应用推广的扶持力度，重点研发与新品种配套的苗种繁育与健康养殖技术。利用获批新品种的不同优异性状，针对不同地区不同养殖环境定向选择适宜新品种。重点发掘利用适于培育推广刺参新品系，通过一系列新品种、新品系的开发利用，有效提升主要刺参良种覆盖率，提高良种在刺参养殖增产中的贡献率。

3. 推进育繁推一体化模式

完善现代保种育种体系，推动完善各级刺参原、良种场建设，加强培育各级水产推广机构、示范基地和企业技术力量，培育具有国际竞争力的跨区域大型刺参种业龙头企业，建设和完善企业技术中心，提高技术创新能力。推进刺参种业创新联合体建设，联合具有科研实力、有生产能力、有市场规模、有良好信誉的优势刺参种业企业，促进刺参种业企业规模跨主要产区的合理化拓展，打造刺参种业“航母”企业，建立健全商业化育种体系。对接上下游主体加大自主研发投入，强化应用性、商业化创新，针对种质资源、功能基因、关键技术等进行组装集成，促进刺参种业突破性创新。加强“破难题、补短板、强优势”国家刺参种业企业阵型建设，推动刺参种业育繁推一体化发展，实现信息与资源共享模式，建立横向和纵向联合机制，构建现代水产种业体系，推动产业高质量发展。

4. 促进种业创新成果转化

开展科研院校与优势刺参种业企业合作，建立完善“种业领军企业＋科研团队＋育种企业”推广服务体系，推进刺参种业创新成果的产业化应用。充分发挥龙头企业的生产营销能力示范引领作用，依托刺参育种领域最新研发成果，有效提升刺参苗种生产技术水平，完善种业企业种质保存、良种培育车间和生态养殖池塘的标准化、现代化设施配套，配备控温系统、水质监测以及机械化倒池、投饲等高效生产设施，建立生态化、机械化、自动化的全方位种业生产管控体系，实现产业升级与提质增效。大力培养满足产业需求的高端育种人才，组建学科全面、结构合理、创新能力强的刺参现代种业高层次人才队伍，加强刺参育种相关技术信息交流与新品种宣传推广，推进国内刺参种质资源与科技创新要素交流共享。

5. 打造刺参苗种品牌战略

着力打造刺参区域公用品牌、地理标志产品和企业精品品牌，推动胶东刺参、威海刺参、烟台海参等地域特色品牌发展，加强推广宣传刺参“鲁海 1 号”、刺参“鲁海 2 号”、刺参“参优 1 号”等市场前景广、认同程度高的新品种，注重新品种（系）的育种与配套技术创新与产品质量监管。加大品牌宣传力度，加快提升品牌形象，形成市场占有率高、竞争力强的名牌产品，实现品牌效应对产业链的有效渗透。给予推广应用取得重大成效的新品牌研发企业和团队奖励性支持。探索建立以财政资金无偿资助、资金入股为引导，带动企业跟进和金融、风投、基金等其他社会资本跟投等多元化投入模式。建立多元化投融资机制，鼓励社会资本参与种业保繁育推、种业基础设施和种业聚集区建设。

6. 加强种业发展政策保障

加强对公益基础类项目、优势特色种业创新项目、重大种业创新平台、优势骨干育种企业的政策和财政支持。扩建和完善水产种质资源库、水产种质资源保护区、水产原良种场，加强品种试验推广体系、品种展示评价推广体系、质量检测监管体系建设。加强对刺参种质创制、高效育种技术开发、突破性繁育技术研发的科技与财政支撑。鼓励刺参种业企业引进国内外高层次领军人才，加强国内外知名院所与种业企业的强强联合，对于企业用于种业创新研发投入给予奖励补助，支持建立产业联盟从事种业研发创新，加强种业知识产权依法保护，建立水产新品种知识产权行政保护制度，加大对种业产学研结合的资金扶持力度。设立种业创新基金，对相关种业机构在保险、税收政策上给予保障。

山东省稻渔综合种养产业发展与思考

水产分团　王茂剑　刘峰　高云芳　成慧中　李娴　董俊　董文

中国对稻渔湿地认识利用历史悠久，早在 2 000 年前川陕地区就有稻田养鱼的记载。中华人民共和国成立后稻田养鱼被列入农业规划而迅速发展。随着稻渔综合种养技术的不断成熟，这种通过改善稻田浅水生态系统的结构和功能，将水稻种植与水产养殖进行融合，发挥水稻和虾（克氏原螯虾）、蟹（中华绒螯蟹）共作互利的作用，从而获得稻渔双丰收的新型立体种养模式逐渐得到认可。全国各地稻渔综合种养迅速发展，正逐渐由粗放粗养、品种单一的养殖模式，发展到工程化、生态化和智慧化的稻渔综合种养。据统计，目前我国拥有稻田总面积为4.5亿亩，稻产量约 2 亿吨，稻谷平均亩利润仅有 200～500 元，其中约有 5％面积的稻田采用了稻渔综合种养模式，湖北、安徽、吉林、四川、贵州、云南等稻渔综合种养产业规模较大，在现有主导模式及配套种养技术下，多数能达到亩产“千斤稻百斤鱼”的水平，经济效益显著提高。

山东省稻田湿地主要分布在济宁枣庄滨湖带、临沂日照库灌区及沿黄（济南、滨州、东营）等低洼区，总种植面积约 195 万亩。其中稻渔种养面积不足 2％，基本以稻虾、稻蟹、稻鱼、稻鳖等粗放式套养为主，稻渔综合种养技术发展迅速，已经由单一的稻鱼模式发展为稻鱼、稻虾、稻蟹、稻鳖等多种类二元、三元甚至多元共生，采用共作、轮作、连作等多种方式。现有稻渔种养产业模式虽能降低农药化肥使用量，提升农产品质量和经济效益，但行业基础研究普遍滞后、理论体系与标准规范缺失、产业发展粗放无序、产业模式与配套技术有待进一步熟化、集成、创新以及示范推广力度不够等诸多问题受到重视。因此，在全省适宜稻田开展稻渔综合种养，促进渔业转方式调结构，推广“稳粮、促渔、增效、提质、生态、环保”的现代生态循环大农业发展模式，潜力巨大且意义非凡。

一、稻渔综合种养产业发展概况

1. 稻虾种养

克氏原螯虾，俗称小龙虾，人工养殖最早出现在18世纪的美国路易斯安那州，规模化养殖开始于20世纪50年代，主要是稻田养殖以及池塘养殖。20世纪30年代小龙虾传入我国，现已成为我国淡水甲壳类养殖第一品种。据《中国小龙虾产业发展报告(2020)》显示，2019年中国小龙虾产业总产值共达4 110亿元，养殖总产量达209万吨，养殖总面积达128.6万公顷。湖北、安徽、江苏、湖南、江西等5个主产省产量占全国产量的近90%。养殖模式主要有稻田养殖、池塘精养、河蟹池混养、莲藕田套养等。四种养殖模式均适合克氏原螯虾绿色健康养殖，且拥有各自的经济与生态优势，但不同地区需根据当地的条件选择相应的模式进行螯虾养殖。稻虾综合种养为我国小龙虾主要养殖模式，据《中国小龙虾产业发展报告(2020)》显示，2019年稻田小龙虾产量为177.25万吨，养殖面积110.5万公顷，分别占小龙虾养殖总产量和总面积的84.82%和85.96%。国内主要的稻虾综合种养模式，依据气候、水源等条件，又可细分为稻虾连作、稻虾共作、稻虾共作连作等生产模式。

2. 稻蟹种养

中华绒螯蟹，俗称河蟹、大闸蟹，隶属于节肢动物门、甲壳纲、十足目、方蟹科、绒螯蟹属，是我国最重要的淡水养殖蟹类，产业发展迅速。2020年我国中华绒螯蟹产量约80万吨，是淡水养殖甲壳类第二大品种。近年来，传统中华绒螯蟹湖泊和水库网箱养殖模式被陆续淘汰，池塘精养、虾蟹混养、稻蟹共作模式逐渐被重视。黄河口大闸蟹是山东十大渔业品牌之一，2008年被认定为全国农产品地理标志产品，2019年产值近10亿元，品牌价值16.3亿元，是山东省内著名的高值渔业产业。但山东省河蟹产量仅为1.5万吨，约占全国的0.6%，其中东营市产量0.8万吨，占山东省河蟹产量的53%，在山东省河蟹产业中占有重要地位。但与江苏35.7万吨、湖北15.7万吨的产量规模相比，山东黄河口大闸蟹产业规模还有很大的发展空间，其推广应用潜力巨大。

二、稻渔综合种养的机遇

一是各级政府高度重视。2000 年以来，稻渔综合种养以“一水多用、稻渔并重、以渔促稻、提质增效、生态环保”的优势逐渐受到产、学、研、用、推各界关注，并成为国务院“十三五”脱贫攻坚规划中农林产业扶贫的主要内容和农业部渔业“十三五”规划发展的主要方向之一。2019 年农业农村部等 10 部委发布的《关于加快推进水产养殖业绿色发展的若干意见》中，强调了稻渔综合种养的重要地位和发展方向，山东省、市、县各级政府都高度重视，加大了对稻渔的支持力度。

二是绿色养殖迫在眉睫。传统池塘养殖（或种植）品种效益差，从业者积极性低，养殖尾水排放对周围环境造成了危害，不符合绿色发展要求；传统种植业因效益低，部分地区稻民“撂荒”及田地流转非粮化问题凸显，民众养鱼和种粮积极性都不高；淡水水源严重不足，农业耕地受限，面源污染严重。我国人均淡水占有量不及世界平均值的 1/4，内陆池塘高产高排的生产方式已严重制约产业发展；农业土地受耕地保护限制，不能轻易改变用途，而且农业面源污染（化肥、农药）已被证实是我国地表水重要污染源。面对全世界淡水资源日益紧张的大趋势，渔业、水稻种植业与民生抢水的问题逐渐凸显，产业前景不容乐观。因此，在稻渔综合种养绿色养殖具有重大意义。

三是自然优势较为显著。山东稻田资源丰富，非常适合稻渔养殖。全省市现已经基本具备了进行稻渔绿色养殖的基础设施和条件，各地政府先后发展地方农业、渔业公司，依托各级科研机构的技术力量，初步实现稻渔养殖标准化、规范化，打造精品虾蟹，目前已初见成效，以规格大、质量高、口味好畅销北京、上海等大城市，经济效益显著，形成新的发展动能，也为乡村产业振兴提供了巨大的动力。

四是生态优势显著。虾蟹可以取食稻田中的杂草和虫子，相较于稻田单作，稻虾共作能显著减轻稻田二化螟的危害，并降低稻田中如千金子、稗草、异型莎草、丁香蓼等主要杂草的发生频度。稻田中虾蟹除草和防虫害的生态功能，减少了除草剂、杀虫剂等农药的使用，这对减轻农药对稻米和环境的污染、建立环境友好型的生态农业有一定帮助。与此同时，稻田中的水体空间资源则能为虾蟹提供遮阴、觅食、栖息、生长与繁殖的场所。稻虾共作具有更为复杂的物质循环与能量流动的食物网络结构，食物网的营养冗余程度较低，而且虾蟹群体在食物网中占据的营养生态位范围较宽，种内的竞争程度较低。

五是国内大环境给山东虾蟹发展带来新的机遇。多年来，山东虾蟹受限于苗种、养殖技术和资金规模，品牌价值开发、养殖产量远远不够，尤其是山东大闸蟹多被外地渔民低价收购，育肥后贴牌高价卖出。但近几年，南方湖区禁养、长江流域禁养给山东大闸蟹崛起提供了良机。目前黄河口大闸蟹开始逐渐走向全国市场。

三、稻渔综合种养发展面临的形势

1. 存在重渔轻稻倾向

稻、渔两者经济价值差距悬殊，目前省内存在一定程度的多养虾蟹少种稻的倾向，出现部分农民随意扩大渔业面积、多投喂、多放养现象。事实上，农业农村部明确发布规定，稻渔综合种养渔业环沟面积不得超过10%。而虾蟹产量增长受密度影响显著，增加饲养密度能提高产量，负面影响是虾蟹品质、养殖水质急剧恶化。因为不同放养密度和人工植物覆盖度对虾蟹生存、生长和脱壳有影响，高密度通常会加剧甲壳动物对其资源的竞争（例如生活空间、栖息所和食物）和残食，过多的投喂和放养不会产生更高价值。

2. 种业发展受限亟需解决

一直以来，受黄河口捕捞自然苗价格低等因素影响，大闸蟹人工选育和育苗受到严重冲击，而克氏原螯虾由于自身抱卵量太低不适合大规模人工育苗，导致山东省克氏原螯虾、中华绒螯蟹种业产业发展滞后。近年来山东省虾蟹养殖业快速发展，但优质虾蟹苗种供给严重不足。目前虾蟹苗种大多来自江苏等地，这与山东省水产大省地位极不匹配，严重影响和制约了虾蟹养殖业可持续发展。稻渔养殖虾蟹高质量绿色发展亟需优质苗种业选育为支撑，突破选育种关键技术，构建虾蟹基础种群，开展优良品种选育，培育具有自主知识产权的优良品种，以满足山东省乃至全国对虾蟹优质苗种的需求。

3. 养殖标准化升级改造迫在眉睫

科学合理的生物搭配，可以增强渔业生态系统生物群落的空间结构和层次、加强生物互利作用。系统内各种动物通过各级食物链相互衔接，以充分利用水体中各种天然饵料资源或人工饲料，提高物质和能量利用效率，弥补单种养殖食物网简单的缺点。稻田养殖虾蟹存在养殖规格偏小、养殖环境粗放、不注重饲料及其合理投喂和病害防治等问题。低质原料和冰鲜饵料的大量使用，存在水质恶化、品质安全没有保障、破坏渔业资源等问题。因此，发展绿色健康养殖模式及关键技术，加快传统产业转型升级，研发配合饲料替代冰鲜饵料投喂技术，成为亟待解决的产业问题，对实施乡村振兴战略服务具有重要意义。

四、稻渔综合种养产业绿色发展思考

发展稻渔生态养殖，以推广先进技术为重点，培育新型市场主体，培植龙头企业和品牌，壮大富民渔业；打造水产苗种繁育工程、稻田基础设施升级改造工程、知名品牌培树工程，健全水产品质量安全保障体系、产学研技术支撑体系。

1. 坚持生态优先，发展绿色养殖

在确保水稻稳产的前提下，适度开展水产养殖，做到“一水两用、一田多收”，提升稻田使用效率和经济效益。栽种伊乐藻等水生植物一直是稻田养殖虾蟹重要措施，水草调节水体营养、稳定底质、吸附水体悬浮质的功能对虾蟹存活及生长有重要意义。中度的水草生物量可能对河蟹的生长存活最益。8 月水温和氨氮含量最高，高温季节是防止虾蟹氨氮中毒死亡的关键时期。以水草作为庇护所，修建穴岛，扩大虾蟹生活空间，为虾蟹的栖息、蜕壳、避敌提供了场所。稻田要有充沛的水源，维持良好的水质条件，控制养蟹密度，采用轮作、科学投饲，做到四定四看、药物预防，杀灭病原体，定期泼洒生石灰。

2. 拓展经营方式，发展规模养殖

推广稻田租赁、股份、托管等多种经营模式，引导稻田规模化流转，打造集中连片、高产高效稻渔综合种养示范基地。开展田间整理工程，加强稻田沟渠改造，完善基础配套设施，提高稻渔综合种养生态环境条件。优化稻渔综合种养模式，创新稻虾蟹等生态种养模式技术，开展配合饲料替代幼杂鱼和用药减量行动，健全完善操作技术规范，创建多品种、多模式、多层级的稻渔综合种养模式体系。

3. 进行设施改造，发展标准养殖

充分发挥企业主体地位，积极鼓励社会力量参与，积极申报政府资金支持，进行稻田深挖清淤、护坡改造及在线监测、水渠改造、道路电力等配套设施建设，分年度、分片区统一规划完成老旧稻田的现代标准化改造建设和养殖设施设备更新，达到绿色、高效、集约化养殖的要求，建造设施规范化、调控工程化、运行智能化的现代稻田渔业示范工程，促进全省稻渔养殖生产方式与模式升级。

4. 依托科技创新，发展高质量养殖

大力开展产学研合作，定期开展科技服务与渔民养殖技术培训，帮助渔民提高养殖技术水平和环保意识。积极推行新品种、新技术、新模式落地开花结果，拓展渔业科技创新与转化推广途径，形成科技成果的快速转化通道。进行虾蟹等良种提纯、复壮选育，同时积极选育、引进长江水系、辽河水系等大闸蟹优良养殖品种，大力发展克氏原螯虾仿生态育苗，鼓励支持发展“育、繁、推”一体化大型苗种场及龙头企业，带动虾蟹业产业多元化发展。改变传统养殖模式，大力推广绿色养殖模式与关键技术，创新渔业、种植业、禽业大农业综合利用模式，推广浮动草床生态养殖技术、生态湿地微循环水养殖模式、微生态制剂水质调控技术、饲料精准投喂技术、微孔增氧技术、病害综合防控等技术。

5. 完善尾水处理，发展清洁养殖

加快推进养殖节水减排与尾水处理措施，利用物理、化学、生物多种方式综合进行养殖尾水处理。支持和引导渔民改造进排水设施，使用微生态制剂、底质改良剂、种植水草等原位池塘净化措施改善养殖过程水体质量，通过设置沉淀、过滤、吸附、微生物净化、人工湿地净化等异位池塘净化措施进行尾水综合处理，重点关注集中连片养殖区域尾水排放、检测和集中统一处理，推动养殖尾水资源化利用或达标排放。加强普法教育，落实养殖尾水排放属地监管职责和生产者环境保护主体责任，对违法排污加大惩治力度。

6. 打造产业联盟，发展品牌养殖

发展紧密型渔业专业合作组织，构建虾蟹产业创新联盟，变分散经营为优势品种品牌化、规模化、有序化经营。扶持渔业养殖、加工龙头企业，鼓励引导农户成立合作社组织，推行“龙头企业—合作社—渔户”产业运营模式，形成“产、供、销”一条龙的格局，提高产业化程度。树立品牌就是形象、品牌就是效益的思维，学习借鉴省外经营理念模式和品牌运作经验，引进知名龙头企业和高端团队，开展公司化经营，打造高端、生态、绿色、有机的虾蟹渔业运行管理模式。加强品牌和口碑建设，创新宣传方式。

7. 强化安全意识，发展健康养殖

全面加强质量安全管理，在基础设施改造提升的基础上，积极推广标准化养殖和冷链物流等技术。苗种繁育(购进)、清塘、投饵、用药、运输、销售等各个环节，都要实现可控制、可追溯，切实保证水产品质量安全。

关于黄河三角洲东营市引黄灌区发展改良盐碱地的建议

水利分团　杜贞栋

黄河三角洲面积约 5 400 平方千米，其中 96%的面积在东营市境内。目前区内拥有盐碱化等未利用土地近 800 万亩，仅东营市 330 万亩耕地中盐碱耕地面积就达到 196 万亩，盐碱地的农业开发潜力巨大。2021 年 10 月，习近平总书记在山东考察时强调，“开展盐碱地综合利用对保障国家粮食安全、端牢中国饭碗具有重要战略意义”。盐碱地表面看起来是土壤盐碱化的问题，实质上是水的问题、水盐平衡的问题。山东省盐碱地改良的历史和实践证明，通过建立科学的引黄灌排体系、科学调控好地下水位改良盐碱地，是提升黄河三角洲生产力的根本性、基础性举措。从全球来看，耕地面积中 20%的灌溉面积生产了 40%的农产品，灌溉地产量大约是雨养农业的 2.5 倍。研究黄河三角洲如何充分利用雨水资源、科学利用黄河水资源，通过推进引黄灌区发展改良盐碱地，不仅可以大幅度提高粮食和农产品产能，而且可以有效改善生态环境质量，有利于推动黄河流域生态保护和高质量发展。

一、东营市灌区现状

1. 灌区基本情况

东营市淡水资源严重不足，对黄河水高度依赖。2021 年东营市供水总量为 13.39 亿立方米，其中黄河水供水量 10.22 亿立方米（含指标外生态水 3.67 亿立方米），占供水总量的 76.3%，引黄灌溉在黄河三角洲开发建设中发挥着举足轻重的作用。东营市现有引提黄河水工程 17 处，设计总引水能力 505.6 立方米/秒，其中引黄闸 8 座，引黄泵站 9 座。万亩以上引黄灌区共 17 处，主要分布于垦利、利津、广饶三县，总设计灌溉面积 239.82 万亩，实际有效灌溉面积258.45万亩。其中大型引黄灌区 3 处，设计灌溉面积 117 万亩，实际有效灌溉面积 158 万亩；中型引黄灌区 14 处，设计灌溉面积 122.82 万亩，实际有效灌溉面积 100.45 万亩；灌区干支骨干渠道总长度1 890.53 千米。

2. 农田水利设施配套建设情况

东营市自 2013 年以来连续开展大规模农田水利基础设施建设，完成各类建设项目 321 项，涵盖水源建设、灌区续建配套和节水改造、田间水利配套、涝洼地治理、河道综合治理、农村饮水安全提升 6 大类工程，累计投资 65.6 亿元，动用土方 1.5 亿立方米，共建成大中型灌区、泵站、机井、水库等各类水利工程8 800多处，铺设输水管道 1 836.7 千米；实施 14 处大中型灌区续建配套与节水改造工程，衬砌干支渠长度 1 097.8 千米，骨干渠系衬砌率58.07%；新建、改建、维修建筑物 556 座，农业灌溉水有效利用系数从“十二五”末的 0.622 7 提高到 2020 年底的 0.640 0,实现了农业用水效率和效益双提高。

二、灌区发展存在的主要问题

1. 淡水资源严重短缺,水土资源不匹配

东营市多年平均降水量 555.9 毫米,蒸发量 1 900 毫米,2021 年实际用水量 13.39 亿立方米,当地水资源可利用率低,主要依赖黄河水,而黄河水分配指标仅 7.28 亿立方米,水资源缺口大。估算全市农业亩灌溉净定额仅 150 立方米左右,根本无法满足农作物中高产用水和盐碱地淋洗要求。根据东营市自然资源局专家提供的情况,东营市约有 60 万亩耕地土地质量不稳定,如果连续两年不及时灌溉黄河水,土壤就会返盐返碱退化,农作物难以生长、生存。黄河水作为该市当家淡水资源,承担着保障生产生活供水、粮食安全、生态环境安全,促进经济社会可持续发展多重任务。按照现有引黄水量指标分配的农业水量无法满足现状盐碱地改良和农业发展需求,更无法满足日益增长的耕地灌溉面积的用水需求。

2. 工程体系不配套,旱涝碱综合治理能力不足

由于引黄灌区多数修建于 20 世纪 60—70 年代,经过几十年的运行,许多工程超期服役,虽进行多次维修,但多数仍带病运行,"跑、冒、渗、漏"现象比较突出。灌区骨干渠道衬砌率仅为 58.07%,水资源综合调配能力不足,排水体系不健全;当地水、雨洪水、微咸水、黄河水、长江水、再生水等多水源综合利用配套工程措施不到位,灌溉供水保障能力和节水水平有待进一步提升。面向未来盐碱地综合开发利用与灌区发展结合缺少综合规划,尚未建立完整科学的盐碱地科技创新体系及盐碱地农业生产、灌溉技术标准体系,盐碱地改良措施相对单一,节水灌溉技术未实现大面积推广,农业用水效率不高。

3. 综合规划管理体系不健全,管理能力不足

目前缺少盐碱地开发利用与生态保护及引黄灌区协调发展的规划管理体系,多部门、多行业间协调一致以及规范化、智能化发展的机制不健全。灌区管理模式仍然粗放、单一,管理能力不足,存在灌区自行抽水、强行引水、计量设施不配套、水费征收不到位等问题,尚未形

成“精准测量，高效利用”的用水计量收费体系。管理人员年龄结构与专业结构不合理，以胜利灌区为例，全部在编29人中，50岁以上员工占45%，无30岁以下员工，且管理人员整体专业素质不高，技术力量薄弱。农田灌排“最后一百米”存在工程短板，使得工程设施效益得不到充分发挥。

4. 作物种植结构不合理，没有做到适水发展

东营市现主要粮食作物为小麦、水稻、玉米等高耗水作物，种植结构相对单一，田间灌溉方式多以畦灌、漫灌为主，高效节水农业发展比重低。统计显示，仅东营市15%的高耗水作物就消耗了全市近一半的农业用水量。据东营市农业部门提供资料，全市196万亩盐碱耕地中，含盐量小于2‰的耕地约120万亩，含盐量2‰～4‰的耕地60万亩，含盐量4‰～6‰的耕地16万亩，由于盐碱地分布广泛，轻度、中度、重度盐碱地适种作物不同，没有做到因地制宜，适水发展，迫切需要根据区域水土资源条件优化调整农业产业结构和种植结构。

5. 信息化应用滞后，智慧化水平较低

目前东营市灌区建设水平尚不能满足信息化、数字化、智慧化管理要求，未形成“物理工程”和“数字工程”的实时交互，与数字孪生水利工程建设要求有较大差距。如胜利、麻湾等引黄灌区虽然建立了自动化信息管理系统，但由于已建时间长，信息化系统综合集成度较差，加之后期设备运行维护不及时，导致部分设备损毁失修。胜利灌区沿线泵站、支渠进水均未更新设置自动测水和监控系统，难以全面实现对泵站、闸站工情的实时监控，灌区内干渠、节制闸等建筑物日常的管理巡护、测水、闸门启闭等仍需依靠人工完成。特别是涉及三角洲盐碱地改良和土地利用、灌区发展的互联互通的信息化、智慧化网络系统还未形成。

三、对策与建议

1. 科学利用黄河水资源，建立耕地增长与水量协同递增的动态调整机制

由于黄河三角洲地理位置特殊，黄河携带的大量泥沙每年淤积造

地22～27平方千米，耕地面积和灌区有效灌溉面积不断增加，灌溉刚性用水需求必然会越来越大，加之黄河三角洲地区土地盐渍化严重，盐碱地分布广泛，需要大水压碱等举措以改良土壤。因此，一是继续增加黄河三角洲生态用水量，满足生态修复和生物多样性要求；二是利用近几年黄河入海水量较多的实际，在满足上游分配水量和入海生态流量的基础上，利用汛期雨洪水资源，增加黄河三角洲地区实际引黄水量，通过有计划的压碱淋洗，改良盐碱地，提高灌区生产能力，实现盐碱地改良和生态改善共赢；三是建立随着耕地面积增加配套增加黄河用水指标的动态调整机制，提高引黄灌区生产能力，促进国家粮食安全水平。

2. 积极推进盐碱地改良与生态保护综合规划编制，完善灌排水网体系

综合水利、农业、自然资源、生态环境、信息化、智慧化等各种要素，集成工程、农艺、生物、物理、化学、管理各种措施，编制系统性、综合性、高起点的黄河三角洲盐碱地改良和生态保护规划，统筹推进黄河三角洲现代水网完善和建设，建立具有基础性的水资源配置体系和灌排工程体系。在原有工程体系建设的基础上，高标准持续实施灌区续建配套和现代化改造，提升干、支渠衬砌率，增强渠道输水挟沙能力，夯实灌区输配水系统、排水系统、灌排建筑物、田间工程、测水量水等灌排设施基础。打通灌排渠系与河流水系连通“瓶颈”，做到旱能浇、涝能排，沟渠林田路居科学布局，实现旱涝碱综合治理，水、农、林、草、沙系统治理。

3. 全面提升管理能力，实现灌区管理现代化

建立健全科学、规范的灌区管理制度，进一步明确工程设施产权、使用权，落实管护主体，形成职能清晰、权责明确、管理科学、运行规范的管理体系。健全灌区工程设施及配套渠系日常维护机制，制定灌区工程管理维护方案和维护台账，明确“干、支、斗、农、毛”五级渠系管理维护任务，确保灌区工程长期发挥作用。扎实推进农业水价综合改革，建立健全水权交易平台，合理制定农业灌溉水价。建立健全农业灌溉终端水价制度，完善计量收费体系，推进引黄灌区按方计量、按量

收费。实行用水总量控制和定额管理，探索差别化水价和超定额累进加价制度。建立健全人才引进、培养、奖励机制，结合新时代灌区发展需求，合理配置岗位人员，切实提高管理人员综合素养，按照标准化、规范化、市场化、现代化要求管护工程设施，全面推进灌区现代化管理水平。

4. 多措并举，实现水资源集约节约利用

搞好当地水、雨洪水、微咸水、黄河水、长江水、再生水等多水源优化配置，积极探索建立灌区非常规水资源利用体系，建设综合利用配套工程，缓解灌区用水压力。继续推广深沟条田、暗管排水、台田改碱和上粮下鱼等典型工程模式，积极推广管道输水灌溉、喷灌、微灌与水肥一体化技术和节水灌溉制度，推广咸水结冰灌溉、微咸水灌溉技术。坚持灌区灌排工程措施与农业综合措施相融合，按照“以地适种”与“以种适地”相结合的原则，根据作物生长需水特点和土壤条件，优化调整种植结构，改良耕作方法，建立耐盐碱植物种质资源库，培育和遴选耐盐品种和耐盐作物，推广耕翻漫灌、种植绿肥作物、秸秆覆盖等配套土壤改良技术。积极引导农民种植高效节水作物，大力发展现代节水农业。

5. 加快智慧灌区建设，提高信息化水平

推动科技赋能，注重顶层设计，依托物联网、大数据等先进技术，构建“智慧灌区＋智慧农业＋……”多维多层次融合体系，建立以自动化监控系统和调度运行管理应用系统为核心，集信息采集、自动监控、实时通信、信息处理于一体的信息化技术平台。通过在渠系站点上布设在线水位、水量、水质测量设施，实现对灌区骨干渠系、沿线泵站、闸站的远程监控，实时掌握灌区用水基本情况。强化对灌区气象气候、盐碱地动态、土壤墒情、地下水位和水质、作物生长、工程设施的信息采集、传输与分析，建立灌区大数据库，为灌区合理有效调度、优化水资源管理提供科学依据和技术支撑。进一步提升水资源利用的综合效能，依托智慧管理、科技赋能、实践引领，持续推进灌区土壤改良和灌区现代化建设，打造国家盐碱地高质量发展新高地。

农村供水管理现状与对策研究

水利分团　王孝亮　王强　金丽　李佳宁

农村供水事关农民群众民生福祉，关系城乡融合发展和乡村振兴战略实施。“十四五”以来，山东省按照城乡公共服务均等化和实施乡村振兴战略的要求，进一步完善农村供水长效运行管理体制机制，创新农村供水工程运行管理模式，分区分类推进农村供水工程规范化管理，基本建立了农村供水工程运行管护体系，工程管理水平显著提高。2022 年，全省累计完成农村供水工程建设投资 57.1 亿元，累计建成规模化供水工程 571 处，管网延伸工程 133 处，全省农村自来水普及率、规模化率和县级统管率分别达到 97％、82％和 85％以上。

为进一步深化农村供水工程运行管理体制机制改革，加强工程规范运行，确保持续发挥工程效益。按照 2022 年度重点调研计划安排，组成专题调研组，围绕农村供水工程运行管理，调研组结合数据调度、现场调研、技术指导和问题督办等工作，深入开展调查研究，摸实情，听意见，寻对策，总结典型经验做法，找准农村供水管理问题与薄弱环节，有针对性地提出对策建议，形成调研报告。

一、山东省农村供水工程运行管理现状

近年来，山东省按照“农村供水城市化，城乡供水一体化”的工作思路，不断强化农村供水标准化管理，农村供水保障水平持续巩固提升。

一是高位推动，构建高质量发展新格局。强化制度建设，联合省直有关部门印发了《山东省“十四五”农村供水保障规划》《山东省饮用水水源保护区管理规定（试行）》，引导市县咬定目标，压实责任，推进工作。强化考核引领，2022 年省委、省政府将加强农村供水保障作为公开承诺的 20 项重点民生实事之一，将城乡供水一体化率作为黄河流域生态保护和高质量发展工作的重要任务指标，将农村供水工程建

设、水质达标率分别纳入省对 16 市的高质量发展综合考核，使农村供水保障工作有了新抓手。强化横向联动。积极争取省发改委、财政厅等部门支持，先后就加强农村供水保障、规模化供水工程建设等工作出台有关指导意见。

二是两手发力，促进投融资多元化。“十四五”以来，全省累计完成农村供水工程建设投资 134.5 亿元，建成规模化供水工程 571 处，管网延伸工程 133 处，4.3 万个自然村供水条件明显提升。2022 年省级财政投入工程维修养护资金 1.26 亿元，对农村供水工程发债成功的 25.6 亿元按照 20％给予还本付息补助，省市县分别安排资金开展水质检测监测。同时，通过政府引导、企业参与、银行助力等方式实现多元化筹资。2022 年，落实农村供水工程建设资金 57.1 亿元，除财政资金外，其他渠道融资占比达 70％。

三是健全机制，完善标准化管理体系。巩固县级统管。联合省直有关部门印发《关于加强农村饮水安全工程长效管理机制建设的实施意见》，在全国率先推广农村供水县级统管模式，细化实化统管时间表、路线图。目前，全省整合组建县级供水公司 226 家，571 处规模化供水工程、2 435 处小型供水工程已全部纳入统管范围，覆盖农村人口 85％以上。制定标准规范，出台《农村供水水厂等级评价导则》，制定《农村供水管网运行管护技术规程》《农村供水水质管控技术规程》，加强技能培训和政策解读。强化示范引领，开展饮水安全示范县和规范化水厂创建活动，全省已创建 13 个省级示范县和 54 处规范化水厂，10 处水厂获评全国农村规范化水厂，农村供水保障标准化管理水平不断提升。

二、典型经验做法

1.创新县级建管模式

(1)平原区“一市一网一公司”建管模式：德州市打破行政区划壁垒，实施“三片四线”水库连通工程，将 16 座供水水库进行连通，打造供水水源一张网；打破部门管理壁垒，由“多龙治水”转为“一龙治水”。坚持部门监管、市场运作，实现全市所有村庄供水管理服务到户，实现城乡供水服务均等化。建立部门监管、公司运营、用户应用的全流程智慧系统，构建感知—传输分析—服务的智慧服务系统，实现城乡供水智慧化管理。

(2)山丘区"一县一网多公司"建管模式：日照市莒县探索推行"1+1+N"管理机制，即由县水利局负责全县城乡供水工程及管护主体的监管、考核和指导；县城发集团自来水公司管理到村总水表，负责全县供水工程主管网的日常维护；每处乡镇街道成立了1处供水服务中心，由城发集团和乡镇水利站双重管理，负责本区域供水工程的日常管护、水费收缴和对水管员的管理考核。莒县城发集团自来水公司与已改造村庄签订了村内工程管护责任状，明确了县乡村及用水户管护职责。公司按供水范围成立了六个分公司，分片压实管护职责，做到以水养水、良性运作。借助"智慧水务"平台，逐步实现远程抄表、网上缴费，实现水压、流量等指标全自动监控。公司与水利116服务热线联动，24小时接听群众的供水求助，第一时间提供维修养护服务，不断提高农村供水管理水平。

2. 打通工程管理"末梢神经"

日照市岚山区通过政策引领，率先将供水管水员纳入公益性岗位，由镇街和供水公司统一管理，落实补贴政策和管水员工资待遇。同时，对管水员进行考核、培训，提高管水员业务水平及服务质量，实现供水问题及时解决。德州市加强水管员监管，县供水单位规定入户水价一般不高于3元/立方米，切实保障群众利益。同时，按照0.8元/立方米的标准，补贴村内供水工程管护费用和水管员工资，并对村水管员建档立卡，定岗定责，加强管理。平原县在此基础上，对全县800多个村水管员按每人每年300元标准统一发放报酬，增加水管员收入，严禁乱加价等行为。庆云县实行水管员公开竞聘，由群众公开选举村水管员，确保能者上、劣者汰，保障村内供水工程正常运行。

3. 打造供水服务智能化

莱芜区打造集"水厂管理、管网检测、智能调度"的数字化管理平台，以数字化赋能农村供水保障工作，达到了农村规范化管理智慧化服务，解决了供水末梢收费及维修养护的难题。通过高清晰度航片和在线感知传感器，24 小时实时监测远程影像、水厂水质、主管线水压、水表流量等情况，通过 20 多万个智能控制点，对供水主管网、村内管网进行实时在线监测。22 万块智能水表采取“一托多户”计数模式，降低水表成本，支持预付费功能，有效解决缴费难问题，实现水费应收尽收。智能监测主管网水表、村头表、村民户表，及时定位漏损点进行维修，有效降低管网漏损。

济宁市嘉祥县组建城乡供水一体化管理信息中心，通过信息系统对全县的水厂、水源地、加压泵站、镇街管网及互联互通管道关键部位和节点的流量、水质、水压等特征数据进行全方位监控。济南市商河县全面推广远传智能水表，采用远传超声波采集数据，可以实现精准计量到“升”、管网漏损自动核算等功能。日照市莒县投资 1.6 亿元建设“智慧水务系统”，安装无线远程智能控制水表 31.13 万块，实现数据采集自动化、监管信息化、服务群众便利化、水资源监管智能化，打通了各管理单元间的数据壁垒。

三、存在的主要问题

1.规模化发展不平衡

虽然山东省规模化供水覆盖率已达 82%以上，但仍存在发展不平衡问题。平原地区多已实现城乡供水一体化，但烟台、枣庄、泰安等山丘区因大中型水库水资源指标缺乏合理科学分配，导致规模化工程推动受阻，仍以小型供水工程为主。供水水源受本底条件差、保护不到位、水环境污染等因素影响，存在硝酸盐等超标问题，叠加氨氮等有机物污染，造成区域性水质不安全。

2.运行管理责任不清晰

一是管理模式问题。县级农村供水公司虽已全面成立，但仍存在公司管理责任不明晰。现阶段，山东省村内工程多为村集体筹资筹劳、政府补助建设，供水企业维修养护只到村头总表，村内工程建成后直接交由村庄自行管理，工程产权不明晰，管理主体责任落实缺位问题仍然存在。少数薄弱村供水工程维修养护费用全靠政府或集体兜底。管理模式不畅通，造成了农村供水工程运行管理的不畅通。二是原有老旧供水设施评估划转阻力较大。受资金因素制约，早期部分农村供水工程由社会资本（民营资本）投资建设，在水厂资产和管理权划转至县级国有水务公司的过程中，部分个体投资人要价过高，需要由政府聘请具有评估资质的第三方依法评估水厂资产，并出资购买管理权方可划转至县级供水公司，增加了资产划转成本和时间。

3. 水价机制不完善

一方面，农村供水水价形成机制不健全。水价测算依据不足，构成不明晰，标准和分类不清，未建立适时调整机制。另一方面，农村供水执行水价整体偏低。目前山东省农村供水平均执行水价低于运行成本，收支不平衡，无法满足工程良性生产运行。

4. 信息化监管手段薄弱

农村供水全过程管理涉及的业务协同部门比较多，部门间数据不共享，不同部门及省市县之间主要通过线下的方式进行业务协同，共享程度不高，无法实现数据源统一。省市县跨层级的业务系统标准不同，难以对接且功能较为单一，业务工作在线数字管理程度不高。不少业务事项仍采用传统业务处理方式，数据来源与共享、业务流程逻辑及指标应用的协同仍处于内部单循环状态，距离“对象全覆盖、过程全在线”的数字化转型目标仍存在一定的差距。“十三五”初期，山东省率先启动了建设山东省农村饮水安全信息管理系统，后因缺乏资金投入，信息管理系统未及时得到更新与提升，目前已无法满足“十四五”新形势的发展需求，信息化水平与浙江、宁夏等先进省（区）的差距逐年加大。

四、对策措施

1. 规模化建设是做实县级统管的前提

实现城乡供水基础设施和公共服务均等化，这既是助推乡村振兴战略不可缺少的部分，也是全面整合水资源，提高水资源利用率，减少社会总体投入，实现资源共享、资源统筹的需要。只有推进农村供水规模化效益，才能实现县级统管真落地。城市近郊及县城周边的村庄，应优先实施城市供水管网延伸工程；实现城乡供水一体化的地区，加快村内管网改造及智能化水表安装使用，实现 24 小时供水，优选县级公司统管到户的管理模式；烟台、枣庄、泰安等区域，利用大型引调水工程和大中型水库，通过优化配置水资源量，优先保障居民生活用水，重点推进水源置换工程建设，解决供水工程水源不稳定的问题。该区域可因地制宜，采用县级统管到户或“1＋N”等管理模式，加大县级统管覆盖范围，将小型和单村供水工程纳入统管范围。

2. 标准化体系是保障工程规范运行的基石

建立完善农村供水法律法规，明确农村供水的法律性质、法律地位和法律责任，确保农村供水工作在水源安全、制水安全、供水安全、设备管网安全、服务等方面有法可依。一是加快推进《山东省农村供水条例》纳入一类立法程序，制定具有刚性约束的法律法规，才能落实农村供水长期稳定的政策保障、完善资金投入机制、理清部门职责分工、明确各方权利义务，从而确保工程“建得成、管得好、长受益”，切实巩固住、维护好群众切身需要的农村供水建设成果。二是加强标准规范的技术、政策解读和宣贯培训，使标准真正发挥作用，指导工程规范建设和运行。三是继续开展农村供水标准化管理评价，根据不同水源类型、工程规模等，制定农村供水工程标准化管理实施方案和管理制度，分类有序推进标准化管理。

3. 协调共治是城乡供水融合发展的内在要求

形成智慧协同，高效管控的监督机制，破解不同部门、上下层级、行业领域间的管理壁垒，形成合力、整体智治、协同推进，形成城乡供水合力，实现信息跨层级汇聚，问题全过程处置，风险全链条管控。各级要建立横向联动、资源整合、协同推进的农村供水保障工作机制。进一步夯实地方政府主体责任，成立专项工作小组，细化各主管部门协调配合的责任。水行政主管部门负责农村供水项目建设和管理，生态环境部门负责饮用水水源地环境保护工作，卫生健康部门负责指导开展饮用水卫生监督，乡村振兴部门配合做好在全面实施乡村振兴战略和城乡供水融合发展中农村供水保障有关政策的落地落实。

4. 良性水价机制是工程长效运行的内生动力

合理水价和水费收缴机制是破解农村供水工程可持续问题的“牛

鼻子”,应继续加大力度推进水费收缴工作,全面提升水费收缴率,按照“补偿成本、公平负担”的原则,完善水价形成和政府补贴机制。一是鼓励推行两部制水价,探索以水养水长效发展的路子,逐步实施全成本收费,对于供水规模利用率较低的工程,推广实行“基本水价+计量水价”的两部制水价。二是通过强化信息化手段,精准计量,推行“水表革命”,新建工程推广一户一表、智能水表、远程抄表,提高水费收缴率。三是建立奖惩激励机制。对水费收取好的地区和工程,通过财政补贴等方式给予激励。四是落实维修养护资金。以中央和省级维修养护经费为引导,撬动市县足额落实维修养护资金,通过实施月调度提高资金使用绩效,下气力解决水源不稳、设施陈旧、管护不到位等问题,确保工程安全、稳定、长效运行。

5. 智慧化监管是农村供水高质量发展的手段

按照“需求牵引、应用至上、数字赋能、提升能力”的总体要求,以数字化、网络化、智能化为主线,建立从水源、水厂到管网等重要供水环节,包括水量、水质、水压等关键供水参数和主要供水设施设备运行状态的在线监控平台,千吨万人供水工程全部配备自动化系统,关键分水口、关键节点要配备传感设备,实现在线监测、实时监控,并具备向上级系统远传数据功能,与省级平台对接,构建全省农村供水一张图。对各类问题实现省市县实地复核全覆盖,市县级 116 服务热线同 12345 政务热线信息共享,确保问题快处置、群众真满意。

构建省级农村供水信息化监管平台,推行信息化管理、自动化监控、智慧化服务的“互联网+智慧供水”运管模式。一是编制省、市县两级农村供水信息化管理标准。二是强化试点引领,突出以点带面。选择不同工程类型典型市县 5～7 处进行示范,以小切口做大文章。三是加快农村供水数字化改革,推动一域创新、全省受益,努力实现农村供水行业管理理念转变、机制迭代更新。通过信息化建设和智慧化应用实现供水运行自动化、管理智能化、业务协同化和服务均等化。

6. 能力建设是提升供水安全保障的软实力

制定中长期人才培养计划,建立省、市县多层次的农村供水工程关键岗位人员培训机制。健全完善农村供水管水人员制度,建立经费保障长效机制，确保人员经费、设备投入足额落实到位，保障关键岗位人员通过培训达到岗位技能要求，提高农村供水管理人员履职尽责能力，切实发挥农村供水管理人员作用，解决工程运行管理“最后一千米”问题。

五、建议与展望

1. 建议

(1)建立三级水质监测网络：省级监测主要负责全省农村供水水质监测工作方案制定、技术指导、人员培训和规模化重点工程的抽检等工作；区域监测负责辖区内农村供水工程水质复核检测、技术指导等工作；县级监测工作应依托县级水质检测中心运行，按照国家、省相关规定和省级制定的工作方案要求，健全完善水质巡检制度，实现农村供水工程监测全覆盖，并指导水厂自检。通过完善的水质监测机制，倒逼农村供水运行管理标准化运行。

(2)构建省市县智慧监管体系：建设省级农村供水数据库，覆盖全省农村供水所有万人以上水厂，开展农村供水公共数据整合，编制数据资源目录，建立“一数一源、按责维护、共建共享”的数据服务体系，实现省市县三级供水核心数据联动更新、在线共享。开发基于GIS的农村供水一张图，建成覆盖省市县三级供水主管部门和水厂运行管理单位的统一数字化平台，实现供水管理“工作在线、数据在线”，加强农村供水流程优化、业务协同与综合分析，为供水主管部门数字化履职提供支撑，提升供水数字化、管理精细化、决策科学化水平。

(3)加强宣传和示范引领：及时总结凝练农村供水工程标准化管理工作的经验做法，通过组织现场观摩、技术交流、网站、报纸、期刊、新媒体等方式进行广泛宣传推广。发挥获评全国和省级农村规范化水厂的示范引领作用，强化激励措施，通过开展农村供水标准化管理工程认定工作，发挥辐射带动效应。

2. 展望

农村供水发展既要立足当前，更要兼顾长远，统筹制定供水中长期战略和发展规划，分步实施。巩固无终点、提升无止境，应从最广大人民群众的需求出发，实现工程共建、沟通共情、管理共融、成果共享，一张蓝图绘到底，坚定久久为功的信念，交出让人民满意的新时代答卷。

山东省河湖长制推行5周年实施情况调研

水利分团　孟庆平　吴磊　曹方晶

习近平总书记在2017年新年贺词中发出了“每条河流要有‘河长’了”的伟大号召，中华民族的河湖治理由此翻开了新篇章。5年来，从省到地方，各级行动紧锣密鼓，一张张河湖治理河长制建设的时间表、路线图密集出炉，河湖长制工作取得显著成效。为总结河湖长制实施5年来工作开展成效，查找不足，省流域中心专家委员会生态河湖组深入全省河湖一线开展调查研究，挖亮点、提经验、找差距、谋思路，经梳理归纳，形成调研报告。

一、山东省河湖长制5年工作回顾

山东省河流众多、湖泊星罗棋布，大小河湖水库1.5万余条(个)。随着河湖长制的全面实施，从激荡奔涌的黄河，到北调东送的输水干线，到承载乡愁的家乡河湖，再到山间丛林里的无名溪流，全部纳入河湖长制管理，高位启动、高点运行。5年来，从“有名”“有实”到“有责”“有能”“有为”，蹄疾步稳，勇毅笃行，构建起“责任明确、协调有序、监管严格、保护有力”的河湖管理保护体制和良性运行机制。山东河湖长制工作先后4次被水利部评定为先进省份并实施激励，自2019年连续3年受到国务院最优等次督查激励。

1. 夯基筑台谋实干

坚持高位谋篇布局，全面提前完成省、市、县、乡、村五级河湖长设置，落实河湖长7万余人。乡级以上实行党政主要负责同志共同担任总河长的双总河长制。其中，省级实行双总河长、三副总河长设置，省长、省委副书记和副省长还分别担任省级河湖长，具体领导省级河湖的治理保护。省委、省政府高度重视河湖长制工作，主要负责同志 5 次主持召开省总河长会议，研究部署年度工作；先后签发 7 期省总河长令，安排重点任务、加力推进工作；省政府 2 次召开河湖长制现场会，推进工作落实。将“生态河湖”纳入各市经济社会高质量发展综合绩效考核。

5 年来，先后集中开展“清河行动”、河湖“清四乱”“深化清违整治，构建无违河湖”“黄河岸线利用项目专项排查整治”等专项行动近 20 次，共清理整治“乱占、乱采、乱堆、乱建、乱排”等问题 9 万余处，解决了一大批长期想解决而没有解决的难题，河湖面貌大为改观，水安全水生态水环境明显提升，沿线群众获得感幸福感显著增强。

全面完成 9 700 多条河湖划界和县级以上河湖岸线利用管理规划编制任务，埋设界桩 63.01 万个。省市县三级全面建立河湖问题有奖举报制度，持续推动河湖长制进校园，开展河湖主题公益摄影、短视频大赛等活动，营造全民爱河护河的浓厚氛围。在全国率先实现县际流域横向生态补偿全覆盖，拥有跨界河流的 133 个县（市、区）、涉及 301 个断面全部签订跨县界河湖上下游横向生态补偿协议。

从严从高规划阶段治理目标，一河（湖）一策制定综合整治方案，包括 18 条省级重要河流、12 个湖（库）在内的 5 级河湖全部编制“一河（湖）一策”，首轮 3 年治理任务和目标基本完成，并于 2021 年完成了全省新一轮河湖综合整治方案的修编工作，围绕更高目标开启了新的治理周期。

2. 勠力同心绘美卷

5 年来，各级河湖长勤勉履职、笃行不怠，全力治水、巧手绘绿、守护安澜，年均巡查河湖近 300 万人次，有效促进河湖问题解决；成员单位担当作为、密切协作、各尽其责，从组织推动到宣传推广，从发展规划到财政支持，从科技支撑到行业落实，从流域统筹到区域协调，不断完善多部门多领域深度合作齐抓共管机制，建立起以河湖长为中心的“河湖长＋河长办＋部门＋检察长＋河道警长＋基层管护队伍”的“1＋N”工作机制；鼓励社会力量积极参与河湖管护，全省建立起

57 000余人的民间义务河湖长、河管员、志愿者等稳定监管队伍，党委政府＋社会的河湖治管格局已然形成。创建346条（段）省级美丽幸福示范河湖，沂河临沂段顺利通过水利部国家级示范河湖验收，全省群众满意度达到97％以上。一幅幅河畅、水清、岸绿、景美、人和的美丽幸福河湖画卷在齐鲁大地徐徐展开。

（1）水安全保障更加有力："十三五"以来，累计完成水利建设投资超2 400亿元，全省骨干水网工程输水线路总长度达到1 459千米，设计调水能力20.4亿立方米，实现南水北调、胶东调水、引黄济青、黄水东调、峡山水库水资源全省统一调度。近几年，成功抗御2018年弥河流域洪水、2019年小清河流域洪水、2020年沂沭河流域大洪水。2021年山东省洪水频发，又遭遇罕见秋汛，全省大中型水库、重要湖泊、骨干河道无一发生重大险情，无一人因洪涝灾害死亡，汛期因洪涝灾害受灾人口、倒塌房屋、直接经济损失，与近10年同期平均值相比，分别减少89.03％、99.75％、95.21％。

（2）水资源管控成效显著：全省万元GDP用水量、万元工业增加值用水量较2020年分别下降12.77％和5.78％，城市再生水利用率达到47％，城市公共供水管网漏损率降至7.94％。全面实施引黄灌区农业节水工程，农田灌溉水有效利用系数达到0.647，连续18年实现农业增产增效不增水。

（3）水环境治理成绩突出：2021年在国控断面数量较"十三五"期间增加84.3％的背景下，优良水体比例进一步提升至75.2％，同比改善13.1个百分点，改善幅度全国最高；在消除国控断面劣Ⅴ类水体的基础上，又消除了Ⅴ类水体。全省累计完成270个城市黑臭水体治理，建设（改造、修复）城市污水管网9 487千米。5 120艘400总吨以上船舶配有生活污水处理设备，2 557艘100至400总吨船舶全部安装了生活污水收集装置并加装监控系统。全省3.1万余家规模养殖场粪污处理设施装备配套率由91.5％提高到100％；2020年全省化肥、农药使用量较2015年分别下降了17.8％、24.5％。

（4）水生态明显改善：全面深入落实习近平总书记关于建设幸福河的重要论述，分层级推进美丽幸福示范河湖建设，聚力打造造福人民群众的幸福河。2020 年以来，全省各地因地制宜，结合美丽乡村和生态宜居城市建设、经济发展布局调整等，加快推进美丽示范河湖建设，2 年累计打造市、县级美丽幸福示范河湖 569 条(段、个)。马踏湖、日照水库入选生态环境部 2021 年度全国 18 个美丽河湖案例。持续开展黄河流域生态补水和生态修复，黄河三角洲累计湿地修复近 30 万亩，生物多样性显著提升。

二、存在的问题

尽管山东省河湖长制工作成绩斐然，但对比习近平总书记对山东工作的重要指示要求，对照人民群众对美好生活的期盼，还存在一些短板和不足，主要表现在以下几个方面：

(1)河湖长规范履职仍需夯实：2017 年山东省实行河湖长制以来，全省共计 64 896 名河长，10 155 名湖长上岗履职，负责相应河湖的管理和保护工作，协调解决河湖存在的问题。在各级河湖长履职过程中，特别是县级及以下河湖长，部分存在履职意识不到位、职责不清、工作盲目被动的情况，对所负责的河湖未能做到底数清、问题明、措施实；巡河湖流于形式、走过场，重频次、轻效果，不能及时发现问题，部分河湖一定程度上存在污水偷排、乱扔垃圾、“四乱”问题反弹等情况。

(2)河长办能力建设仍需提升：河长办工作任务重、压力大，加班加点、挑灯夜战属常态，相对于较繁重的工作任务，人员却相对短缺。一是抽调人员享受不到挂职或基层锻炼政策，干部政策落实不到位，对工作造成一定影响。2020 年，各级河长办按照省总河长会议要求分别从省住建、生态环境和自然资源等部门各抽调一名同志实行集中联合办公，但抽调人员无工作经历计入基层挂职经历或职称、提干上的相应政策，不利于选派骨干力量且一定程度上降低了抽调人员工作的积极性。二是兼职人员多，专职人员不足，造成工作精力不足，职责不明，工作质量得不到有效保障。各级河长办尤其是基层河长办落实联合办公力度不够，河长办工作人员身兼数职现象普遍存在，尤其是基层河长办，防汛、工管、河湖等工作往往由一人完成，千头万绪，无法专心于河湖长制工作。同时，各级河长办规范化建设暂无统一标准，距离标准化建设要求还有差距。

(3)协同共治理念仍需加强：一是部门合力需凝聚。目前河湖长制虽已全面实行，但在实际工作中，各地、各行业，尤其部分市、县仍然存在“分而治之”的状态。不同于党委办和政府办，河长办设在水利部门，在工作协调上缺少对成员单位的有效制约，相当于水利部门去协调其他部门，部署工作推进力度不大，协调力度相对有限。加之部分河长办组织协调职能发挥不够，有的部门认为河湖长制主要是水利一家的事，在具体实施中往往各自为政，甚至未能跳出“水利圈”。二是流域治理管理理念需强化。跨区域河流缺乏上下联动、协调配合机制，河湖管理难度较大。目前，跨境中小河流虽均已实行属地河湖长制管理，但上下游、左右岸分属不同行政区域，管理标准和要求不尽相同，上游河段对下游河段的影响因素不易量化，易造成出现问题责任认定难等问题，影响河湖管理效果。

(4)河湖管理基础仍需筑牢：一是基础性研究开展偏少，技术创新不强，基础工作中还存在诸多短板和弱项，如河湖划界还存在管理范围线划定不规范、刻意回避难点的问题，对河湖违法问题界定、开展清理整治、有效维护河湖健康产生不利影响；“一河(湖)一策”编制精准度不够的问题，存在只是按照上级部门要求编制了整治方案，但年度需解决问题及要完成的任务目标不明确、不具体的现象，在河湖长制工作中不能充分发挥“一河一策”的作用；宣传及社会监督的作用发挥不到位的问题，全省各级虽已制定有奖监督举报办法，但实施效果并不理想，部分地区流于形式，群众爱河护河意识淡薄。二是工作考核动的力度不够大，虽然各地都将河湖管理保护工作列入考核，明确了考核标准，但实际工作中部分地区仍存在“一团和气”的现象，动真碰硬的力度还不够大，措施还不够多、不够严、不够细。

(5)智慧化应用水平仍需提升：水质、水量监测体系不完备，部分河湖跨界断面及重要河湖的入河湖支流缺少水质监测设施。河湖动态监控体系落后，无人机巡查、遥感影像监测等现代化的技术手段应用还不广泛。河湖监管智能化程度不高，河湖岸线卫星遥感影像四乱疑似图斑判别仍需人工进行反复甄别，机器的学习功能和人工智能自动识别分析功能尚未应用，相关模块未能安装应用或未进行系统升级，依靠大数据分析和处理问题的能力不强，智慧化手段应用于河湖长制工作有所欠缺，“治水”仍需向“智水”迈进。

（6）资金保障力度仍需加大：河湖长制工作面广、量大、任务重，当前多数地区河湖长制工作经费及河湖管护资金以各级政府财政投入为主，投资渠道过于单一，资金缺口较大，多元化的投资机制尚未形成，缺乏其他投融资渠道来积极引导社会资金参与河湖治理保护。近两年由于疫情等原因，地方财政大部分处于紧张状态，河湖长制工作经费及河湖管护专项工作经费落实困难，特别是基层乡镇，河道保洁治理、垃圾处理等各项河湖管护资金落实难度较大。在调研过程中发现。部分县区除 2017、2018 年实行河湖长制当年落实河湖管护资金以外，2019 年至今因河湖维护经费落实困难，一定程度造成河湖管护水平滑坡。

三、对策建议

针对山东省河湖长制工作中存在的问题，围绕进一步强化、深化河湖长制工作相关要求，提出以下对策建议。

（1）强化河湖长履职监管：一是完善法律法规体系。推动河湖长制立法，以明确的法律法规形式确定河湖长制工作，河湖长制各项基本制度通过法律法规的手段明确建立，使河长行权有法依，河长履责有法据，确保河湖长制在法律法规框架内有效、持续性运行。二是针对县级及以下河湖长出台河湖长履职评价指标体系及相应的评价办法，将巡河、管河、护河、治河等职责纳入指标体系，为河湖长履职评价提供依据。连续评价较差者，由上一级总河长或对应的河长对其进行约谈。对社会反映强烈的河湖库保护问题，因失职、渎职、不担当、不作为等导致河湖库资源环境遭受损害，造成严重后果的，提请同级纪委、监委等部门对相关人员进行追责问责，以此督促河湖长认真巡河，及时发现问题、报告问题、督促整改问题，真正做到守河有责、守河担责、守河尽责。三是改进监督检查方式方法，提升监督检查水平。完善务实高效管用的督查制度，采取明察暗访相结合、以暗访为主的方式，开展常态化监督检查，及时掌握下一级河湖长履职情况及河湖管护成效。四是扎实开展河湖长培训，丰富培训方式，学习互鉴优秀经验，尤其是加大对基层河湖长的培训力度，使各级河湖长履职能力切实得到提高。

(2)提升河长办能力建设：河湖长制工作面宽量大，建议省级编制部门出台河长办建设标准的相关政策或指导意见，重点推动全省各级河长办能力建设，提升河长办统筹协调能力。首先一是省市县将河长制办公室设常设专门机构，将人员编制、经费等落实到位，由河长办牵头建立联席会议等制度，定期召开会议协调解决问题。二是各级河长办继续加大业务骨干抽调力度，严格落实集中办公相关要求，抽调人员由组织部门落实干部相关政策，予以相应待遇认可，形成正向激励机制，提高参与河湖长工作人员的积极性、主动性。其次，在全省范围内启动开展河长办规范化标准化建设工作，把工作标准具体化、工作方法日常化、工作流程规范化，使各级河湖长、河长办都能找到实施河湖长制工作的行动指南。再次，发挥专家专业技术优势，建立“河长智库”，由公安、检察、法院、水利、生态环境、住建、农业农村、自然资源、交通等各成员单位及高校科研机构等组成专家库成员，提供技术支持，内容涵盖课题研究、业务指导、综合执法等方面，专业范围覆盖水土保持、环境保护、给水排水、水产养殖、土壤肥料与生态农业、黑臭水体治理、科技管理、卫生健康等多个技术领域，为河长办工作提升提供智力支持。

(3)增强聚力共治的合力：流域治理管理方面，建立河湖流域治理管理机制，实行河道(湖泊)系统治理、统筹管理，基于河湖长制已有的组织基础，协调好属地管理与流域整体治理管理，对于跨界、跨域的水污染防治问题不但“有人管”，而且还“有能力管”，妥善解决上下游、左右岸之间治理管理步调不一致的难题，形成行政属地治水与流域整体治理管理有机融合。部门联动方面，一是健全部门考核体制机制。建立河长办成员单位述职机制，每年底河长办各成员单位对照自身工作职责和年度工作要点开展述职，述职情况在一定范围公开，接受监督。其次，建立履职考核评价制度，上级河长办对下级河长办履职情况，河湖长对河长办成员单位年度目标任务完成情况进行定期检查评估和考核评价，完善激励问责相关机制，对工作突出、成绩优秀的部门和单位给予表彰奖励，对工作推诿、履职不力的部门和单位及相关责任人员给予追责问责；二是进一步细化落实管护责任。严格落实河湖长制，以“一河一策”为抓手，加强统筹谋划，将生态环境、自然资源、水利、住建、农业农村、交通等成员部门未来三年工作任务纳入河湖综合整治方案，结合美丽幸福河湖保护与建设任务总要求，在全面落实各级河湖长及其责任的基础上，进一步明确部门职责，细化分工，建立河湖管理工作目标、措施、任务、责任等河湖管理保护清单，并将各部门任务逐一落实到月，河长审定印发后以此为抓手对各部门进行考核，督促部门各司其职，形成工作合力，形成分工明确、权责清晰、协调有力的河湖管理责任体系和部门协调联动机制，共同推进美丽幸福河湖保护与建设。

（4）抓实河湖管理基础工作：一是加强相关基础理论研究和应用技术的创新与应用。在推行河湖长制的过程中，管理方面创新体制机制，制定精细化管理方案，整合力量，发挥潜力；技术方面在水污染治理、水生态修复等方面加强理论研究和技术研究，如针对污水处理厂工艺改进，河道底泥净化处理、农业面源污染有效拦截、水生态修复与治理等进行研究，解决技术层面上的瓶颈。二是持续对基础工作补短板固底板。对划界问题开展回头看，按照相关标准要求，在尊重历史、考虑现实的基础上，依据法律法规及技术规范因地制宜复核划界工作，为开展河湖违法问题清理整治，维护良好水事秩序奠定基础；坚持因河施策，针对本地河湖现状和特点，具体细化“一河一策”中明确年度需解决的突出问题，年度需完成的任务，年度要实现的目标，围绕全省三年全部打造成美丽幸福河的总目标，提高方案的针对性和可操作性，并以“一河一策”作为考核依据，评价每位河湖长的履职情况，实行系统整治、精准治水；强化宣传培训。通过微信、抖音等百姓群众广泛使用的新媒体工具，加大河湖管护宣传力度，增强公众责任意识和参与意识，变“政府治水”为“全民治水”。严格监督检查制度。在检查方式上，运用暗访、群众举报调查、专项督查等多种手段，在上级部署事项落实、“一河(湖)一策”执行、河湖违法事项整治、长效机制建立等方面加大督查力度,对政策措施不细不实的予以纠正,注重检查的质量和成效,确保河湖管护各项举措能够真正落实落地。

(5)提升智慧化监管能力:强化河湖数字化、智慧化管理,构建天地一体化河湖生态安全监管体系。一是加大信息化基础设施建设。实现水安全、水资源及水环境等信息的高效监测,完善网络体系建设,及时配备更新符合现代化需求的设备、软件等,为智慧监管保驾护航。二是加大人工智能的研究和应用。采用人工智能算法,实现数据联动分析,形成智能化、会思考、能实战的智慧工作模式,增加模拟工作和预测工作的精准度,达到提升河湖管理水平及智慧决策水平的目标。三是深入运用大数据、云计算等技术手段。对基础数据进行深度挖掘分析,打造智慧化、可视化、全要素感知的河湖管理系统,将日常管理、预警监测、监督考核等工作纳入信息化管理,使管理关口前移,实现河湖水质水量监测、采砂、水域岸线空间管控、河湖突发事件、巡河、社会公众参与等精细化管理,为河湖治理提供决策支持。四是探索创建智慧化考评机制。实现机器自动化考评,定期总结与考评,避免人为因素,将考核结果与政府年度目标考核挂钩,对在河湖管理保护中不作为、慢作为以及严重破坏河湖的行为严肃追责,形成出真招、动真格、见实效的工作导向。

(6)强化河湖管护保障:一是资金保障。按照事权划分,落实各级财政对河湖管护的经费保障,增加河湖管护治理和民生改善的投入,省财政安排一定比例的经费专项用于河管员的资金奖补。同时,在稳定财政投入的基础上,发挥市场机制作用,拓展绿色信贷、融资租赁等新型投融资渠道在河湖管护中的推广和应用,通过公私合作(PPP)、特许经营、政府购买服务等方式,鼓励发展河湖经济,积极探索治河护水与全域旅游、设施农业、美丽乡村建设的有机融合,吸引更多的社会资本参与河湖管护,统筹实现生态保护与高质量发展。二是制度保障。进一步健全完善河湖长制各项工作制度及河湖管理保护制度,除河湖长制六项规定制度外,根据本地实际,建立河湖管护相应制度标准办法等,如《河湖管护规范》《河湖水域空间管控制度》等,健全河湖管理保护制度体系，严格相关技术标准，确保河湖管理保护工作有法可依、有章可循。三是技术保障。强化科技支撑，建立技术体系，加强与高校院所的交流合作，借鉴相关科研单位在河湖管理保护等方面的学术研究、先进理念及丰富经验，为开展山东省河湖长制工作提供科学技术保障。

山东省黄河流域及受水区水资源节约利用与生态发展保护调研报告

水利分团　田守岗　周荣星　王薇

黄河自菏泽市东明县入山东，在东营市垦利区入海，流经菏泽、济宁、泰安、聊城、济南、德州、滨州、淄博、东营等9市，在山东境内流域面积1.36万平方千米，黄河山东段长628千米，占黄河总长度的11.5%。黄河山东段大部分是地上悬河，有流域内唯一的重要蓄滞洪区—东平湖，有我国北方暖温带最完整湿地生态系统—黄河三角洲，防洪和生态功能突出。

山东沿黄9市土地面积8.37万平方千米，占全省53%；2020年人口5 421万人，占全省53.4%；地区生产总值35 443亿元，占全省48.5%。全省引黄灌区有效灌溉面积2 858万亩，主要农作物有小麦、玉米、棉花、大豆、花生以及少量的水稻等，为山东省的主要粮棉生产基地。国务院1987年批准山东黄河水可供水量70亿立方米，黄河水多年平均供水量占山东总供水量近30%，关乎国家粮食安全、经济社会安全和生态安全，是山东省的重要供水水源和不可或缺的重要安全要素。

党的十八大以来，习近平总书记多次考察黄河流域生态保护和经济社会发展情况，强调要共同抓好大保护，协同推进大治理，着力加强生态保护治理、保障黄河长治久安、促进全流域高质量发展、改善人民群众生活、保护传承弘扬黄河文化，让黄河成为造福人民的幸福河。

2021年10月20—22日，习近平总书记亲临山东视察，为黄河流域生态保护和高质量发展把脉问诊、举旗定向。过去五十年，黄河流域山东段水资源短缺，河道断流、湿地萎缩、地表水超载、地下水超采、洪涝灾害等问题突出。随着黄河流域生态保护和高质量发展重大国家战略实施，南水北调东线一期工程相继通水，区域水资源供需格局显著变化，水资源保障面临新的形势和挑战，亟需以黄河流域山东段为整体，调研山东省黄河流域水资源节约利用与生态发展保护现状。

本调研参考《山东省黄河流域生态保护和高质量发展规划》《山东省"十四五"推动黄河流域生态保护和高质量发展实施方案》《山东省黄河流域生态保护和高质量发展水利专项规划》等相关文件，课题研究人员团结合作，赴各市进行调研，在充分听取各方意见和专家意见的基础上，最终形成研究报告。报告分析了山东省黄河流域水资源高质量发展主要成效，得出山东省黄河流域水资源高质量发展制约因素，提出推动山东省黄河流域高质量发展的路径，为政策制定者提供决策依据。

一、山东省黄河流域水资源高质量发展主要成效

山东省委、省政府高度重视黄河工作及沿黄地区治水兴水，经多年持续建设发展，成效显著。

1. 黄河水资源支撑保障作用突出

全省共建成引黄涵闸63座，设计引水流量达到2 426立方米/秒，引黄水库420余座，兴利库容约16.8亿立方米，先后建成引黄济青、胶东调水、黄水东调等重大引调水工程和67处引黄灌区，为全省13个市和胜利油田提供了稳定水源，保障了沿黄粮食主产区粮食丰收和经济社会持续健康发展。2014年至2017年胶东连续干旱期间，黄河持续向胶东4市实施抗旱应急调水，共调引黄河水超过18亿立方米，化解了重大供水危机，黄河水成为抵御和化解山东省特枯和连枯年份供水危机的"救命水"，对促进全省经济社会可持续发展具有不可替代的作用。

2. 水资源集约节约利用成效显著

严格落实国家节水行动实施方案，开展农业节水增效、工业节水

减排、城镇节水降损行动。强化水资源刚性约束，在全国发布首个规划水资源论证地方标准《规划水资源论证技术导则》，推动开展水资源论证区域评估工作，加强规划建设项目水资源论证、节水论证、取水许可和计划用水管理，推动了高耗水行业逐步向工业园区集中。推进节水型城市和节水载体创建，累计创建国家节水型城市 22 个，总数居全国第一；累计命名省级节水型企业(单位)、居住小区 1 891 家。2020 年在沿黄 9 市 65 处引黄灌区实施农业节水工程，实现了高效配水到田间。2020 年全省万元国内生产总值用水量、万元工业增加值用水量分别较 2015 年下降 21.72%、13.56%，规模以上工业用水重复利用率达到 92%，全省公共供水管网漏损率降至 7.95%，农田灌溉水有效利用系数达到 0.646，在黄河流域内处于领先水平。

3. 防洪减灾体系日益完善

完成了黄河 806 千米标准化堤防工程建设，开辟了北金堤和东平湖两个分滞洪区，基本建成了较为完善的下游防洪工程体系。大汶河、小清河、徒骇河、马颊河、德惠新河、东鱼河、洙赵新河等河流经过分段分期持续投入建设，防洪排涝能力大幅提升。通过水文测报、通信、防洪指挥系统建设，提高了洪水风险防控能力。黄河及沿黄地区基本构建起较为完善的防洪排涝体系，有力保障了下游黄淮海平原的防洪安全和稳定发展。

4. 水生态环境明显向好

自 1999 年小浪底建成并实施黄河水量统一调度以来，黄河山东段实现了连续 22 年河道不断流。黄河干流大量种植防浪林、护堤地林，堤顶两侧种植行道林 1 187 千米，建成德州黄河水利风景区、淄博黄河水利风景区等 9 个国家级水利风景区。聊城位山灌区沉沙池、滨州小开河灌区沉沙池实施生态综合治理，探索出生态改善与脱贫攻坚、产业发展结合的新路子，沉沙池沉沙、治沙和生态保护多重效益显著。鲁北、鲁西南等沿黄地区风沙治理持续推进，泰山区域山水林田湖草系统治理启动实施，大汶河、玉符河等主要支流水生态环境整体向好。地下水超采综合治理持续推进，浅层地下水超采量基本压减，深层地下水压减超过 50%。

5.河湖监管措施不断强化

先后颁布实施了《山东省水资源条例》《山东省节约用水条例》《山东省黄河防汛条例》《山东省河道管理条例》等法规，开展了黄河保护立法前期工作，制定了《山东省水利监督实施办法(试行)》和 14 个专业监督检查办法，聚焦河湖管护等关键领域常态化督查。沿黄地区实施了“清河行动”“携手清四乱，保护母亲河”“深化清违整治、构建无违河湖”、黄河岸线利用项目专项整治、黄河流域河道采砂专项整治等活动。定期开展河道联合执法检查，查处各类水事违法行为，严格审查审批涉河工程建设项目，河湖监管水平不断提升。

二、山东省黄河流域水资源高质量发展制约因素

1.水资源集约节约安全利用水平尚需提高

(1)水资源供需矛盾突出：严重干旱与严重水患并存、资源性缺水与工程性缺水并存是山东的基本水情。全省当地水资源总量 302.8 亿立方米，人均占有量 298 立方米，不足全国人均占有量的 1/6。经测算，现状情况下全省正常年份缺水量 30 亿立方米以上，缺水率约 13%；到 2030 年正常年份全省缺水达 60 亿立方米以上，缺水率约 24%。

(2)黄河引水能力下降明显：黄河小浪底水库实施调水调沙以来，下游河床下切严重，聊城市位山灌区、陶城铺灌区、济宁市陈垓灌区渠首段河床降低 1.7～2.0 米。闸前闸后渠道清淤不及时、防沙闸底板过高、黄河河床下切、河势变化等多种因素致使引黄闸不能按设计标准引水。

(3)水资源配置利用体系尚需完善：长江水、黄河水的统筹配置机制、体系尚不健全。临沂、菏泽等地水资源调蓄能力尚需提升。济南、泰安等市县水网有待进一步完善。城乡供水保障能力尚需进一步提高。

(4)水资源集约节约利用仍有挖潜空间：水资源刚性约束制度尚未完全建立，对转变经济发展方式的倒逼机制尚未真正形成。部分产业布局、园区开发、城市发展等未充分考虑水资源、水环境的承载能力，未严格开展规划水资源论证。部分引黄灌区灌溉水有效利用系数

不足 0.55，低于全省平均水平。

2. 引黄供水水价偏低

引黄灌区既需要建设大量灌排工程设施，又要有管理人员进行调度和管理，渠系也要进行维修，也就是说用黄河水灌溉是有成本的。这和群众种粮要买化肥和种子一样，水费是生产成本的组成部分。所以使用黄河水进行灌溉要缴纳一定数额的水费。全省大部分引黄县每个乡镇（街道）的亩次水费略有偏差，每亩次水费最高限价 9.5 元，全县农民灌溉交纳的水费主要是黄河水费，每年每亩需交纳黄河水费 30～47.5 元，折合 0.12～0.25 元/立方米。全省大部分县市区，井灌区：0.21～0.28 元/立方米；引黄灌区自流：0.04～0.1 元/立方米；引黄灌区提水：0.15～0.37 元/立方米。

各级所收取的水费主要用于购买黄河原水（向引黄涵闸缴纳的渠首水费）、工程维修养护、管理人员工资等。但需要说明的是目前灌区支渠以上收取的标准仅为成本的 32%，应该说目前各地收取的水费是入不敷出。

3. 沿黄地区水生态环境脆弱

（1）黄河三角洲生态退化：受黄河来水来沙量减少影响，黄河三角洲区域海岸带侵蚀和海水倒灌入侵严重。刁口河流路过度开发，制约刁口河启用和沿河生态环境。

（2）沿黄地区水系生态环境脆弱：河湖管理保护能力与需求不适应，农村末级渠系、坑塘淤塞干涸与美丽乡村建设的要求还有差距。

（3）引黄泥沙对沿黄生态环境造成破坏：引黄必引沙、供水必沉沙，引黄泥沙大都淤积在渠首沉沙池和引黄干渠，灌区沙化治理任务繁重。

（4）沿黄地区地下水超采区亟待治理：淄博—潍坊、莘县—夏津等超采区地下水漏斗有待进一步恢复。聊城、德州等市深层承压水超采区与河北省连成一体，超采区域含水层疏干，造成地面沉降、湿地萎缩等次生生态地质灾害。

4. 水管体制机制尚需优化健全

（1）黄河水量调度机制有待优化：黄河引水遵循黄河取水许可总

量和年、月引黄水量分配控制指标限制要求，相机动态引水受到限制。流域管理、区域管理相结合的管理体制及运行机制有待进一步完善，沟通协调机制需要进一步健全。

(2)水权交易基础薄弱：水权交易体制尚未建立，机制尚未形成，市场在资源配置中的决定性作用尚难高效发挥。

(3)水利信息化水平偏低：沿黄水情监测能力、信息共享机制不完善，数据资源分散，业务融合应用存在短板，水利信息化基础支撑能力滞后，制约沿黄水利治理体系和治理能力现代化发展。

(4)社会参与治水积极性不强：部门协同治水力度不足，全社会治水兴水格局尚未全面形成。

三、推动山东省黄河流域高质量发展的路径

1. 多目标水资源协同联合调度新模式

针对水资源供给安全面临的枯水季节供水保障率有待提高等问题，统筹地表水与地下水、天然水与再生水、当地水与外调水、常规水与非常规水，优化水资源配置格局，构建水资源多目标协同联合调度模型，研发联合调度决策系统，创建“情景驱动一方案模拟一多目标协同决策优选”新模式。

坚持节水优先、以水而定、量水而行，建立水资源刚性约束制度，全面实施深度节水控水行动。着力破解工程性缺水瓶颈制约，统筹黄河水、长江水、地表水、地下水和非常规水资源，完善全省水资源配置利用格局。在全面加强节水、强化水资源刚性约束的前提下，统筹加强需求和供给管理。推进引黄涵闸改造提升，对引黄干支渠系进行疏浚防渗整治，完善引黄供水体系。

针对水资源短缺等问题，推广循环用水和多级串联用水等先进技术；优先采用生态方法，加强盐碱地综合治理，发展咸淡水安全轮灌补灌技术，加快推进苦咸水水质改良和淡化利用；探索淡水、微咸水、海水、再生水相结合的生态补水修复模式。

针对洪涝灾害防洪安全面临的城镇化进程加快、强人类活动干预水循环过程进一步发展等新问题，优化水资源安全保障和一体化水网

布局方案，创建河库串联、水系联网、城乡结合的供水保障网络，积极推进水系连通及农村水系综合整治方案（技术）。

2.理顺引黄供水水价

引黄供水水价要考虑水资源费、工程费、排污费、环境影响、水权转让、水质状况、市场供求状况以及社会承受能力等多方面内容，而且引黄水价由政府定价。综合利用这些内容让引黄供水水价不仅成为节约用水的经济杠杆，也成为水资源优化配置和全面保护的经济杠杆。

取消黄河渠首工程水费，将黄河部门吃渠首水费的单位（调水局、闸管所等）列入公益性事业单位，由国家财政负担其工资。黄河水行政主管部门建立相应的水量或经济补偿机制，对受影响较大的引黄灌区给予相应补偿，弥补由于调水调沙给灌区和群众带来的额外负担和成本支出，切实减轻农民负担，提高农民农业生产的积极性，保障国家粮食安全。

在农田水价方面，农田灌溉用水实行农业用水总量控制和定额管理相结合的制度，市、县（市、区）级政府要按照促进节约集约用水、降低农民水费支出、保障工程良性运行的原则，分别核批不同种植结构、不同类型工程的水价，促进有序用水、节约用水、公平用水。根据作物种类、灌溉方式的变化，及时调整农业灌溉用水定额。落实精准补贴和节水奖励机制，逐步推行超定额累计加价等办法，深化农业水价综合改革。

3.促进水生态系统健康稳定

坚持生态优先、绿色发展，以黄河三角洲、东平湖、南四湖水生态保护修复、沿黄风沙区治理、泰沂山区水土保持治理、地下水超采治理、沿黄河流水生态治理为重点，推进沿黄地区“一洲两湖三区多线”水生态保护修复，打造黄河下游山青、水净、林茂、地绿、人水和谐的水生态环境。

推进刁口河保护和修复工作。继续加强全河水量统一调度和生态调度，利用汛期较好的水情条件和现有工程条件，持续实施刁口河流路生态补水，遏制流路持续萎缩的趋势，维持湿地生态功能。

调水调沙的主要方案有以下几种：①人造洪峰。黄河下游河道水流的挟沙能力近似与流量的平方成正比，如果能通过水库调节天然径流，以较大的流量集中下泄，形成人造洪峰，即可加大对河床的冲刷能力。②拦粗排细。黄河下游粒径小于0.025毫米的泥沙，一般都能输送入海，对河道淤积影响不大，如果能够通过水库的合理运用，只拦危害下游的粗泥沙(粒径大于0.05毫米)，则在同样拦沙条件下，黄河下游河道减淤效果可以增大50%以上。③滞洪调沙。就是把非汛期的泥沙调整到汛期来排，把多沙不利年的泥沙调整到少沙有利年来排。④蓄清排浑。即水库实行汛期蓄水拦沙、汛期降低水位泄洪排沙的控制运用方式。⑤主要工程措施有：增建渠首泵站；改建引黄闸及渠系调整；闸前引水渠衬砌；搞好闸前引水段、闸后渠系清淤；搞好灌区工程配套，改善渠系过流能力等；开辟新的沉沙池，减少泥沙在渠道中的沉积量；建设平原水库，增加蓄水能力等等。

继续实施省政府批复的地下水限采区和禁采区划定方案、地下水超采区综合整治实施方案，按照“总量控制、节水优先、统筹调配、系统治理”的原则，统筹利用“控采限量、节水压减、水源置换、修复补源”等措施，持续推进菏泽、聊城、德州等地地下水超采综合治理，严禁地下水超采，充分发挥地下水年际间调蓄能力强的特点，将其作为应对特枯及连枯年份的重要补充水源。落实地下水水位水量双控制度，严格地下水取水审批，严格控制地下水开采。

4.健全水管体制机制建设

科学的黄河水调度机制涉及整个流域，对进入山东段的黄河水的流量和过程进行科学合理的分配至关重要。最优计划调度方案涉及黄河来水情况，山东雨水、墒情、上下游、左右岸以及各地市和各用水部门的需水要求，是一项复杂的系统工程。多年来，山东省通过探索，已成功摸索出了“高水位、大流量、速灌速停”的引水、调度方式。根据山东省各引黄闸目前运行情况，配水时应考虑主河槽刷深对各引黄闸引水能力的影响，应根据达到一定引水能力时对应的闸前水位进行水量调度，保证各引黄涵闸引水能力能够达到设计流量的60%以上，同时考虑，灌区间、灌区内用水的时间要求，并尽量避免目前出现的小流量、低水位、长历时的引水方式。

山东省每年的黄河水调度方案建议由黄河水行政主管部门统一分配指标后，由山东省及各地市水行政主管部门进行取水与调度，以便于将黄河水纳入山东省及各地市水资源统一管理与调度中去。

为确保工程建成后实现良性运行，更好发挥效益，按照建管并重、协同推进等原则全面推进工程运行管护机制创新，破解产权归属不明、管护体制不顺、建管用脱节、责权利分离、用水管理粗放等问题。以工程建设为契机，利用设施节水、农艺节水和管理节水腾出的空间，协同配套推进农业水价形成机制、工程建设和管护机制、精准补贴和节水奖励机制、终端用水管理机制建立，实现"工程产权明晰、管护主体明确、运行机制科学、管理规范到位、工程效益显著、农民群众满意"的目标。

加快推进数字水利建设，提升水利治理水平和能力。按照"需求牵引、应用至上、数字赋能、提升能力"要求，以数字化、网络化、智能化为主线，构建具有预报、预警、预演、预案功能的数字水利体系。运用新一代信息技术，深化水利业务与信息技术的融合，建设数字水利新型基础设施，打造水利业务支撑平台，建设水利业务应用平台。构建布局合理、功能完善的现代化水文站网体系，加强部门共建共享。加快构建省级一体化大数据中心协同创新体系，协同打造"智慧黄河"数字化平台，构建黄河下游数据管理和业务应用体系。协助开发黄河智慧防汛指挥系统。

探索引黄智慧灌区建设，全省引黄灌区中有两处特大型引黄灌区即位山灌区和潘庄灌区，灌区编制管理现代化发展规划和实施计划；积极引进、推广使用管理新技术；有灌区生态环境发展（或治理）措施（或报告、规划等）；引进、研究开发先进管理设施，改善管理手段，增加管理科技含量；工程观测、监测自动化程度高；积极应用管理自动化、信息化技术；系统运行可靠、设备管理完好，利用率高。

大力推广农艺节水措施。利用已有的农业节水科研成果，进行土地整治、地膜覆盖、秸秆还田、深耕深松、留茬免耕保墒、秸秆覆盖等农艺措施推广示范，加大力度、提高规模和水平。鼓励科研人员在节水农业中施展才能。农艺节水技术虽然投入不高，但节水增产效果是非常明显的。加强农艺节水措施与工程节水技术的结合，充分利用天然降水，减少农业对水资源紧缺的压力，在提高灌溉水利用率的同时，注重提高水分生产率，建设节水型的高产、优质、高效农业。

四、对策建议

1. 加强政策引导

贯彻党把方向、谋大局、定政策、促改革的要求，深入学习贯彻习近平新时代中国特色社会主义思想，增强“四个意识”、坚定“四个自信”、做到“两个维护”，立足中华民族伟大复兴战略全局和世界百年未有之大变局，心怀“国之大者”，不断提高政治判断力、政治领悟力、政治执行力，各级充分发挥党总揽全局、协调各方的领导核心作用，把党的领导始终贯穿于推进黄河流域生态保护和高质量发展水利改革发展各领域、各环节，为增强水安全保障能力提供坚强政治保证。

2. 完善推进机制

发挥省推进黄河流域生态保护和高质量发展领导小组统筹协调作用，及时反馈和深入研究水利建设发展相关重大事项，统筹解决规划实施中遇到的重大问题，着力破解规划实施的关键性和深层次制约。市县党委、政府主导研究制定本地黄河流域生态保护和高质量发展实施方案，建立工作推进机制，全面落实工作责任。省水利厅加强对各地水利工作的指导服务，推动完成相关目标任务。强化部门协调、上下联动，合力推进规划落地实施。

3. 强化财政支撑

加大各级财政对水利支持力度，鼓励引导社会资本、金融资本参与水利工程建设，切实保障水利建设资金需求。加强水利规划与国土空间规划衔接，抓好项目规划选址、用地预审、环境影响评价等要件办理，协调解决征地移民中的重大问题。扎实推进项目前期工作，保障规划确定的重点项目顺利实施。强化科技支撑，加强山东省黄河流域生态保护和高质量发展重大问题科研攻关。

4. 加强宣传引导

采取“线上与线下”相结合的方式，加大省情水情宣传教育力度，提高全省水患意识、节水意识、护水意识和水生态文明意识，营造全社会关心水利、支持水利、发展水利的良好环境，广泛凝聚共识，调动和引导各方力量投身水利建设实践，推动形成治水兴水的强大合力。

关于加快山东省畜禽种业发展的调研报告

畜牧兽医分团　曲绪仙　陶家树

山东省深入贯彻落实党中央国务院和省委省政府有关种业振兴决策部署，集中力量破难题、补短板、强优势，相继发布了“全省畜禽遗传改良计划（2021—2035）”和《山东省畜禽种业发展规划（2021—2025）》，全面部署推进第三次全省畜禽遗传资源普查工作，实施畜禽遗传资源保护项目，启动省级核心育种场建设，加强畜禽良种繁育体系建设，全省畜禽种业振兴步伐加快，开局良好。

一、畜禽种业破局起步

2021年，山东省“益生909”小型白羽肉鸡和“中新白羽肉鸭”通过国家畜禽遗传资源委员会畜禽品种审定；2022年，黄羽肉鸡“东禽1号麻鸡”配套系又通过国家畜禽遗传资源委员会专家组现场审核。作为肉鸡和肉鸭养殖大省，山东省肉禽新品种创制破局起步，畜禽种业各项工作全面有序推进。

1.遗传资源保护体系初步建立

贯彻落实好《种业振兴行动方案》，把畜禽遗传资源保护工作纳入十四五畜牧业和种业发展规划，出台《山东省畜禽遗传资源保种场保护区和基因库管理办法》，来先后挖掘枣庄黑盖猪、莱芜黑兔、沂蒙鸡等畜禽遗传新资源，全省畜禽遗传资源达到35个。启动实施畜禽遗传资源保护项目，初步建立起涵盖保种场、保护区和基因库在内的省级畜禽遗传资源保护体系。目前，全省省级以上畜禽遗传资源保护单位共68家，35个畜禽遗传资源已纳入省级保护体系，资源保护品种覆盖率达100%。

2.新品种培育创新加快

2021年,组织发布山东省畜禽遗传改良计划。2022年,出台畜禽遗传改良实施管理办法,遴选15家种质创新示范性企业,推进产学研紧密结合,加快培育具有自主知识产权新品种。近三来,先后培育出鲁西黑头羊、中新白羽肉鸭、鲁中肉羊、“益生909”小型白羽肉鸡等畜禽新品种(配套系)4个。新培育的“东禽1号配套系”国家畜禽遗传资源委员会已通过现场审核。农业农村部近期公布的国家种业阵型企业名单中,山东奥克斯畜牧种业有限公司、临清润林牧业有限公司入选“补短板”阵型企业,山东益生种畜禽股份有限公司、山东新希望六和集团、山东和康源生物育种股份有限公司入选“强优势”阵型企业。其中,山东奥克斯畜牧种业有限公司种公牛性控冻精产品全国市场占有率15%,居行业前三位,公司开展的OPU-IVF-ET(活体采卵-体外受精-胚胎移植)技术达到国内领先水平,初步解决了我国奶牛产业“缺芯之痛”,引领奶牛高效扩繁进入“5G时代”。山东新希望六和集团选育的中新白羽鸭打破了国外品种对国内大型分割瘦肉型肉鸭产业的垄断局面,弥补了国内白羽肉鸭育种行业的空白。

3.良种繁育体系逐步健全

近年来,山东省聚焦有竞争优势的种源,巩固强化育种创新优势,完善商业化育种体系,现代种业企业实力不断增强。目前,全省各级种畜禽场730余家,其中一级以上种畜禽场180多家;国家级核心育种场13个,国家级家禽良种扩繁基地3处;种公牛站2个,种公猪站62个。全省年产值过5 000万元种业企业50余家,上市公司7家。祖代肉鸡市场份额占全国1/3;奶牛冻精占国产市场份额25%以上,辐射全国29个省份,居全国前列。山东益生种畜禽股份有限公司是国家级家禽良种扩繁基地,现拥有曾祖代、祖代、父母代种禽场、孵化场等100余处,公司存栏祖代种鸡数量多年来占全国的30%以上,父母代种鸡占全国的10%以上。全省父母代种鸡存栏占全国的30%以上,在保证山东省种源安全的基础上,向全国多省供应优质种鸡,对我国肉鸡产业发展做出了卓越贡献。

二、畜禽种业发展任重道远

1. 家禽等种业相较落后，企业竞争力不强

山东是畜牧业大省，自 1992 以来，肉蛋奶年总产量和畜牧业总产值一直位居全国首位。据统计，2021 年全省肉鸡饲养量为 25.39 亿只，位居全国之首；生猪饲养量为 7 552.78 万头，位居全国第四；肉鸭饲养量 15 亿只，位居全国第一；奶牛和肉牛饲养数量为 86 万头、473.66万头，分别位居第四和第五位。然而从山东省 309 家畜禽种业企业调研数据看，其生产经营的主要品种中，引入品种（配套系）占据半壁江山（图 1），引入品种（配套系）中的畜种主要为鸡、猪、水禽和牛（图 2）。

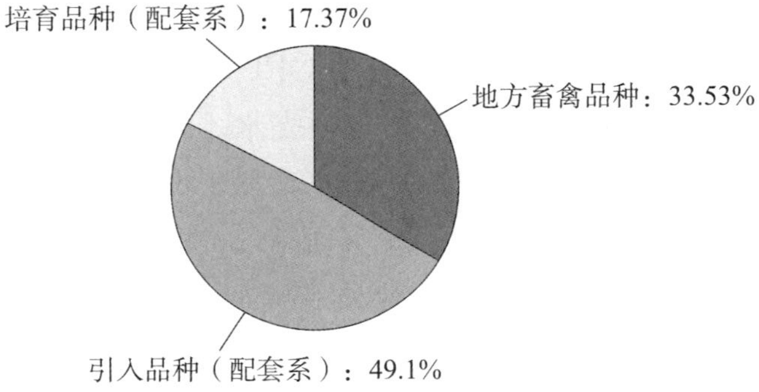

图 1　309 家畜禽种业企业养殖品种

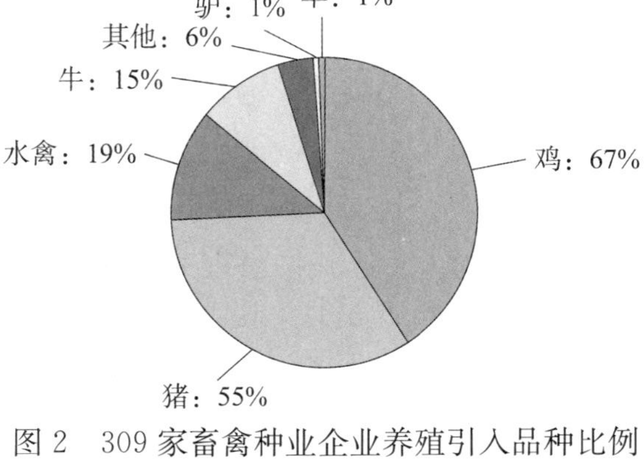

图 2　309 家畜禽种业企业养殖引入品种比例

从调研数据看，山东省饲养的鸡、猪、水禽和牛等主要畜禽品种主

要为引入品种。特别是在肉鸡、蛋鸡方面，山东省虽是白羽肉鸡养殖大省，且其养殖规模和水平都很高，但核心种源完全依赖进口。生猪、奶牛、肉牛等虽然供种有保障，但核心种源生产性能与国外仍有很大差距，山东省虽然畜禽种业企业 730 多家，但专门化育种企业少，种业企业市场竞争力不强。山东省畜禽种业发展已然落后于北京、广东、福建、广西、河北等省份。如在肉鸡方面，2021 年通过国家畜禽遗传资源委员会审定的“圣泽 901”等 3 个白羽肉鸡配套系就在福建、广东和北京。黄羽肉鸡方面广东省育成 24 个、广西壮族自治区 16 个。小型白羽肉鸡北京市育成 2 个。蛋鸡方面，育种主要集中在北京、河北等地，育出来的蛋鸡新品种占国内蛋鸡品种 60%以上。而相对家禽养殖大省来说，还没有一家肉鸡国家级核心育种场，也没有蛋鸡祖代企业和育成品种，这与山东省的畜牧大省地位极不匹配。

2. 畜禽育种机制有待完善

畜禽种业涉及畜禽良种选育、繁育和推广应用，是一个系统工程，目前山东省还没有完全建立起适合山东省畜禽种业发展的商业化育种机制，主要存在以下问题：一是育种主体少。良种选育原来以高校科研机构为主，后伴随大量良种从国外引入，企业杂交选育及扩繁成为良种选育主体，而在市场经济盈利为王的环境影响下，育种企业越来越少，没有政策机制保障下的单纯育种企业举步维艰，如山东纪华家禽从事地方家禽保种和黄羽肉鸡育种工作多年，在活禽市场关闭和新冠疫情影响下，企业经营发展陷入困境，需要持续投入的育种工作滞步于东禽 1 号。二是育种技术落后。当今世界，种业新一轮科技革命突飞猛进，全球种业进入少数寡头竞争阶段，正处于以抢占科技制高点和经济增长点为目标的机遇期。发达国家的种业已经进入了“生物技术＋人工智能＋大数据信息技术”育种新时代，而我们的“常规育种＋分子育种”技术还未完全成熟，种业企业育种仍以常规育种为主，导致企业品种选育持续性和效率较低，品种培育进展慢，种业企业竞争力不强。三是产学研用联结不紧密。一些企业与高校科研院所共同承担了很多项目，但项目短期性比较明显，山东金秋农牧科技股份有限公司反馈自身与科研院所合作多是针对完成一个项目，申报一项成果，没有开展紧密和长期的合作，所以都只是取得了一些小成果，没有能够育成新的主导市场的大品种。四是没有统一的联合育种平台导致育种数据共享难，育种素材特别是地方种质素材个人拥有意识强、育种素材交流难。生猪推行了一段联合育种，也因猪瘟疫情和政策支持等原因而近乎停滞。

3. 地方畜禽种质资源保护利用不足

畜禽遗传资源是畜禽种业发展的基础，在整个畜牧产业发展中占有举足轻重的地位。没有种质资源作基础，再先进的育种技术和保障条件，也不能凭空育出新的品种来。改革开放以后，为了适应市场需求和提升畜牧业整体经济效益水平，我国开始广泛开展畜禽品种的杂交改良，而对于地方种质资源的保护和开发力度明显不够，导致山东省地方畜禽种质资源面临两大问题。

一是保护不够导致种群多样性基因的消失。目前山东省有 68 家单位对 35 个地方畜禽遗传资源实施保护，但由于保护力度不够、养殖方式变化以及有多样性保护意识与技术欠缺等原因，很多地方畜禽遗传资源血统流失、家系数量偏少、品种多样性减少，品种退化严重，资源灭失风险加剧，如我们引以为豪的地方猪高繁殖性能，由于缺乏系统的持续选育，优势逐步丧失。

二是地方品种资源挖掘、保护、鉴定评价、开发利用不够。山东省畜禽种质资源基础性、前沿性研究薄弱，突破性创新资源缺乏，绝大多数地方种质资源未经深度基因鉴定分析和表型精准鉴定，仅限于保种水平研究，各品种（系）之间的杂交利用研究匮乏，缺少可用于杂交配套的经济性状突出的自主选育纯系，支撑现代种业发展能力不足。莱芜猪肌内脂肪含量高、产仔数多，渤海黑牛与鲁西牛的肉质优、后期增重快，五龙鹅繁殖性能高，济宁百日鸡早繁等优良性状并未在育种中开展广泛应用。山东省地方鸡品种资源丰富，有汶上芦花鸡、琅琊鸡等优秀地方品种，但是蛋鸡育种企业缺乏，截至目前，山东省没有培育出蛋鸡新品种。（图 3）

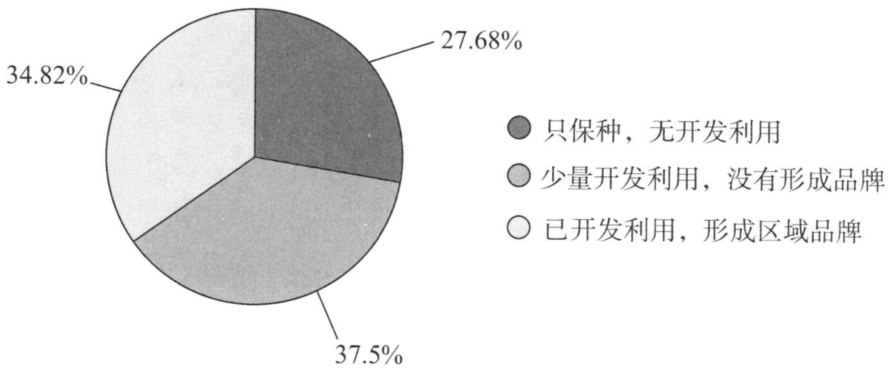

图 3　309 家畜禽种业企业开发利用情况

4. 畜禽种业扶持力度较弱

种业特别是育种，因为选育期长、风险性高、收益见效慢等特点，企业及科研部门对资金的需求大、政策支持持续时间长。山东省在品种保护、品种创新和种业企业培育等方面政策引导扶持力度较弱，缺乏持续性投入。

种质资源保护方面经费投入不足。山东省省级财政 2021 年开始设置畜禽资源保护专项经费，地级市仅济南、青岛等市列支资金，开展资源保护利用工作。在 2022 年前，大部分保种场未获得过财政资金支持，遗传资源保护企业基本是靠情结在保护遗传资源，无法体现畜禽遗传资源以国家保护为主的意志（图 4）。据调研，广东、四川、江苏、安徽、河南等省份每年列支 800 万～1 500 万元财政专项经费，用于畜禽遗传资源保护工作。品种创新研发上，山东省企业育种投入与外省动辄上千万研发投入相比犹如杯水车薪，政府投入也少之又少。据了解，广东省财政在白羽肉鸡育种领域的投入超过 2 亿元，投入巨额资金用于收集保存大量的育种素材、建立育种核心群，研发现代智能化育种设备、建立生产性能精准测定体系，在此基础上，研究建立全基因组选择技术等育种技术体系，这些政府投入措施促成了 2021 年新广农牧的“广明 2 号”肉鸡品种的育成。

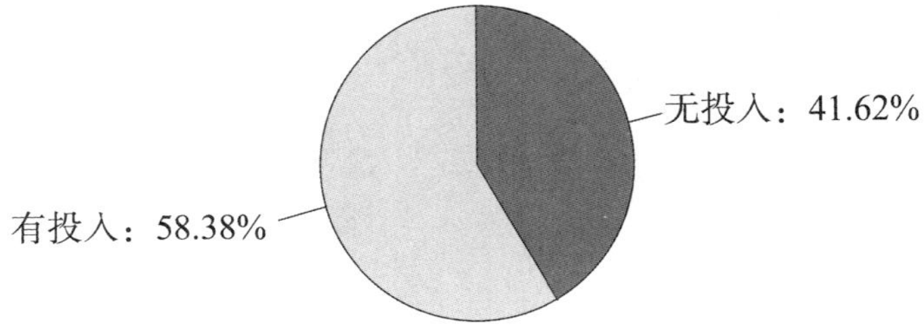

图 4　309 家畜禽种业企业育种投入情况

三、加快山东省畜禽种业发展的措施与建议

畜禽种业发展既是畜禽良种选育、繁育和推广应用的系统发展，也是市场需求、种质资源、育种技术、管理制度以及政策资金投入等多个因素约束下相关利益主体多目标行为决策整合的结果。“十四五”时期，贯彻新发展理念，构建新发展格局，加快农业农村现代化，适应人民对美好生活的向往，山东省畜禽种业必须再上新台阶，从省级层面统筹部署安排，尽快补齐短板弱项，切实解决好现有问题，全面加快畜禽种业发展步伐，真正把山东省畜禽种业做大做优做强。

1. 研究确定突破性品种，破难题强优势

全面强化自主创新，以高质量发展为主线，突出主导品种选育提升，注重地方品种开发利用，提高育种关键核心技术研发和应用能力。具体可以按照山东省养殖引入品种比例和养殖数量，研究确定以鸡、猪、水禽、牛为重点的畜禽育种品种，以保障山东省种源需求。在育种方向目标上，以产肉、繁殖、肉品质、抗病性等重要经济性状为核心，以市场需求为导向，加快品种选育和新品种培育。在具体品种培育实施上，充分利用好山东省的地方品种资源和优质引入品种数量优势，进行白羽肉鸡和蛋鸡新品种（配套系）研究攻关，突破肉鸡、蛋鸡品种难题；利用现有小型肉鸡与优质地方鸡养殖与资源品种优势，加大优质小型肉鸡和黄羽肉鸡育种研究；规范持续开展生猪品种选种选育，提高品种生产性能，缩小与国外差距；利用地方资源开展优质鸡、猪和加工型水禽品种研究，满足优质畜产品消费需求；开展规模化养殖肉牛种质选育与配套技术研究，提升肉牛生产性能。

2. 强化创新驱动，探索建立现代商业化育种体系

国家新一轮畜禽遗传改良计划“一个主攻方向”就是力争用10—15年的时间，建成比较完善的商业化育种体系，显著提升种畜禽生产性能和品质水平，自主培育一批具有国际竞争力的突破性品种，确保畜禽核心种源自主可控。在商业化育种体系打造上，建立以企业为主体、科研院所和高等学校为骨干、市场为导向、产学研用协同、育繁推一体的育种创新体系，研究建立省级畜禽种业创新平台，推动形成“企业＋创新平台＋研发团队”的协同创新机制；扶持建设育种联合体和育种基地，形成联合攻关，加快突破重大新品种（配套系）的培育；开展高效智能化性能测定，构建育种创新链大数据平台，提高遗传评估支撑服务能力；建立科学育种成果评价体系和奖励机制，促进育种科研工作的开展；建设区域性遗传评估中心，促进数据共享和交流；加大育种专业人才培养，开展育种技术培训，为育种持续发展奠定人才基础。

3. 加强地方品种资源保护和种质利用

全面落实资源国家与省级分级保护要求，对地方品种应保尽保，坚持以保为先，保用结合。建设国家级区域性畜禽遗传资源基因库，提高资源保护能力。全面做好第三次畜禽遗传资源普查工作，摸清家底。扶持特色优良畜禽种业开发为主的畜牧种业公司或集团，把资源优势转化为市场优势，达到畜禽优良品种资源保护与利用有机结合。开展畜禽地方优良品种种质特性研究和挖掘，提高畜禽品种选育和培育新品种的力量和效率。

4. 做好安全保障，全力防控重大动物疫病

2022年山东省通过了高致病禽流感和口蹄疫无疫省验收，重大动物疫病控制有效保障了产业发展，种畜禽是生产的源头，也是动物疫病防控的源头，应加强种畜禽企业疫病防控、监管，推行核心场疫病净化，如鸡上对禽白血病、沙门氏菌等垂直传播疫病的净化，猪上加大非洲猪瘟在种源环节的防控，从源头控制保障产业安全。

5. 强化政策支持，保障种业持续发展

设立专项扶持政策或种业发展专项资金，开展畜禽良种培育工程、遗传资源保护、种质开发利用等工作。推进遗传改良计划实施，提

升品种质量和良种推广水平，培育核心场、育繁推企业、阵型企业，争取项目、资金等予以倾斜，打造以上述企业为主体的创新体系，提高企业品牌影响力和市场竞争力。深化实施省农业良种工程和国家现代种业提升工程，积极争取国家现代种业专项等科技资源落地山东，促进山东畜禽种业发展。

山东省推进饲料节粮和豆粕减量替代行动的调研报告

畜牧兽医分团　翟桂玉　赵洪山

近年来，山东省深入贯彻落实《国务院办公厅关于促进畜牧业高质量发展的意见》(国办发〔2020〕31号)和2021年农业农村部畜牧兽医局关于推进玉米豆粕减量替代工作的通知精神，按照打造现代化畜牧业齐鲁样板的要求，针对玉米和豆粕在配合饲料中占比过高的情况，开启了饲料“开源替代、提效减量”工作，开展了饲料节粮和豆粕减量替代行动，全面推进了饲料行业转型升级、畜牧业降本增效和高质量发展。

一、山东省饲料节粮和豆粕减量替代行动的总体情况

山东是全国畜牧大省、也是饲料大省，2020年和2021年全省工业饲料总产量分别达到4 335.8万吨和4 476.3万吨，饲料原料加工和利用在全国占比达19.1%。从饲料营养组成看，主要畜禽饲料配方组分主要是“能量＋蛋白质”型构成，能量饲料原料占比一般为65%，蛋白饲料原料占比一般为30%；从主导原料构成看，主要畜禽饲料是“玉米＋豆粕”主导型饲料构成，玉米占比50%～55%；豆粕占比15%～20%。

近年来，粮食特别是大豆进口量居高不下，价格持续上涨，由于豆粕在饲料中占比和特殊作用，豆粕价格波动不断引发饲料价格波动，

对畜牧生产影响颇大。为了科学解决这一问题，促进畜牧业高质量发展，山东省把饲料节粮和豆粕减量替代提上养殖业的日程。从2018年开始，山东省率先开展了饲料节粮和豆粕减量替代行动，全面推进了饲料行业转型升级和高质量发展，通过几年的努力，全省饲料中豆粕用量连年下降，2020年工业饲料中豆粕添加比例为13%，2021年则下降到11.6%。

山东省开展了豆粕减量替代行动的多元和多方面的实践和探索。在豆粕减量替代行动中山东省在需求端压减豆粕用量的同时，在供给端持续寻找和增加替代资源供应，2021年全省生产植物类蛋白质饲料原料达1 318.4万吨，其中豆粕1 233.3万吨、花生粕66.9万吨和棉籽粕13.5万吨；生产动物蛋白质类饲料原料79.0万吨；生产微生物蛋白质饲料原料23.8万吨。

(1)蛋白类饲料资源的豆粕直接替代减量：直接用花生粕、油菜粕、棉粕等杂粕，或者动物性蛋白饲料原料，或者微生物蛋白饲料原料替代配合饲料中的部分豆粕，减少饲料中豆粕用量。根据畜禽营养需求，精准配制日粮，以玉米蛋白粉、玉米胚芽粕等农产品加工副产品代替豆粕，实现了日粮中豆粕减量和对豆粕过度依赖，如肉鸭饲料可以基本不使用豆粕，肉鸡和生猪养殖后期日粮中也可以显著降低豆粕的用量。

(2)深层营养物质利用的豆粕减量替代：全省开展了饲料中添加使用工业合成氨基酸，补足原料中的短板营养元素，有效降低饲料中的蛋白用量，减少浪费的实践。在使用氨基酸的同时，在饲料中配合使用酶制剂等添加剂，进一步提高了饲料蛋白消化利用率，也显著降低了豆粕的用量。

(3)新型饲料蛋白资源潜力挖掘：在推进豆粕减量替代进程中，山东省开展了地源性饲料资源创新利用探索，如潍坊、青岛、临沂等地兴起了果渣、蔬菜尾菜等加工副产品生产发酵饲料原料，菏泽、泰安等地种植蛋白桑、构树等木本饲料作物生产饲料；济南、菏泽等市利用昆虫生产动物饲料原料；潍坊、临沂利用猪禽屠宰加工副产品生产肉骨粉等动物蛋白饲料，以此显著降低畜禽日粮中的豆粕用量和比例。同时，山东省推进了一些非常规的新型蛋白饲料资源潜力挖掘，对餐桌剩余食物饲料化利用开展了试点，对餐厨剩余物做饲料加工工艺和无害化处理利用关键技术进行了研究。

（4）非蛋白氮物质反刍动物利用的豆粕减量替代：尿素、碳铵等非蛋白质氮源可以被牛羊等反刍动物的瘤胃微生物转化为微生物蛋白质，为反刍动物提供蛋白质营养，从而降低饲料中豆粕的添加量，实现反刍动物豆粕减量替代。特别是尿素作为重要的非蛋白氮饲料，已被列入我国第一批饲料添加剂目录，尿素作为蛋白质补充饲料原料在牛羊养殖中优势独特，成本低、含氮量高；尿素含氮量是豆粕的 6.8 倍，在饲料中应用 1 千克尿素的氮营养当量相当于 6.8 千克豆粕，配合制作饲料的千克成本降低 1.2 元。非蛋白氮物质经科学处理加工后，在确保安全的前提下作为饲料蛋白使用，可增加饲料蛋白供应量，有效降低牛羊养殖中豆粕的使用数量。

二、饲料节粮和豆粕减量替代行动中充分发挥“粮改饲”的作用

2015 年，国家提出“粮改饲”并在全国开展试点和推进。“粮改饲”的重点是调整种植结构，扩大青贮玉米、燕麦、苜蓿等饲草料作物的种植，满足肉牛、肉羊、奶牛等草食畜牧业优质饲草料的需求。山东省率先在全国启动省级的“粮改饲”试点和推进草牧业发展工作。过去 7 年，在国家和省级“粮改饲”试点项目的带动下，全省“粮改饲”工作成效显著，近几年，全省每年全株玉米青贮项目支持计划收贮面积 140 万亩，实际完成达 260 多万亩，收贮优质饲草料 750 多万吨。粮改饲有力促进了种植业结构调整、畜牧业节本提质增效，实现了种养融合和农牧循环，种养一体化比例达 70%，减少化肥用量 40%以上，提高秸秆利用率 8%以上。全省发展形成了“土地流转＋饲草生产＋畜禽养殖＋粪污还田”种养结合封闭循环模式、“饲草料订单生产＋畜禽养殖＋粪污制作成有机肥还田”的种养结合区域大循环模式。逐步打造出“以提高种养效益为核心，牛羊规模养殖为载体，贯通‘种、管、收、贮、用’全产业链，实现以养定种、种养结合、草畜配套和农牧耦合的粮改

饲”目标，全面挖掘了“粮改饲”在饲料节粮和豆粕减量替代行动中的作用。

（1）“粮改饲”成为山东省饲料节粮和豆粕减量替代的重要抓手：粮食安全的主要压力在饲料粮，促进饲料粮减量的一个重要渠道就是增加饲草供应，减少牛羊养殖精饲料用量。当前牛羊养殖中普遍存在精饲料用量多、优质饲草用量少的问题，通过粮改饲实施，显著增加了优质饲草，生产实践看，牛羊日粮每增加 1 千克优质饲草可以减少 1.2 千克的精饲料，能起到以草代粮、增草节粮的效果；同时饲草种植的综合效率更高，种植苜蓿、青贮玉米等优质饲草每亩耕地可产出饲草蛋白 100 千克，比种植粮油作物多一倍。苜蓿玉米套作种植，饲草蛋白平均亩产量可以达到 160 千克。使用这些优质饲草可以显著减少日粮中豆粕的用量。2021 年，全省粮改饲完成面积 260 万亩以上，收储优质饲草 750 万吨，牛羊养殖减用玉米和豆粕 100 万吨，相当于减少了 340 万亩的玉米、大豆种植需求，节约耕地 80 万亩。国家粮改饲、振兴奶业苜蓿发展行动等政策措施，全面推进了饲草产业发展。饲草综合生产能力和产业化水平持续提高，饲草产品质量水平全面提升，95%的全株青贮玉米达到良好水平以上，苜蓿二级以上占 85%。探索推广了青贮玉米高效栽培、苜蓿丰产、粮草轮作和豆禾复合种植等多元特色饲草模式；优质饲草供应增加，促进了草食畜牧业提质增效。以奶牛为例，奶牛单产从 5.5 吨提高到 8.5 吨，每吨牛奶的精饲料用量减少了 15%。

（2）“粮改饲”成为山东省“化草为粮”、“藏粮于技”和提高大食物安全保障水平的重要举措：从发展大农业的角度看，粮改饲打破了传统的偏重以收获籽粒为主导的子实体农业即粮食生产的格局，导入了收获利用作物全株的营养体农业的生产模式，这一模式从实践的意义上把生产人的口粮与生产畜禽养殖饲料粮统筹起来，把畜牧业结构调整与种植业结构调整统一起来，推进了饲草产业与牛羊产业生产系统的耦合，释放出巨大的生产潜能，产生了良好的经济、社会和生态效益。从提升生产效率看，粮改饲推进的营养体农业发展，能在农作物全部生长季内比较充分地利用气候和土地资源，生产更多的有机物质产品，并降低农作物生长期内对于水、热、光、气等气候资源和土地资源的时间性匹配要求，有利于种植制度的安排和调整。以玉米为例，在传统的子实体农业结构下，玉米及其秸秆用作饲草饲料，需要经过播种、施肥、灌溉、除草、收获，籽粒要晾晒、脱粒、粉碎，秸秆要切碎黄贮。相比之下玉米全株青贮利用，可以一次性完成收获，收获期比籽粒收获提前，利于下茬作物种植，营养物质保存率显著提高，显著减少田间秸秆的产生，有利于秸秆焚烧等诸多问题的解决。

(3)"粮改饲"有力推动了草食畜牧业增产增效增收，成为强农惠农政策体系的一大亮点：近年来，山东省居民对牛羊肉和奶类的需求持续快速增长，但牛羊产业发展相对滞后，饲草特别是优质饲草供给不足是造成这一局面的重要原因之一；国家粮改饲的深入实施，牛羊产业发展中苜蓿、全株青贮玉米等优质饲草缺口持续缩小，饲草产业链条不断完善，显著增强了草食畜产品综合生产能力。牛羊产业实现跨越发展，发展质量不断提高，2021 年，全省牛存栏 279.8 万头，牛出栏 280.0 万头；牛肉产量 61.3 万吨；牛奶产量 288.3 万吨；羊存栏 1 466.4万只，羊出栏 2 373.4 万只，羊肉产量 33.0 万吨。

三、进一步推进全省饲料节粮和豆粕减量替代行动的建议

1.增加优质饲草供应，实现节粮和豆粕替代行动新突破

扩大和增加优质饲草供应，可从两个方面减少对豆粕的需求。一是优质饲草具有更高产的蛋白质饲料的生产潜力；二是优质饲草应用可以降低牛羊日粮中豆粕的数量和比例。从优质饲草营养物质生产潜力看，优质饲草生产供应提高了单位面积耕地营养物质产量。以苜蓿生产为例，按苜蓿干草含 18%粗蛋白质计算，无论是粮食作物还是经济作物的蛋白质产出量均不及苜蓿。按营养物质计算，单位面积苜蓿干物质产量是小麦的 4.7 倍，蛋白质产量是小麦的 7 倍；苜蓿与大豆比较，按苜蓿干草亩产 500 千克，粗蛋白含量 18%计算，每亩粗蛋白产量90 千克；大豆单产按每亩 150 千克，粗蛋白含量 40%计算，每亩粗蛋白产量为 60 千克，相比之下，苜蓿蛋白质产量是大豆的 1.5 倍。在山东省按照全年小麦、玉米两熟收获，亩产籽粒产量 1 000 千克，亩产粗

蛋白 85 千克，在具有吨粮田潜力的地块种植苜蓿，可亩产苜蓿干草 1 000～1 500 千克，亩产粗蛋白 160～240 千克。通过提高苜蓿等优质饲草在日粮中的比例，可以显著降低牛羊日粮中的豆粕数量。

当前增加优质饲草供应有良好的机遇和优势，一是政策环境利好。国家和省政府都出台了一系列“促进畜牧业高质量发展的意见”，均提出了健全饲草料供应体系的要求。乡村振兴全面推进，牛羊产业发展壮大，为饲草产业发展提供了强大助力。随着对饲草产业地位和作用的认识不断深化，发展饲草产业特别是多年生人工草地建植和草粮复合种植在实现碳达峰碳中和过程中固碳增汇作用将越来越受到重视，产业发展环境将进一步改善，政策保障体系也将逐步健全，必定会为现代饲草产业发展注入新的动能。二是市场前景良好。当前山东省居民肉类、蛋类的人均占有量和消费量在全国均居于领先水平。但是草食畜产品消费处在较低水平，2021 年，山东省人均牛肉、羊肉和奶类消费量分别为 6.6 千克、3.4 千克和 39.5 千克，仅为世界平均水平的 69%、33%，未来具有很大的提升空间。为满足人们对牛羊肉和奶类不断增长的需求，就需要大力发展牛羊产业，而牛羊产业的大发展需要优质饲草料作保障，全省优质饲草料的需求总量应达到 1 200 万吨，目前看尚有 400 万吨的缺口需要弥补。三是自然条件有利。山东省雨热同季，年降水量、光照和无霜期适宜饲草料作物的生长和获得高产；耕地、盐碱地、四边地、丘陵山地均可开展饲草生产，通过开展土地平整、土壤改良和宜机化改造，改善灌溉排水等基础设施条件，可建成一批集中连片、产出稳定、品质优良的标准化人工饲草生产基地。利用农闲田、草粮轮作、草棉复合种植等开展饲草作物种植已具备较为成熟的技术和模式，开发利用潜力巨大。利用农田开展粮改饲、粮饲兼用作物生产等发展优质饲草料已经成为农牧循环、种养结合的新亮点。

2.适应国内外市场环境变化，开源节流，确保饲料粮供应安全，减少原料价格波动和进口依赖

一要建立饲料粮和豆粕应急储备机制，开展产销对接，建立长期稳定的饲料粮、豆粕供应保障；二要研究推广饲料新技术、新产品、新

组成,提高饲料利用率,实现节约减排,增产增效;三要鼓励畜牧和饲料企业深入开发利用非粮饲料资源、食品加工业副产品、农副产品下脚料,有效替代玉米和豆粕。

促进山东省家禽产业高质量发展的建议

畜牧兽医分团 宋敏训 张秀美

山东是家禽生产大省和强省,一直引领着我国家禽产业的发展方向。2022 年,山东省肉鸡出栏 20 亿只左右,占全国总量的 30%以上,肉鸭出栏 21 亿只左右,占全国总量的 60%以上;禽产品出口占全国的 60%以上。特别是非洲猪瘟在我国出现以来,禽肉成为替代猪肉的主要动物蛋白产品。随着消费者对动物产品的需求不断增加,同时对食品的安全性、环境影响以及动物福利方面的重视程度与日俱增,山东省家禽产业正处于从数量型向质量型发展的转变过程之中。如何应对资源限制、环境保护、疾病风险、动物福利、食品安全、消费者关注等众多问题,更好地满足"人民对美好生活的向往",家禽产业高质量的健康和可持续发展是必经之路,为此提出以下建议。

一、山东省家禽产业发展形势与问题

1. 产能持续扩张,消费低迷,产能过剩问题仍将持续

受 2018 年非洲猪瘟疫情影响,2019—2020 年猪肉供应严重不足,为家禽业带来了巨大的发展空间,山东省家禽存栏量、出栏量和产量在此期间增幅明显,价格受需求拉动大幅上涨,产业链利润大幅提升。从供给端来看,在这种产业发展红利的刺激下,家禽产能处于持续扩张状态,头部企业均无减产计划,且在低谷期致力于扩张产能,无论肉种鸡还是蛋种鸡,现有产能均处于高位,并且新的国产品种也大力推广;从需求端来看,受到新冠疫情反复和经济下滑的影响,大众消费持续低迷,行业产能过剩问题仍将持续一段时间。

2.禽苗价格下滑，饲料价格持续上涨，养殖成本整体上涨

受产能的不断扩张和消费水平下降，近年来，禽苗价格不断下降，鸡苗、鸭苗报价均跌破2元。受国际大宗商品价格上涨的影响，2021年以来，饲料原料的两大主要来源玉米和豆粕价格持续走高，使得山东省乃至全国饲料价格普遍上涨，导致养殖成本高位运行，压制了家禽业的养殖利润。

3.产业链上游祖代场与饲料企业效益尚可，其他环节普遍亏损

经济下行压力下，山东省家禽产业内部利润分配不均衡。从产业链上下游来看，除家禽产业链上游祖代场与饲料企业效益尚可外，其他环节普遍亏损。中游屠宰企业与下游企业面临加工成本上涨与市场价格下降的双重风险，基本处于亏损状态，屠宰端的产能调整仍需一段时间。

4.种源疫病风险不容忽视

随着家禽产能的持续扩大，家禽疫病问题日益突出，特别是种源疫病直接威胁下一代家禽的生产性能和疫病防控成效。山东省家禽规模化养殖水平较高，由于土地资源紧缺，饲养密度加大，畜禽饲养数量大，使得疫病发生的概率大幅上升，加上种源性疫病净化技术和检测产品研发方面落后，种源健康不确定性凸显。此外，引种工作不规范、不安全也会给禽群生产带来隐患。

5.畜禽粪便资源利用不足，环境约束收紧

畜禽粪便资源利用不足的问题主要表现为低效利用，一是广大养殖散户、专业户畜禽粪便收集率低、收集难度大。山东省畜禽养殖散户和专业户点多面广，运输装备与废弃物运输水平较低，难以实现废弃物的有效收集；二是种养结合不紧密，畜禽粪便无田可还。全省真正实现种养结合的比例只有20%左右，农村种养主体分离，加上化肥越来越多地取代有机肥，一定程度上降低了畜禽粪便还田率；三是综合处置力不强，全省养殖基地缺乏统一布局，造成养殖密度参差不齐，加上综合处置畜禽养殖废弃物的企业数量少，难以处理好全省庞大的畜禽粪便产生量。

6. 产品附加值低，深加工需增强

山东省禽肉禽蛋深加工程度较低，多以粗加工为主，在产品的开发利用上比较落后，精深加工有待进一步提升。从总体上看，山东省禽肉加工产品主要以屠宰活禽为主，大多数加工产品停留在初级加工阶段，如胴体分割和鲜肉产品，产品附加值较低，在医疗、生物制药、护肤美容、羽绒服装等先进加工行业中所占比例相对较小。

三、山东省家禽产业发展对策建议

1. 紧随市场需求变化，优化控制产能

供给端方面，建议相关部门引导养殖场（户）建立健全电子养殖档案，构建养殖大数据系统，实行信息直连直报，及时掌握产能变化情况。出台相应政策引导企业适度规模经营，对家禽企业的产能扩张给予一定约束，形成家禽产业发展自律倡议书，以增强企业的市场风险意识和产业发展的社会责任感。

2. 不断创新完善山东省家禽育种体系，重视地方鸡品种保种和种质创新利用工作

随着人们生活水平的提高，家禽消费呈多元化态势，白羽肉鸡、肉鸭、肉杂鸡和地方鸡种都占有一定的市场份额，这给家禽育种提出新要求，山东省拥有丰富的地方家禽品种资源，国家家禽品种志记载的有汶上芦花鸡、济宁百日鸡、寿光鸡、鲁西斗鸡、琅琊鸡、沂蒙鸡，还有一些未在国家家禽品种志记载的遗传资源群体，如莱芜黑鸡、泰山柴鸡等。这些地方鸡种都是进行家禽品种培育创新的良好素材，应不断完善家禽育种体系，培育出多样化的家禽品种，通过培育一批育种企业，培育多样化的适合调理加工、快餐及中国烹饪方式和消费习惯的优质家禽。在政策上应给予支撑、保障，鼓励有实力、有基础、能够安全、绿色生产的种禽企业优先进行新旧动能转换，鼓励科企联合，将山东省从家禽养殖大省变成家禽养殖强省，促使山东省家禽业尽快从“简单扩繁”向“种禽选育和新品种培育”的转变，把“山东生产”变成“山东创造”。

3.丰富饲料来源，降低养殖成本，推行精细化饲养

针对饲料价格上涨导致养殖成本增加的问题，通过调整优化饲料配方结构，充分挖掘现有饲料资源价值，构建精准的营养价值参数体系，同时科学评估饲料营养价值，建立成熟的饲料原料营养价值数据库，有序推动技术体系集成与示范推广。丰富饲料来源，包括饲料替代来源与饲料进口来源，在饲料替代品方面，可选用低价优质的杂粕替代传统豆粕以降低饲料成本提高经济效益；饲料进口方面，调整进口策略，由集中进口模式向多元化进口模式转变，充分利用国际与国内两个市场、两种资源缓解饲料粮供应短缺问题；根据家禽的不同饲养阶段具体营养需求设计配方，进行精细化饲养。

4.加强种禽疫病净化，做好疫病防控工作

高度重视疫病净化，严格做好引种工作，做到及时补免接种。通过立法和行业规范来提高家禽行业的准入门槛，严格把控种源安全，培育行业生物安全控制意识，改善养殖大环境，同时育种企业与龙头企业要提高行业自觉，开展行业规范，提升种源净化水平。

家禽疫病仍是当前制约山东省家禽产业发展的瓶颈之一，疫病种类繁多，流行情况复杂，不但会造成大批家禽死亡淘汰带来严重经济损失，还会因药物大量使用造成药残等食品安全问题。为此，应加强山东省家禽主要病毒病和主要细菌病以及新发疾病的病原学、流行病学和变异规律研究，研究针对主要疫病的高通量快速诊断、检测方法和新型生物制品及中兽药。

5.资源循环利用，推行产业绿色发展

实现资源高效利用与绿色发展，一是合理布局畜牧业、种植业生产规模，鼓励种植业与养殖业通过结成稳定的种养合作关系，同时鼓励经营主体利用其相匹配的土地发展来消纳畜禽养殖废弃物，实现减少肥料成本、改良土壤、提高农作物种植品质的多重目标。二是对畜禽粪便实行严格的标准化处理，通过加强对畜禽粪便处理和利用的监管，确保粪便充分腐熟，防止疫病传播。三是加大对畜牧业机械化的投入力度，开展筒仓式资源化利用装备及技术，强化智能化检测与控制，打通畜禽粪便资源化利用最后一千米技术路径。

6. 深加工发力，提升产品附加值

针对产品附加值低的问题，一是在产品的开发利用上，鼓励屠宰加工企业进行屠宰加工技术升级，集中力量做好禽产品的精深加工和综合利用，开发高附加值熟食品、休闲食品，如一些禽产品除直接作为食品消费外，还可为医药、保健、美容等行业提供原料或初级产品。二是在屠宰加工的管理上，加快智慧平台建设，实现全程数字化监管，提升产品质量效益，推动屠宰加工产业绿色发展。

针对市场消费低迷的压力，企业应坚持市场导向引导消费。在充分把握健康健身需求、消费人群年轻化等影响禽肉禽蛋消费增长的内在关键因素和抓住连锁快餐扩张、新消费场景快速发展等影响禽肉禽蛋消费增长的外部有利机遇的基础上，一方面拓展家禽产品的新功能，在消费者喜闻乐见的产品上下功夫，另一方面促进产业链向熟食品、新型调理品方向延伸，扩大产能消化空间。

7. 注重家禽产业品牌建设

家禽产业品牌建设能够推动家禽产品质量安全和产业整体效益，山东省是农业品牌大省，但家禽品牌较少。从微观角度看，创建家禽产品品牌是家禽养殖场（户）使自身产品区别于其他同类产品的基本策略，是其谋求发展、实现产品溢价的重要手段；从宏观角度看，创建家禽区域品牌，能够带动区域经济发展和农民增收致富。实施“区域公用品牌＋企业产品品牌”双品牌带动战略，鼓励家禽养殖场（户）创建家禽产品品牌，引导各地加大家禽区域品牌创建。

8. 提高家禽产品安全质量，建立健全家禽产品可追溯制度

建立覆盖从孵化、饲养、屠宰、运输、批发到零售等家禽产品的整个环节的生产经营信息台账，在此基础上建立全省统一的家禽产品信息追溯平台，确保在售的各类家禽产品，都可以通过微信、二维码等方式进行查询。

9. 信息化赋能，强化产业链互动

建立产业监测预警系统，在产能失控时做出及时响应。应用大数据、物联网、区块链、人工智能等现代信息技术，与产业龙头企业合作，利用企业在生产过程中产生的有价值的信息流建立养殖场（户）与农

资供应商、养殖场(户)与采购商直接交流的信息管理软件平台系统,打通产业链上下游,构建行业生态圈,提高产业效率和效益,为政府宏观决策提供参考,为政府和市场主体进行市场预判提供依据。

山东省肉牛羊疾病防控用药现状及对策

畜牧兽医分团　高迎春　朱剑英

随着中国经济的快速发展,工业化、城镇化加速以及居民经济消费水平持续上升,居民肉类消费量快速增加,肉类消费结构及消费者对肉类品种、品质的选择也发生了诸多变化,牛羊肉的消费需求在不断增加,近年来牛羊肉市场价格一直居高不下。消费需求的增加也推动着产业结构的优化,为产业带来发展的契机,肉牛肉羊养殖模式开始由中小户散养模式向集约化养殖模式发展,肉牛肉羊出栏率迅速提高。但是随着饲养量的增加,以及现在国内养牛羊多以短期育肥为主,跨省调运、流动性大,造成疫病跨区域传播的风险增大和发病率上升的趋势,严重影响肉牛肉羊养殖业的健康发展。

本文通过对山东省当前肉牛肉羊主要疾病、用药现状等方面的调研,阐述当前肉牛肉羊养殖场兽药使用存在的问题,探讨肉牛肉羊动物保健品行业发展对策,以促进牛肉羊肉的安全、卫生、绿色、高效生产。

一、当前肉牛肉羊养殖中的常见疾病

随着肉牛肉羊养殖规模的不断扩大和牛羊的跨区域频繁调动,我国肉牛肉羊发病率呈逐年上升趋势,国外引种导致很多之前没有的疫病开始出现,疫病种类的增加增大了群体的发病率,特别是在牛羊间进行频繁交易时存在较多假冒伪劣产品、同时易发生人畜共患病,对兽医的工作带来了新的挑战。牛呼吸道疾病综合征、牛腹泻综合征、牛结节性皮肤病、布鲁氏杆菌病、口蹄疫和牛寄生虫病成为影响我国肉牛养殖业健康发展的重要疾病。根据农业农村部《兽医公报》统计，2021 年 9 月我国共报告 2 起牛口蹄疫疫情；布鲁氏杆菌病每月都有疫情报告，共 17 433 例；牛结核病每月都有疫情报告，共 212 例；牛结节性皮肤病共计 17 起，共涉及 1 863 例病例。另外，炭疽病、蓝舌病等自进入中国以来，多地区时有发生，牛赤羽病 2021 年国内首次报道，此类疫病因其传染性强、危害大，也应引起广泛关注。山东省牛的口蹄疫、沙门氏菌病、大肠杆菌病、巴氏杆菌病、支原体肺炎、副流感、结节病、疣病毒病、球虫病也比较严重。羊的梭菌感染、羊痘、羊口疮、李氏杆菌病、布氏杆菌病、传染性胸膜肺炎、肉羊羊快疫、肺炎、小反刍兽疫、肠毒血症、羔羊痢疾和体内外寄生虫病等疾病也给肉羊养殖带来很大的挑战。同时，由于饲料和兽药使用不规范，使用假冒伪劣产品引起的如代谢病、营养缺乏症等疾病也常出现。

二、当前肉牛肉羊养殖业疾病防治用药现状

1. 国内肉牛肉羊专用药品生产情况

(1)国内批准的疫苗种类少，新型疫苗开发不足：现行《中华人民共和国兽药典》中，牛羊疫苗品种占全部动物疫苗的 28.3%。据统计，全球经济动物疫苗中，牛、猪、禽、其他约分别占 44%、29%、19%和 8%的市场份额，而我国经济动物疫苗中，猪、禽、牛羊马、兔约分别占 49%、43%、7%和 1%左右。我国牛羊用疫苗的品种少，疫苗研发投入、疫苗注册数量、生产企业数量等，相比猪、禽和宠物用疫苗有很大的差距。而且，目前国产普遍采用的还是灭活疫苗和弱毒活疫苗，而国外主要是一些新型疫苗，包括亚单位疫苗、合成肽疫苗、基因工程亚单位疫苗、基因工程活载体疫苗以及核酸疫苗等。同时，针对多重感染或混合感染国外已经开发了联防联控疫苗，还可以有效优化免疫程序。例如，针对牛呼吸道综合征，美国已经批准了牛传染性鼻炎、牛病毒性腹泻、牛呼吸道合胞体病毒、牛副流感的相关三联、四联疫苗，甚至在此基础上加了钩端螺旋体、多杀巴氏杆菌、溶血曼海姆菌等构成多联疫苗的复合制剂，而我国仅上市了牛病毒性腹泻病毒、传染性鼻气管炎病毒、多杀巴氏杆菌、副伤寒沙门氏菌、曼氏杆菌的单苗和牛病

毒性腹泻病毒、传染性鼻气管炎病毒二联苗。目前山东省上市产品有牛多杀性巴氏杆菌病灭活疫苗、布鲁氏菌病活疫苗(S2 株)和羊快疫、猝狙、羔羊痢疾、肠毒血症三联四防灭活疫苗等,共 12 个品种,和其他家畜共用的疫苗有 1 个。

(2)国内牛羊用专用药品少,缺乏特效药:反刍动物用化学药品主要有抗菌药、驱虫药、非甾体类解热镇痛抗炎药、糖皮质激素类、孕激素、外科和麻醉用药、营养类药物以及其他类。对比国外兽药,国内批准的牛羊用药不仅种类比国外少,剂型也比国外少,主要以抗生素为主。现行《中华人民共和国兽药典》中,牛羊用药有 130 种,占 52%,但牛羊专用药物仅有乙酰氨基阿维菌素注射液、替米考星注射液等 19 种,占 7.6%。山东省批准的牛羊用药共有 135 个,而牛羊专用品种仅有乙酰氨基阿维菌素注射液、替米考星注射液等 32 个,占 23.7%,主要是抗菌药,而细菌耐药性是治疗细菌性疾病常见问题,耐药性的产生已经严重影响了疾病的预防和治疗。现行《中华人民共和国兽药典》中,牛羊用中兽药有 140 种,占 67%,而肉牛肉羊专用药仅有通肠芍药散、肝蛭散等,共 5 种,占 2.4%。山东省批准的牛羊用中兽药有 25 个,目前尚无肉牛羊专用中兽药。

(3)多联快检技术缺乏:牛羊疾病种类丰富,感染源多,如今在牛养殖产业快速发展的大背景下,养殖密度加大,养殖模式多样化,导致牛病存在多病源混合感染情况,使得针对疾病诊断治疗变得更加复杂,这就对疾病诊断提出更高的要求,要求能够早、快、准地诊断,防止病毒传播和蔓延。但是,我国兽用诊断试剂的种类和数量远不能满足疾病防控的需求。根据国家兽药数据库资料显示,截至 2020 年 8 月,国内获批文号的兽用诊断试剂有 63 个,牛羊病仅 9 个,占 14.3%。山东省批准的牛羊病诊断试剂有口蹄疫 3ABC 抗体竞争 ELISA 检测试剂盒、布鲁氏菌 cELISA 抗体检测试剂盒、布氏菌病虎红平板凝集试验抗原、布氏菌病试管凝集试验抗原,共 4 个。山东省乃至我国兽用诊断试剂产业与动物疾病防控需求之间存在较大差距。

2. 使用环节

虽然近几年农业农村部出台实施的兽药使用规定和要求很多,但随着我国畜禽养殖结构的发展变化，养殖规模、饲养管理水平不同，仍存在不同的兽药使用问题。

（1）缺乏专业兽医的诊断与指导用药：肉牛肉羊发生疾病时，缺乏对牛羊疾病熟悉的专业兽医，大多是对猪、禽疾熟悉的兽医给牛羊看病，导致诊断不准确甚至错误、药不对症、用量不准，使用搅拌不均等，导致患畜中毒和兽药残留。

（2）随意滥用兽药：随意使用新抗生素或药物添加剂，存在不按兽药标签说明书、不按靶动物、不按给药途径、不按用药部位等使用兽药，并有随意加大兽药使用剂量、减少用药次数、延长用药时间等现象，造成药物在患畜产生耐药性或体内药物蓄积等问题。

（3）配伍不正确：兽医或养殖场（户）对兽药的性质了解不全面，配伍禁忌不清楚，诊疗中兽药配伍错误，导致治疗效果低下，甚至疾病防治中混用禁用兽药，导致严重的毒副作用。

（4）用药剂量不合理：有的养殖户开始用药看不到效果就随意加大剂量，导致机体总体机能下降，有时甚至造成中毒。有的养殖户为了节约成本，或贪图便宜购买实际含量低于标准规定的产品，造成畜禽体内药物有效浓度较低，不仅达不到治疗效果，反而长期使用导致产生耐药菌株。

（5）不严格遵守兽药的休药期规定：为了追求经济利益，不严格遵守兽药的休药期。主要集中于农户或小型养殖场内，由于无专职兽医人员提供技术指导，在对病因不清或追求经济利益状况下，凭自身经验随意延长兽药使用时间。

（6）违规使用原料药：《兽药管理条例》明确规定禁止使用原料药，近几年养殖场直接使用原料药的现象虽逐年减少，但仍然存在有将原料药直接加入饲料和饮水中使用的现象，直接使用原料药不仅达不到药物制剂应有的效果，而且原料药在饲料中很难混合均匀，容易导致畜禽中毒。

（7）兽药来源不明，质量无保障：中小型养殖场有的兽药来源不明，购入假冒伪劣产品，甚至是人用药品，造成药物剂量不准确、疗效不明确、休药期不清楚等，影响患畜的疾病治疗，严重影响食品安全和公共卫生安全。

(8)违规使用停用药物饲料添加剂:农业农村部 194 号公告停止使用抗菌促生长类药物饲料添加剂,有的养殖场户仍在违规使用,用于牛羊养殖过程抗菌促生长,特别是莫能菌素,目前其批准的用途只有用于鸡球虫病防治,但仍被违法用于牛羊促生长。

(9)规模养殖场药房不按规定条件贮存兽药:有的兽药产品标准规定阴凉保存(0～20℃),有的要冷藏保存(2～10℃),养殖场药房只能常温贮存兽药,导致在有效期内兽药主成分含量无法保证,影响治疗效果。

(10)养殖场诊疗记录、兽药使用记录不完整:肉牛肉羊养殖场养殖档案不健全,管理不严格,不按规定认真填写动物疾病诊疗记录和兽药使用记录,对患畜的病例记录不完整,不经执业兽医处方使用处方药,兽药使用记录无使用兽药名称、批号、使用剂量、给药途径和使用时间等。

上述不规范用药的情况有的会延误治疗,更会掩盖病情,达不到有效治疗疾病的目的;有的还会产生许多不良作用,长期给药会导致药物在动物体内积蓄引起中毒,也会使病原微生物产生不同程度的耐药性,严重者发生超级病菌的感染而无法治疗;抗菌药在使用过程中如果配伍不当,不仅会发生拮抗作用,影响疗效,有些甚至会导致治疗动物死亡。这些问题严重影响动物源性食品卫生安全,导致动物源性食品竞争力不强,消费者缺乏信心,从而制约肉牛肉羊养殖业可持续发展。

三、应对策略

1. 加强支持力度,促进产品优化

进一步加强对肉牛肉羊保健品企业的鼓励与支持力度,高度重视、鼓励企业科技创新。政府部门应充分发挥作用,加大在政策以及资金方面的支持力度;做好对新产品的保护工作,对兽药准入条件进行严格的控制,避免出现大量的仿制品,以便于更好地提升兽药生产企业新药研发的积极性;鼓励兽药生产企业进行生产技术和工艺创新,提高兽药生产水平和产品质量,打造有竞争力的品牌;鼓励支持与牛羊疾病诊断相关的快检方法研究。同时,及时掌握肉牛肉羊药品发展趋势,制定肉牛肉羊保健品发展规划。在新兽药研发、审批、生产与使用等环节,制定具有针对性和指导性的管理政策和措施。为提高肉牛肉羊药品研发效率、加快肉牛肉羊专用兽药发展速度、提高产品质量等方面提供保障。

2. 强化产学研结合,加大资金的投入力度

积极鼓励兽药生产企业和科研院所之间开展技术合作,在肉牛肉羊兽药自主创新方面充分发挥优势,形成合力,力争出现一批拥有自主知识产权、经济社会效益好、符合市场需求的肉牛肉羊药品。加强新科技与成果之间的转换,建立一个动物疫病流行数据库与计算机模拟预测模型,把动物疫病预警和动物疫病的净化纳入相关技术研究的范围,同时加强对外来动物疫病的技术研究。

3. 加强行业指导,推动行业健康发展

为提升我国肉牛肉羊保健品生产水平和产品质量,政府部门要积极做好行业指导工作,尤其在抗菌药使用过程中要综合考虑以下方面:一是在动物疾病防治工作中要贯彻执行预防为主、防重于治的方针;二是提高诊疗水平,严谨疾病诊断技术,准确选择抗菌药种类和剂量;三是严控药品质量,严格使用范围;四是合理规范用药,合理搭配,轮换用药,多措并举,及时停药。鼓励企业制定科学的发展战略,市场经济体制下,企业彼此之间要加强重组与整合力度,以便于达到更高的科技创新力,更好地应对市场风险。此外,要加快建立一批具备较高综合实力的兽药企业及肉牛肉羊保健品企业,建立产业群,满足我国肉牛肉羊行业发展需求。

4. 严格产品准入,净化兽药市场

高度重视对肉牛肉羊保健产品的准入管理工作,强化兽药评审、兽药 GCP、兽药 GLP 和兽药产品批准等方面的工作,加大市场监管及抽检力度。针对市场中的假冒伪劣兽药,加大打击力度,营造良好的市场竞争环境与氛围,促进肉牛肉羊动物保健品行业的良好发展。

5. 提高养殖环节饲养管理水平

加强养殖场管理和消毒、隔离工作,选择抗病好的优势良种动物

进行饲养，优化饲养配方、提升动物对致病因素的抗性，加强对疾病的预防，有效提高动物体内的抗体水平，增强动物自身的抗逆能力。并根据养殖动物品种、生长阶段等特点，选择各种中兽药、微生物制剂、酶制剂及可饲用天然植物，以防为主，减少各种疾病发生，减少抗菌药使用。

6.加强监管体系建设，提高监管效率

重视对监管体系的建设，各级政府部门要加强交流与合作，协同建立中央、省、市、县监管体系，成立专门的监管队伍，将监管责任与任务落到实处；持续加强兽用抗菌药安全使用宣传，实施兽用抗菌药使用减量化行动，稳步推进兽药产品质量安全追溯监管，并进一步整合社会资源，创新宣传形式，使养殖场户自觉按照国家规定使用兽药，遵守休药期；同时要构建肉牛肉羊动物保健品行业监管信息数据库，针对肉牛肉羊药品的生产、经营和使用环节三方面存在的突出问题，持续开展兽药、畜产品的专项整治和监督抽检，严厉打击超剂量、超范围用药、不执行休药期等各种违法用药的行为。

多家行业机构研究表明，牛羊肉刚性需求仍呈现明显增长态势，高品质牛羊肉发展前景广阔。在肉牛肉羊产业良好的发展形势下，为保障肉牛肉羊产业的健康良好发展，要强化肉牛肉羊保健品的行业监管工作，提升肉牛肉羊保健品行业监督管理水平，加强细菌耐药性和兽药残留检测技术的研究，保证牛羊肉产品质量安全，促进肉牛肉羊产业良性发展，为动物源性食品安全保驾护航。

关于大豆玉米带状复合种植机艺融合试点产出效益的调研报告

农机分团　陈传强　刘科　杨茹莎

2022 年是大豆玉米带状复合种植技术大面积推广应用的第一年，为有效提供复合种植装备支撑保障，推进实用高效机械化技术推广应用，山东省农业农村厅在全省安排了五个县实施“大豆玉米带状复合种植机艺融合”试点项目，围绕项目实施，我们针对不同种植模式的种、管、收三个环节，从机具的选型、改制、应用到以及各种模式的产出效益等方面开展了调研。

一、试点内容与对比模式

山东省农业农村厅在垦利、诸城、嘉祥、禹城、东阿 5 个县设立“大豆玉米带状复合种植机艺融合”试点，主要内容是以适合机械化生产的大豆玉米带状复合种植技术为目标，推广大豆玉米一体化播种、双系统机械植保和大豆玉米机械化收获技术。根据复合种植的不同模式，进行机械适应性和产量、效益对比试验，总结形成适合机械化生产的大豆玉米带状复合种植技术模式，制定耕整地、播种、植保、收获、秸秆处理等环节农机、农艺融合的机械化生产技术规范和机械配套方案。

五个试点项目设计的对比模式为 4＋2、4＋3、4＋4、6＋3、6＋4 等五种主要种植模式，种植面积共计 7 377 亩。

二、产出效益对比分析

经过生产考核，五种大豆玉米带状复合种植模式，大豆平均产量为 91.47 千克/亩，玉米平均产量为 474.98 千克/亩。复合种植平均亩生产成本为 828 元，亩收益为 1 019.83 元，亩纯收益为 191.83 元，不同种植模式的产量和效益分析如下。

1. 产量对比

由东阿县示范点采用了 4＋2、4＋3 和 6＋3 三种种植模式（表 1），可以看出无论是大豆还是玉米种植密度越高，产量越高。五个县示范点采用了 4＋2、4＋3、4＋4、6＋3 和 6＋4 五种种植模式，从五个项目试点县的不同种植模式产量情况（表 2）来看，也基本反映出了这个规律，部分地块种植密度达不到农艺要求，产量明显偏低。带状复合种植与玉米单作相比，最少亩减产 90 千克，最多亩减产 150 千克。

表 1　　　　东阿县带状复合种植密度与产量对比

作业模式	大豆种植密度（株/亩）	大豆产量（千克/亩）	玉米种植密度（株/亩）	玉米产量（千克/亩）
4+2 模式	9 000	84	4 400	556
4+3 模式	7 500	57	4 500	512
6+3 模式	8 500	65	3 200	490

表 2　　　　五个试点县带状复合种植密度与产量对比

作业模式	大豆种植密度（株/亩）	大豆产量（千克/亩）	玉米种植密度（株/亩）	玉米产量（千克/亩）
4+2 模式	9 100	90.32	4 400	473.08
4+3 模式	7 550	88.19	4 500	530.58
4+4 模式	6 700	72.64	4 350	463.44
6+3 模式	9 150	101.77	4 350	516.89
6+4 模式	8 500	99.37	3 550	468.82

2. 效益对比

以禹城市为例，采用了 4+2、4+3 和 6+3 三种种植模式，4+2 模式玉米亩产 565.7 千克，大豆亩产 108.4 千克；4+3 模式玉米亩产 580.3 千克，大豆亩产 105.9 千克；6+3 模式玉米亩产 555.8 千克，大豆亩产 117.2 千克。按玉米价格 2.7 元/千克、大豆价格 6 元/千克计算，4+2 模式收入 2 177.79 元/亩，4+3 模式收入 2 202.21 元/亩，6+3 模式收入 2 203.86 元/亩，三种种植模式中的 6+3 模式经济效益最高。2022 年禹城市单作玉米平均亩产 600 千克左右，收入约 1 620 元/亩。复合种植与单作玉米相比，亩增经济效益 583.86 元，减去复合种植增加的成本 419 元，每亩增加经济效益 164.86 元。

按照玉米价格 2.7 元/千克、大豆价格 6 元/千克计算，五个项目试点县(表 3)的加权平均亩效益为 1 019.83 元，大豆玉米单作平均亩效益为 873.93 元，复合种植比单作平均亩增加收益 145.9 元。

表 3　　　　　　五个试点县带状复合种植产出效益对比表

作业模式	大豆产量（千克/亩）	玉米产量（千克/亩）	种植面积（亩）	大豆产出（元/亩）	玉米产出（元/亩）	亩产出（元/亩）	亩成本（元/亩）	平均亩收益（元/亩）
4+2	90.32	473.08	4 042	541.9	1 277.3	1 819.2	788.1	1 031.14
4+3	88.19	530.58	380	529.1	1 432.6	1 961.7	875.1	1 086.62
4+4	72.64	463.44	1 138	435.8	1 251.3	1 687.1	888.9	798.18
6+3	101.77	516.89	297	610.6	1 395.6	2 006.2	866.6	1 139.58
6+4	99.37	468.82	1 450	596.2	1 265.8	1 862.1	741.9	1 120.23
以上模式平均								1 019.83
大豆、玉米单作								873.93

三、存在的问题和困难

1.技术措施到位率还不高

一是整体配套不完备。大豆玉米单作已发展多年，技术与机具之间、环节与环节之间、动力与农具之间已经逐步形成相互配套的整体解决方案；而复合种植技术发展时间短，缺少整体配套方案，如拖拉机的轮距与种植带宽存在配套问题，大豆种植带宽与大豆播种机、收获机均不配套，该技术形成较为完善的技术配套体系还需要一个过程。二是田间规划不合理。复合种植间作方式横向收获将面对两种不同作物，无法完成地头割道机械收获，作业效率大幅降低。三是机艺融合度不高。一些种植户缺少复合种植经验，整地质量差、免耕地块秸秆量过大且抛洒不均匀、播种机调试不到位、播深不稳定、覆土不严密，播种质量不符合要求等，导致出苗率低、整齐度差。两茬作物播种衔接不合理，导致种子播在上季作物根茬上，出苗率低。播前封闭除草措施不到位，田间杂草较多，后期机械化除草难度大。氮肥使用量过大、化控措施不到位，造成大豆旺长，导致后期倒伏，机械收获质量差。一些种植户为降低机具投入成本，使用现有单作播种收获机械，达不到复合种植技术要求，行距过大，种植密度不够，导致减产。山东省复合种植的大豆玉米成熟时间不一致,大豆比玉米晚熟 10～15 天,需要二次收获,即使一体化收获机研制成功也无法作业。

2. 装备支撑有待进一步提升

目前,大豆玉米带状复合种植各环节均实现了“有机可用”,但尚未达到“有好机用”“高质高效”的发展水平。播种施肥环节,从我们调研和各地实施主体反映看,大豆玉米一体化播种机比改装的播种机作业质量高,但是农民对政策持久性持观望态度,购买一体化播种机意愿不强烈,农机购置与应用补贴系统显示,2022 年全省新购一体化播种机仅为 206 台。大多数农民都是通过改装现有播种机或选择现有单作播种机来完成复合种植。部分播种机因调试不到位导致株距偏大,难以保证大豆玉米的播种密度,造成减产。大部分播种机未安装北斗导航系统,大豆或玉米播幅间行距不一致。植保田管环节,目前,采用双系统分带喷雾技术作业质量还有待于提升,对现有植保机械增加隔板进行改造后,施药过程中会造成药液(除草剂)在隔板上累积成流,造成药害;喷雾机喷杆平衡性差,地面不平时造成喷杆起伏大,导致不同药剂的雾滴漂移,对邻近作物造成危害。植保无人航空器、担架式喷雾喷粉机、背负式喷雾喷粉机均无法实现隔离施药,造成机械利用率低。收获环节,大豆玉米双系统一体化收获机还处于预研阶段,当前和今后一段时期主要是分步收获。分步收获机型中,高地隙跨带(大豆)玉米收获机 2022 年还没研发成功,还不能在实际生产中广泛应用。从需求来看,大豆玉米错期收获比例很高,先收作物机具作业时,不应对两侧后收作物造成损伤,因此,机具的外廓尺寸等都受到限制,在此情况下,机具性能是否降低,损失率、含杂率、破碎率能否满足标准要求还需进一步验证。4＋2 的大豆玉米种植模式较多,但山东省两行玉米收获机保有量低,许多机手用三行玉米收获机收两行玉米,不仅造成动力浪费,而且由于幅宽较大,造成碾压大豆,在大豆倒伏的情况下尤其严重。

3. 大豆机收损失率普遍偏高

通过调研发现,带状复合种植的大豆收获损失率和破碎率普遍偏高,在 6%左右,高于 3%的作业质量标准。造成损失高的主要原因:一是部分地区用小麦收获机改装后收获大豆，小麦收获机割台割茬高，而大豆结荚低，造成漏割收获损失，若滚筒转速调试不到位，造成大豆破损严重；二是部分地区因化控措施不到位、降雨量大等因素，大豆倒伏严重，机械收获困难，造成损失率高；三是收获期过早，大豆含水率偏高，造成脱粒不净，荚带损失大、破碎率高；四是机手操作技术不到位，许多机手对割台收获高度、拨禾轮高度、拨禾齿角度操作和调整不到位，不掌握倒伏大豆的收获技巧，致使损失率过高。

四、有关建议

1. 加大专用机具鉴定补贴力度

一方面，加快大豆玉米一体化播种机推广鉴定步伐，及时开展复合种植播种机试验鉴定，优先保障适用大豆、玉米分步收获的小型兼用收获机试验鉴定。另一方面，进一步突出农机购置与应用补贴重点，按照政策规定范围内最高补贴标准全力支持，引导大豆玉米带状复合种植一体化播种、收获、植保机械发展，对复合种植机具进行优先补贴，应补尽补，全力做好机具保障。

2. 加强农机化技术培训指导

针对复合种植机收环节小型兼用机具保有量少、机手减损收获技术经验不足等问题，及时开展3行或4行窄幅宽大豆收获机、2行玉米收获机筛选，形成备选目录，供各地参考应用；开展复合种植机收减损大比武，引导各地减少收获损失，确保颗粒归仓；适时开展机械化生产技术指导培训，提高技术到位率；用好信息专栏，宣传各地的好机具、好技术、好经验、好做法。

3. 支持专用品种与机具的研发，优化配套机械装备

一方面，支持科研院所、育种单位培育选育大豆玉米带状复合种植专用品种。提倡玉米晚收，与大豆同期收获。鼓励采用玉米籽粒收获品种，实现机械籽粒收获。另一方面，加快大豆玉米带状复合种植专用机具研发，提出针对性机械化解决方案，支持专用配套机具研发试制和试验验证，推动专用机具改进熟化，为今后一段时期复合种植大面积应用奠定良好基础。

4.加大机艺融合示范推广力度

依托大豆玉米带状复合种植农机农艺融合应用试点项目，及时汇总各地试验验证和模式比对结果，开展技术、效益分析比较，探索农机农艺融合方案，优化大豆、玉米种植配比，总结技术要点、机具配套方案，推荐大豆玉米带状复合种植全程机械化生产模式。

从长远来看，一是针对 4＋2 等窄带种植模式，发展大豆玉米一体化播种、一体化植保、一体化收获作业机械，提高作业效率；二是针对 6＋4、4＋4 等宽带大豆玉米种植模式，应用现有机械作业，提高机具利用率。

5.保持政策持久性，保障社会化服务

稳定大豆玉米带状复合种植补贴政策，加大对种子、农药、化肥与农机具购置及机械化作业服务的补贴力度，释放政策利好信号，打消农民顾虑。通过政府购买服务的方式，以新型经营服务组织为主体，开展统一播种、统防统治、统一收获等社会化服务，鼓励农机服务组织、农机大户等购置、改造专用配套机具，实行规模化经营，降低生产成本，增加收益。

山东省海带养殖机械化情况调研报告

农机分团　杜瑞成　管延华　陈传强　杨善东

海带营养价值高、用途广泛，既是美味食材，又可保健、入药。海带养殖是山东省传统特色产业，对于山东省经济发展、沿海（岛）渔民致富和新农村建设具有重要意义。但是，海带养殖机械化目前水平不高、研究不多、重视不够。为了有的放矢组织攻关、精准支持，农机分团对山东省海带养殖机械化情况进行了调研。

一、山东省海带养殖基本情况

山东省是海带养殖大省，也是全国海带主产区。近年来，养殖面积在 1.5 万公顷左右，约占全国面积的 33%；正常年份产量 50 万吨左右，约占全国产量的 30%；海带苗养殖 80 亿株左右，约占全国的 20%，三项指标均居福建省之后位列第二。2021 年海带出口量为 1 600 多吨，创汇 920 多万美元，排全国第一。正常年份山东省海带养殖病害较少，但今年遭遇重大病害，主产区威海市近 80%绝产；而另一主产区长岛则大获丰收，且价格高出往年的三到四倍。

山东省海带养殖主体是沿海（岛）养殖大户，经营规模较小，养殖工艺技术较为传统，生产粗放，产业链短，产品主要是原海带，深加工很少。海带养殖对沿海生态环境有一定影响，占用海域、土地和人力资源也比较多，非常需要建立现代产业体系，实现全程高效机械化生产，拉长产业链，为市场提供更加丰富、品质更好的产品。

二、山东省海带养殖机械化情况

山东省海带养殖有六大工艺环节：海区选择与养殖布局→育苗→浮筏准备与锚定→分苗挂绳→海上养成管理→收获。各大工艺环节又内含若干分工艺，工艺体系非常复杂，生产手段较为落后，机械化程度很低。

海区选择与布局环节中，海区选择主要是根据海水深度、纯净度和营养盐含量等情况，确定和规划养殖区域。养殖布局主要是规划养殖浮筏的排列布局，一般以顺流设筏为主，浮筏间距 5～8 米，每小区设 30～40 浮筏，小区间距 30～50 米，区与区之间呈“田”字形纵横排列。使用的装备主要有船只和海上测量定位仪器设备。

育苗环节比较复杂，技术性很强，自成体系，机械化、自动化程度较高，一般由专业育苗公司育苗供苗。使用的仪器设备主要有船只、室内光照和温度监控设备、海带孢子检测和采集仪器设备、育苗帘、捞网、搅耙、海水冲洗设备、运苗保温箱等。

浮筏准备与锚定是海带养殖的基础性环节。山东省基本采用单筏平养，即单式筏顺流或横流布置模式。单式筏由一根绠绳、两根锚绳、两个重物锚（或木橛）和若干个浮球组成，筏架长 50～60 米，筏间距5～8 米，每筏挂接苗绳 100～120 条。绠绳两端用锚绳与海底木橛或坠砣连接，连接点挂接大浮球一组，其他位置均匀挂接大浮球。作业以人工为主，使用的机械装备主要有运输车、打桩船或起重船、机动船和舢板等。

分苗挂（苗）绳环节是海带养殖的关键环节，于 10 月下旬至 11 月上旬进行。首先要将幼苗从育苗绳上剔下，然后夹到苗绳上，株距为 8～10 厘米。目前这两个分工艺主要由人工完成。大的生产企业也使用夹苗机，但由于多数夹苗机存在问题，夹苗质量和生产效率都不理想，使用不普遍，甚至存在有机不用的情况。由于夹苗劳动强度大、工作量大、时间要求相对高，因此劳动力需求多、成本高，是海带养殖生产的“卡脖子”环节，迫切需要机械化。

夹好苗之后，苗绳要运至海上，挂接到已布设好的养殖浮筏上。苗绳间距 50～80 厘米，视海水营养盐含量和透明度而定，初挂水层深 50 厘米。挂苗绳一般由人工完成，迫切需要自动挂接装备。

海上养成管理主要内容是调整苗绳深度、施肥和病害防治，技术难度较高，尤其是病害防治。养成期要多次调整苗绳水层深度，一般先由 50 厘米调至 30 厘米，后期调至 10 厘米。目前由人工完成，迫切需要自动调整机构和装备。施肥有喷肥、泼肥、挂袋等多种方式，使用船只和喷洒设备。针对不同病害采取不同的防治方法，如降低放养密度、改善光照、疏通水流、降低水层、切尖、洗刷等等，目前基本靠人工完成。病害防治要早发现、早防治，需要科学诊断和自动监控仪器设备，也需要船上施治装备。

海带收获环节包括海上采收、海陆运输、干燥和包装四个分工艺环节，山东省海带收获适宜时间为 5—7 月。

海上采收目前多为人工作业，使用的装备主要有拖船、舢板和采收工具，生产率低，劳动强度大，受海况影响大。目前已有的机械化采收装备中，大型海带采收船由于船体庞大，仅适合宽阔海域（野生）海带收获，不适合筏式养殖海带收获；中小型海带采收装置，可以组装到简易船体上，适用于筏式养殖海带收获，可减轻劳动强度、提高收获效率，在一些地方得到应用，但是不普遍。

运输环节分为两段。海上运输与收获相衔接，使用的收获船只即为运输船；至海边码头用吊装设备转到运输车辆上，运至附近干燥地点。机械装备主要是采收船、码头吊装设备和运输车辆。

干燥环节目前主要为人工晾晒，受天气影响大、劳动强度大、人工成本高、品质保证难。海带烘干装备目前有些研究，一般为成套生产线，主要有蒸汽加热烘干和空气能干燥两类，能够提高干燥效率、保证海带品质、减少用工和成本、避免天气影响，利于环保，但由于成熟度不够或成套设备昂贵，尤其中小规模养殖企业难以采用，尚未得到大面积应用。

包装环节对于保持产品质量、方便市场供给甚至赢得客户都相当重要，目前国内市场的海带人工打捆居多，比较简陋；出口海带多采用机械压捆包装，有机械压捆人工包装和全自动机械压捆包装两种。

三、当前山东省海带养殖机械化存在的主要问题

分析上述情况可见，海带养殖机械化相对薄弱，不适应新时代产业发展的要求，不能满足养殖主体高效低成本生产的要求，存在的主要问题如下。

1. 机械化养殖工艺不健全，机器系统无法优化配置

山东省海带养殖，仅在少数工艺环节少量使用机械装备，尚未形成全程机械化工艺体系。比较农业大田生产，主要作物都建立起了全程机械化农艺体系、形成了种植规范，生产经营主体可以据此进行新机器系统优化配置，能够依据规范组织生产。因此，海带养殖机械化需要加强系统研究，结合当前生产工艺建立起海带养殖机械化工艺体系，为机器系统优化配置奠定基础，指导生产，同时利于发现和确定机器装备研发创新的突破点。

2. 先进机械装备少，机械空白环节多

目前海带养殖使用的装备大都比较原始，先进装备很少或可靠性不高，如关键的夹苗环节主要靠人工，用工量大、效率低、质量保证难，虽有夹苗机甚至数控智能夹苗机，但由于可靠性不够，或不采用，或弃之不用；海上采收环节，基本靠人工，作业环境差、劳动强度大、效率低，虽有收获装备研究，但没有适用产品；干燥环节，基本靠人工晾晒，

占地多、天气影响大、用工多、质量难控制；育苗环节需要在成套装备、室内环境控制智能化、检测与操作精准化等方面提高和加强。

浮筏锚定、挂苗、苗绳调整等重要海上作业环节，除常用的舢板外没有其他机械装备，作业完全靠人工。重要生产环节机械化空白，是海带养殖机械化的瓶颈。

3. 机械装备研究少，科技和政策支持弱

调查发现，关于海带养殖机械装备的研究很少。省内仅有中国海洋大学等几家高校和研究单位有少量相关研究，沿海少数企业有几项相关机械装备研发。涉及的研发内容主要有海带夹苗机、海带采收机、海带干燥设备等。近年来各级科技立项也很少。机械装备研发与生产成本高、生产经营规模小、机具难以推广应用，是装备研发动力不足的内因。海带养殖虽然是山东省特色产业，但对山东省经济发展贡献度低、引不起足够重视，是对海带养殖机械装备科技支持力度不足的外因。

目前，山东省海带养殖机械装备没有得到科研立项，现有产品也未纳入农机补贴范围，缺乏政策支持。

4. 生产规模偏小，制约海带养殖机械化发展

山东省海带养殖以沿海养殖大户为主，大多生产规模为 5 000～10 000(苗)绳，生产规模小，区域分散。虽有对养殖机械化的要求，但投资能力不足、技术应用水平不高，制约了新机具购置和使用。另一方面，虽然在夹苗季节和收获季节劳动力紧张、劳动强度大，但尚能从外地高薪勉强雇工，基本维持生产，这也减缓了机械购置的迫切性。

四、几点建议

1. 加强科技和政策支持

建议省和沿海市对海带机械装备研究和新产品开发给予适当倾斜，每年重点立项，开展关键装备研发攻关。针对目前海带生产经营规模普遍偏小的现实情况，按照先易后难的原则，首先加强对见效快的小项目的支持。要把海带养殖机械装备纳入农机补贴范围，支持装备生产和推广应用。

2.研究构建海带养殖机械化生产体系

建议省主管部门组织海带养殖专家、机械装备专家和规模化生产主体联合攻关，构建适合山东省养殖特点的适度规模机械化体系，提出与适度规模相适应的机械化方案，指导生产经营主体实现养殖机械化，引导新装备研发。

3.采取重点突破策略

首先在劳动密集工艺环节解决机械装备问题，提高生产率、提高产品质量、降低成本。当前应重点突破自动化夹苗机、自动化浮筏锚定设备、自动化挂（苗）绳装备、中小型收获装备、晾晒辅助装备、大型干燥生产线、自动化质检装备和包装设备。

4.进行规模化生产示范

一是强化适度规模海带养殖机械化示范，可选择有代表性的不同规模养殖主体给予适当支持，进行海带养殖全程机械化示范。二是开展专项生产示范，可进行自动化工厂育苗示范、规模化集中干燥生产线示范。

2022年玉米生产全程机械化发展报告

山东省农机顾问团　管延华

山东是农机大省，在全国农机化发展中占有重要位置，农机拥有总量大，约占全国的1/10；作业水平高，主要农作物耕种收综合机械化水平达到87.85%；农机总动力、大中型拖拉机、联合收获机等多项主要指标位居全国前列。

一、玉米生产全程机械化发展现状和问题

山东省2021年玉米种植面积5 845.51万亩，比上年增长0.67%，单产442.99千克/亩，总产2 589.52万吨；耕种收综合机械化率96.99%、机耕率99.96%、机播率98.87%、机收率91.14%；预测2022年玉米种

植面积 5 850 万亩，耕种收综合机械化率 97.25%、机耕率 99.98%、机播率 99%、机收率 92%。

针对山东夏玉米生产实际，山东省农机技术推广站联合大专院校和科研院所，创制了以机械化播种→机械化植保→机械化收获→机械化烘干为主要生产环节的玉米全程机械化生产工艺技术路线，构建了玉米全程机械化生产模式，有力推动了山东“两全两高”农机化发展进程。

1. 机械化播种

山东玉米种植模式存在种植方式多样、行距不一、农机农艺融合性不高等问题，为玉米全程机械化技术与装备的推广应用带来了困难。经过多年试验示范，山东探索出了适应当地的一年两作区夏播玉米的种植模式，玉米种植行距为 60 厘米，较好地解决了山东地区一年两作区夏播玉米种植模式存在的诸多问题，规范了种植模式。

山东玉米机械化播种率较高，但普遍存在与上茬作物不能很好衔接，农机农艺融合不好等问题，主要表现为：一是农机与农艺融合度不足。长期以来因传统习惯、依靠人畜力耕作形成的农业生产工艺技术进行玉米播种，甚至在相邻的两块土地上种植方式和规格都不相同，有粮经作物套种，有粮经作物混种，种植行距分宽行距和窄行距；二是上下两茬机械化作业衔接不科学，在一个地区实现小麦—玉米上下两茬统筹，合理确定种植规格，即按照小麦—玉米两茬作物机械化生产的要求，确立统一的种植规格（畦宽、行距），实现两茬作物种植规格的无缝衔接。

2. 机械化植保

由于玉米精量播种的过程同时进行施肥，简化田间管理环节后大部分种植户不再追肥，加之后期玉米植株的迅速长高，不方便追肥作业，振动深松施肥机和中耕追肥机等在山东省的应用较少，田间管理技术措施主要为机械化植保。

通过对玉米田间管理机具进行了试验验证发现，背负式喷雾机一般只应用于出苗前，不能完成玉米生长中后期的植保作业，还存在拖拉机车轮碾压播带的现象；自走式高秆作物喷杆喷雾机，由于玉米是高秆作物，对田间管理机具的要求较高，通过对高构架自走式施肥喷药机进行的试验检测证明，使用过程中还存在不少问题，如可靠性低、安全性不高等；植保无人机的前期投入太大，操作需要学习，不适合小型地块的购置，同时也受气候的影响，不适合在 4 级以上的风速下作业。

3. 机械化收获

近年来，随着玉米收获机械水平的不断提高，机收技术的不断完善，自走式还田型玉米收获机已发展到了完善、成熟的阶段，在山东等地大面积推广应用，机械摘穗＋秸秆粉碎还田技术模式已成为主要模式；玉米籽粒直收是有发展前途的技术模式，籽粒直收与机械烘干配套作业是未来的发展方向；穗茎兼收型玉米联合收获机，可以实现茎秆资源的回收利用，也是玉米联合收获机械研究、开发的重点，以适应畜牧业快速发展的需求。

存在的问题：适宜籽粒机收的品种少、种植面积小。适宜黄淮海地区玉米籽粒机收的玉米品种较少，品种筛选评价体系缺乏，阻碍了玉米籽粒机收的大面积推广应用。实现籽粒直收需要生长周期短、收获时含籽粒水率低、易脱粒的玉米品种，这对玉米品种是严苛的要求，如果玉米品种不能同时满足这几个条件，收获机将无法进行正常作业，将会在收获时出现损失率和破碎率高的问题，将大大降低收储品质。目前适合籽粒收获的玉米品种主要有登海 3 737、先玉 335、登海 618 等。针对更多的玉米种植品种，还需要开展长时间大面积的试验与验证，筛选出能够更好适应籽粒直收的玉米品种。农机农艺融合度不够。在机械设计制造上，不能满足农艺多样性要求，农机作业质量缺少保障；在品种选育、栽培模式的选定等农艺设计上，没有充分考虑机械适应性。农机、农艺技术路线、技术要点和生产指导意见不够统一，播种与收获关键生产环节不衔接，不利于区域种植标准化生产、机械化作业。

4. 机械化烘干

粮食机械化烘干是粮食生产全程机械化最后一个关键环节。随着农业生产经营规模扩大和机械化收获水平提高，粮食收获期相对缩短，大量谷物自然晾晒和存放带来用地和人工成本问题逐步凸显，机械化烘干可以有效解决问题，实现粮食颗粒归仓、丰产丰收。同时还可防止谷物发生霉变，提升谷物品质，增加农民收入。山东玉米生产存在晾晒和烘干两种干燥方式并存模式，总体上处于“穗收靠风干，粒收要烘干”的状况。籽粒收玉米由于籽粒含水率较大，基本超过30%，因此必须经过烘干处理，但目前籽粒收还没有很好解决收获破碎率问题，机收面积偏小；穗收玉米普遍采取堆放自然风干的方式。

山东玉米机械化烘干主要存在以下两方面问题，一是山东省内粮食烘干机械总保有量少，粮食干燥机械推广力度颇大，粮食干燥环节机械化水平仍然较低，不能完全满足粮食的烘干需要，制约着玉米籽粒收获的发展，同时生产企业发展时间短，产品质量良莠不齐；二是环保上的高要求增加烘干成本，由于燃煤使用成本低，过去烘干机热源方面多以燃煤为主。随着环保的从严要求，很多地区禁止使用燃煤，烘干成本大大增加，符合环保要求的能源如天然气、电力、生物质成本偏高。

二、玉米生产全程机械化发展趋势

1.制约机械化发展因素

(1)种植的玉米品种、种植模式多种多样，农艺与农机存在不匹配：机械收获对玉米品种的要求不仅局限于穗位整齐、抗倒伏、成熟期籽粒脱水，还局限于苞叶的松、散、少、易脱落等特性上的要求，这与长期以来传统玉米育种中单一追求产量的育种方向有很大的差异。另外，农民种植玉米没有统一的标准和方法，均按个人的意愿进行种植，主要表现在播种时间、种植品种各异，种植株距、行距随意性大，间作、套种的现象多，农艺、种植结构多样化等，这些都是制约玉米机械化发展的关键因素。

(2)现有机械装备作业质量不能完全满足生产需要：山东省玉米机播率提升至95%左右，玉米机播率虽然很高，但大都是应用传统勺轮式播种机进行作业，播种精度不高，作业效率低下，既浪费了种子又降低了产量，影响了农户和农机作业者的经济效益，应用玉米免耕精量播种机进行规范作业，满足农艺要求。玉米籽粒收获阶段受制于含水率因素影响，导致籽粒破碎率偏高，研制适用于潮湿状态下高效低损失、低破碎的玉米籽粒收获机成为当务之急。

(3)资源紧张导致建设专用农机作业中心或烘干中心产生困难：在玉米籽粒机械烘干环节，用地难成为制约烘干机械化发展的“第一关卡”。由于烘干机具有机型庞大、需建立仓储周转库的特点，比如安装5HRS－32型一组粮食烘干机组(按3台/套计算)，需要占地1 000平方米左右，烘干设施用地矛盾仍然突出。虽然国家烘干机械用地已经纳入了农业设施用地范畴，但其转化手续过于繁杂，同时对于用地的比例指标也有特别的限制，这就使得烘干机械设施用地难以落到实处。特别是部分不从事规模化粮食生产、仅提供粮食烘干服务的农户，很难按照规定获批设施农业用地。

(4)农机手对机械的购买力有限且操作技能不高：个体农民购买农业机械的经济实力有限，农民的家庭纯收入越高，农用机械以及农机服务的支付力度越大，农民购买农用机械或农机服务代替人力劳动的意愿就越强。一般情况下，个体农民难以承担购买相对昂贵的玉米机械的费用，大型机械主要依赖各类农机服务主体或者农机生产合作社。机械操作人员没有经过专业的操作培训，不熟悉机械的性能和故障排除方法，在此基础上操作机械，不仅工作效率低，且容易出现机械伤人事件的发生，这些都严重影响了农民使用机械的积极性。

2.发展方向和趋势

(1)播种过程种肥同播智能精量调控技术将逐渐普及应用：山东省玉米播种作业处于机械化水平较高、智能化水平较低的状态，主要表现为“播种机是播种的主体，而人是播种质量监控的主体”。要改变这一模式，必须在播种作业中充分采用智能化技术，最大程度代替人的作用。目前种肥精量调控与作业质量实时监控技术运用较少，玉米免耕播种机智能化水平偏低。玉米精密播种技术是将定量的玉米种子，按照农艺要求的行距、株距和播种深度进行穴播，同时按照农艺要求的种肥间距，进行种肥深施。精密播种技术可以提高玉米植株田间分布的均匀性，最大限度地减小植株间对土壤水分、养分的竞争，从而提高产量。

(2)植保机械朝着大型化、智能化方向发展:随着科技不断进步、土地适度规模化经营的不断发展,农业机械必然朝着大型化智能化发展,人们对于植保机械的高效率、安全性必然有新的要求。从发展趋势看,小型背负式喷药器已逐渐被淘汰,大中型自走式喷杆喷雾器和无人航空植保机将逐渐成为主流。另外,精准变量喷雾、杂草识别靶向喷雾、防漂移技术、风幕技术将不断发展并利用到植保机械上。

(3)收获环节由摘穗收获方式向籽粒直收方式转变,兼顾特殊收获需求:针对我国各地生产条件迥异、品种多样性、种植模式多样性、收获需求多样性的特点,深入研究影响摘穗装置、剥皮装置、脱粒装置的结构参数、工作参数,创新机构设计,优化高效减损收割、高通量脱粒分离等核心技术与关键部件,不断提高收获质量和效率,促进各部件结构的标准化、通用化,提升可靠性。针对籽粒直收方式的转变,大力发展基于纵轴流脱粒分离装置的高效低破碎脱粒分离装置,兼顾稻谷、豆类等生产需求,通过简单更换凹板等部件实现脱粒分离装置的通用化,提高机具利用效率。

三、工作建议

1.加快农机与农艺相融合的步伐

黄淮海区域玉米的种植有平播、垄播、沟播、套播、点播等多种形式,同一台机械很难适应如此复杂的耕种情况,限制了玉米生产机械的推广应用。为提高玉米生产机械的生产力和适应性,促进农村经济更快更好发展,就必须走农机与农艺相融合的路线。农机与农艺看似独立却相互依存,既相互联系又相互制约。任何玉米收获机型都是在满足玉米收获农艺要求的前提下设计的,而任何玉米种植农艺的出现都必须有相应的玉米播种机械、植保机械和收获机械为之服务。只有两者相互结合,相互适应,充分发挥农艺的优质高产和农机的高效功能,全面促进我国玉米生产机械的发展。

2.提升科技创新能力、保障玉米生产机械有效供给

积极发挥山东省农机工业产、学、研、推、用优势,联合山东理工大

学、山东农业大学、青岛农业大学、山东省农业机械科学研究院等大专院校和科研院所，依托潍坊、济宁两个现代农业机械装备产业集群，整合玉米生产机械科研、制造能力，建立协调统一、分工细密的协作机制。以种植户需求为导向，研发适合生产实际、农民急需、先进适用的机械装备，增强规模化、标准化、自动化、智能化的装备供给能力。通过遴选重大项目、主推技术等方式，积极争取财政、科技等部门的立项支持，提高玉米生产机械科技研发和制造能力，研发玉米种肥同播精量调控技术与装备、玉米籽粒低损收获技术与装备，推动全省玉米产业持续健康发展。

3. 完善相关标准和鉴定大纲、提升鉴定能力

农机试验鉴定是一项“有法可依”的公益性工作，历经近70年的发展，形成了完善的制度体系，农机试验鉴定评价结果作为农机购置补贴机具的资质条件，对农机能否享受财政补贴具有关键作用。积极完善推广鉴定大纲和专项鉴定大纲，推动省内玉米生产机械装备进行鉴定，为实施农机购置补贴政策、推进全省“全程、全面、高质、高效”农机化发展提供坚实有力的技术支撑。

加快创新农机装备试验鉴定方式方法，不断提升农业机械试验鉴定能力，积极解决鉴定能力供需不足等短板，不断完善构建推广鉴定体系，充分发挥农机试验鉴定的技术支撑与保障作用。强化大纲的通用性、联合性、先进性和功能性，适时制定能够适应智能化玉米生产机械发展的农机试验鉴定大纲，以满足鉴定推广需求。

4. 加快新技术新机具试验示范和推广应用

先进性、适用性和安全性是任何一项要推广的农业机械化技术所应同时具备的条件，否则该项技术就没有推广价值，就不能在农业生产中推广应用。农业机械化技术推广机构只有认真做好技术推广前的验证工作，才能确保技术的先进性、适用性和安全性。农业机械化新技术在推广前必须进行试验，通过试验来验证新技术的经济性、适用性和可靠性，同时提出改进方案，筛选出适宜本地农业机械化生产的适用机型，使农业机械化新技术能够合理地应用和推广。

创新推广方式和方法，持续开展玉米全程机械化生产新技术新机

具的试验示范、人才培养和推广应用工作。加强玉米生产机械化和信息化的融合，推进“互联网＋”玉米生产机械化，推进农机社会化服务与玉米机械化生产适度规模经营相适应。

关于加快智能农机装备研发的建议

农机分团　康建明

习近平总书记指出，要大力推进农业机械化、智能化，给农业现代化插上科技的翅膀。原国务院总理李克强强调，要推进农业机械化全程全面发展，加快我国农机装备产业转型升级。智能农机装备是转变农业发展方式、提高农村生产力的重要基础，是实施乡村振兴战略的重要支撑。在深入研究分析国际前沿技术与产业发展动态基础上，以建立高水平科技自立自强为核心，瞄准“中国制造 2025”农机装备战略要点，围绕现代农业发展，提出以下建议。

一、深入剖析产业发展态势，对标国际前沿技术

进入 21 世纪以来，欧美等发达国家将高科技应用于农业生产，在精准与智能领域寻求突破。美国农业之所以能够实现 500 万左右的农民生产出可以养活 20 亿人口的粮食，随处可见的智能农机装备功不可没。国内自 2000 年后才开始进行农用传感器和农业机械控制系统的研究，近年来虽然国家启动了国家科技重大专项项目智能农机专项，但中国品牌在智能化、高精尖创新等领域存在严重欠缺，智能农机装备整体尚处于起步阶段，产业化应用方面远落后于发达国家，已成为我国现代农业发展的瓶颈。

深入分析山东省智能农机装备研发和产业化存在的问题，主要有以下几个方面：一是应用基础研究薄弱，关键技术和核心零部件严重依赖进口。目前 80％以上的智能农机技术来源于国外，重大装备关键

核心技术对国外的依存度更是高达90%以上。二是国产部件和装备的性能和可靠性较差，与国外产品存在较大差距。作业效率、水肥药利用率等仅为国外的70%左右，能耗水平高于国外先进水平的30%以上，生产过程损失率高于国外先进水平的20%左右。90%以上国产农业装备仍为中低端产品，可靠性指标仅为国外的50%左右。三是结构性矛盾相对突出，全程生产机械配套不够尤其专用装备缺乏。80%左右农机装备仍为大田生产装备，部分特色经济作物生产机械、设施农业装备、养殖和加工装备处于空白状态。四是薄弱环节、薄弱区域、薄弱作物农机化水平低。林业生产机械化水平不到40%，畜牧业、渔业、农产品初加工、果蔬茶桑、设施农业以及丘陵山区农业生产机械化水平不到30%，产后商品化处理率仅为30%左右。五是农机和农艺融合不够。品种选育、栽培制度、种养方式、产后加工与机械化生产的适应性有待加强，适宜机械化的基础条件设施建设滞后。

二、开展"卡脖子"技术攻关，凝练智能农机装备创新方向

聚焦新型智能装备、智能农机共性技术等方面，运用仿生原理突破作业对象的立体信息获取感知与处理装置，研发低成本、高效率助力机械手、多功能移动平台等，重点提升无人农场、设施农业农机装备智能化水平，推进新旧动能转换。

一是加快关键共性技术和核心零部件研发，筑牢智能农机发展基础。针对智能农机关键技术和核心零部件严重依赖进口的突出问题，开展卫星导航设备、农机专用传感器、控制器、人工智能芯片和应用终端等核心部件研发，快速发展智能化测控技术，提高智能农机装备关键零部件的国产化水平，减少对国外产品的依赖。

二是推进农机产品智能化升级，提升装备可靠性。针对山东省已经相对成熟的粮食作物大田种植生产作业装备为重点，以大型、智能、绿色、高效为目标，攻核心、强智能，突破农机本体信息快速获取、多源信息采集及融合、种肥药处方变量施用、收获作业整机自适应控制等技术，不断提升农机装备信息收集、智能决策和精准作业水平、引领能

力，推进生产全程机械化提质增效、转型升级。

三是加强空白领域研发，补齐农机作业的断点。针对山东省农机装备研发与应用的薄弱区域、薄弱环节、薄弱农作物，以小型、便捷、减轻农民劳动为目标，在特色经济作物生产、畜牧水产养殖、农牧废弃物资源化利用、农产品初加工等装备薄弱环节及丘陵山区等薄弱地区，开展机械化生产技术研究和装备研发，补齐农机装备短板，加快推进农业生产全程全面机械化。

三、加强手段平台建设，构建新型产业创新体系

随着新一代人工智能、大数据、物联网、5G、生物技术融合，智能农机装备的研发必须依靠强有力的手段平台支撑，要聚焦国际竞争新焦点，增强基础、拓展领域、增加品种、完善功能、提升水平，从创新体系、创新战略等全链条统筹部署，实现自主可控发展。

一是完善支撑体系，打造国家级智慧农机研发平台。聚焦智慧农机研发核心任务，按照整合存量、优化增量、完善提升的原则，建立配套齐全的国家级智慧农机研发平台支撑体系，提高平台配置的科学性、系统性和协调性，建立方便、快捷、高效的平台共享共用机制，提高支撑智能农机装备研发的水平。

二是明确创新目标，构建新阶段农机装备产业创新体系。依托现代农业机械和信息化平台，加快机械与信息化融合步伐，用10～15年时间，构建行业研发、设计、检测、标准等基础数据平台，不断强化科技基础服务能力。形成智能装备、智能制造、智能作业、智能服务为核心的智能农业生产技术及装备体系，关键核心技术全面自主化，智能农机产品种类全，质量水平达到世界先进，形成以新一代智能农机装备为主导的产品格局，产品和技术供给基本满足需要。

三是开拓新型智能农机建设途径，打造智慧农机示范样板。探索将传感器、物联网、云计算、大数据、人工智能等新一代信息技术，与农机制造、农机管理、装备运行、作业质量、维养安全、生产运营全产业链和服务领域深度融合的智慧农机建设途径。支持机手、合作社安装使用智慧农机应用终端，激励农机合作社、家庭农（牧、渔）场与各级农机

管理信息平台实现互联互通，实现管服、供需、产销、人机、质效智能友好交互。在以上措施的基础上打造智慧农场、智慧园区示范样板，引领推动智能农机质量和效益双提升。

山东省大宗道地药材丹参生产全程机械化现状调研报告

农机分团　尚书旗

中药材产业（主要指中药材种植业）是农业的重要组成部分，是我国中医药事业发展的基础，中药材消耗总量的70%以上来源于人工种植。相关资料显示，山东省中药资源约1 500种，其中植物类中药资源1 299种，其余为动物类和矿物类品种，约占全国中药资源种类的12%左右。

丹参又叫红参、血参、赤参、紫丹参、红根等，为唇形科植物丹参，以根干燥后供药用。丹参是我国常用的40种大宗类药材品种之一，有祛风止痛、活血通经、清心除烦等功效，已成为我国治疗心脑血管疾病的骨干药材。据统计含丹参成分的药有180余种。随着丹参系列药物的不断开发，对丹参原料的需要量非常大。

丹参是山东的名优药材，除金银花外，其播种面积、产量以及在全国的影响力与桔梗并列为山东第二大品种。山东省丹参年交易量占全国同期同品种交易量的50%。山东丹参药用成分较高，具有较高的商业价值，且山东丹参产量居全国首位，在全国丹参产业具有重要的地位。随着产业发展，中药材种植机械化程度越来越影响种植的效益。为了摸清机械化在山东省丹参种植中的作用，有针对性开展丹参种植机械化的应用，特对山东省丹参种植机械化情况进行调研。

1. 调研方式

山东省是丹参种植大省，丹参种植分布广，为了更好地掌握山东省丹参生产各环节机械化情况，采取了实地调研、文献调研和电话调研相结合的方式。针对丹参耕、种、收各环节现有使用机具进行了实地调研，走访丹参机械生产企业和大型农机合作社，充分了解机具功能和结构类型，并在耕种收每个环节进行时，走访大型丹参全程机械化示范区和种植基地，实地了解机具田间工作性能和机器运行效果；利用高校数据库资源开展文献调研，搜集丹参生产机械化方面相关资料，及时了解各地丹参种植和收获模式、机械化生产作业水平以及新机型研制现状。并结合电话调研方式，向丹参种植户、农机合作社开展 100 份问卷调查，问卷涵盖丹参种植收益、种植和收获方式、田间管理费用、丹参打顶去蕾解决方法等问题。

2. 山东省丹参种植产业现状

在 20 世纪 70 年代以前，丹参药材主要来源于野生采集，此后开始了有组织的人工驯化种植工作，其发展已大致经历了两个阶段：第一阶段为起步阶段，从 20 世纪 50 年代中后期到 20 世纪末。最早在蒙山、沂山周围开始丹参野生变家种的人工驯化种植，从种子采集、种苗繁育到田间栽培的基本技术问题都得以解决，并逐步在沂蒙山区、胶东半岛、泰安等地零散扩展开来。从 1980 年全省取消指令性药材购销计划后，丹参的生产同其他药材一样转为市场调节，种植面积小而零散。第二阶段为快速发展阶段，从 21 世纪初至今。随着全国丹参市场需求的逐步增大，丹参种植面积迅速扩大，丹参栽培已成为山东农业的重要组成部分，是当前各地农业产业结构调整和促进农民增收的重要手段。一直以来，药农是丹参种植的主体，一家一户是丹参生产的主要方式。受市场影响，药农是否种植丹参的自由度很高，面积小而零散的现象非常普遍。随着产业的发展最近几年“公司＋基地＋农户”和“合作社＋基地＋农户”正在成为山东省丹参产业的主要发展模式。这也为机械化的发展创造了有利条件。

3. 丹参生产全程机械化现状

中草药田间生产机械化是为中草药产业服务的一个重要环节。相对其他农作物生产，丹参在生产过程中对品质、安全性、有效性等方面的要求更严苛，劳动密集特征十分突出。伴随着人口老龄化的加剧和农村劳动力的短缺，在丹参生产规模不断扩大的背景下，以机械代替人工劳动进行丹参生产，已成为解决当前丹参规模生产与人工成本高、劳动力供给不足矛盾的关键手段。本次调研按照生产环节的先后对山东丹参生产环节机械应用具体情况进行描述。

(1)施肥:丹参栽植耕整地之前一般要撒施有机肥或化肥,而肥料撒施机具有通用性。目前丹参耕整地前普遍采用螺旋绞龙式和圆盘抛撒式撒肥机撒施有机肥施。另外,为了提高丹参产量,一般在播种或移栽起垄覆膜过程进行肥料深施,深施肥机械与其他大田机械类似。因此,丹参生产过程中施肥环节凡是适合机械作业的地块基本实现了机械化作业,只是根据地块的不同选择的施肥机械大小不同,这一环节有机可用。

(2)耕整地:丹参种植耕整地需要机械与大田其他作物基本一致,丹参作为典型的根茎类中药材耕整地过程需要深翻。通常撒施有机肥后采用深翻机械深翻 400 毫米以上,使有机肥均匀分布于土壤内部,这样有利于根部的生长。近年来,随着现代农业的高速发展,土壤耕整机械已经实现了耕翻、深松、碎土、耙细、平畦等联合作业,可根据生产需求可选择任意几种功能集成的联合作业机械装备。耕整地机械的通用性较强,只要地块面积适合耕整地机械作业,通过调整翻地深度、旋耕后起垄宽度和高度即可满足丹参种植的耕整地要求。目前主要采用旋耕机、深松机、联合整地机、微耕机、开沟机、起垄机等机具,丘陵地区主要使用小型微耕机、手扶拖拉机进行作业。近年来,随着中药材规模化种植发展,驱动耙、深松联合整地机等大型机具发展迅速,逐步为农机合作社接受并应用。因此,目前丹参种植耕整地环节能够实现机械化作业。

(3)种(栽)植:丹参主要采用育苗栽植方式,随着社会经济的不断发展,农村劳动力逐年转移导致劳动力成本逐年增加,目前山东市场上出现了能够一次实现旋耕—起垄—栽植—覆土的丹参移栽机,基本实现了不覆膜丹参的半机械化栽植,在此过程中需要人工供苗,由于栽植密度的原因,人工分苗劳动强度较大。但这种方式提高了栽植效率,降低了栽植成本。

对于覆膜移栽,调查发现有单独的起垄覆膜机械在使用。但仅限于起垄、覆膜和施化肥的功能,有的还具有铺设滴灌带功能,但不能实现机械化移栽。由于丹参种苗较长，种植密度较大，目前没有符合要求的移栽机可用。调查发现部分种植合作社采用蔬菜移栽机进行栽植，质量达不到要求。一是栽植深度不够，二是将地膜撕碎，三是没有膜上覆土功能，伤苗严重，生产上基本不用。对于分根繁殖的丹参，由于根段栽植有方向，目前也没有合适的机具可用。这是丹参生产机械化最需要解决的问题，严重影响种植丹参的效益。

（4）田间管理：田间管理对丹参生长发育过程中的有效药用成分积累和丹参质量安全至关重要。丹参的田间管理主要包括中耕除草、植保、打花蕾、灌溉。目前，由于种植农艺没有考虑机具的使用，中耕除草未能实现机械化作业。主要原因是丹参株间杂草采用机械去除时容易切断丹参枝蔓。其他作业植保、灌溉、施肥和病虫害防治等均可借鉴大田其他作物的生产工具进行机械化生产。

在田间管理方面，丹参种植有个特有环节，即摘除花薹。为了促进根系生长，对于不留种丹参生长过程，当花薹抽出 1～2 厘米时，可分次摘除。由于花薹生长部位不同，目前主要是人工摘除，无法实现机械化作业。调查发现这个流程有存在采用化学方法进行。

（5）收获：丹参生产过程的收获与大田作物不同，主要包括种子和用药部位收获。种子收获为地上果穗采收，用药部位是土壤内根茎的采收。丹参种子一般在 7—8 月成熟，收获期为 11 月份，也可以在翌年发芽前采收。同时，种子成熟时间不一致，需要多次分散进行采收，目前只能依靠人工采收完成。

丹参用药部位是根茎。对于小的地块目前主要是人工收获，用撅头刨。调查发现丹参所谓机械收获主要有三种形式，一是用简单的铧式犁进行挖掘，需要人工进行分离泥土和捡拾；第二用大田根茎类分段收获机（例如常见花生或马铃薯收获机）进行替代挖掘并对部分泥土进行部分分离。由于丹参需要挖掘深度与其设计相比不匹配，造成丹参损伤问题严重，损失率达 20％以上；三是部分种植区域丹参生产收获机具，其实不是专业生产厂家按照丹参种植要求制造，由于基础研究缺乏，机械本身存在设计和制造方面的缺陷，导致机具可靠性差。目前处于“无好机可用”的局面。

(6)初加工：丹参初加工主要包括清洁去杂、烘干、分级等方面。由于丹参为地下根茎类药材，大部分进行覆膜种植。目前收获的未干燥药用部位清洁除杂工序仍以人工为主，去芦头和老根的问题在很长一段时间内仍不能实现机械化作业，也不适合机械化生产。丹参分级机械化技术与其他农产品并无区别，其他农产品分级设备可用于丹参产品，相对比较成熟，性能稳定。目前，可用于丹参烘干设备种类较多。调查发现目前丹参晾晒普遍采用普通农产品晾晒的方式，没有考虑这一环节对产品质量的影响。此外，对药材干燥方面研究的较少，保证质量的干燥参数多数没有研究，没有案例可借鉴。部分合作社采用低温热泵烘干机，对提高丹参种植户种植积极性起到了推动作用，但目前使用成本高。因此，探讨丹参最佳烘干工艺参数是当前亟待解决的问题。总的来看，干燥环节存在有机可用，但存在有机用不起的问题。

从上面的分析可见，山东省丹参全程机械化薄弱环节主要是在种植和收获两个环节，这也与大田机械化发展相对应，主要由丹参生产特定的农艺要求来决定。这两个环节目前程度也不同，栽植处于“无机可用”，而收获环节种子采收处于“无机可用”，地下根茎收获处于“无良机可用”。其他环节机械化的制约因素在于种植规模化、标准化和田块是否宜机化方面。随着我国全面全程机械化的发展，丹参生产机械化必然随之提升。

4.提升山东省丹参生产机械化的建议

(1)促进农机与农艺的相互融合：山东省丹参种植多以散户为主，种植模式多样，现有机具的相关参数与种植模式不匹配，导致中药材机械作业的适应性较差。要解决农机与农艺相互融合的问题，需要加强相关领域研究人员之间的交流和沟通，相关部门共同制定合适的技术方案，实现农作物的规范化种植和农机的标准化生产，提高农艺机械作业的可行性和方便性。

(2)以基础和关键技术研究为核心，提高机械的适用性和使用效率：重点突破丹参物理和力学特性、丹参与机械互作特性等关键性基础研究，结合丹参种植模式和机械传动丹参根茎去土特性，研究丹参深挖减阻装置、高效参土分离装置。同时深入分析丹参生产机械化各环节机械设计和制造方面的薄弱点，探索挖掘装置、振动去土装置制造材料和先进工艺技术，深入开展理论和试验研究，提升产品的技术水平和技术含量，研发适合丹参种植和收获的专用机械，并在充分生产试验考核中熟化技术，使研发出的产品定型，实现标准化，实现山东省丹参种植和收获机械“有好机可用”。结合丹参药材药用标准，优化丹参烘干工艺流程，提高丹参烘干品质。

(3)对空白环节加大机具研发力度：一是对栽植的种苗的生产方式(比如穴盘育苗)改变为移栽机械的使用创造条件；二是研发特定的移栽机满足丹参栽植的要求。对收获机具研发可从以下方面考虑：加强基础性能研究，合理选择结构设计参数；二提高可靠性，三是开发深层挖掘减阻技术攻关，研制深层挖掘减阻部件将成为实现深根中药材收获技术的核心和关键，以此提高机具的可靠性；四是开发根茎与土壤有效分离技术；五是加强对多功能作业机具研发，最好能一次作业完成除秧、挖掘、药土分离及根茎收集等多工序，彻底实现收获环节机械化。通过上述过程，逐步实现有“有良机可用”。

创新体制机制　保障乡村振兴顺利推行

农经分团　张述存　赵宇

党的十九大提出乡村振兴战略，为保障乡村振兴战略目标的顺利实现，党中央又明确要坚决破除体制机制弊端，使市场在资源配置中起决定性作用，更好发挥政府作用，推动城乡要素自由流动、平等交换，推动“四化”同步发展，加快形成工农互促、城乡互补、全面融合、共同繁荣的新型工农城乡关系。

一、创新乡建人才培育与发展机制

乡村振兴，人才振兴是关键。乡村振兴需要一批农业高科技人才和善于经营高精尖农业项目的高端人才，但目前农村实用人才总量不足、文化层次总体偏低，缺少一批懂农业、爱农村、爱农民的带头人。乡村建设仍需在农业研发、设计、金融、物流、信息、培训、文艺、创意等方面，引进培育更多的紧缺人才和高精尖人才。

一要做好新型职业农民培育工作，要根据实际需要建立一批综合培育基地、农民田间学校、实训基地，建立起全方面、多层次、分类别、有针对的培训模式。有条件的地区应该充分利用、活用当地涉农院校、基地等培训机构，对于农民进行新型职业农民培训以及再教育，提升农民的生产经营素质，使其作为乡村振兴的最基本实施单元具备相应的对于政策的了解、生产技能的掌握、未来动向的前瞻。政府还应多组织科技人员下乡活动，每年组织若干名农业科技人员到生产一线，以推广绿色优质、稳产增产和抗灾减灾技术为重点，加大关键时节、关键环节的技术指导和农民培训力度。

二要做好农村实用型人才的提升工作，大力发掘、发展一批农村本土人才，比如土专家、田秀才乡村工匠、文化能人、非物质文化遗产继承人等。同时，通过集中培训、上门送技、就近考试等一系列方式，再培养一批取得相关资格、技术精良的专业技能化队伍。大力引进和培养一批有学历、有基层经历的农村带头人等实用型人才，加强对基层干部和帮扶干部的科技培训，省、市、县积极组织各类科技精准扶贫培训班，强化他们的业务素质和工作水平。

三要选优配强村级带头人，上级组织部门要严格坚持政治标准，对于软弱涣散的村党组织进行持续整顿，每年按照一定的比例倒排整顿对象，建立起工作台账，有针对性地逐一制定整顿措施，把集中整顿活动长期化、常态化。对于村“两委”换届选举，注重“从好人中选能人”的用人导向，选优配强村“两委”班子特别是党组织书记，充分利用社会资源，鼓励政治性、组织性、纪律性强的退伍军人进入村“两委”班子。同时，拓宽选人视野，对于城乡人才资源进行统筹规划使用，积极探索优秀书记跨村兼职、机关干部脱产任职等方式，推动村党组织书记队伍的整体优化提升。与此同时，对于农村干部学历教育和后备干部的递进培养力度要进一步加强，推动农村基层党员干部素质长效提升，村干部综合素质和致富带富能力的综合提高，进一步强化农村基层党组织的核心领导地位，推动农村改革、发展和稳定。

二、创新乡村治理机制

乡村振兴的顺利实施离不开广大农民群众的参与，必须充分调动起他们的积极性和主动性，对于现有乡村治理体系进行现代化创新改造，保障乡村振兴战略的有序推行。

一要创新村民自治实践，对于村民自治积极探索行之有效的方式方法，除了村“两委”进一步做好村务公开工作之外，还要持续抓好四议两公开一监督、村民代表议事等制度、阳光议事日等村级基本制度的落实，推动“村规民约”等拥有广泛群众工作基础的共识性规则实现全覆盖。同时，在坚持政治原则的前提下，选拔有责任心、能力强、作风正派、群众拥护的人作为成员组成“红白理事会”“村务监督委员会”等群众自治组织，深入群众生活实践村民自治。再有，利用互联网＋、明白纸、电视广播等多种媒体手段及时公开公示村两委决议、工作，使村民对于本村事务能够及时全面地了解，减少干群矛盾，推动村级事务管理透明化、正规化。

二要提高乡村依法办事水平，政府有关部门选派法律顾问深入农村开展法治宣传教育活动，讲解宣传法律知识，发放和农民农村联系紧密的土地管理法、农村土地承包法、村民委员会组织法、婚姻法等普法宣传手册，提高农民对法律条款的了解。同时要建立法律服务团队巡查制度，以便于及时解决村“两委”与村民遇到的法律难题，巡查还有助于督促村干部依法依规行政。为进一步提高法律服务覆盖面，选配具有良好的政治素质和品德，具有为人民服务的思想理念，遵纪守法，常驻本村，对本村的人熟、地熟、情况熟，有一定群众基础的人作为警务和司法助理，做好掌握社情民意、采集基础信息、化解矛盾纠纷、协管实有人口、协控治安要素、组织群防群治、举报违法线索、服务人民群众等工作，为乡村振兴战略的稳步推进做好法治服务工作。

三要利用好传统美德促进乡村善治，对于社会公德、职业道德、家庭美德、个人品德等“四德”要大力弘扬，同时对于文明城市、文明村镇、文明单位、文明家庭等群众性精神文明创建活动继续深入推进，塑造家庭和美、邻里和睦、社会和谐的社风民风，积极传递社会主义核心价值观。在公民道德建设层面要不断健全“评选、宣传、奖励、学习”等机制，褒奖善行义举，倡导向上向善的社会主流价值。同时，充分利用社会力量，发挥社会志愿者的作用，推进志愿者服务制度化，大力弘扬志愿者精神，积极培育志愿者服务文化，建立健全志愿活动组织协调、注册培训、活动运行、服务记录、回馈激励等机制，推动全社会学雷锋活动常态化。政府还应统筹推进诚信建设制度化，加快社会信用体系建设，建立诚信“红黑名单”制度，健全守信激励和失信惩戒机制，营造出诚实守信的社会氛围。

四要发挥基层党组织示范带头作用，充分发挥党的组织优势和群众工作优势，扎实做好组织群众、宣传群众、凝聚群众、服务群众工作。尤其要加强对乡村振兴重大决策部署和各项政策的宣讲普及，全方位地了解群众诉求、收集村情民意，确保乡村振兴战略各项政策全面落实到位。充分利用党组织的组织功能，发挥党员在产业升级、人居环境整治、美丽乡村建设等工作中的带头带动作用，大力发动起农民群众全面参与到乡村振兴各项工作中来。同时实行党员服务项目认领制，在推行包片联户、设岗定责、承诺践诺、志愿服务等工作中发动党员根据自身特长进行认领，组织有能力的党员参与到社会志愿服务行动中去，对于乡村各类组织主动承担服务事项加强引导，形成党组织引领、多方参与的为民服务格局。

三、创新绿色发展机制

牢固树立起绿水青山就是金山银山的生态理念，并把这一理念融入日常生产生活中，推动形成绿色发展方式和生活方式，全力建设人与自然和谐共生的生态宜居乡村。

一要建立起农村人居环境持续性保障机制，对于农村环保设施管理，探索建立“建管并重”的体制，把政府支持与市场化运作结合起来。为减少地方政府财政压力，可以推广政府和社会资本合作（PPP）模式，通过特许经营等方式吸引社会资本参与农村垃圾处理项目。通过“认养、托管、建养一体”等模式开展后期管护，支持有条件的农村新型社区及经济强村探索建立现代化物业公司来进行统一运行、统一管理。也可以通过几个相邻村庄联合建设的模式来进行基础设施建设、运营，实现降低成本、共建共享。

二要形成农业废弃物循环再利用发展模式，围绕农业生产经营活动中产生的废旧农膜、农作物秸秆以及废弃农药包装物等农业废弃物，立足打造一条包含“资源—产品—农业废弃物—再生资源”模式的完整的农业生物产业链，引导发展一批大型沼气工程，加强废弃物再利用，提高资源综合利用率。对于畜禽养殖场区粪污处理设施进行标准化改造，建立种植业、养殖业废弃物及时收集队伍，确保所有垃圾不露天，100%就近或按需转化为生物肥料或送入沼气池。形成“蔬菜、作物—畜禽粪便—沼气池”互补互促、循环有序的生态链。同时，引进推广国际先进农产品加工技术，对于加工副产物进行梯次利用，将剩余利用价值“吃干榨净”。对于先进环保技术大力推广应用，加大废弃物处理力度，实现加工企业的清洁化生产，走一条绿色循环经济发展的道路。

三要贯彻好“山水林田湖草是一个生命共同体”的理念，来确保乡村田园生态系统的健康、稳定。地方政府在工作计划制定中应超前做好生态环境、基本农田等保护规划，积极扩大绿色生态空间，以道路绿化、水系绿化、农田林网建设和村庄（社区）绿化为重点，提高植被覆盖率，增强生态产品供给能力，努力打造形成人口、经济、资源环境相协调的空间开发格局。对于农村环境综合整治行动应该继续深入化、持续化、常态化进行，加大农村环境监察力度，对于乡镇（村）工业园区规划实行严格把关，建立落实建设项目环评审批负面清单制度，坚决防止城市污染向农村地区转移、污染严重的企业向农村地区转移。

四、创新城乡融合体制机制

党的十九大在提到乡村振兴战略时明确提出要“建立健全城乡融合发展体制机制和政策体系，加快推进农业农村现代化”，而创新城乡融合机制体制，是盘活乡村振兴战略的关键一环。

一要创新城乡要素流动机制，我国城乡发展长期受到传统二元体制的束缚，在改革开放之后以及城镇化大潮中都成为农民进城的主要障碍，在现在乡村振兴时期又会成为城市人才、资本等要素向农村流动的最大阻碍。受制于现有宅基地取得、使用政策的限制，城市人才即便以后将长期在农村从事生产、生活，也无法获得属于自己的住宅并落户。在当前城乡要素双向流动频繁的大环境下，为了进一步吸引促进乡村建设人才、资金、技术到乡村去，则必须模糊城市、乡村之间的界限，把城乡作为一个整体来制定或革新现有户籍政策、土地登记管理制度、社会保障制度等相关法律法规，吸引和促进城市生产要素积极、有序地向乡村流动，同时城市公共服务也应加速向乡村延伸，实现城乡无差别对待。

二要重新认识“三农”概念，农业、农村、农民常被作为一个整体指代乡土社会，以往政策的制定并没有对他们进行细分、甄别。在历史上城镇化和工业化发展进程中，“三农”作为一个整体是作为城市、工业发展的附属而存在的。一般提起农业，人们的认知以及各类政策的制定很自然地就把它归类于第一产业，殊不知现代农业是一二三产业全面融合发展的新型农业，如果继续沿用以前的思想观念制定“农业”政策将不会适应和满足现代农业发展的需要。而“农村”也已不仅仅只是作为城市化进程中的一极存在，不单单只是城镇化人口的来源地与净流出地，而是与城市组成了命运共同体在未来发展中共存共荣。经过改革开放以来几十年的城镇化进程，大量农村人口已经在城市生产、生活，基本上除了户籍还在农村已经完成了市民化转变，对于这部分人无论是在居住地还是在乡村振兴的大潮下回流回农村，政府在政策制定上都应有所照应，在住房保障、医疗、保险、教育、就业等方面予以充分照顾，保障“农民”群体的稳定性。

以“智治”为擎　推进建设乡村治理“全科大网格”

——基于山东省邹平市乡村治理实践的调查

农经分团　张述存

在乡村治理实践中，充分发挥科学技术支撑作用，特别是发挥大数据、云计算、区块链等信息技术作用，能够有效提升社会治理的预见性、精准性和高效性。近年来，邹平市以“智治”为擎，深入推进建设乡村治理“全科大网格”，不断以网络等先进技术手段增强乡村治理技术支撑，大大提升了该市乡村治理的现代化水平。

邹平市按照每 1 000 人一个网格或 1 个村居一个网格的标准，把全域划分为 1 063 个网格，把综治、党建、环保、民政、为民服务等网格进行了统一整合，每个网格配备 1 名专职全科网格员和 1 名兼职网格员，发挥基层堡垒作用，推动基层党组织建设与网格化社会治理相融合，有效提升了社会治理水平。据统计，邹平全市累计摸排治理影响安全稳定的矛盾问题 5 万余个，“全科大网格”成为保障邹平社会稳定的重要力量。

一、搭建网格信息管理平台

随着信息技术的发展和互联网、智能终端的普及，新时代乡村治理也迎来了数字化发展的新阶段。邹平市充分运用数字化手段提升乡村网格化治理效能，切实增强群众的获得感、幸福感和安全感，让科技更好地为社会安定有序、人民安宁幸福服务。

研发启用邹平市“全科大网格”信息系统，市级平台可实现事件的大数据智能分析、镇街网格工作考核展示等功能，镇街平台具备网格化 GIS 地图、网格员工作轨迹、手机 APP 事件上报、市镇街事件分流督办等功能，真正实现了网格员全面摸排问题、职能部门高效解决问题、党委政府强力督导落实的全程信息化。组织开展实有人口、实有房屋、实有组织录入活动，及时掌握全市人员状况，每天通报各镇街网格员的上线率和在线率。目前，专兼职网格员综合打卡率达到90%以上，在线率保持在70%以上。

探索建立“互联网＋网格管理”服务管理模式，提升乡村治理智能化、精细化水平。临池镇依托现有党组织设置，科学划分网格单元，按照“一格一组织”的目标实现基层党组织与网格管理的深度融合，真正以“小网格”编织“大服务”，不断推动基层治理现代化。以基层党建引领社会治理为主线，按辖区村庄数合理划分网格单元，建立网格党支部44个，75名网格员参与网格管理服务工作，将组织、人员、地点、事件“四要素”全部纳入网格，实现工作上下联动，大小事“一网打尽”。党员网格员成为民意的“发声筒”、政策的“宣讲员”，走访群众5 300余户，架起了群众和党委政府间的“连心桥”。智慧管理，打造“12345”运行机制——建立以一个镇级综治中心为基础，建强“指挥调度，信息流转”两类平台，抓好“人、事、章”三大支撑，走好“发现、传递、协同、反馈”的四步环节，聚焦“便民服务，隐患化解、民意收集、突发预警、服务党委”五项工作重点的“12345”网格化运行机制，大大降低了基层治理的时间成本。韩店镇的网格员们不但能熟练掌握手机APP操作流程，上报网格事件、核实信息，还能通过“韩店镇全科大网格微信公众号”及时了解政策信息、工作动态。为有效提高农村网格员服务能力，该镇建立网格培训长效机制，开展集中培训与分组培训、线上线下相结合的培训模式，截至目前，已开展培训10余次，内容涵盖民政人社、市场监管、扫黑、禁毒、疫情防控等方面。

网格化管理带动农村产业发展。明集镇充分发挥全科大网格信息收集及时精准和网格员工作细致到位的优势，将促进农业现代化、工业转型升级与促进村民创业就业、增产增收以及产业扶贫、精准扶贫等工作相结合。一方面，积极发展生态高效农业，投资160万元建设集种粮大户管理、土地流转信息、水肥管理、种植管理建议、病虫害提示等功能为一体的智慧农业人才，搭建新型职业农民之家，培育种粮能手、种植专家数字农业服务平台，正全面进行基础数据采集，同时积极引进智；与山东农业大学联合建立新品种、新技术、新机械、新肥料、新农药"五新"展示平台 4 个，带动现代种植业高速发展。同时，积极推动支部领办合作社，发展果蔬标准化种植基地，推广水肥一体化节水灌溉技术，积极开展"农耕贷"切实解决种粮大户融资难、融资贵问题，建立监管名录和"黑名单"制度，严格落实对农产品质量以及安全监管生产过程的控制。另一方面，加速传统产业转型升级，着力抓好金光、福明两家焦化企业转型升级，实现清洁化生产和价值提升；结合华星集团"新型温度可控式摇摆窑""陶力铸造砂应用技术"等技术突破，全力支持特种陶瓷、氧化钙企业进行技术创新，发展培育新动能；同时，开工建设商贸综合体，带动餐饮、休闲等服务业发展。工商齐动，快速带动和实现离地农民再创业、再就业。

二、加强网格员队伍建设

邹平市出台《邹平市社会治理全科大网格实施细则》，明确由社区（责任区）干部职工担任专职全科网格员，由村干部、"一村一警"、物业人员等担任兼职网格员，共配备专职全科网格员 734 名、兼职网格员 1 039名，形成了全科专职网格员为"医生"、兼职网格员为"护士"的网格员队伍架构。同时，在社区、责任区设立网格化服务管理工作站，由社区、责任区书记担任网格长，负责做好网格员队伍日常管理和矛盾纠纷调处等工作。着力宣传"全科大网格"的知识，密切网格员同群众的血肉联系，每个村居、小区的宣传一条街、醒目位置，至少有 2 处固定宣传标语，1 处宣传栏（网格责任公示牌）。印发"全科大网格"便民联系卡，将网格区域、网格员职责、网格员照片和联系方式等全面公开。组织各镇街设立"全科大网格"微信公众号，发布网格员信息、网格工作动态、便民服务信息等，提高群众知晓率。

焦桥镇充分发挥"全科大网格"作用，48 个村均配有全科网格员，镇党委政府加强对全科网格员指导与考核，通过人员、场所、设施、机制、经费等多方面的保障，全科网格员基本做到：基础信息全掌握、社情民意全掌握、矛盾纠纷全调处，不断提升基层治理水平。明集镇积极引导网格员当好党委政府信息员、矛盾纠纷调解员、政策法规宣传员、民生事项代办员、安全环保巡查员、环境卫生督导员、干群关系联络员、重点人群心理辅导员，网格员在化解矛盾纠纷、维护社会稳定、助推乡村治理等方面的作用日益显著。

三、严格网格化管理流程

“全科大网格”构建了一套科学的事件处理流程。按照事件处理的责任层级，建立村级微循环、镇级小循环、市级大循环三级事件处理流程。基层网格员积极开展走访摸排，将发现的矛盾纠纷、社会治安和公共安全隐患等问题，第一时间通过手机 APP 上报信息平台，属于村居（社区）办理的，由村级小循环办理。需要镇街站所处理的问题，由镇街综治中心根据问题性质，按照职责分工，安排职能站所进行办理，由镇街小循环程序解决问题；同时，镇街综治中心根据各站所需要网格员办理的事项，进行统筹研究，及时安排给全科网格员进行办理，对不按照要求办理的，由镇街党委政府进行问责，建立起了由上到下安排工作、部署任务的机制。超出镇街职责权限的事项，按照“镇呼市应”的原则，市综治中心分流给市职能部门进行办理。对于不能明确市级责任单位的，由市编办进行研究明确。

明集镇全科大网格采用“1＋8＋N”模式，即坚持党建引领，梳理整合政法、生态环境、卫生健康、应急管理、市场监管、城市管理、信访维稳、社会救助等 8 个系统和其他 N 个单位的相关工作，实现多网融合，形成“上面千条线、下面一张网”的社会治理机制。同时，强化科技支撑，把构建“全科大网格”与“智慧城市”“雪亮工程”、政务服务 APP、在线服务平台建设等结合起来，推进实现“全科大网格”工作全程信息化。

四、强化网格管理的考核保障

邹平将网格化建设工作纳入全市综治工作绩效考核，邹平市网格化服务管理中心以巡查到位率、问题发现率、事件处置率为核心指标，制定专兼职网格员工作考评细则，对各镇街网格化工作进行考核。各镇街综治中心建立百分制考评细则，加强对网格长、全科网格员、兼职网格员的工作考核。市、镇财政负责保障网格化信息系统费用、兼职网格员工作报酬，健全教育培训、考核奖惩等管理制度，保障了基层社会治理“全科网格”的高效运行。

明集镇建立“四项制度”对网格工作进行考核管理。一是建立工作月查制，对网格档案和民情日志、走访记录等实行一月一检查，帮助网格员发现问题并及时整改。二是建立动态考核制，以年终考核为主导，以季度排名为基础，更加注重网格员工作成绩、能力和态度，确保网格考核科学公正。三是建立末位淘汰制，对于连续季度排名最后一档网格员给予“黄牌警告”，直至“红牌罚下”，网格员队伍不断优化。四是建立网格事项审批制，各职能部门需要网格员协助完成的重点事项，由网格化服务管理中心统一安排，并及时反馈工作完成情况，为日常考核提供切实依据，网格事项管理更加规范有序。同时，对“全科大网格”工作实行一日一统计、一周一通报、一月一例会、一季一总结、一年一考核的“五个一”管理模式，坚持常态化管理与阶段性总结相结合，及时帮助网格员查摆工作中存在的问题和短板，不断总结提炼工作经验和工作方式。通过制度约束、评优树先和严格奖惩，实现网格员队伍管理常态化、制度化，“全科大网格”的作用发挥更加显著。

五、深化“智慧社区”网格建设

近年来，邹平市创新基层治理模式，建成“智慧社区”网格管理平台，推动网格管理多网融合、数据共享，形成“全时空布局、全要素汇集、全方位保障、全过程覆盖”的全要素“智慧社区”网格管理体系。

黛溪街道通过“智慧社区”网格管理平台，设立智慧党建、社会治理、城市文明、卫生健康四大模块，实现“智慧社区”网格管理系统与党建、综治、宣传、卫生等有关部门信息系统以及“雪亮工程”视频云平台的互联互通。通过数据互通形成大数据融合，实现对人、地、物、事、组织等基本要素动态管理，建成纵向贯通、横向集成、安全可靠的基础信息支撑体系，为基层党建工作、基层社会治理工作、特殊人群服务管理、创城宣传工作等提供大数据信息资源服务。利用“智慧社区”网格管理平台可随机调阅辖区居民的个人信息、家庭状况、房屋信息以及人员的流动等情况，实现人、房定位，以人查房、以房找人，人房关联，便于有针对性地开展管理和服务，有效提高了发现问题、处置难题的效率。

2020 年，侯家村开启智慧社区建设，安装高清摄像头 40 余个，安装电子门禁、人脸识别系统，完成小区电子门禁设备更换，实现小区电子监控全覆盖，引进智能垃圾分类设备，改善小区人居环境，开启智慧生活新风尚。

以“智治”为擎提升乡村治理网格化水平，需要借助大数据等新技术，引领乡村社会资源配置创新，创新乡村治理方式，提高乡村治理的便民化、利民化程度。实践运行中，还需要注意做到以下几点：一是加快构建全方位服务网络系统，打破旧的“利益藩篱”等思想制约，推进数据的开放共享和互联互通，着力打通“数据烟囱”“数据孤岛”的制约，努力打造一体化在线综合便民服务平台，通过线上线下相结合的方式动态回应乡村地区群众服务需求。二是在有条件的乡村地区要率先开展数字社区、大数据社区、智慧社区等建设，以“互联网＋”“智慧社区＋物联网＋大数据”为支撑，完善乡村地区信息网格平台的智慧化基础设施，利用新一代信息技术，推动服务信息化与精细化，乡村社区治理的智能化水平。三是充分利用信息网格技术服务平台整合各方机构和资源，建立信息联合管理机制，促进各层级、各部门的交流合作，加强复合型人才的培养和使用工作，建立电子化的群众信息档案和综合性的服务信息平台，推动服务精细化。

关于超前谋划农村集体经营性建设用地入市改革相关工作的建议

农经分团　张述存　高阳

党的二十大报告提出，要深化农村土地制度改革，赋予农民更加充分的财产权益。农村集体经营性建设用地入市改革作为农村土地制度改革的重点领域和关键环节，具有历史性的战略意义，但同时是改革攻坚的难啃“硬骨头”。目前改革已进入深水区，2022 年 9 月 6 日召开的中央深化改革委员会第二十七次会议通过了《关于深化农村集体经营性建设用地入市试点工作的指导意见》（以下简称《指导意见》），强调改革事关农民切身利益，涉及各方面利益重大调整，必须审慎稳妥推进。山东省改革试点工作充分、基础配套优越，应超前谋划改革的相关工作，夯实改革大范围推进的前期基础，待中央新一轮顶层设计出台后抢得先机。

一、农村集体经营性建设用地入市的战略意义

在城镇化进程进入中后期、城市建设用地日益紧张的现实条件下，集地入市逐步被中央层面作为破解建设用地供求难题的突破口。2013 年党的十八届三中全会提出“在符合规划和用途管制前提下，允许农村集体经营性建设用地入市”，2015 年初国务院在全国选取了 33 个县区进行试点。集地入市改革是作为统筹城乡发展、加快乡村振兴战略实施、促进农村农民共同富裕的重要突破口，其战略意义重大且影响深远。

一是优化土地资源配置，破解建设用地供需矛盾。集地大部分已长期固化硬化，不具备复垦为耕地的条件；同时，集地面临产权属性、历史遗留、政策限制等诸多因素制约，难以对城市建设用地形成有效替代。山东省集地面积约为 300 万亩，相当于 2021 年全省国有建设用地供应量的 5 倍以上，集地入市将有力破解高质量发展的用地瓶颈。以被纳入国家 33 个试点地区之一的山东省禹城市为例，试点以来该市 407 宗 4 844 亩集体建设用地入市，先后保障了 400 余个项目顺利落地，节省了大量土地指标。

二是引导资本流入农村，有力推进乡村产业振兴。由于历史原因和国家政策多次变动，集地的现状较为复杂。改革开放以来，乡镇企业、区县镇村开发区、招商引资入乡等渠道的大量基建投资沉淀于集地，大量厂房、房屋仍具有使用价值。全省此类资产价值达到万亿级，却因未被确权发证，无法交易、无法合资入股，缩小了资本流入乡村的空间。实现集地入市可以市场化的方式优化农村存量资源配置，显著

降低“资本下乡”的投资成本，有力促进乡村产业振兴，带动农民共同富裕。自试点以来，禹城市以不足5 000亩入市集地即撬动了各类投资54亿元，集地引流资金能力可见一斑。

三是盘活存量固定资产，提升中小企业融资能力。目前大量中小企业在集地上开展生产经营活动，其厂房和土地未被确权发证，无法作为银行贷款的有效抵押品，不利于发挥存量资产的融资增信作用。通过集地入市，可以有效盘活企业占有的存量固定资产，在现有的金融支持政策框架内，为乡村振兴引入海量“金融活水”。就试点情况来看，禹城市赋权抵押贷款已达到6 000万元，乡村振兴“融资难”问题得到部分缓解。

四是解决历史遗留问题，扩大财政收入来源渠道。目前集地入市的顶层设计尚未明确，关于如何定性不同时期形成的集地附着物、入市土地增值收益分配等关键问题，仍然存在一定争议。通常而言，采取出让、租赁、作价出资（入股）等有偿使用方式入市的集地，地方政府和村集体应以不同形式参与收益分配，特别是集地出让有望带来不菲税收收入，为地方财政收入来源提供补充。例如，济南市的试点方案中要求集地入市缴纳部分土地增值收益，工业仓储用地、商服（商业、旅游、娱乐等）用地分别应当缴纳土地净收益的20%和50%。

二、关于山东省超前谋划集地入市有关工作的几点建议

从深化农村土地制度改革的角度来看，集地入市改革有望在“十四五”时期形成顶层设计，集地大范围市场化入市将成为破解城乡二元结构桎梏、加快实现乡村全面振兴的重要突破口。山东省超前谋划集地入市有关工作，可从以下方面着手。

一是摸清掌握现状底数，为改革深入推进提供基础数据支持。集地附属的厂房、办公楼等固定资产属性极为复杂，有的是集体企业产权改革中由职工购买并持有；有的是改革开放后兴办开发区、企业家回乡建厂形成；有的是20世纪末开发“四荒”的产物；还有的是近年乡村游等政策吸引下乡资金投资建设；另有部分资产是由于政策变动，导致工厂建成后县区以下开发区无法按承诺为其办理产权证，形成了

集地上的沉淀资产。建议由省级层面统筹安排，整合部门、市县现有数据，综合运用多种技术手段，提前摸清全省集地利用情况的现状底数，为开展相关政策设计和做好改革前期准备提供基础性数据的支撑。

二是系统研究充分论证，为及时推出配套政策提供科学依据。随着集地入市试点工作的深化，预计“十四五”时期试点范围将进一步扩大，集地入市将为乡村振兴提供新的“政策红利”。山东省集地入市的试点经验较为丰富，具备先发优势。禹城市是 2015 年初国务院选定的 33 家试点地区之一，试点以来已取得突出成效。2019 年，济南市下辖六区被确定为国家城乡融合发展试验区，2021 年 12 月《济南市集体建设用地管理办法(试行)》正式施行，推动集地入市在全市范围内规范展开。山东省集地总量规模较大、市场价值较高，发展潜力巨大，建议由有关部门组织专家学者开展系统研究论证，科学总结试点经验与不足，为中央顶层设计推出后的省级配套政策制定提供理论支撑。

三是谋划健全保障机制，为集地入市的规范化运行提供铺垫。在 2015 年以来的全国试点中，发现了一些土地赔偿不到位不及时、部分城市或存在随意占用耕地的做法、一些集体建设用地入市后存在交易不公平或配套不及时跟进等问题。可见，实现集地入市的规范化运行必须建立系统全面的保障机制。特别地，《指导意见》明确了“同地同权同责”原则，提出推进集地与国有建设用地同等入市、同权同价，在城乡统一的建设用地市场中交易，适用相同规则，接受市场监管。随着集地入市改革的深入，集地的交易平台如何建立、交易规则如何设计、监管机构如何设置等问题均需要妥善解决，集地租赁、转让、抵押二级市场建设亦有待建立和完善，集地作为抵押品的融资渠道必须进一步畅通。鉴于此，建议有关部门开始着手研究论证集地入市的信息平台、交易市场、监管规则等相关问题，提前谋划设计改革的保障机制。

四是细化利益分配机制，为集地入市的可持续发展增添动力。集地入市改革将为乡村振兴带来巨大政策红利，同时撬动大量城市资本流入农村，形成以土地增值收益为代表的巨额利益。利益分配机制是否科学合理，直接影响到改革成效，决定改革能否实现可持续健康推进。建议结合山东省试点实践，深入论证利益分配机制设计的原则与标准，根据各地区差异探索形成多档利益分配方案，扎实做好改革前期工作。

基于粤沪比较视角下的山东“海洋金融”发展建议

农经分团　张述存

海洋金融是为海洋产业和涉海企业提供金融服务的一种新金融业态，目前实践层面主要涉及海洋信贷和海洋保险。客观而言，广东、上海、山东在国内海洋经济方面已呈现三足鼎立之势。山东省智库高端人才、山东社科院原院长张述存带领课题组通过深入调研和研究分析，认为山东省在海洋金融体系顶层设计、市场活力激发、海洋保险品种等方面仍存在一定差距，山东省应依托海洋大省基础，充分释放海洋金融强大势能，在加强政策集成、探索设立山东海洋发展银行、组建“山东航运保险协会”、完善海洋产权交易以及探索建设山东海洋金融智库等方面加大工作推进力度。

一、粤沪海洋金融的创新经验借鉴

近年来，广东、上海依托发达的海洋经济，在海洋金融发展方面探索创新、初具特色。

1. 广东

在海洋信贷的担保、平台方面创新力足，如海域使用权抵押融资、“造船厂担保＋客户贷款”“信用＋后期追加新建渔船抵押”、渔产品收购企业担保等；成立前海航空航运交易中心、前海国际船艇交易中心等；设立500亿海洋产业发展基金，支持深圳建设国际海洋金融中心等。海洋保险在全国处于领先地位，尤其是海洋巨灾保险和渔业保险比较成熟。深圳市在打造全球海洋中心城市中提出“十个一”工程，其中涉及经济金融的有：一个全球海洋智库、一家海洋开发银行、一支海洋产业发展基金。“十四五”期间，广东提出将实施“金融＋海洋”工程，探索在境内外发行海洋开发企业债券，鼓励私募基金投资海洋综合开发企业和项目，发展海上保险、再保险及船舶金融等特色金融业；建设广州南沙、深圳前海航运交易中心等。深圳也谋划了一批“十四五”涉海领域重大项目，其中包括设立深圳港航发展基金、设立深圳市促进海洋产业发展专项资金等。

2. 上海

金融机构面向航运企业推出“航运直通车”，为航运企业节约大量成本，开展船舶融资租赁。上海的航运保险体系非常完整，设有航运保险业协会，全国 11 家航运保险营运中心均设在上海，目前已成为亚太地区的主要航运保险中心。“十四五”期间，上海将突出“贸易＋金融＋航运＋科创”，探索资金跨境自由流动的管理制度，着力推进货物贸易外汇收支便利化试点，加强贸易与航运联动发展，加快优化集疏运体系和海空铁多式联运体系。

二、山东海洋金融特色还不凸显

海洋金融在山东省总体处于起步阶段，一些类似战略层面的规划、海洋金融标准制定等关键环节，均尚未破题。虽然初步形成了政府主导型的海洋金融市场，但市场活力有待提高。山东省海洋保险起步较早，但保险种类主要以渔业保险为主，种类相对单一，在海洋巨灾保险方面仍处于起步期，特别是航运保险规模偏小、能级偏低。据有关保险机构预测，青岛市年度航运保险保费市场应在 30 亿～40 亿元，但在青岛本地实现的市场规模却不到 10 亿元，大量保费收入外流，不利于青岛建设全球海洋中心城市。另外，山东省金融机构、高校普遍存在海洋金融专业人才匮乏问题，同时缺少专业的培训机构参与海洋金融人才培养。

三、工作建议

一是加强政策集成。建议研究制定全省推进海洋金融发展的意见，并在编制山东省金融业“十四五”专项规划中重点突出海洋金融的建设举措。综合运用财政、税收等优惠政策，带动金融支持海洋产业发展。完善信贷政策评估体系，增加海洋金融业务督导。

二是探索设立山东海洋发展银行。目前浙江、江苏、深圳都在积极组建专业的海洋金融机构，建议山东省可依托资产规模较大的地方法人机构在沿海城市先期设立海洋支行，后期定向扩容增资，并与政策性金融机构对接，建设综合性的海洋发展银行。

三是组建“山东航运保险协会”。充分借鉴上海航运保险的经验，组建山东省航运保险协会，针对保额较大的项目发起航运保险共保体，防止本地大额保单外流。依托山东港口集团的金融板块组建“山东航运保险运营中心”，推动船舶险、货运险、物流险等多业态发展，做强大航运保险市场。

四是完善海洋产权交易。推动各类海洋产权交易中心建立集中统一的海洋产权抵质押登记制度，规范涉海产权评估标准。除传统产权交易业务外，鼓励开展以海洋知识产权、涉海金融资产权益等作为交易品种的交易业务，以及应收账款、经营权、租赁权抵（质）押贷款等金融创新业务。

五是探索建设山东海洋金融智库。建议由政府牵头组织，高校、科研机构、协会共同发起成立山东海洋金融智库，并引入涉海龙头企业、金融机构、媒体机构作为战略合作方，集聚各类海洋创新资源要素，打造成为专注海洋金融研究与咨询的高端智库，提高山东在全球海洋治理的话语权和影响力。

农产品批发市场追溯模式创新与实践研究

农经分团　李百秀

一、建立农产品批发市场追溯模式的意义及依据

1. 建立农产品追溯体系的现实意义

农产品是指来源于农业的初级产品，即在农业活动中获得的植物、动物、微生物及其产品。我国是食用农产品生产和消费的大国，2007 年，我国主要农产品的年人均占有量达 503.3 千克，居世界首位。随着国际贸易的不断深入，农产品也成为我国出口创汇的重要来源。2010 年 1 月，农产品出口贸易额达 38.3 亿美元。

农产品质量安全问题产生的根本原因在于信息不对称、责任不可追溯造成的市场失灵。追溯系统被公认为是减少信息不对称、保障食品安全的最有效的方法，发达国家普遍利用其进行农产品质量安全的监管。尽管我国和发达国家在农产品中同步引入追溯系统，但由于农业发展水平和农产品流通业态低下等原因，追溯系统的推进中出现了制度不适应和环境不适应等问题，影响到我国农产品质量安全水平的提高。因此，建立农产品质量安全追溯体系是非常必要的，这既是构建农产品质量安全管理长效机制的重要内容，又是落实责任管理的重要保障，同时也是许多国家的通行做法和发展趋势。

2. 建立农产品批发市场的重要地位

当前我国蔬菜的流通主要通过生产者—批发市场—农贸市场/超市—消费者来实现，从农产品物流的角度看，批发市场是蔬菜聚集和分配的关键节点，是产品流和信息流的汇聚地。批发市场作为我国农产品市场体系的重要组成部分，是农产品流通的主渠道和中心环节，全国有 70%～80% 的鲜活农产品经过批发市场流通并最终进入百姓的菜篮子，同时农产品批发市场上联生产环节，下联其他流通主体，是

物流和质量安全信息流集中与分配的节点，能有效实现农产品质量安全信息的收集和传播。追溯系统从本质上看，就是收集农产品在各个环节的信息，并在供应链各主体间进行传递，有效解决交易过程中的信息不对称问题，提高农产品质量安全水平。由此可见，在农产品批发市场建立追溯系统，能获取最大的追溯效力，也是现实的需要。

二、农产品批发市场追溯模式建设中存在的问题

2010 年 10 月 13 日，商务部、财政部联合发布《关于肉类蔬菜流通追溯体系建设试点指导意见》，指出为解决肉类蔬菜流通来源追溯难、去向查证难等问题，提高肉类蔬菜流通的组织化、信息化水平，增强质量安全保障能力，中央财政支持有条件的城市进行肉类蔬菜流通追溯体系建设试点，全国由此开启了肉菜可追溯体系建设的时代。

在肉菜追溯阶段的农产品批发市场追溯体系建设中，追溯电子秤、追溯码和小票打印、查询终端等在批发市场农产品质量追溯中发挥着重要作用，批发市场通过索证索票、集成电路 IC 卡等市场准入制度和技术创新，提高农户、供应商提供相关农产品质量信息的要求，现代流通技术创新推动了流通标准化建设，从而提升了农产品质量可追溯数据的采集、记录和上传效率，但仍存在着一些问题及实施难点。

1. 追溯系统设备没有得到合理利用

农产品批发市场普遍使用追溯溯源秤，在实施的过程中发现用于追溯专用的溯源秤被当作普通秤使用，溯源查询机没有被投入使用。

2. 经营户不配合，市民溯源意识不强

经营户不会主动向消费者提供溯源小票，同时消费者也不主动向经营户索要小票。主要原因是溯源秤没有打印纸、没有墨、商户不会操作、怕耽误时间而没有提供溯源小票；而不少消费者也不会特意到溯源一体机上去查询购买产品的信息，且现在仍有许多市民不知道肉菜溯源查询一体机具有追本溯源的功能。

3. 增加市场运行成本，导致其积极性不高

市场内商贸委为商户提供的设备，需要市场管理人员去维护，大大增加了单位的人力成本；另外，对于进入市场的农产品需要进行登

记、录入查询机中，猪肉、牛肉等肉类均有代表身份的质量 IC 卡，通过扫描就可以完成录入。然而对于蔬菜，批发渠道多，流动性大，蔬菜入场登记需要手动完成，需要大量人力来完成。供应链外部没有创造追溯系统租金溢出的环境，参与追溯系统的主体需要付出更大的成本，却得不到相应收益，缺乏参与积极性

4. 可追溯手段单一

现在只有市场内溯源一体机可以查询到溯源信息，而通过互联网、手机短信或热线电话查询所购买食品信息的途径还没有开通。

三、基于旧有农产品批发市场追溯建设的创新

1. 交易模式的创新

传统的批发市场交易方式比较落后，当前以现货交易为主，存在假币混杂、货款拖欠、质量无监控等弊端，较少结合新时代新科技的发展成果，未实现现代化，同时冗长的交易环节、繁杂的手续增加了交易者、交易组织的时间成本与机会成本，导致交易效率低下，不利于市场整体交易额的提升。不能最大限度地为当地农产品的供给与需求提供高效服务，显现出活力不足、规模效益缺失等情况。

电子结算是指批发市场或银行等第三方机构为场内交易双方提供的电子化结算服务；主要通过计算机网络系统、自助交易终端（智能电子秤、地磅、手持读写终端等设备）、IC 卡系统、结算系统相结合来实现。

农产品批发市场推行电子结算既是交易模式的创新，也是实现来源信息与流通信息准确对接的有效方式，确保追溯信息的准确可靠。该结算模式在实现方便快捷、省时省力交易的同时，不仅资金安全，让不法分子无机可乘，杜绝交易过程中使用假币、货款结算找钱、找零等人为失误，通过真实记录交易情况，为买卖双方交易纠纷、货款支取等方面提供可靠的依据及有效手段，同时经营便利，买卖双方可随时查询交易情况，将交易数据电子化，杜绝原有交易数据不便统计、合伙经营诚信等问题；此外还有助于精准帮扶，市场可根据对买卖双方的交易数据分析，对买卖双方适时制定出相应的帮扶政策，为商户出具相应销售证明，为商户为政府支持、银行贷款、销售授信、网点扩张等方

面提供便利。同时，由于引入银行作为第三方服务提供商，不仅能切实保障资金安全，也为商户与金融部门的深入对接，推进金融服务创新奠定坚实基础。

2.追溯模式的突破

原有以环节为主体的过程追溯模式要求记录农产品流通每个环节的相关信息，并对从上一环节接收到的信息进行确认，以使流通信息更加完整。在这种追溯模式下，无论农产品在流通过程中的哪个环节出现问题，都要对整个农产品供应链进行信息追溯，导致产生非常严重的数据冗余并产生较高的追溯成本。

将原有以流通环节的过程追溯模式改变为以企业为主体，以产品为载体的追溯模式，选择具有带头作用、规模较大以及拥有全链条的企业打造闭环、完整的流通农产品追溯信息链条，推动由主体追溯向客体追溯的转变。这种模式下追溯系统设计具有独立性，数据传输具有开放性，全面按照运营过程中的实际需求量身打造，与批发市场的信息管理系统对接，和批发市场信息化发展融为一体，同时全面打造符合信息发展需求的企业微信和微信小程序，最大限度减少人力成本，提高追溯工作效率，实现企业产品的品牌保护。

3.创新技术的探索

在追溯信息采集过程中，需要采用相关的技术和工具。源头建设环节将会用到计算机录入和存储技术；消费者通过互联网查询，了解到产品的整个生产、运输和销售过程，这一环节将会运用互联网、物联网等技术；同时在整个产品供应链中，对产品的跟踪识别需要用到DNA追踪检测技术、RFID技术等相关技术。另外，产品生产经营过程中，为了避免以次充好、以假充真等情况的发生，还需要产品质量和真实性检测等技术的运用。综上追溯体系建设的不同环节将会广泛用到不同的技术，而这些技术的应用，无疑会产生高昂的技术成本。无论是各环节物联网、互联网等计算机通信技术的具体运用，还是追溯信息系统的建立、手机App的开发，都将会产生技术成本，技术成本的加大，将会使得产品价格上升，产品价格的上升又会使得消费者对产品需求产生变化，因此如何降低成本，协调好成本和效益问题对于追溯体系最大化地发挥作用至关重要。

因此在追溯系统建设过程中，一要开发智能终端App、微信公众号，实现快速全面的信息呈现，提高运营效率，降低成本。二是通过IC卡、追溯码以及POS手持终端等流通技术，实现票证生成的电子化和质量追溯的自动化，节约管理成本，提高消费者信息查询的便利性，提升追溯体系的运行效率。三是运用基于DNA数据库的二维码追溯技术，实现全供应链的覆盖且成本较低，同时将二维码追溯技术与智能手机终端等结合，使信息真实全面地呈现给消费者。四是运用RFID技术，其识别速度快、数据容量大、使用寿命长、安全性高的特点，具有极高的防伪特性。

四、创新性的农产品批发市场追溯模式实践案例

1.喜地农产品批发市场建设模式

(1)企业介绍：山东喜地实业有限公司成立于2010年，注册资金1亿元，是一家创新"互联网+供应链物流"经营模式，搭建冷链配送体系，拓展农产、生鲜、食品、百货展览交易、仓储、批发配送等业务的新型商贸流通民营企业。具备基础的冷链配送体系和客户网络。拥有20万平方米的冷链配送园区，园区现有展览交易大厅(喜地仓储超市)2万平方米，电子商务产业园区5万平方米；已建冷库仓容10万立方；具有农产品批发零售市场3万平方米，配套生鲜配送加工车间3万平方米。公司先后被评为国家重要农产品追溯示范企业，国际标准化冷链流通示范企业，国家冷链试点企业、国际优秀冷链物流园区、山东省企业服务平台、山东省新经济示范企业、4A级物流园区、4星级冷链物流园、2015～2016年度山东冷链物流二十强企业。

(2)溯源流程：交易体系主要由四部分功能模块构成：分别为智慧市场追溯系统、智能POS交易系统、结算系统、平台管理系统。

经营户办卡/经营主体信息备案→手机提交进场货品货主/产地信息→进场刷卡抽样/留样检测→刷卡登陆POS/获取进场批次信息→会员手机登录/刷卡消费/获取买方信息→打印交易小票/打印追溯码→交易同步上传市局追溯平台。

市场经营户进场经营前，先行办理“卖方卡”。通过接口程序，经营者信息自动同步到市商务局追溯平台备案。经营户货物进场前，手机提交进场登记单，进场同时留存进场货品样品，检测结果同步上传交易控制系统，农残结果超标的对应经营户设备自动禁止交易。刷卡登陆智能追溯仪交易界面，获取经营者信息与进场批次信息。选取菜品，登陆会员，获取买方信息。刷任意银行银行卡，完成交易支付，打印交易小票，同步上传交易数据到追溯平台。

(3)亮点创新：

①通过移动终端实现产地信息采集，进场商户可在进场前填报进场预登记信息，经市场工作人员复核合格后方可进场，产地信息、进场记录实时上传系统平台，实时生产产品批次号。避免商户在进场时集中现场填报，提高经营效率，降低商户经营成本。

通过移动客户端采集产地信息，这种方法的优点在于交易自动化程度高、速度快、故障率低、稳定性和电子商务扩展性好，在当今智能手机普及的时代，适合绝大多数经营户使用，完全无电子产品操作经验的经营户经简单培训后也可熟练掌握。设备体积小，采用无线连接，更方便经营户使用。此种模式运用先进的信息化技术，总结以往采集方式在可靠性、便利性等方面的不足之处，综合现有市场的实际使用环境而开发出来的一种新型的追溯数据采集方式。

②在重要产品交易环节，进行电子秤的系统改造，通过智能 POS 完成交易的实现。卖方持会员卡在 POS 终端进行签到(POS 终端将卖方会员卡号作为一个参数进行记录)，POS 终端将 POS 机终端号、会员卡号送市场方系统验证，POS 终端采用无线通信方式(使用公网手机 SIM 卡)传输。交易追溯码信息的编制和采集：追溯码为经营者编号+流水号(流水号是登记时取得的最后自动编码)追溯码要求所有全场交易编码不可重复。追溯码进行统一编制，系统上传至市级追溯平台，同时由 CRM 系统与 POS 的接口交互，让 POS 终端取得，打印在 POS 交易小票上。

2. 银田农产品批发市场建设模式

(1)企业介绍：山东银田农贸集团有限公司成立于 2013 年 4 月，注册资本:3.47 亿元。注册地址:山东省菏泽市牡丹区昆明路 6 号,民营企业。是商务部批准的菏泽市唯一一家“全国商贸物流标准化专项行动重点推进企业”。项目规划建设“五区一中心”,其中有市场交易区,冷链仓储物流区,深加工配送区,电子商务信息发布园区,商务配套服务区,检验检测电子结算中心。主要业态有果蔬、粮油、副食品、干鲜调料、土特产、肉食、水产海鲜、金融、卫生及追溯体系等配套项目。是菏泽市唯一按照高标准,严要求建设的大型综合型农产品批发市场。

(2)溯源流程:进场登记→入场检测(货物进场,对相关产品进行质量检测,并将检测结果录入系统)→生成溯源批次号(检测货物生成唯一溯源批次号,可追溯到货品种类、检测结果、批次数量)→货品入库(进货农产品录入进销存系统,POS 交易可智能提示溯源批次号)→电子化交易(通过市场定制化 POS 机交易,记录买卖双方信息、货品信息、溯源批次号,便于后期追踪)→电子化结算(根据不同运营策略,市场可根据情况采用实时结算或 T+N 结算)→溯源外部接口 APP(云平台提供对外部开放的 API,可供交易信息导入,需要相应身份审核)→公共进销存系统(对外部提供带有追溯模块的进销存,下游采购商可根据自身情况决定是否使用公共进销存)→溯源批次号追溯(可根据溯源批次号追溯整条供应链),通过 POS 机打印出的小票附带追溯二维码,通过扫码可以查询到商品的交易信息、买方卖方信息、追溯信息和检测信息。

3. 亮点创新

(1)在交易环节,采用 POS 交易系统取代原本的追溯电子秤:其优势在于,充值消费的交易模式,减少现金交易;余额不足可用现金支付,记录订单流水的交易模式,为进销存提供数据支持;重现交易中的议价过程,保存订单价格明细,为商品价格弹性提供数据记录;商户可通过智能 POS 查询有效账单,并可在 POS 上直接支付,提高市场和商户效率;针对市场交易过程中的赊销行为,为卖家提供风险预警、收款提醒,买家可追溯,增加商户交易安全性。

(2)在结算中心采用电子化结算:实时结算与 T+N 结算相结合;

具有智能化风险控制模块，实时监控异常账户，保障资金安全；客户信息实名化，追溯到人，为征信体系提供基础数据；自动结算转账到经营户银行账户，银行到账短信通知，从而降低人工结算的出错概率。

五、结语

农产品批发市场是当前我国农产品流通主渠道中的一个关键性环节，构建农产品批发市场质量安全可追溯体系是保障农产品质量安全的一项重要手段。本文结合喜地和银田农产品批发市场流通追溯体系建设的实践案例，探索出农产品批发市场在交易模式、追溯模式和技术应用方面的创新提升。研究表明：这些创新能有效解决农产品质量安全追溯体系的信息不对称的问题，提升农产品质量安全追溯体系的运行效率的同时，大幅降低农产品质量安全追溯体系的运营成本，提高参与农产品质量安全追溯体系的各商户的积极性，适合进行广泛深入的推广应用。

重点实施“五大行动”　推进黄河下游生态保护和高质量发展

农经分团　张述存

党中央、国务院高度重视黄河流域生态保护和高质量发展，将其上升为重大国家战略，制定实施规划纲要。近期，我们组成课题组，对黄河下游部分地区进行了实地调研。

我们看到，去年以来沿黄地区迅速行动，抓紧制定区域和专项规划，积极推进生态保护修复、基础设施建设、新旧动能转换等重大项目，黄河下游地区正呈现良好开局和积极势头。同时，在发展中也存在着比较突出的问题，主要是黄河入海口及下游流域生态系统脆弱，水资源相对短缺，沿黄交通体系不畅，产业基础还显薄弱，山东半岛城市群带动能力不足。我们认为，贯彻落实好国家重大战略，要有针对性地解决突出问题，结合重大谋划，给予特殊支持，黄河下游地区要以实施“五大行动”为抓手，率先走出一条黄河流域生态保护和高质量发展的新路子。

1. 实施“黄河下游绿色生态廊道行动”

黄河下游流经河南、山东两省，总长 786 千米，是水沙入海通道和华北平原重要生态廊道。近年来黄河经过不断治理，下游没有再出现断流现象，湿地有一定程度恢复，但下游水量仍然偏少，湿地生态还很脆弱，加大对黄河下游生态特别黄河入海口生态的保护力度，尤为重要。

应坚持“点、线、面”同治，串点成线，连线扩面。在重点建设沿黄防护林和绿化带的基础上，将黄河三角洲、东平湖、南四湖等重要湖泊湿地，以及泰山等重点生态功能区域，纳入全国重要生态系统保护和修复重大工程总体规划。启动黄河口国家公园建设，统筹安排生态补水和红线监测预警。对黄河沿线划定范围实施“绿岸行动”，以滩区为重点构建耕地、林草、水系、绿带一体化生态涵养带，加强国土空间开发管制，建设一批绿色发展转型试验区。对入黄沿黄重要支流和重要湖泊，应建立水、土壤、空气污染联防联控机制，统一进行监测、考核与执法。构建黄河沿岸地区生态环境网格化监管体制。

2. 实施“黄河下游水资源系统优化配置行动”

黄河下游既是全国重要粮食主产区、人口密集区、制造业集聚区，又是水资源匮乏地区，人均水量不及全国平均的 1/6，生产、生活、生态用水矛盾比较突出，统筹解决好水的问题是头等大事。

一方面，要全面建设节水型社会。建议在严格实施水资源总量和强度双控的基础上，建立以“万元 GDP 用水量”“万元工业增加值用水量”“农田灌溉水有效利用系数”等为主要指标的奖励机制，对用水效率高的地区给予奖励；深化区域水价改革，城市用水采取提高阶梯水价与适当增加补贴相结合的办法，全面实行引黄灌区农业用水计量收费，对高效节水灌溉示范区、农业节水工程、高标准农田建设给予财政支持。

另一方面，要科学优化黄河水量调配。基于这一区域资源性缺水与工程性缺水并存、水量时空分布不均的实际，建议实施“智慧黄河水网”工程，以系统观念统筹调度黄河干支水网、南水北调、雨洪、非常规水源，利用5G、人工智能、大数据等对各河段水情进行监测和调控；以长远观念实施一批重大调蓄水工程，增加水资源战略储备，推进蓄滞洪区与河道综合治理，逐步缓解“二级悬河”态势；以动态观念建立相机引黄机制，根据黄河汛期流量大、来水多的特点，充分发挥沿黄各地平原水库及河道、坑塘的调蓄作用，相机引蓄汛期黄河洪水资源，汛期引水可不占用正常年份的引水指标。从确保粮食安全、生态安全、发展用水和盐碱地治理等方面综合考虑，在南水北调东中西线建成前，可基本稳定“八七”分水方案。

3. 实施“沿黄达海综合大通道建设行动”

沿黄达海综合大通道是以沿黄“一字形”“几字形”“十字形”为骨架，包含公铁航等交通通道、能源通道、粮食通道、数据通道在内的现代化综合通道网络。它西接中亚及欧亚大陆、东联日韩及东亚、畅通“一带一路”，对于促进国内国际双循环，维护国家经济安全、能源安全、粮食安全、信息安全、国防安全，都具有极其重要的意义，必须统筹谋划好。

一是建设高铁和高速公路通道。在推进济郑高铁建设的基础上，加快连通济南到东营的高铁线路。谋划推进“济南－聊城－邯郸－长治－临汾－延安－兰州－西宁”高铁大通道，打造一批“欧亚班列＋TIR（国际公路运输系统）”陆海快线集结中心。

二是畅通出海通道。充分利用黄河下游3个超4亿吨大港优势，加强港产城融合及重点项目配套，支持流域城市联合沿海港口建设“无水港”，打造黄河流域大宗商品出海骨干通道。

三是构筑“通道＋枢纽＋网络”现代物流体系。加快发展多式联运，实行海铁联运“一单制”，建设大宗商品交易平台和国际物流统一平台，打造一批国际航空物流枢纽。

四是拓展能源通道。推进青、宁、蒙等地特高压电力入鲁入豫，建设一批油气储备基地和管道。

五是建设数据通道。实施黄河流域数字同城超高速枢纽工程，加快推进5G、国家级互联网骨干直连点等信息基础设施建设，打造“数字黄河”。

4. 实施“黄河科创走廊和现代产业示范带行动”

推动黄河流域高质量发展，面临着产业结构调整和转型的艰巨任务，特别是要与黄河下游生态保护相结合，探索走出一条产业振兴和绿色发展的新路子。

一是建设黄河科创走廊。沿黄城市如兰州、西安、郑州、济南、青岛等，各具不同科技优势，关键是把这一颗颗“珍珠”串起来，提高创新整体效能。要统筹设计沿黄生产力和科技布局，加强山东半岛、郑洛新、西安等国家自主创新示范区合作，布局大科学工程和科技基础设施，支持建设国家重点实验室、制造业创新中心、工程研究中心等高能级协同创新平台。

二是打造自主可控安全高效全产业链。沿黄流域产业从能源资源到加工制造、重化工业，从传统产业到高科技产业、新兴产业，门类齐全、配套完善，要统筹谋划青济郑洛西先进制造业走廊、现代服务业示范区、产业转型升级示范区等。引导黄河下游优势产能在西部省区布局，支持陕西、内蒙古、山东在煤化工、石油化工领域开展绿色能源技术合作，助力新一轮西部大开发。打造“黄河产业互联网”，抓好国家工业互联网示范区建设，实施传统产业智能化改造计划，培育壮大跨行业跨领域工业互联网平台。

三是建设黄河下游特色生态农业。黄河下游是我国农业主产区，有数千年的农耕史和深厚农业文化底蕴。要大力发展节水农业、生态农业、观光农业、智慧农业，尤其是发展现代农业基因工程，实施好种子工程，建设现代农业发展示范区。

四是发展黄河生态观光和文化旅游带。黄河文化博大精深，牵绕着中华民族的根和魂。要深刻挖掘黄河流域丰富的文化内涵，建好黄河文化公园和人文景观，讲好黄河地理、历史、文化故事。实施沿黄古城、古镇、古村保护利用工程，建设一批黄河地理品牌标志性工程，创建“山水圣人”等一批文旅精品，打造具有国际影响力的黄河文化旅游长廊。

5. 实施“黄河三角洲龙头建设带动行动”

黄河流域共有 9 个省区，山东作为北方第一大省无疑处在关键的龙头位置，黄河流域高质量发展，必须充分发挥山东牵引带动黄河下游地区乃至整个黄河流域发展的作用，特别是要把黄河三角洲建设摆在更加重要的地位。目前的黄河三角洲仅限于黄河入海口附近区域，规划范围较小，发展能级较低，与长江三角洲地区、珠江三角洲地区相比，不可同日而语。目前，长三角已经从“一市两省”延伸到“一市三省”，珠三角已经涵盖了粤港澳大湾区广大区域，他们都具有强大的动能和辐射带动力。

建议从大保护、大治理与高质量发展的角度，对“黄三角”进行升级扩容，扩大到太行山以东的黄河两岸地区，包括山东全境及河南、河北部分地区，据此研究制定新的黄河三角洲发展战略和规划，将“黄三角”打造成构建新发展格局的战略支点和促进双循环的战略枢纽。远期要谋划推进城市组团发展和构建网络型城市群，布局建设黄三角国际科技创新中心、黄三角国家生态文明试验区等，近期要加快打造黄三角地区核心增长级，由国家批复山东半岛城市群和其他中心城市规划，加大力度支持济南新旧动能转换起步区建设，站在高起点，体现大手笔，建设一批国际一流的现代化新城市，以此示范引领和辐射带动黄河流域及北方地区高质量发展。

实施以上“五大行动”，还要完善三项制度保障。一是考虑设立黄河流域综合管理机构，统筹水量调配、生态建设、环境治理、水土保持、防洪减灾、通航适航等各项职能，协调解决重大规划、工程项目衔接和跨区域重大问题。二是建立以绿色 GDP、环境质量、生态产品价值等为核心的沿黄地区经济社会发展考核指标体系。建设用水权、用能权、排污权、碳排放权以及低碳技术等市场，完善横向生态补偿和环境损害赔偿制度，设立黄河流域生态保护和高质量发展基金，鼓励社会资本成立“保护母亲河”相关基金。三是加快黄河相关立法进程。

山东省食用菌种业发展调研报告

食用菌分团　高霞　宫志远　万鲁长　赵淑芳　崔慧

按照山东省农业农村专家顾问团有关要求和食用菌分团调研工作安排，通过实地考察、发放调查问卷和电话调研等方式，深入淄博、济宁等地开展了调研。

一、全省食用菌菌种(菌包)发展现状

1. 生产规模逐步趋于稳定

随着食用菌产业的快速发展，菌种业发展越来越规范，菌种、菌包集约化水平不断提升。2020 年，菌种(菌包)生产企业共 146 家，其中菌种生产企业 103 家，菌包企业 146 家。仅获得菌种生产经营许可证的一级、二级菌种企业近 50 家，年生产一级菌种 149 万支，二级菌种 1 380万瓶(袋)，生产三级菌种 17 780 万瓶(袋)，菌包生产总量为 76 077万包(棒)。

2. 生产种类品种日趋丰富

一是生产品种逐步多样。平菇、金针菇、双孢菇、香菇、毛木耳等大宗菇类稳步发展，大球盖菇、秀珍菇、姬菇、灰树花、长根菇等珍稀菇类快速发展，羊肚菌、桑黄、绣球菌等高端珍稀菇类不断驯化试种成功，逐步满足了市场对食用菌品种的多样化需求。二是栽培品种菌株日渐丰富。既有使用通过国家、省级审定的品种，如双孢菇 As2796、W2000、香菇武香 1 号、L808、939、惠香一号、平菇丰 5、平杂 19、黑木耳黑威 9 号、丰收 2 号、中农黑缎、毛木耳川耳 1 号、川耳 2 号、玉木耳一号、灵芝泰山赤灵芝 1 号等品种；也有使用引进的平菇 2026、高抗 650、黑丰 520、双孢菇 258、秀珍菇台秀、白背毛木耳 98－1、灵芝美国大片、南韩一4 等以及工厂化生产国外引进的金针菇 T－022 等多个品种。同时还有通过引进、筛选、选育出适合当地的白背新耳王 1 号等

多个未登记但性状表现良好的优良品种或菌株。

3. 出口创汇能力不断增强

在山东七河生物开创的“国内发菌，国外出菇、香菇就地上市”的新型农业产业发展模式带动和“一带一路”国家发展战略政策引领下，山东省菌包出口创汇能力不断增强，出口品种由香菇逐步扩展到平菇、黑木耳等多个品种，产品出口日本、韩国、美国、德国、澳大利亚等近 20 个国家。2020 年菌包(棒)出口量达 8 181 万包(棒)，出口创汇 9 366.6 万美元，菌包(棒)出口量位居全国前列，其中香菇菌棒出口量占全国出口总量的 50%以上。

4. 机械化水平不断提升

随着食用菌机械化设备和食用菌工厂化不断发展，搅拌机、拌料机、装料机、食用菌料装瓶(袋)机、食用菌料棒自动加工设备、灭菌设备、自动接种机、液体菌种发酵罐、上料机、空气净化设备、自动运输配套设备等逐步在部分大中型菌种菌包企业推广应用，小型搅拌机、半自动化装袋设备，小型液体菌种发酵罐等设备在小型菌种、菌包企业应用，山东七河生物等尝试探索发展的香菇菌棒智慧工厂，实现了菌包智能化生产，不断提升了菌种菌包的机械化生产和精准化管控水平。

5. 企业创新能力不断增强

一是生产技术不断创新。依托企业研发中心或联合科研院所、高校，在菌种工艺优化、新型原料筛选、配方优化、透气袋固体菌种研发、液体菌种应用推广、菌种退化等方面，做了大量工作，节约了生产成本，提升了生产效率。如苹果木屑、桑木屑、大豆秸秆、食用菌菌渣、工业下脚料等成为生产菌包的新型原料选择，双孢蘑菇透气袋菌种已成为双孢蘑菇菌种生产的主要方式，液体菌种已在金针菇、杏鲍菇、白玉菇、海鲜菇、平菇、黑木耳等品种的大规模应用，接种成功率达到 98%以上，综合应用率达到 70%以上，其中金针菇液体菌种应用率高达 90%以上。二是销售模式不断创新。围绕菌种菌包销售，探索出了订单销售、网络销售、个性化定制销售等方式，其中订单销售是主要的销售方式，占总体销售量的 80%以上，个别品种如长根菇，需求旺盛的季节，企业订单销售可提前 2—3 个月甚至更长。借助电商的优势，高密惠德、泽海菌业等在淘宝、京东、拼多多等多个电商平台进行网络销售，其中泽海菌业菌包占淘宝同产品销售量的 90%以上。结合食用菌的观赏功能，根据客户要求，进行的个性化定制销售，不仅增加了附加值，而且大大提高了食用菌的社会影响力，成为菌包销售的新选择。

6. 种质资源保护与创新利用工作迈出新步伐

一是科研力量逐步壮大。从省食用菌创新团队的种质资源利用岗位到鲁东大学、青岛农大、山东农大、省农科院以及泰安农科院等专业研究室，再到部分民营研究所、企业品种研发中心，科研队伍和人才力量不断壮大。二是加强种质资源搜集、鉴定与创新利用。采集野生食药用菌实物标本6 000余份，收集整理电子标本 1 000 份，保存菌株6 000余株。对保存的资源及时进行了繁种更新，基本遗传性状鉴定评价，补充完善了主要特征特性，引进筛选了大球盖菇、长根菇、绣球菌、羊肚菌等多个珍稀菇类品种，利用系统选育、杂交选育等手段，创制了一批新材料，培育出一批新品种。其中获国家和省级审定（认定）的新品种近 30 个，申请植物新品种权保护近 30 项，其中仅山东七河生物达 15 项，在国内同领域名列前茅。

二、典型案例

山东七河生物科技有限公司成立于 2000 年，是一家集食用菌研发、生产、销售、出口、推广业务的国家高新技术企业、农业产业化省级重点龙头企业。公司主要产品为香菇和平菇菌种、香菇菌棒、鲜干香菇等，在香菇的育种研发、生产工艺、产品品质方面处于世界领先地位。公司按照农业标准化、数字化、国际化思路，走出了一条“国内发菌、国外出菇、鲜菇就地上市”的农业产业化新路子，自 2005 年以来先后在韩国、美国、日本、波兰建有 8 个子公司，产品出口全球 40 多个国家，占全国菌棒出口市场的 60%以上。

1. 注重种质创新

该公司非常注重菌种研发，组建了企业专业研发团队，进行了相关实验室和专业配套设施设备建设。2015 年以来联合省农科院、上海农科院合作，开展了香菇种质资源搜集、鉴定与创新利用工作，搜集各类种质资源500份，建立了省内唯一一家液氮食用菌菌种保藏中心，开发利用分子标记技术用于育种早期筛选，提升了育种效率。选育出七河2号香菇品种，2015年通过山东省审定，是国内香菇菌棒出口的主要品种。近几年，公司通过单孢杂交、单孢自交以及渗透杂交技术，选育出一系列新品种，申请香菇植物新品种权15项，在国内同领域位居前列。七河“2号、9号”等品种，解决了香菇菌种长期依赖日本进口的“卡脖子”问题，成为山东省乃至全国香菇领域打好种业翻身仗的一面重要旗帜。

2. 注重提升菌种生产水平

目前香菇菌种生产采用液转固模式，即母种接种液体菌种，液体菌种再转生产种。工艺采用全自动窝口装袋机装袋，生产效率为4 500袋/小时。整套工艺应用800 L液体发酵罐15～20个，可完成年产香菇菌种1 200万袋。其整体技术水平在行业内居于领先地位。

3. 建立智慧工厂

公司自2019年起，大力发展数字农业产业，投资2亿元在平度建设了全球首家大型香菇菌棒智慧工厂，运用物联网、5G、大数据、云计算、人工智能、区块链、时空分析等新一代信息技术，深度融合食用菌产业研发育种、生产销售、财务行政等业务，通过“横向集成”和“纵向延伸”，解决“业务孤岛”“数据孤岛”“设备孤岛”等问题，实现自动搅拌、自动装袋、智能灭菌、自动接种、自动刺孔、自动脱袋、自动码垛等食用菌生产全产业链的智慧化决策、智能化生产和精准化管控，年产量新增香菇菌棒2 000万袋，效率可提高4倍，运营成本降低30%，并且实现了产品质量全程可追溯，全面提升了食用菌产业的创新能力、产品质量和产量，引领国内外农业生产发展的新方向。

三、新形势下发展面临的机遇与挑战

国以农为本，农以种为先，得种业者得天下。2021年7月9日中央全面深化改革委员会第二十次会议审议通过了《种业振兴行动方案》。习近平总书记在主持会议时强调，农业现代化，种子是基础，必须把民族种业搞上去，把种源安全提升到关系国家安全的战略高度。

菌种是食用菌产业发展的基础，产业发展地位举足轻重。我国是食用菌生产大国，尤其山东省是食用菌生产大省，食用菌产量、产值约占全国的10%，总体发展水平较高，综合产业指标连续多年位居全国前列，横向比一直处于全国省级第一梯队。但菌种菌包发展中存在诸多问题，严重制约了产业健康可持续发展，突出表现在：

(1)种质资源创新与利用不足：一是种质资源家底不清。山东省农业种质资源保护与利用中长期发展规划(2020—2035年)已发布实施，为加强食用菌在内的农业微生物种质创新与利用提供重要指导，《农业农村部关于开展全国农业种质资源普查的通知》(农种发〔2021〕1号)和《山东省农业农村厅关于开展全省农业种质资源普查的通知》(鲁农种字〔2021〕6号)，并未将食用菌在内的农业微生物列入其中，无法开展相关种质资源普查工作。二是应用基础研究较弱。主要是育种基础理论研究不够系统，对已知具有应用价值的食用菌类群，系统、分类研究以及产量、品质、抗性等相关重要性状有关的调控机理和遗传机制研究不够。三是核心关键技术薄弱，具有自主知识产权的专用生产菌种创新不足，多数品种从省外甚至国外引进。四是缺乏专业化创新研究平台，联合攻关体制机制不够创新。

(2)生产技术水平参差不齐：一是液体菌种生产技术水平参差不齐。同一品种不同企业技术水平参差不齐，不同品种如金针菇、杏鲍菇等和灵芝、桑黄、绣球菌等珍稀菇类应用差异化现象比较严重，其液体菌种生产技术应用率和水平还比较缓慢。二是菌种保藏、质量检测、提纯复壮等关键技术研究不足。菌种保藏主要是低温冷藏，容易老化，传统产区多依赖经验保种，高质量、规范化保种技术研究不足，菌种质量检测技术体系不完善，对菌种质量预判性手段不足，导致菌种质量纠纷事件时有发生。三是菌包专业化生产、精准化管理水平有待进一步提高。部分企业菌包生产工艺不优化、专业化生产水平不高，数字化应用率较低，尤其夏季，污染现象较为严重。

(3)生产能力水平有待提高，管理有待规范：一是食用菌菌种繁育基地设施较弱、装备不够精良，育繁推一体化体系不够健全，菌包企业设施陈旧、设备不够先进，有待进一步提升。二是标准体系不完善。菌种标准体系不健全，尤其是菌包标准体系非常不完善，不利于产业健康发展。三是菌种企业监管不够到位。目前省内缺失专业的食用菌菌种质量检测机构，无法对生产质量实施有效监督，菌种质量存在一定隐患。

(4)企业种质创新能力不足，核心竞争力有待加强：企业创新研发投入不够，领军型企业数量不足，与规模优势不相匹配，中小微企业特色优势不够明显，育繁推一体化体系不够健全，企业种质创新能力不足，企业总体核心竞争力不强。

(5)种业管理体系和产权保护体系不健全：根据《中华人民共和国种子法》，自 2017 年非主要农作物实行登记以来，河南、福建、四川、上海、重庆等地实施地方食用菌品种认定或鉴定，但山东省食用菌一直不能实行相关认定，其管理法规制度缺乏，管理体系不完善，在一定程度上挫伤了育种者积极性。另外，现有的植物新品种权保护，DUS 测试机构较少，且测试周期太长，不能及时有效保护创新者利益。

四、科学对策与建议

1. 加强种质资源普查登记与鉴定，为保护利用打好基础

一是加快普查收集登记保护，摸清家底。按照《山东省农业种质资源保护与利用中长期发展规划(2020—2035 年)》和《关于开展农业种质资源保护单位确定和农业种质资源登记工作的通知》(鲁农种字〔2020〕18 号)文件要求，在开展种质资源保护单位确定的基础上，及时部署开展食药用菌种质资源全面普查，加强资源收集、整理与编目、登记、入库保藏，合理布局种质资源保护区域，分种类、分区域建立特色食药用菌种质资源库。二是建立精准鉴定评价体系。依托科研院所和高校建立种质资源鉴定评价平台，加快基因芯片、蛋白指纹图谱、表型芯片等技术应用，加快建立表型精准鉴定、基因型高通量鉴定、等位基因规模化发掘等专业化、标准化鉴定评价体系。

2. 加强关键技术攻关，提升自主创新能力

一是加强种业应用基础研究。加强种质资源系统分类学和分子

生态学研究，开展农业微生物产量、品质、抗性等相关重要性状的调控机理和遗传机制研究，为种业发展奠定基础。二是开展核心育种重大技术攻关。加快精准分子设计、高效基因编辑、合成生物学改造等核心新技术在食用菌育种中的应用，加强目标性状突出的原创性、突破性新种质资源创制，重点选育适宜工厂化的食用菌特色新品种。三是加强食用菌菌种及菌包生产关键技术研究。主要是液体菌种制备、机械化拌料、自动化装料、规范化、智能化养菌以及质量检测、菌种保藏、种性保持等关键技术，规范提升菌种菌包生产水平。四是创新攻关机制。建立以企业、高校、科研院所、推广部门共同参与的产学研协同创新体系，健全协同创新机制，加强协同创新与示范推广。

3. 扶优菌种菌包生产主体，做大做强产业发展基础

一是培育壮大企业主体。依托现有大型种业企业，扶持具有产业主导能力的领军企业、支持一批在专有品种、专有技术上做精做专的中小微企业，逐步构建大中小、多层次企业协调发展的产业主体发展新格局。二是加强菌种繁育基地建设。依托科技型种业企业，加大良种繁育基地建设力度，改善基地基础设施和装备条件，建成集科研、生产、推广、销售于一体的优良菌种繁育、生产示范基地，推广全程标准化、信息化生产技术，提高繁育基地标准化、集约化、智能化水平。三是加强食用菌菌包（料）专业化基地建设。支持菌包（料）生产等设施建设，配套机械化生产设备，建立原料专业化生产线、自动化菌包生产线或培养料生产线，配套引进新品种，试验示范新型栽培基质配方、优化菌包（料）生产工艺和技术体系，完善菌包生产标准体系，创新菌种销售方式，大力提升优质菌包（料）专业化生产供应能力。

4. 加强规范管理，强化知识产权保护

一是加强种业管理。依据《中华人民共和国种子法》和《食用菌菌种管理办法》，切实加强食用菌菌种质量监督检验机构认定工作，进一步加强食药用菌菌种生产经营许可和监督管理。二是完善标准体系。结合分子生物学、细胞生物学、免疫组学等现代化生物技术手段，建立涵盖生产、检测和评价的菌种和菌包标准体系，并加大标准体系宣传与推广应用，提升食用菌菌种和菌包质量。三是加强知识产权保护。

建议尽快出台食用菌有关新品种认定、登记管理条例，推动种业健康发展。加快实施菌株的唯一性编码“生物芯片”技术，实现保藏菌种来源可溯、功能可溯和安全可溯，夯实知识产权保护基础。缩短现有 DUS 测试时限，加强食用菌等有关农业微生物 DUS 测试中心建设，为食用菌种业健康发展提供重要技术保障。

5. 加大政策扶持和资金投入，提供坚强有力保障

一是加大政策扶持与资金投入。要探索财政、金融、保险、基金等多元化投入模式，在现代种业提升工程、省农业良种工程、重点研发计划、省科技创新发展资金等重大项目加大对食用菌的倾斜力度。发改、科技、财政、农业农村等部门可通过现有资金渠道统筹支持食用菌种质资源保护与利用、菌种、菌包(料)繁育基地建设和技术示范推广。鼓励各级政府在各级重点项目、金融保险等方面对菌种菌包企业予以扶持。二是加强人才支撑。加强食用菌种业发展人才引进，鼓励高等院校、科研单位为食用菌种业相关人才提供科研平台支持，支持高等院校、科研单位加强食用菌种业相关学科建设，培养专业人才队伍。

树立大食物安全观　推进食用菌产业新发展调研报告

食用菌分团　高霞　宫志远　万鲁长　张燕

按照山东省农业农村专家顾问团工作部署和食用菌分团工作计划，2022 年 9 月，通过实地考察、座谈交流、线上调研等形式，我们对山东省食用菌在大食物观背景下的发展情况进行了调查，分析了全省食用菌在大食物观下的发展优势和存在问题，研究提出了对策建议。

一、调研背景

党的二十大报告指出，要树立大食物观，构建多元化食物供给体

系。大食物观的提出，为我国维护和保障粮食安全拓展了思路、指明了方向，对我国食品工业的创新发展具有重要的指导意义。2015 年，习近平总书记在中央农村工作会议上指出，“要树立大农业、大食物观念，推动粮经饲统筹、农林牧渔结合、种养加一体、一二三产业融合发展”，提纲挈领地阐述了“大食物观”的理念。2017 年，习近平总书记在中央农村工作会议上进一步指出，“现在讲粮食安全，实际上是食物安全”“老百姓的食物需求更加多样化了，这就要求我们转变观念，树立大农业观、向耕地草原森林海洋、向植物动物微生物要热量、要蛋白，全方位多途径开发食物资源”，明确了“大食物观”的源泉以及全面保障食物供给的主要途径。2021 年，在致菌草援外 20 周年暨助力可持续发展国际合作论坛的贺信中，习近平总书记又强调，植物、动物、菌物三物循环生产，经济、社会、环境三大效益结合，有利于生态、粮食、能源安全。2022 年，习近平总书记在看望参加全国政协十三届五次会议的农业界、社会福利和社会保障界委员并参加联组会议时作了重要讲话，再次强调“要树立大食物观，从更好满足人民美好生活需求出发，在确保粮食供给的同时，保障肉类、蔬菜、水果、水产品等各类食物有效供给”。

“树立大食物观”理念的提出，标志着新时期我国粮食安全战略的一次重要调整，从主要强调粮食安全，到全面保障食物安全，旨在确保粮食供给的同时，保障各类食物有效供给，实现各类食物供求平衡，丰富多样的食物品种，更好满足人民群众日益多元化的食物消费需求，这就要求把传统农业向“光”（阳光）要粮、向地要粮的生产方式，转变为向“草”（秸秆）要蛋白、向菌物要食物的生产方式。

习近平总书记的“大食物观”为食用菌产业在构建人和自然和谐发展、保障国家粮食安全中提供了新的发展空间，当前正处于巩固拓展脱贫攻坚成果同乡村振兴有效衔接的历史阶段，也是食用菌产业面临转型升级的关键时期，在大食物观的背景下抓住历史机遇，如何做大做强山东食用菌产业，是当前亟待重视的问题。

二、大食物观下食用菌的发展优势

1. 营养优势

食用菌蛋白含量高 19%～42%（干重），是牛肉的 1～2 倍，且富含多糖、膳食纤维、维生素及较多微量元素，具有抗肿瘤、调节免疫力、降低胆固醇等多种药理作用，具有重要的开发利用价值，是大食物观中营养与健康的重要载体。草菇维生素 C 含量为辣椒的 1.2～2.8 倍是柚、橙的 2～5 倍。香菇维生素 D 含量高达 128 个国际单位是紫菜的 8 倍甘薯的 7 倍大豆的 21 倍。食用菌中的脂类含量较少且以不饱和脂肪酸为主，双孢蘑菇、香菇、平菇中的不饱和脂肪酸含量分别占总脂类的 80.5%、80.1% 和 79.3%。近年来山东省食用菌除鲜销外加工产品日益丰富，有干品、腌渍、速冻、罐头、面条、蘑菇饮料、速食汤、脆片、蘑菇粉、灵芝孢子粉、灵芝孢子油等多种加工产品，优化了食用菌加工产品结构，获得了越来越多消费者青睐和支持。

2. 原料优势

近年来，粮食供应与"人畜争粮"、农产品数量与产品质量、农业生态与可持续发展等问题，已成为对国家治理提出的重要话题。食用菌的生产主要以棉子壳、玉米芯、稻草、木屑等，通过生物质转化生产人类需要的优质蛋白质并可解决农业废弃物带来的环境污染等问题。全省食用菌生产总计投料总量达 296.34 万吨，消耗农业废弃物共计 286.8 万吨，占投料总量的 96.8%。其中消耗作物秸秆（麦秸、稻草、花生秧等）共 93.4 万吨，占投料总量的 31.52%；消耗木屑（林、果、茶、桑等）共 68.3 万吨，占投料总量的 23.04%；消耗农产品加工下脚料（玉米芯、棉籽壳、谷壳、麦麸等）共 125.1 万吨，占投料总量的 42.2%，食用菌产业实现了农业废弃物资源化利用。

3. 栽培优势

传统农业是资源和劳动密集型产业，对资源和环境高强度开发利用的生产方式往往是不可持续的。食用菌依托设施设备可摆脱水土资源和劳动力的单一束缚，实现绿色高质量发展。食用菌立体栽培架式不仅节约了土地、提高了空间利用率和生产效率，同时借助高标准周年生产大棚、双网双膜大棚等新型栽培设施可进行周年栽培，实现了食物的可持续供给。例如双孢菇多功能控温周年出菇模式，集成了控温、通风、喷水及隧道发酵供料等管控技术，实现了双孢蘑菇周年化集约化低本节能生产，增加到一年 3～4 个周期，空间利用率、生产效率和单产大幅提高。以工厂化栽培金针菇为例，金针菇每年亩产可达 300 吨。据调查，2021 年全省食用菌产量 303.64 万吨，产值188.69亿元，食用菌（干制）的蛋白质含量为相当于生产 5.77 万～12.7 万吨蛋白质，相当于生产出了 192.3 万～425.01 万吨的牛奶，44.4 万～98.1 万吨的鸡蛋，28.82 万～63.75 万吨的肉类。

4. 循环优势

“植物、动物、菌物三物循环生产”是实现大食物观的路径，食用菌产业使废弃物得到“整体、高效、循环、再生”的利用在获得最佳经济效益同时完成农业生态的良性循环。

近年来食用菌不仅栽培模式向菌一菜轮作、菌一林套作、菌一果间作等多样化发展，且菌渣二次种菇、发酵床垫料以及肥料化、饲料化、基质化、能源化利用途径不断得到开发应用，产业链条不断延伸。全省食用菌共产生菌渣 189.2 万，其菌渣利用方式主要有直接还田用作肥料、有机肥、菌渣饲料、养殖垫料、用于燃料、栽培基质等方式。其中直接还田用作肥料菌渣共 48.6 万吨，占菌渣总量的 25.7％；加工成有机肥的菌渣共 71.1 万吨，占菌渣总量的 37.6％；用于菌渣饲料共 1.1万吨，占菌渣总量的 0.59％；菌渣作为养殖垫料共 6.3 万吨，占菌渣总量的 3.35％；用于燃料共 31.1 万吨，占菌渣总量的 16.4％；作为栽培基质共 14.3 万吨，占菌渣总量的 7.6％。以上几种利用方式占菌渣总量的 91.2％。

三、山东省食用菌生产情况与存在问题

2021 年全省食用菌产量 303.6 万吨，产值 188.7 亿元。受新冠疫情影响，食用菌生产出现了成本大幅提高、交通不畅导致产品销售受阻、产品价格波动较大等问题。导致全省食用菌发展整体有所下滑，与 2020 年相比，产量下降 8％，产值下降 7％。但是珍稀菇类发展规

模、菌包专业化生产、重点县品牌打造和科技创新能力等方面提升明显。

习近平总书记的“大食物观”为食用菌产业的发展指明了方向，山东省食用菌产业不仅面临着前所未有的机遇更面临着严峻的挑战。一是良种开发利用滞后。对名特优新品种引进、选育相对滞后，自主知识产权品种较少，储备不足，对国外品种的依赖不仅严重影响了经济效益，更加制约了食用菌产业的自强之路。二是产品加工发展缓慢。食用菌在“大食物观”中的作用，不只是增加了人类食用蛋白，同时还可以添加至咖啡、食品、人造肉、保健品、畜禽饲料，但我食用菌产品加工以腌渍、干渍、罐头等加工为主，精深加工滞后，产品附加值较低。三是农业劳动力短缺。山东省食用菌工厂化生产产量占比18%，虽然高于全国，但仍有80%以上的产量是依靠小规模家庭作坊式的粗放型模式完成。传统食用菌产业生产技术效率低，对环境控制能力及抵御灾害能力不足，产品质量不稳定，生产效益易波动，过去的高速发展靠廉价劳动力资源获得，但随着老龄化社会的到来，从事食用菌传统栽培的菇农数量正在减少，传统食用菌产业转型升级迫在眉睫。

四、在大食物观背景下发展食用菌的有关建议

一是强化政策支持，提高产业发展能力。研究制定大食物观下的食用菌发展支持意见，进一步明确优化食用菌生产结构、产业布局的目标任务和推进措施，引领大食物观落地落实，发挥政府资金作用，推动各类生产要素向食用菌其生产各环节倾斜。

二是强化科技支撑，提高科技水平。践行大食物观要发挥科技优势，围绕良种良法、农业设施与装备、生产技术、种养加循环等领域强化攻关，不断提升食用菌领域科技创新能力，进一步加强食用菌生产对农业生物质的高效降解转化和食用菌提供优质蛋白方面的创新研究。

三是加强种质资源保护与利用，提升菌种繁育能力。践行大食物观要树立大资源观，深度挖掘食用菌种质资源，强化现代育种技术创

新，重点选育具有自主知识产权的专用型、功能型食药用菌特色新品种，加快食用菌菌种优质化、标准化、规模化生产，提升种质资源核心竞争力，满足消费者对功能型品种的需求，满足消费者优质蛋白、提高免疫力等健康需求。

四是促进传统食用菌产业转型升级，提升综合生产能力。进一步优化生产方式、改进生产过程，提高传统食用菌产业技术水平和从业人员技能水平，提高农业要素生产率。加强标准生产的集成与应用，推进标准化园区改造与建设，改造提升老旧菇棚等设施，配套建设周年化、节能环保型菇房等设施、开发和普及小型农机设备，提高劳动生产效率，构建食用菌全周期标准生产模式，提高单位面积的立体利用率，降低食用菌产业单位能耗，促进食用菌产能提升，从而促进设施农产品有效供给，践行大食物观中向设施农业要资源的思路。

五是加强精深加工，提高产品附加值。重点依托食用菌优势发展区域、食品加工企业，引推进食用菌食物资源利用技术研究，推动食用菌开发、生产、加工等各环节协同创新，围绕延链、补链、强链，向食用菌物要热量、要蛋白，促进食用菌产品要向营养、健康方向发展，适应市场和消费升级需求，开发营养均衡、养生保健的功能性食品，如：蛋白粉、人造肉、功能食品、药品，通过延伸产业链，实现提质增效，同时为人民群众提供丰富的优质蛋白，真正践行大食物观。

食用菌与大健康产业融合发展调研报告

食用菌分团　庞茂旺　万鲁长　赵淑芳

按照山东省农业农村专家顾问团有关要求和食用菌分团调研工作安排，我们通过电话咨询、案例查阅及实地考察等方式，基本摸清了山东省食用菌与大健康发展现状、存在的主要问题，分析了面临的机遇与挑战，提出了推进食用菌与大健康发展的对策与建议。

一、食用菌与大健康发展现状

1.食用菌与大健康的关系

党的十九大作出实施健康中国战略的重大决策部署，强调坚持预防为主，倡导健康文明生活方式，预防控制重大疾病。21世纪越来越多的消费者开始重视自身健康，追求养生保健。当前，以发展营养健康为导向的健康农业，已成为我国农业发展的新方向。而食用菌是具有多种医疗保健作用和营养功能的食品，营养丰富、味道鲜美，高蛋白、低脂肪，含有人体必需氨基酸、矿物质、维生素和多糖等营养成分，自古以来被人们视为美味佳肴，具有降低胆固醇、提高人体免疫力、抑制肿瘤、消除自由基、保肝护肝等作用，是21世纪人类健康的守护神。新冠肺炎疫情发生以来，灵芝等更是被推荐为防疫补充营养剂，助力举国抗疫大战。

党的十九大提出“实施健康中国战略”以来，我国政府不断推进大健康产业的布局与结构调整，将大健康产业分为六大类，其中大健康产业中的营养保健品产业、健康医疗产业、旅游养生产业都与食用菌产业发展密切相关。食用菌保健品业是营养保健品产业的子产业，食用菌饮食业是健康医疗产业的子产业，食用菌生态旅游业是旅游养生产业的子产业。食用菌凭借着在多个领域中的应用前景被政府及大健康市场广泛关注，成为经济生活的热点。

2.食用菌产业发展情况

山东是全国食用菌生产大省，产量产值等综合指标连续多年位居全国前列，“十三五”期间，随着农业供给侧结构性改革和脱贫攻坚工作持续深化，山东省食用菌产业得到持续稳定发展，产量产值占全国产量产值的9%～12%，2020年全省食用菌产量为332.52万吨，产值204.73亿元，全省超过万吨的主产县近40个，产值超亿元的县(市、区)近30个。栽培品种在稳定传统平菇、双孢菇、金针菇、香菇、木耳等大宗菇类基础上，大球盖菇、长根菇、羊肚菌、桑黄等高附加值、高品质珍稀菇类快速发展，品种结构日益优化。规模化发展的珍稀菇类品种由十几种发展到二十几种。雄厚的产业发展基础，稳定的发展规模为助力食用菌产业服务于大健康产业发展提供了重要保障。

3.食用菌服务于大健康现状

一是作为健康食品，满足了消费者多样化需求。食用菌品种从传统的平菇、香菇、金针菇、草菇、黑木耳、银耳等到大球盖菇、长根菇、羊肚菌、绣球菌等二十几个品种，产品种类从鲜品、干品、加工品，加工品从腌渍、速冻、罐头到面条、蘑菇饮料、速食汤、脆片、蘑菇粉、灵芝孢子粉、灵芝孢子油等多种加工产品，满足了不同消费人群的多层次化需求。其中80%左右是鲜品，速冻、干品销售占到10%～15%，精深加工产品占5%～10%。全省食用菌加工企业近80家，年产值10亿元左右，产业链条不断延伸，产品附加值有了一定程度的提升。

二是作为保健产品，提升了消费者大健康水平。随着科研水平不断提高，山东省药用菌和食药兼用菌药用功效得到了有效开发和利用，尤其用于亚健康及有关疾病的辅助治疗，取得了巨大成效，得到了社会的广泛认可。灵芝作为山东省药用菌的主要代表品种，得到了一定程度的开发和利用，灵芝孢子粉、灵芝孢子油等产品获得保健食品批文，灵芝更是被推荐为防控新型冠状病毒的补充营养剂，用于提升身体免疫力，桑黄等药用菌中药饮片逐步在药店销售，对于提升消费者健康水平做出了积极贡献。如在国家市场监督管理总局特殊食品安全监督管理司网站的特殊食品信息查询平台上，在保健食品注册栏下，泰安芝圣堂天芝地芝牌破壁灵芝孢子粉硒胶囊、芝圣堂牌灵芝孢子油软胶囊、济南果品研究院破壁灵芝孢子粉胶囊、泰山大康生物天外村牌灵芝茶、中信生物中信牌泰山灵芝茶、泰安赤灵芝唐人牌泰山灵芝茶等位列其中。芝人堂牌破壁灵芝孢子粉颗粒等获得保健食品备案。临清桑黄产业链完整，集生产、加工、销售于一体，研发了桑叶、桑椹、桑黄等功能性食品、保健食品、中药饮片等系列产品。市场份额占比大，桑黄中药饮片并纳入山西、河南等省市医保目录，桑黄中药饮片占全国市场70%以上。

三是作为康养产品，营造了消费者大健康氛围。食用菌产业作为乡村文化振兴的重要组成部分，在推动乡村振兴中发挥了巨大作用。邹城太平镇蘑菇小镇等集食用菌菌种培育、科技研发、技术推广、大数据分析、文化体验、科普教育、亲子娱乐等多种功能于一体的一二三产融合发展典型的建立；惠民、定陶、齐河、鱼台等一批现代化食用菌产业园区的建立；《齐鲁乡村故事》纪录片、“第一书记朋友圈”等一批电视、网络、新媒体作品的推出；寿光、莘县等蔬菜博览会、冠县灵芝文化节等展会，临清连续三届桑黄产业发展大会、“2021 年中国食用菌行业大会暨邹城蘑菇发展峰会”等多次全国产业发展交流活动的举办，大力宣传了食用菌产业，营造了吃食用菌就是吃健康文化氛围。

二、面临的机遇与挑战

随着食用菌产业的发展，产品优势日益显现，产业综合优势越发明显，习近平总书记 2020 年三次点赞“小木耳、大产业”是对我们极大的鼓舞。《“健康中国 2030”规划纲要》确立了以促进健康为核心的“大健康观”，为食用菌在内的大健康产业发展明确了目标，指明了方向。菌食文化源远流长，历史悠久，灵芝、茯苓、天麻、猴头、冬虫夏草等众多菌类祛病保健作用，被历代医家所推崇，药食同源的食用菌必将成为大健康产业的新抓手。后疫情时代，人们更加关注饮食与健康的关系，以发展营养健康为导向的健康农业，已成为我国农业发展的新方向。这些都为食用菌产业带来了重要的发展机遇。但同时我们也看到食用菌在推进大健康产业发展过程中，也存在诸多问题制约了其发展。

(1)产业重要性认识不足：食用菌大健康，不仅涉及农业，还涉及食品药品监管、卫生健康、自然资源、旅游等部门，各级政府及有关部门对食用菌在大健康产业中的重要地位作用认识不足，尤其是食用菌主食化认识不足。联动机制不够健全，齐抓共管力度不够。政策支持资金投入不足，对食药用菌精深加工、功能产品研发、药用产品开发、品牌培育、康养文旅融合等支持力度不够，与福建、浙江、河南、贵州等地相比还有一定差距。

(2)新产品开发创新不足：一是初加工品占比较高，精深加工滞后。如猴头菇主要以鲜销为主，基本上没有加工。冠县灵芝产量占全国三分之一以上，但是产品主要以初加工为主，且没有一家获得保健食品的注册或备案。二是功能产品研发力度不够，与国内福建、浙江、江苏等地先进水平相比，在食用菌休闲食品、营养健康食品、药品、化妆品等领域的研究较少，企业的技术创新能力严重不足。如保健食品批文中包含灵芝、灵芝茶、灵芝孢子粉、孢子油的注册产品全国290多个，而山东省还不到10个。

(3)品牌建设与培育不足：一是品牌建设能力不强、企业品牌及在全国影响力较大的产品尤其是加工产品品牌数量较少，区域公用品牌培育力度不强。二是加工产品缺乏强有力的龙头企业带动，市场开拓力度不够。如在食用菌保健品业，除泰安芝圣堂等个别灵芝企业申请获得健字号批文外，大多数都未获得批准，而且目前获批非常困难，导致加工产品市场开拓难度加大，只能贴牌生产或作为原料供应，体现不出应有的价值，实现了不了该有的效益。

(4)产品质量安全重视不够：在消费者关注健康的同时，食品安全也是不容忽视的方面。食用菌在生产过程中由于本身生物学特性决定了生产中农药用量微乎其微，但在初加工、精深加工等领域由于标准体系不完善，仍然存在一定安全隐患。

(5)新种质保护与创新不够：多数从外省引进，筛选，良种开发保护利用滞后、具有自主知识产权的品种较少，与四川、福建、浙江等地相比还有一定差距，菌种种源安全现状堪忧，突出表现为种业小、散、弱，且对外依存度极高。和全国一样，除平菇外，工厂化生产的金针菇、蟹味菇几乎全部依赖进口，菌种“卡脖子”问题日益严重，保障种源自主可控，比过去任何时候都更加紧迫。

三、对策与建议

1. 提高对食用菌在大健康中重要地位的认识

习近平总书记指出，现在讲粮食安全，实际上是食物安全。我们要提高政治站位，深刻理解习近平总书记的重要指示精神，树立大粮食观、大食物观、大营养观，坚决摈弃“食用菌只是一盘菜”的错误观念，从粮食安全、食物安全的战略高度认识食用菌，从促进乡村振兴、建设健康中国和提升人民高品质生活的角度发展食用菌，做大做强做优做精食用菌产业。

2. 强化加工关键技术研究与功能产品开发

一是加强食药用菌原料及制品中碳水化合物、蛋白质、脂质和生物活性物质等组分的结构特性与功能关系和食用菌加工过程中物理、化学及生物等不同加工方式对食用菌组分结构功能影响及调控机制研究，提升食用菌加工理论基础。二是针对食用菌方便调理食品、休闲食品、营养健康食品、生物活性成分提取等关键技术环节，开展联合攻关，力争实现新突破。三是在现有加工产品基础上，针对不同消费和亚健康、疾病人群，加大产品研发力度，注重研究开发休闲类食品、调味类食品、方便调理类食品、主食类食品、功能营养产品以及食药用菌作为中药的配伍配方研究，同时加强技术创新与智能化加工设备的配套成型研发，依托食品企业或食用菌加工企业，加快科技成果转化力度，力争在即食休闲类食品、调味类食品、方便调理类食品、主食类食品、功能营养产品乃至药品研发和技术推广上取得突破，让更多的人享受到舌尖上的蕈菌美味，掌握“治未病”的菌物利器。

3. 加强种质资源保护保育与创新利用

一是开展种质资源普查，摸清家底。为切实落实《山东省农业种质资源保护与利用中长期发展规划（2020—2035 年）》，建议启动开展食药用菌及相关种质资源普查，加强种质资源登记、鉴定工作，为进一步保护利用打好基础。二是加强野生种质资源保护保育以及驯化选育。依托农业主管部门和省食用菌产业技术体系，重点加强泰山灵芝、蛹虫草、灰树花、蒙山虫草、昆嵛山灵芝、松乳菇等地方特色品种的野生种质资源的收集保护与保育，并驯化选育营养价值高、药用价值强的优良种质，进行进一步开发利用。三是开展核心育种重大技术攻关。加快精准分子设计、高效基因编辑、合成生物学改造等核心新技术在食用菌育种中的应用，加强目标性状突出的原创性、突破性新种质资源创制，重点选育具有自主知识产权的专用型、功能型食药用菌特色新品种，满足消费者对功能型品种的需求，提升消费者健康水平。

4. 加强栽培关键技术攻关与示范推广

一是围绕现有栽培品种，依托标准化园区，完善周年化、节能环保型菇房等设施、配套自动化、智能化控制等设备，加强配方优化、工艺提升、科学管理，提高标准化、自动化、机械化、智能化生产水平，切实提升优质产品供应率。二是加强营养价值高、药用价值强的功能型新品种引进、筛选、强化配套高效栽培技术集成、试验示范与推广，切实提升消费者健康水平。

5. 完善质量标准体系提升产品质量

一是完善食用菌质量标准体系。加快制定和完善以食用菌为单元，以生产过程为主线，贯穿食用菌产地环境、生产过程、收储运销、产品加工等全链条的质量标准体系。二是大力推行标准化生产。抓好追溯体系建设，推进全产业链监管，全面提升食用菌产品及精深加工产品质量安全水平。三是实施品牌战略。以打造区域公用品牌和企业品牌为契机，尽快在全省公开科学培育、遴选推介一批叫得响、过得硬、有影响的食用菌区域品牌、企业品牌和产品及精深加工产品品牌，强化媒体宣传，不断提升山东省食用菌产品及精深加工产品的市场竞争力和社会影响力。

6. 加强健康宣传营造浓厚文化氛围

一是明确食药用菌的保健功能。在灵芝被列入药食同源物质目录基础上，要挖掘整理，争取更多祛病保健的食用菌种类列入国家药食同源物质目录，按照传统习惯食用，让更多的食药用菌产品走上普通百姓的餐桌，造福人类。二是与康养文化结合努力打造新业态。以拓展食用菌功能为手段，塑造集食用菌生产、加工与休闲观光、餐饮文化、健康养老、节庆采摘、科普教育融合发展，打造集生产、生活、生态功能于一体的体验型新业态。三是通过建立博物馆、文化馆、产业园，举办餐饮大赛、博览会、建设蘑菇小镇，科普宣传进课堂，进社区、进家庭，普及食用菌知识与烹饪技艺，充分挖掘食用菌文化，宣扬食用菌产业，使千家万户知晓食用菌的营养健康功能和"一荤一素一菇"的膳食结构，养成知菌食菌用菌之风，让"一朵菇"助力民族复兴。

7. 加大产业政策资金扶持力度

一是加强农业农村部门、卫生健康管理、市场监督管理部门，旅游等部门联动机制建设，进一步优化支持食用菌产业尤其是药用菌发展的政策环境，尤其加大对食用菌灵芝等列入食药物质管理目录工作的进度，让更多的以灵芝为主的食品尽快走向大众餐桌。建议加大对食用菌龙头企业、农民合作组织和家庭农场等新型经营主体的政策扶持力度，争取将食用菌生产机械、加工设备等纳入农机补贴范围。鼓励开展科技创新、开发新产品、新技术的相关税收、财政贷款贴息等激励政策。二是建立投入稳定增长机制，进一步加大对食用菌尤其是药用菌产业发展的财政扶持力度，加大对食药用菌精深加工、功能产品研发、药用产品开发、品牌培育、康养文旅融合等建设的支持力度，推进食用菌与大健康融合发展。

关于农林复合生态系统碳达峰、碳中和行动调研报告

资源环境分团　房用

碳中和是指通过植树造林、提高森林质量来增加森林碳汇等“碳吸收”和节能减排降低“碳排放”两个主要方面的措施抵消人类在一定时间内生产和生活中直接或者间接产生的二氧化碳排放总量，实现二氧化碳“净零排放”。作为实现碳中和的重要手段，林业生物碳汇不仅成本低，具有较高生态附加值，而且固碳量大。如期实现碳达峰、碳中和目标，一个重要方面在于提升生态碳汇能力，强化国土空间规划和用途管控，有效发挥森林、草原、湿地、海洋、土壤、冻土的固碳作用，提升生态系统碳汇增量。

研究表明，森林每生长出 1 立方米的蓄积量，平均要吸收 1.83 吨二氧化碳，释放出 1.62 吨氧气。单位面积森林吸收固定二氧化碳的能力达到每公顷 150.47 吨。根据联合国粮农组织 2020 年全球森林资源评估结果，全球森林面积为 40.6 亿公顷，约占全球陆地面积的 31%，森林碳贮量高达 6 620 亿吨。全球森林的碳贮量约占全球植被碳贮量的 77%，森林土壤的碳贮量约占全球土壤碳贮量的 39%，森林

是陆地生态系统最重要的贮碳库。全球陆地生态系统和海洋生态系统年均固碳 35 亿吨和 26 亿吨，分别抵消了 30%和 23%的人为碳排放。我国陆地生态系统碳贮量为 792 亿吨，年均固碳 2.01 亿吨，可抵消同期化石燃料碳排放的 14.1%，其中森林的贡献约为 80%。

农林复合系统具有在林分和土壤中直接固定碳的能力，能够通过休耕和禁止滥伐森林来抵消大气中的温室气体。对于发达和发展中国家来说，农林复合系统作为一种碳固存系统已经受到越来越多的重视。大量研究结果表明，每建立 1 平方千米农林复合经营模式相当于阻止了 5 平方千米的滥伐森林。农林复合系统还能提供各种重要的环境服务功能及潜在美学价值，包括减少土壤侵蚀及保持土壤肥力功能、保护水资源功能、维持农田景观生物多样性功能等。农林复合系统已经成为一种减少大气 CO_2 浓度、解决全球气候变暖问题的重要土地利用方式之一。山东省平原占全省总面积的 67.6%，是山东省粮食主产区，农林复合系统建设对于改善生态环境，保障粮食安全生产，促进农村经济发展具有重要作用。山东省以农业为主的平原地区，近 30 年来建设了大量的农田防护林网。由于较高的管理水平、速生树种以及相对优越的水热条件，其生长速度较普通森林更快，碳储量巨大。

一、山东省农林复合生态系统碳中和现状情况

山东省对林业碳汇计量监测体系建设高度重视，成立了山东省林业碳汇计量监测体系建设(林业应对气候变化)工作领导小组，编制了《全国林业碳汇计量监测体系建设 2013 年山东省工作方案》和《山东省技术操作细则》，全省成立了 17 个林业碳汇外业专项调查小组、2 个外业质量巡回督导组、6 个内业分析小组，参加人员达 136 人。共调查样地 194 块，样方 582 个，土壤剖面 58 处，采集、获取了 13 000 余条基础数据。目前，完成了山东省 2010 年森林碳储量和 2010 年、2011 年、2012 年森林碳变化量测算工作，建立了山东碳汇专项调查成果数据库，并按程序上报到国家林业碳汇计量监测中心。

1. 山东省森林碳储量

森林碳汇计量范围主要包括国际上公认的森林地上生物量、地下

生物量、枯死木、枯落物和土壤有机质“五大”碳库。

通过对2009—2012年度林业各碳库生物量和碳储量测算，全省森林各碳库总生物量基本稳定在1.6亿吨，总碳储量稳定在1.0亿吨，碳库增量每年1 086万吨，其中年保留增量206万吨，年采伐增量880万吨。

2012年计量结果显示，全省森林吸收固定二氧化碳总量3.86亿吨。按每吨碳200元的市场价格计算，全省林业碳汇总价值772亿元。2009年以来，年均增量3 980万吨，年均新增碳汇80亿元。

2.农林复合生态系统碳中和情况

(1)农林复合系统植被的碳储量：林木和农作物作为农林复合系统中的两大组分，可以通过光合作用固定大量CO_2，有力地减少了大气中的CO_2。植被固碳潜力的估算主要建立在茎秆干物质含碳45%～50%、叶片含碳30%和根系含碳25%基础上。不同区域、不同类型农林复合系统的固碳速率相差很大，这主要是因为农林复合系统的植被碳固存潜力不但受到气候因子的影响，也受到农林复合系统自身特性(物种组成、林木密度和林龄)的影响。

通过本次调研，山东省农林复合系统主要模式为杨树×小麦(大豆、玉米)模式，杨农复合系统的平均碳储量为15.1吨碳/公顷。对山东省平原不同林龄的杨农复合系统的地上植被碳储量研究得出，13年生的农林复合系统的碳储量达到76.44吨碳/公顷，为5年生农林复合系统的4倍。

(2)农林复合系统土壤的碳固存：土壤碳库是表层陆地生态系统中最大的碳库，是全球碳循环的重要组成部分。在农林复合生态系统中，土壤作为一个重要的亚系统，对降低大气中的CO_2具有非常重要的作用。与其他土地利用方式相比，农林复合系统通过增加土壤有机质输入量、减少土壤淋溶损失、促进根系周转、提高凋落物的数量和质量以及改善土壤理化性状等措施来增加土壤碳储量。对山东省农林复合系统土壤碳储量调研，结果显示，网格杨农复合系统(中间为面积2公顷的方形农田，四周南北为3米×4米栽植模式，东西为3米×6米栽植模式，造林密度为94株/公顷)内的土壤碳储量高于宽窄行

(4 米×4 米×16 米)和片林(6 米×10 米)杨农复合系统。

(3)农林复合系统碳中和情况:通过对菏泽鄄城、济南长清、潍坊高密等地调研,网格杨农复合系统、宽窄行和片林三种模式杨农复合生态系统的碳收支平衡 NEP 值均为正值,说明三种模式杨农复合生态系统都是大气 CO_2 的"汇"。5 年生的杨农复合经营网格模式、宽窄行模式和片林模式(间作秋作物为玉米和大豆)净碳汇分别为 3.33 和 3.10、4.54 和 4.17、3.65 和 2.99 吨碳/(公顷·年);6 年生的杨农复合经营网格模式、宽窄行模式和片林模式净碳汇分别为4.65、4.47 和 2.97吨碳/(公顷·年)。

3.农林复合系统固碳潜力

3、5、9、11、13、17 年生的杨农复合系统的碳截留潜力分别达到 54.98、60.81、00.09、106.76、127.34、146.31 吨/公顷,其中杨树和土壤碳储量最大,可占其总贮量的 85.1%~93.9%,说明植被和土壤具有巨大的碳积累能力,是陆地生态系统最主要的两大碳库。山东省农林复合树种大多是速生阔叶树种,结合碳含量综合分析,在黄淮海平原,栾树、107 杨、白蜡、泡桐、国槐、苦楝和大叶女贞固碳能力更加突出,应在进行农林复合经营树种选择时作为固碳树种的选择对象,而经济树种中枣树、核桃和杏树固碳效果更加明显,应在选择种植中考虑到其固碳价值。总的来说,不同地区的农林复合系统的碳储量多少主要依赖于复合系统中各组分的结构和功能。

二、山东省农林复合生态系统存在的问题

山东省 90%以上的农田防护林网集中在平原,山区只有小面积的农田林网,不足全省的 10%。平原地区已林网、完善林网、未林网的面积也远远大于山区。目前,全省平原林网化面积达 5 707 万亩,占宜林网面积的 81.2%,平原地区森林覆盖率达到 16.7%。全省平原地区基本形成了以路域、水系绿化为框架,以农田林网为主体,网、带、片、点相结合的高标准综合农田防护林体系,有效地改善了农业生产条件,促进了农业增产、农民增收和农村经济发展,许多地方呈现出林茂粮丰的景象,群众形象地称之为"平原有森林,林中有粮仓"。但是随着

社会经济的发展，对于农林复合生态系统的建设出现了许多新的问题。

1. 树种单一，结构简单

现有农田防护林主要以杨树为主，其他树种较少。林分结构简单，纯林较多，混交林极少，许多林地缺乏枯枝落叶层。山东省农田林网树种以黑杨类为主，占林网面积的 69.95%；其次为毛白杨，占 17.48%，经济树和灌木比例很小，分别占 0.33%和 0.07%。

2. 农林复合系统林带更新不及时

现有农田防护林大多是个体农户经营，给林带的更新带来很大的阻力。原有的林带树木成材采伐后，即使采用强硬手段完成更新，林带的保存率也很低。

3. 农林复合系统直接经济效益不高

农田防护林可以保护农作物稳产高产，但作为一种林分，与其他林木相比，直接经济效益不高。

4. 农林复合系统结构不完善，风口、缺口尚存

有些林带由于人、畜、虫、病的破坏，影响了其生长发育，出现风口、缺口现象，从而降低了农田林网防护效益的发挥。

三、山东省农林复合生态系统碳中和建议

山东仍是森林资源比较少的省份，全省现有林地面积、林木覆盖率等主要森林资源远远不能满足广大民众日益增长的生态需求，山东省农林复合系统碳中和生态建设任重而道远。通过农林复合可以增加农业林业碳汇，研究表明，农林复合系统如果布局合理，在未来 50 年内，可以从大气中吸收 1.1～2.2 Pg 碳。山东省平原人口密度大，土地面积有限。因此，提高农林复合生态系统质量，即在有限的农田面积上固定更多的碳是十分必要的。

1. 抓住碳汇重点，确立林业碳增汇优先地位

与工业不同的是，农林复合系统除了产生碳排放或通过可再生能源替代实现碳减排外，作为国民经济基础的农业还能够通过改善农田管理、建设农林复合系统、植树造林等方式增加碳汇。要进一步彰显

“林农复合系统”的生态优势，突出林业碳增汇的优先地位，通过林种改造、林木蓄积量的提升以及农林复合系统生态修复等努力提高碳汇能力。确定碳排放峰值、碳中和目标体系，明确山东省率先实现碳中和总体部署和林业增汇减排总目标。为此，要编制充分挖掘森林经营和森林碳中和潜力的任务体系，制定林业碳中和的工作考核体系，持续增加森林碳汇，形成碳中和林业发展新格局。

2. 对接碳中和规划，推进森林碳增汇行动

编制实施森林碳增汇经营规划，推进森林碳增汇经营方案编制，实施林业碳增汇重点工程。加强森林抚育经营和低效林改造，大力培育二氧化碳吸收能力强的树种和品种；逐步优化森林资源结构与分布格局，实现森林蓄积量、森林碳密度、总碳储量的全面增长，加快成为全国林业碳中和的先行地、示范地。

3. 完善碳市场建设，加快林业碳汇的价值转化

“十四五”期间，随着我国建成全国统一碳市场，林业碳汇的市场功能将被逐渐放大。为此，要加快推进全省森林碳汇交易市场的政策与制度创新，建立碳排放权定额管理制度、森林碳汇培育机制、交易体系、监测监管体系以及交易技术支撑和政策保障体系，最大限度地发挥碳市场金融激励功能和作用，将减排与森林碳汇生态服务有机结合，实现山东省林业碳汇可持续发展，推进山东省率先实现碳中和目标。碳汇交易要与碳排放权交易统筹，碳市场建设要与排污权、用水权、用能权等资源市场与环境市场建设统筹，全省建立统一的交易平台，采取一个“平台、多个终端”的模式，实现平台建设的规模经济效果。

4. 坚持创新驱动，设立并实施碳增汇科技计划

碳达峰、碳中和既是生产技术的再造，又是生活方式的重塑，更是发展观念的革命。需坚持系统观念，用系统论的思想方法来统筹推进碳达峰、碳中和工作，充分协调好“双碳”目标、粮食安全目标和农民增收目标。无论是林业碳汇的增汇技术、林业碳汇的测算技术还是林业碳汇的监管技术、林业碳汇的交易技术等，均需深化理论研究、加大应用研究、推进转化研究。因此，要按照创新驱动原则，设立并实施碳增汇科技计划。

沂水县城乡双向融合，探索均衡发展城镇化新路

资源环境分团　耿庆海

2021年11月，山东省城镇化暨城乡融合发展工作领导小组办公室、山东省农业农村专家顾问团资源环境分团、山东省城乡规划设计研究院组织专家深入临沂市沂水县实地调研，认为沂水县紧抓省级城乡融合发展试验区机遇，大胆探索、高起点谋划、敢闯敢试，全面提高了沂水县新型城镇化建设与城乡融合发展水平，其经验堪称全省典范，值得各地推广学习。

临沂市沂水县被列为"山东省新型城镇化与城乡融合发展试验区"一年来，坚持双向融合，城和乡的资源要素互动，特别在"集体经营性建设用地入市""以城带乡、以乡促城、城乡双向互动融合"等方面，探索出城镇化发展新路。

一、探索集体经营性建设用地入市流程，破解"地"的融合障碍

集体经营性建设用地入市开展以来，沂水县已经成交集体经营性建设用地36宗1 173.8亩，成交总价款22 650.58万元。该县围绕构建"制度完善、交易公平、服务高效、信息通达"的入市体系，积极探索集体经营性建设土地入市流程，入市意愿决议和入市方案决议严格按照村民委员会组织法的"四议两公开"程序，让村集体这个土地所有者说了算。

在具体操作中，考虑到农村外出打工人数多，组织会议不易的情形，研究制定出"预申请"和"正式申请"流程。预申请是在村集体的核心层内形成入市意见，根据意见开展前期准备工作，形成方案后再召开村民代表大会对细节问题进行商议，通过后村集体经济组织提出正式申请，并提交入市方案，经所在乡镇(街道)审核、相关部门审查后报县政府批准实施。将"四议两公开"拆分开来，形成两个申请的程序，

减少了村集体内部的复杂流程。

针对集体建设用地入市融资难等问题，沂水县人民政府成立专题调研组，2021 年 3 月份在临沂市率先出台了《沂水县农村集体经营性建设用地使用权抵押贷款管理暂行办法》，让集体建设用地使用权抵押贷款有章可循、更加规范，打消金融机构顾虑，凝聚政、银、企合作共识，解决了企业使用集体经营性建设用地融资难的问题，为城乡融合发展提供多元保障。

集体经营性建设用地入市，盘活了部分集体存量建设用地资源，增加了集体收入，按照产业布局建设了一批项目。尤其是位于乡镇园区的项目，如宝美隆智能智造、院东头镇昆润食品生姜高效资源化综合利用、马站镇冷链物流等项目的成功建设，综合效益明显。

宝美隆智能智造项目是沂水县第一批农村集体经营性建设用地入市项目，利用沂城街道晏家铺村、许家湖镇南小尧村、冯家官庄村、东王家庄子村的集体经营性建设用地入市指标，2020 年 10 月第一次成交，成交土地面积 45.186 亩，单价 26.42 万元/亩。成交后，企业面临贷款融资的困难，在《沂水县农村集体经营性建设用地使用权抵押贷款管理暂行办法》出台后，企业对使用集体建设用地充满了信心。2021 年 6 月第 2 次成交集体建设用地，成交土地面积 100.000 5 亩，单价 21.64 万元/亩，确保了该项目 2021 年顺利投产，主要生产工程机械智能、精密零部件产品，广泛应用于全球工程机械、矿山机械及农用机械等领域，为世界 500 强企业三一、卡特、沃尔沃、山东临工等国内外主机厂配套，年可实现销售收入 9 亿元，上缴税金 3 000 万元，新增就业岗位 300 人，有效解决了当地村民的就业问题，推动了城乡双向融合发展。

院东头镇昆润食品生姜高效资源化综合利用项目也是第一批农村集体经营性建设用地入市项目，利用刘家店子和马家崖两村集体经营性建设用地 50 亩，是纳入“标准地”方式出让的，入市方案按程序经过县政府批准后，由县自然资源和规划局指导组织招拍挂出让土地。项目分两期实施，目前一期工程 2 条生姜深加工生产线、2 处智能恒温库、2 个包装车间已建成投入运营，年产姜粉、姜油、姜油树脂、姜辣素等产品 20 万吨，可带动周边群众 1 200 余人就业，年人均收入超 6 万元。壮大刘家店子村、马家崖村的村集体经济，每年可分别增收18 万元、12 万元，实现了城镇和乡村双向融合，均衡发展。

二、优化农村产权抵押担保权能，完善农村权益实现机制

沂水县依托国家级农村集体产权制度改革试点、省级农村集体产权股权质押贷款试点、省级农村集体资产股权有偿退出试点实施，在全省率先高标准完成农村集体产权制度改革任务，实现“赋民以股权、农民变股民”，出台《沂水县农村集体资产股权质押贷款管理办法（试行）》《农村集体资产股权质押登记管理办法（试行）》，开发质（抵）押融资系统，创新“股权质押＋担保增信”“股权质押＋无感式增信”“股权质押＋合作社聚合增信”三类 5 种“股权质押＋”增信模式。以股权质押为基础和前提，担保、信用等其他方式增信为辅助的融资方式，简化贷款流程，降低贷款利率，扩大授信覆盖面，有效满足农民的融资需求，深入挖掘股权潜在权能，创造了“五项权能拓展助增收”模式。目前，全县股权质押贷款累计 842 笔，质押股数 1 514 股，贷款金额 31 221万元，股权质押贷款总额在全省率先过亿，位居全省第一。

收益权是股权的核心，是农民群众能够看得见的改革红利。沂水县坚持把集体资产保值增值、农民持续受益作为改革目标，鼓励村股份经济合作社充分利用现有资源、资产、资金，创新经营模式，壮大集体经济，增加农民收入。

泉庄农业专业合作社连片流转土地 1 781 亩，发展有机金秋红蜜、映霜红晚熟蜜桃 1 781 亩，累计投入 9 000 余万元，探索出了自身效益与农民利益紧密结合的新模式。一方面，采取土地折股分红模式。合作社将流转的土地按质量折算入股，在每亩 880～1 200 元流转费的基础上，根据每年效益进行土地股权分红，解决了农民土地流转后土地溢价收益二次分配问题，确保了农民收益长效化、最大化，获得了农民的广泛认可、支持。另一方面，建立包片责任制绩效分红制度。合作社吸收 106 名农民为社员，除发放工资外，实行包片责任制，合作社负责园区管理，提供所有生产资料，每名社员负责各自管理区域桃树的

日常具体管理。收获后，合作社根据规格层次，按每千克最低 5.6 元的标准进行绩效分红，并根据市场行情和合作社收益动态提高分红标准，构建起合作社与社员的利益共同体、命运共同体，实现了合作社与社员个体间的优势互补，全面激发了社员的工作积极性、能动性，实现了“1＋1＞2”的效果。2018 年以来，泉庄合作社累计分红 900 余万元，人均近 8 万元，成功吸引 38 名“城归”青年入社做起新型职业农民。

三、大力实施“以河为轴，两城同建”，加速县城周边的双向城镇化进程

2017 年，沂水县创造性地提出了“以河为轴、两城同建”城市发展战略，奏响了城市建设由“滨河时代”迈向“两城时代”的新乐章。“两城同建”共组织实施 301 项城建重点工程，投资 429 亿元。其中，2021 年组织实施道路桥梁、旧城改造、安置区、基础设施配套及维护、村镇建设等 6 大类、50 项重点工程，建设总投资 112 亿元。目前，正阳大桥、启阳大桥相继建成通车，金澜湾大桥、怡和廊桥、怡景廊桥顺利推进，新建、改造道路 170 余千米，提升优化县医院、葛子铺桥等路口 8 处，建成过街天桥 2 处，城市路网体系进一步完善。东、西城中小学、锦绣小学、职业技术学校等一批学校建成并投入使用，西城综合医院、西城水厂、市民文化艺术中心、第四污水处理厂及一批公共停车场、公共卫生间、便民市场等配套工程顺利实施，城市公共服务承载力得到了明显提高。

龙家圈街道濒临沂河西岸，区域面积 94 平方千米，辖 54 个原建制村，人口 6.6 万人，2010 年撤乡设镇，2017 年撤镇设街道。不到 10 年的时间，连续实现了由“乡”变“镇”，由“镇”到“城”的三次华丽蝶变，街道驻地“城中村”和成片平房已变成现代化的美丽市镇，过去“晴天一身土、雨天一身泥”的土路已变柏油路，靠肩挑水变成自来水，农村危房变成新社区，城乡差距逐步缩小，城乡融合更加紧密。

近年来，龙圈街道不断在提升城镇化质量上下功夫，尤其是 2017 年以来，以棚改为总抓手，以建设“新区”为总目标，以推进城乡要素融合为方向，高起点规划、高标准建设，规划总面积约 15 平方千米，把驻

地周边 19 个村庄 6 826 户群众纳入“龙湾新城”规划范围，全部建成后可容纳市民 12 万人。先后实施完成 6 个棚户区改造片区，累计完成土地征收 6 100 亩，拆迁住户及企业 7 000 余户，拆除面积 280 万平方米，征收户数比全县前十年的总和还要多。街道 6 处安置区快速推进，坚持同商品楼“三个一样”：一样的材料、一样的施工、一样的大产权，可安置回迁群众 8 500 户。后马荒安置区提前半年交房回迁，856 户群众喜选新房，由村民变为市民。2021 年，新实施公家疃棚户区改造工程，规划面积 1 144 亩，计划今后 3 年内有序展开前埠子、后埠子棚户区改造工程，将彻底改变原村供水、供电、供气、供暖、交通、污水和垃圾处理等配套基础设施不完善，房屋建筑密度较大，房屋使用年限也较长，村民居住环境差的局面，切实提升城乡品质，增强城镇吸引、吸纳农业转移人口能力，探索出一条双向城镇化、均衡城镇化的新路。

创建海洋领域国家农业高新技术产业示范区
打造山东省海洋经济高质量发展新引擎

资源环境分团　王梁　张蓓蓓　杨忠臣　尤海涛　刘淑华　陈守越

一、创建国家农业高新技术产业示范区意义重大

从国家层面看，2018 年 1 月，国务院办公厅印发了《关于推进农业高新技术产业示范区建设发展的指导意见》(以下简称《意见》)，首次以农业高新技术产业为主题，从国家层面上部署农业高新技术产业示范区建设。为落实《意见》要求，科技部印发了《国家农业高新技术产业示范区建设工作指引》，提出全国按照“333”布局，到 2025 年布局 30 家农高区。2022 年国务院批复成立了 5 家国家农高区，全部为粮食领域，海洋领域国家农高区仍然是空白。

从全省层面看，山东省已经初步构建起农业科技园区的四级体系。2017 年 3 月，山东省人民政府发布《关于加快全省农业科技园区

体系建设的实施意见》，提出“争取在山东省有特色、有竞争优势的设施蔬菜、特色果品、海水农业、海洋养殖等方面布局新建1～2个国家级农业高新技术产业开发区”。国务院《关于支持山东深化新旧动能转换 推动绿色低碳高质量发展的意见》提出“大力发展海洋特色新兴产业集群”。“十四五”时期山东省经济从高速增长阶段向高质量发展阶段迈进，海洋是新发展阶段实现高质量发展的战略要地。争创海洋领域国家农业高新技术产业示范区（以下简称“国家农高区”）是推动山东省海洋经济高质量发展和全面实施乡村振兴战略的重大举措。

二、创建海洋领域国家农高区山东优势明显

创建海洋领域国家农高区山东优势明显，表现在：①现代海洋产业集群优势突出。全省海洋经济延续平稳向好态势，海洋经济对全省国民经济增长的引擎作用持续增强。海洋经济绿色发展稳中提质，蓝色粮仓供应能力稳步增强。②现代海洋产业科技创新赋能。中国科学院海洋大科学研究中心、中国海洋工程研究院（青岛）和中国船舶集团海洋装备研究院等相继投入运行，全国首个省部共建国家海洋综合试验场在威海落地等，海洋科技创新领域关键技术不断取得突破。③现代海洋产业政策体系健全。省委、省政府坚定不移推进海洋强省建设，出台一系列发展规划、作出一系列安排部署，为加快海洋领域农高区建设和海洋强省建设奠定坚实基础。

三、创建海洋领域国家农高区的决策建议

威海（荣成）海洋高新技术产业园（以下简称“威海农高区”）是2014年批准建设的省级农业高新技术产业开发区，也是全省唯一一处以海洋科技为主题的特色园区。威海农高区构建了海洋生态养殖、海洋生物制品加工、海洋生物医药加工等高新技术产业体系，打造了全国知名的海洋生物科技产业化基地、海洋高新技术产业集聚区和海洋产业产城融合创新发展“齐鲁样板”，总体上具备申报国家农业高新技术产业示范区的基础和条件。但也面临着一些突出问题，如国家级科技创新平台少、高层次人才团队缺乏、农业高新技术企业数量较少、品

牌影响力不足等，需要进一步集聚科技创新资源、优化产业结构、扩大对外开放和健全管理体制机制等。为发挥山东省海洋科技资源雄厚、海洋产业基础较好的综合优势，推进威海农高区争创全国首个海洋特色国家农高区，特提出如下建议：

一是强化顶层设计，充分发挥农高区在相关战略中的积极作用。高标准完成建设发展规划和建设实施方案，明确威海农高区建设重点和空间布局。以“生态海洋农业”为建设主题，以“海洋生物产业”为主导产业，构建由“海洋生物种业、海洋生态养殖、海洋生物制造、渔业工程装备、智慧核电产业”构成的五大高新技术产业体系。加强省市两级政府对农高区的重视程度，把农高区创建纳入年度国民经济和社会发展计划、科技发展规划以及各类专项发展规划，在事关全省乡村振兴、经略海洋、生态文明等重大战略中发挥农高区的积极作用。

二是突出重点领域，着力解决农高区发展瓶颈制约。完善科研技术体系、科创平台体系、科技人才体系、科技服务体系四大体系，加快推动数字经济与海洋经济高质量融合发展，培育智慧海洋文旅、智慧港航、智慧养殖等新型业态。推动大数据、云计算、人工智能等新一代信息技术在农高区示范应用。支持高校和科研机构在海洋产品精深加工、海洋生物资源综合利用等应用领域开展技术创新，高质量建设一批国家级重点实验室、企业技术中心等科研平台。加快攻克制约重点产业和战略新兴产业发展的核心关键技术，强化水产育种和海洋生态环境保护等共性问题基础研究。引进培育一批高层次涉海科技人员，构建“科技研发＋人才服务＋企业孵化＋产业加速”完整的创新链条。

三是加强实践推动，加快推进农高区试点创建工作。重点鼓励威海农高区全面创新改革试验，围绕农业高新技术研发转化应用推广、农业高新技术企业与产业集群培育、农业高新技术示范区平台体系建设，进行综合性的模式试验，发挥示范和带动作用。支持地方搭建区域性农业高新技术产业化对接平台，开展创建农业高新技术开发区试点，逐步形成可复制、可推广的经验，推动农业高新技术企业、孵化器、产业集群和开发区协调发展。

四是深化制度创新，构建农业高新技术产业的新型政策支持体系。加大对农业高新技术企业的政策支持力度，加大农业高新技术研究、开发应用中的免税、减税和低税优惠政策，促进企业技术和设备更新，提高企业技术创新能力。在投融资政策、土地供给政策、税收优惠政策、人才聚集政策、科技推广政策、产业孵化政策、风险保障等方面先行先试，积累经验，制订一系列加快农业高新技术产业发展、规范农高区建设的扶持政策，以科技创新带动体制机制创新，以科技要素集聚人才、资金等创新创业要素。

京杭运河（山东段）生态现状调研报告

资源环境分团　房用

京杭运河又称大运河，北起北京，南至杭州，纵贯京、津、冀、鲁、苏、浙 6 省市，沟通海河、黄河、淮河、长江和钱塘江 5 大水系，全长 1 797千米，是我国南北水运的大动脉，也是世界上开凿历史最悠久、长度最长的人工运河。京杭运河（山东段）被称为“鲁运河”，是京杭大运河中海拔最高、船闸密度最大、水利工程成就最集中的河段。经近千年的历史积淀，当前京杭运河自江淮北上，由峄县台儿庄镇入山东，循山东西部穿鲁西平原，过德州入直隶。京杭运河（山东段全长 589 千米），从北向南依次流经德州市（德城区、武城县、夏津县）、聊城市（临清市、冠县、东昌府区、往平县、阳谷县）、泰安市（东平县）、济宁市（梁山县、嘉祥县、汉上县、市中区、任城区、鱼台县、微山县）、枣庄市（滕州市、峄城区、台儿庄区），其中聊城、济宁市内的线路最长，为主要城市、关键河段。

一、生态现状

1. 生态环境

（1）水环境：京杭运河（山东段）以黄河为界，分为黄河以北和黄河以南两段。其中，黄河以北河段水污染状况严重，大部分河流为Ⅴ类或劣Ⅴ类水质；黄河以南河段一般为京杭运河山东段的通航河段，其水质达到了Ⅲ类（除工业用水、景观用水为Ⅳ类外）标准。另外，由于受干旱和农业灌溉等因素影响，有时会导致该河段停航。

（2）土壤环境：与全国平均水平相比，京杭运河沿岸北京市、天津市、河北省、山东省、江苏省、浙江省的农药与化肥的使用量均高出很多，这必然会污染京杭运河沿岸土壤及运河水质。大量及不合理地使用农药、化肥、农膜等农业投入品，造成土壤肥力下降，地膜残留问题突出，使农业生态环境质量下降，也增加了农产品质量安全风险，造成京杭运河水污染加剧。

（3）大气环境：京杭运河所在区域为我国华北及华东经济较发达地带，沿途经过各类大中型城市，经由大气的沉降作用，其污染物会进入土壤和水体，加剧污染程度。就京杭运河（山东段）来说，德州、聊城、泰安、济宁、枣庄 5 市城市环境空气中主要污染物为 PM_{10} 和 $PM_{2.5}$，其次为 SO_2 和 NO_2。

2. 生物多样性

（1）南四湖生物多样性：

①浮游植物。南四湖湿地水体中共有浮游植物 8 门 46 科 116 属，包括绿藻门 16 科 52 属、硅藻门 10 科 22 属、蓝藻门 4 科 20 属、裸藻门 3 科 7 属、金藻门 4 科 5 属、甲藻门 4 科 4 属、黄藻门 4 科 4 属、隐藻门 1 科 2 属。南四湖湿地水体中浮游植物的年平均数量为 218.2×104 个/L、年平均生物量为 1.709 4 毫克/升，浮游植物的个体数和生物量均以硅藻和隐藻为主。

②浮游动物。南四湖湿地水体中共有原生动物 34 种、轮虫 141 种、枝角类 44 种、桡足类 28 种、介形类 2 种，分别占浮游动物总种数的 13.7%、56.6%、17.7%、11.2%、0.8%。原生动物中数量较多、分布较广的有砂壳虫属、睥睨虫属、弹跳虫属、急游虫属、似铃壳虫属等种类；轮虫中数量较多的有轮虫属、晶囊轮虫属、臂尾轮虫属、龟甲轮虫属、多肢轮虫属、疣毛轮虫属和三肢轮虫属等种类；枝角类主要有晶莹仙达溞、老年低额溞、长额象鼻溞、矩型尖额溞、圆形盘肠溞等；桡足类

有汤匙华哲水蚤、锯缘真剑水蚤、近邻剑水蚤、广布中剑水蚤、台湾温剑水蚤以及大量无节幼体。

③底栖动物。南四湖湿地中的底栖动物有软体动物 10 科 25 属 36 种，如腹足纲的中国圆田螺、中华圆田螺、梨形环棱螺、双旋环棱螺、硬环棱螺、长角涵螺和瓣鳃纲的淡水壳菜、圆顶珠蚌、中国尖脊蚌、圆头楔蚌、三角帆蚌等；节肢动物门甲壳纲有浪漂水虱、钩虾、中华米虾、细足米虾、秀丽白虾、中华小长臂虾、日本沼虾、克氏螯虾、中华绒螯虾等 9 种，昆虫纲 15 科，如箭蜓科、蜓科、蜻科、伪蜓科、细蜉科、松藻虫科等。

④湿地维管束植物。南四湖湿地有水生维管束植物 42 科 102 属 191 种，包括蕨类植物 5 科 6 属 7 种，被子植物 37 科 96 属 184 种。被子植物中有双子叶植物 23 科 49 属 85 种、单子叶植物 14 科 47 属 99 种。按种数多少，南四湖湿地水生维管束植物最大的科为莎草科（35 种），禾本科（24 种）、蓼科（15 种）和眼子菜科（11 种）居中，其他科均不超过 10 种。上述较大的 4 个科有 32 属 85 种，仅占总科数的 9.5%，但却占总属数的 31.4%和总种数的 44.5%，其中禾本科、莎草科分别含 18 属、10 属，是属数最多的两科。尽管蓼科和眼子菜科均仅含 2 属，但含种数较多，所以这 4 科为明显的优势科，在区系中占有重要地位。南四湖湿地水生维管束植物中分布最广的为轮叶黑藻、菹草、光叶眼子菜和金鱼藻。上述 4 种浮游植物分布遍及全湖，但一般在水深 1～2 米的水域内密度最大；微齿眼子菜、篦齿眼子菜、马来眼子菜、荇菜、芦苇等也分布在湖中许多地区；莲和菱分布在老运河河堤两侧、鲁桥镇以西水面、微山湖南部等水域。上述湿地水生植物的分布反映了湿地植物地理分布的共性，即湿地植被的隐域性特征。轮叶黑藻、菹草、光叶眼子菜、金鱼藻、微齿眼子菜、篦齿眼子菜、马来眼子菜、荇菜、芦苇、菰、莲、芡实和菱等 13 种水生植物构成了南四湖水生植被的主要建群种。

⑤鱼类。南四湖湿地水体中共有鱼类 8 目 16 科 53 属 78 种，其中鲤科 48 种（占总种数的 61.54%），鮠科 6 种，鳅科 5 种，银鱼科、鰕虎鱼科和鮨科各 3 种，鳀科、鳗鲡科、鲶科、针鱼科、合鳃科、鳉科、塘鳢

科、攀鲈科、鳢科及刺鳅科各 1 种。

⑥水禽。南四湖湿地有水禽 16 目 43 科 6 亚科 103 属 196 种 13 亚种，其中留鸟 27 种、夏候鸟 47 种、冬候鸟 19 种。水禽中受国家保护的鸟类有大天鹅、鸳鸯、大鸨、长耳鸮、普通鵟、红隼、燕隼、白尾鹞、白头鹞、纵纹腹小鸮、红角鸮 11 种。

(2)东平湖生物多样性：

①浮游植物。东平湖共有浮游植物 38 属(种)，隶属于硅藻门、甲藻门、蓝藻门、裸藻门和绿藻门 5 门。其中，绿藻门植物在种类组成上占优势，有 15 属(种)，占 39.47%；其次是硅藻门植物，占比 28.95%；裸藻门植物种类最少，仅有 1 种，占比为 2.63%。

②大型维管束植物。东平湖维管束植物共有 6 种，沉水植物、挺水植物和浮叶植物各 2 种，隶属于 5 科 6 属。其中禾本科植物种类最多，有 2 种占维管束植物种类的 33.3%，其余小二仙草科、眼子菜科、龙胆科、菱科各 1 种，占维管束植物种类的 16.7%。

近几年东平湖优势种主要是菹草，在湖中沉水植物分布频度最高，几乎在全湖都有分布，但其生物量不及芦苇。而芦苇主要分布在岸边浅水区，其频度虽与其他植物差异较大，但其生物量远高于其他植物，其优势度仅次于菹草。其他物种中荇菜、菱和狐尾藻分布较少，只在少部分地区存在，零星分布，其生物量和频度都不高。菰只存在于浅水区，其频度低，生物量居中。以上是东平湖 4 月份优势种的分布。10 月份后温度骤降，全湖进入冬季，菹草基本全部死亡；而荇菜和菱兴起，多存在于窄水区，成片的分布；芦苇和菰基本不变，狐尾藻还是只有少量分布。

③鱼类。东平湖共有鱼类经鉴定共 22 种，隶属于 6 目 10 科，其中鲤形目鱼类占绝大多数，种类数为 13 种，占到 59.09%，鲈形目 4 种、鲶形目 2 种，鲑形目、合鳃目和鲱形目各 1 种。在东平湖鱼类类群中，鲫是优势种，依次是麦穗鱼、虾虎鱼、鱼白鱼、鲤。其中，大银鱼、鲢和鳙为水库人工放养品种，占比较大，但是种群稳定性受水体环境影响较大。

(3)京杭运河聊城段植物多样性：京杭运河聊城段的主要园林绿

化植物有78种，隶属于30科60属。其中，常绿乔木3科5属6种，落叶乔木15科20属25种，常绿灌木9科10属13种，落叶灌木9科24属25种，藤本3科3属3种，地被植物3科5属5种，草本宿根花卉1种。

①行道树。运河沿岸的行道树有垂柳、白蜡、国槐3种，是聊城的乡土树种，也是园林绿化的基调树种。运用同一树种作为行道树，使运河绿地在整体骨架上更加统一，但略显单调。因此，可适当增加冠幅较小的常绿树和观花树种，使之与白蜡、国槐交替种植，以达到彩化、冬绿的效果。

②主景树。主景树作为庭园和园林局部的中心景物，以孤植树为主，通常具有独特的观赏景观。以孤植方式种植的树种种类不够丰富，主要树种有雪松、龙柏、五角枫、柿树、花石榴、古槐，综合表现较好。尤其在闸口、王口附近的3棵千年古槐，作为局部绿地的主景和运河的历史见证，是运河绿地沿岸的一道亮丽风景。

③配景树。配景树多为观赏灌木，观赏植物以落叶观花灌木为主，配以观叶、观茎、观形、观果植物。

常绿灌木：运河两岸的常绿灌木分布相对较多。运河护坡绿地都是由小龙柏、金叶女贞、紫叶小檗组成的模纹铺装而成。在岸边绿地上，常绿灌木以小龙柏、大叶黄杨、油松、黑松为主；桧柏、洒金柏、凤尾兰仅出现在几块绿地中；竹在两块绿地中以片植形式出现，生长繁茂，由于管理不到位而遮挡了园路；海桐、火棘在一块绿地中零星出现几棵，没有大规模种植，但长势很好。

落叶灌木：落叶灌木作为配景中的主要树种，是园林绿化建设的主体材料，也是香化、美化、彩化的重要素材。在聊城段运河两岸绿地中的主要花灌木种类有金银木、紫荆、红叶碧桃、花石榴、西府海棠、紫薇、连翘、迎春、木槿、月季、贴梗海棠；分布较少的种类有山楂、白丁香、棣棠、麦李、红瑞木；而鸡麻、紫丁香、珍珠梅、蜡梅、锦带花、榆叶梅只有几棵零星分布，没有形成规模。

藤本：藤本植物可以对具有一定落差的坡面进行垂直绿化，起到护坡的作用。但运河两岸绿地的垂直绿化却不尽如人意，所应用的植物种类和数量很少，仅有紫藤、凌霄、蔷薇3种。

地被及草本宿生花卉：地被植物是指对裸露地面或斜坡进行绿化覆盖的低矮、匍匐的灌木或藤木。此段绿地的地被植物只有扶芳藤一种，且分布很少。草本植物以禾本科的高羊茅、早熟禾、黑麦草为主，但在少部分护坡上长势不好，有大块裸露地面；其余部分种植白三叶，生长茂盛，其花、叶均有观赏价值，绿色期、花期长，是很好的地被植物。此外，在东昌路北段大片种植蜀葵，叶大繁茂，花朵艳丽。它作为观花多年生草本植物，为增加绿地的彩化效果起到了不可或缺的作用。

3. 外来种

以南四湖为例，探究京杭运河（山东段）外来植物的现状及入侵规律。

（1）科属种构成：南四湖湿地外来入侵植物隶属19科35属41种，其中双子叶植物15科28属34种，单子叶植物4科7属7种，说明外来入侵植物种类比较丰富。其中，菊科占绝对优势，有7种，占总数的17%；豆科次之（6种）；再次为禾本科（4种）、苋科（4种）、旋花科（3种）；其余每科为1～2种。

（2）来源构成：从来源看，起源于热带美洲、非洲、印度等地植物共计20种；起源于温带的有21种，其中欧洲10种，美洲9种。由此可见，南四湖湿地外来入侵物种的热带来源与温带来源比例相当，这可能主要与南四湖湿地所处暖温带有关。湿地水域环境的隐域性、生态因子的稳定性有利于起源于温带和热带的植物共存。

（3）生活型构成：南四湖湿地入侵植物中乔木2种，灌木2种，藤本5种，草本32种，其草本植物约占我国外来草本植物的30%。对照生态环境部湿地植物名录可知，南四湖湿地外来入侵植物中湿生植物共计11种，占26.83%。其中空心莲子草、凤眼莲、大薸是常见的外来入侵植物，在湖区湿地尤以空心莲子草危害最为严重，其广布于湿地湖泊水道、养殖水面、生活区、静水池塘或河沟。

(4)引入途径:外来植物入侵途径主要包括自然传入、人为引种和无意带入。南四湖湿地外来入侵植物中,以各种方式的无意带入(或依靠植物的种子,或繁殖体通过风力)及水流自然传播和繁殖体靠鸟类与动物的力量实现自然扩散的合计 25 种。值得关注的是,在湿地开发建设中,分别以观赏花卉、水土保持、湖泊消浪、水质净化、作为绿肥等为目的而人为引入的外来入侵物种高达 16 种,占外来物种总数的 39%。

二、问题

1.水污染严重

改革开放以来,山东内河港航事业获得突飞猛进的发展,作为山东内河航运赖以生存与发展的运河也受到不同程度的污染。污染源来自社会生活的各个方面,主要是沿岸地表水汇集湖区、河道所产生。地表水污染主要由工、农业生产造成,防治难度较大。船舶污染是京杭运河水污染防治内容之一。据调研,船舶运输及港口生产所产生的污染约占运河水污染总量的 1.3%。船舶污染是指船舶营运过程中危害性货物(危化品)、船舶垃圾、生活污水(物)、船舶(油类)污染物以及船舶主机运转产生的噪声对航行水域及周围环境所产生的污染。随着南水北调东线工程的积极推进,解决输水线路沿线环境保护问题特别是水污染防治问题已迫在眉睫。

2.环境保护措施不力

京杭运河(山东段)地处黄淮平原,人口密度大,随着当地社会生产与生活活动的逐步加大,渔业、农业与保护的矛盾逐渐凸现,表现在对渔业资源的过度捕捞,浅滩湿地的过度围垦等,严重存在造成沿岸湿地资源衰减、质量下降和环境恶化等隐患;其次,没有建立起对沿岸动植物资源进行有效保护的监测体系,特别是南四湖、东平湖等湿地资源,不能很好地掌握越冬候鸟、栖息地候鸟及其栖息地的基本情况和动态变化情况,缺乏对动植物资源开展有效保护的得力措施。总之,京杭运河(山东段)沿岸在多年的开发利用中受到了不同程度的破坏,必须采取有效措施对沿岸湿地及重要生态系统加以保护,防止生态环境的恶化。

3. 植物景观配置单一

京杭运河(山东段)两岸植物种类虽然较多,但绿地的季相景观变化不丰富,绿化艺术水平较低,难以体现其园林艺术风貌。春夏季观花灌木多集中在同一时期,达不到三季有花的基本目标。常绿树所占的比例不大,达不到四季常绿的效果。

三、对策

1. 严控面源污染

针对京杭运河(山东段)水污染状况,既要控制好内源性营养物质,又要控制好外源性营养物质。绝大多数水污染都是由外部大量输入的营养物质造成的,包括面源和点源。控制外源性营养物质,主要措施:一是发展生态农业,减少面源污染危害。农药、化肥中的有机氯和磷对水体的影响很大,通过政策引导,合理使用农药、化肥,降低在降水或灌溉过程中,通过农地表径流、壤中流、农田排水和地下渗漏向水体中的排放量。二是加强水源的质量控制。改变不合理和粗放型的经济发展模式,大力推行以清洁生产为代表的产业结构,推动流域内的工业升级换代,严格监控水源质量。同时,积极实施生态修复,改善水环境条件。

2. 加强环境保护

加强京杭运河(山东段)沿岸的环境保护,首先必须强化保护管理机构的建设,制定科学、合理、规范的具有可操作性的保护管理实施方案,建立有效的保护管理协调机制,加强政府部门之间的协调与配合,建立高效的社区共管体系。同时,要注重加强沿岸重要生态系统的科研监测能力,尽快改变现有基础设施落后状况,提高科研水平,培养和引进专业人才,革新科研管理体制。强化沿岸科研、监测工作,加快对专业技术人才的培养,建立一支业务素质高的技术队伍,提高科研水平,完善必要的科研监测机制。

3. 强化生态景观建设

栽植的植被应尽量选择本土物种,以为各种动物提供栖息地。同时借鉴韩国光州川对人工建筑物进行全方位绿化,例如对桥梁、桥墩和堤坝坡面等建筑物立面进行绿化等。栽植的植被在尽量选择本土物种的同时,不设置低水护岸,以加强高水位地与生态的联系,使其形成自然草地。同时,适当增加常绿树种,观花、观果树种。观花树种应尽量选择在不同时间、季节开花的种类,形成三季有花、四季常绿的丰富园林景观。总而言之,在对京杭运河及沿岸地区进行生态景观建设时,可以选择在受人类影响相对较小的区域,尽量减少人类干扰性活动,促进自然景观的形成。

山东省中低产田现状与质量提升对策

资源环境分团　李彦　郭洪海　聂岩

习近平总书记指出耕地是粮食生产的命根子,而我国中低产田占耕地总面积的72.7%,严重制约我国粮食安全。因此,藏粮于地,提升耕地质量是粮食高产稳产的根本保障。山东省是农业大省,是全国13个粮食主产区之一,粮食播种面积和总产量均居全国第3位。然而,山东省耕地质量不高,中低产田面积400万公顷,占全省耕地面积的61%。如果每年能够改造10%的中低产田,全省每年可增产粮食25亿千克以上。消除耕地障碍性因子,提升耕地质量是增加粮食产能的主要途径。

一、山东省中低产田现状

1.以盐碱为主要障碍类型的中低产田

盐碱土是包括一系列受土体中盐碱成分作用,包括各种盐土、碱土和不同程度盐化和碱化的各类土壤的总称,也称盐渍土。2017年统计,山东省盐碱地面积为891万亩,其中盐碱耕地576万亩,盐碱荒地315万亩。按照成因,山东省盐碱土主要分为滨海盐碱土和盐化潮土,前者土壤中盐分主要来源于成土母质即海相沉积物,或是由于海水浸渍。土壤含盐量的等值线基本与海岸线平行，离海岸线愈远，海浸频率愈少，土壤含盐量愈低。滨海盐碱地的盐分组成以氯化物为主，对作物生长的抑制和危害更强。后者主要是降水量较少而蒸发量较强烈，土壤水盐运动过程活跃，既有盐化又有碱化过程。该类古河道和各种岗、坡、洼交错的中小地形影响了水盐的重新分配，盐碱地多分布在洼地四周或洼地中的高地，盐渍化土壤常呈斑块状分布于农田中。

2. 其他障碍类型的中低产田

（1）结构障碍型中低产田：存在板结、耕作层浅、质地差或存在障碍层的土壤。潮土是鲁西北平原最主要的土壤类型，其成土母质为黄河河流冲积物。由于质地轻（砂粒含量高），团聚体结构差，漏水漏肥严重，是作物产能提升的重要限制因素。此外，山东省沂沭河平原、胶莱平原还分布着约 53 万公顷砂姜黑土，由于质地黏重，且以 2∶1 型膨胀性蒙脱石为主，土壤黏闭，存在钙质结核，表现出“旱、涝、瘠、僵、黏”等障碍因子，严重影响土壤耕作和作物产能。

（2）酸化型中低产田：山东省胶东地区集约化农田呈现区域酸化趋势，耕层土壤 pH 由 1980 年的 6.9 下降到 2005 年的 5.3，下降了1.6 个单位。尤其在胶东的一些果园，土壤 pH 甚至达 4.5。土壤酸化现象在 1.5 米土壤剖面通体存在，从上层往下层土壤 pH 下降幅度呈逐渐降低趋势。目前胶东地区 pH 小于 5.5 的酸化土壤面积已接近1 000万亩。土壤酸化导致土壤结构变差，阳离子交换量和盐基饱和度降低，养分流失严重，土壤贫瘠。土壤酸化使农作物产量和品质降低，土壤 pH 在4.2～6.4范围内每下降 1 个单位，花生、小麦、玉米产量平均下降51.9％。酸化土壤中锰、铜等金属元素活性增加，作物对有毒金属元素吸收量增加，危害人体健康。

（3）干旱缺水型中低产田：山东省淡水资源缺乏，干旱缺水是影响山东省农业生产最为重要的气象因素。干旱缺水型土壤主要分布在山东省胶东半岛及泰沂丘陵区，以土层薄缺水为主要特征。由于降雨量不足或季节分配不合理，以及土壤保水蓄水能力缺陷等原因，无法满足作物生长水分需要，需要通过发展灌溉加以改造。

（4）沙化型中低产田：山东省内受风沙威胁的土地约 8 100 公顷，

占黄河冲击积平原土地总面积的15.9%，主要分布在鲁西北的德州、聊城，鲁西南的菏泽、济宁北部，以及鲁北的东营等地。沙化土壤表现为农田土壤受风蚀，每年损失2 133.7万吨土壤，损失肥料量相当于21.2万吨化肥。由于降雨较少，持续干旱导致地下水位下降，分布在黄河故道的槽型洼地受风蚀，逐渐演变为沙化土地。此外，黄河每年为山东冲击带来5 000万立方米左右泥沙，这些泥沙大部分填淤在引黄干渠上段和沉沙池附近，形成新的风沙化土地。沙化土壤养分贫瘠、漏水漏肥、生物肥力退化，导致作物产量普遍不高。

二、提升中低产田土壤质量与产能的技术途径

针对山东省各类型中低产田现状与问题，从技术层面提出以下措施建议。

1.盐碱地综合利用技术

立足黄河下游盐碱地自然资源禀赋，紧抓种、土、水等关键限制因素，守住生态保护红线，从改造到适应，走绿色生态发展道路，推动区域生态保护与可持续发展。

(1)科学区划黄河下游盐碱地生态功能区：针对黄河下游盐碱地生态功能区区划不明、总体空间规划布局不清的现状，建议加强区域生态特征及功能分类研究，开展资源要素优化配置与分类合理区划，进行主导生态功能对区域社会经济发展贡献研究。

(2)加强重大基础性、长期性创新研究和平台建设：针对区域耐盐特色种质缺乏现状，进行耐盐特色植物种质资源收集、评价、筛选、储存和利用，加大耐盐植物尤其是作物品种的培育，加强具有土壤改良潜力的土壤微生物、海洋微生物的选育与利用。针对区域水土资源异质性大、复杂性强的特征，开展土壤水一盐一肥一气一碳原位实时长期监测及智能化监控工作，摸清区域土、水、盐、生等资源实时动态变化状况。建立黄河下游(山东)区域监测预报预警及智能管控体系，构建大数据库及管理云平台。打造盐碱地治理区域技术支撑平台、生态保护和高质量可持续发展综合示范平台、盐碱地保护利用探索实践创新平台。

(3)加强盐碱地适应性种植"卡脖子"关键技术及产品研发：针对区域生态环境脆弱、资源环境承载能力弱，加强区域生态污染物识别，进行特征污染物环境管理及风险防控研究。开展化肥科学减量、黄河下游及近海氮磷面源污染防控技术研究。开展农膜、石油副产物、农药等有毒有害物源头管控、过程拦截及末端治理技术攻关，构建区域农业面源污染防控技术体系。针对区域障碍因素多、耕地质量与产能不高，研究盐碱耕地增碳和肥沃耕层构建技术、微灌水肥一体化及肥料精准选择关键技术、多水源利用及系统装备配置关键技术。针对相关物化产品缺乏、支撑技术与产业发展力度不够，加强肥料、调理剂等绿色投入品研制及农机装备研发及智能化应用技术研究，构建作物—土壤—水源—肥料—装备集成技术体系。

2. 提升中低产田的障碍因子消减关键技术

(1)有机质提升与肥沃耕层构建技术：土壤需要从改良土壤本身属性和消减土壤障碍因子发生两个方面进行改良。一方面通过增施有机肥、秸秆还田、添加土壤调理剂等措施，增加有机质含量、疏松土壤、加深耕层、破除板结，促进土壤形成稳定的团聚化结构；另一方面可结合免耕、旋耕、深耕、深松等耕作培肥技术，构建深厚耕作层，调节土壤中水肥气热关系，使作物根系活动旺盛，增加土壤生物数量和种群，提高土壤养分利用率，从而实现增产目的。

(2)酸化土壤改良与产能提升技术：一方面，施用土壤调理剂，提高土壤的 pH。施用的土壤调理剂主要有贝壳粉、由磷矿粉和钾长石制备的硅钙钾镁肥、生石灰等碱性物质。近年来，人们还开发出营养型酸性土壤改良剂，即将植物所需的营养元素、改良剂及矿物载体混合，制成营养型有机无机改良剂。另一方面，通过合理的水肥管理，尽量减少 NO_3^- 的淋失。主要措施包括选择合理氮肥品种，尽量选择对土壤酸化作用最弱的氮肥品种，如尿素和硝酸铵；选择合理的施肥时间，让施入土壤的肥料尽可能为植物吸收利用；确定合理的氮肥用量，减少氮肥损失，减缓土壤酸化，因为过量施用氮肥必然导致氮肥在土壤中的残留和淋失。通过秸秆还田或施用有机肥，增强土壤对酸碱的缓冲能力。

（3）水利设施改善与智能节水灌溉技术：一方面，完善农田水利设施建设，整修田间灌排渠系，平整土地，扩大田块，修筑道路和植树造林等，调节和改良农田水分状况和地区水利条件。另一方面，通过发展喷/滴灌、测墒补灌、水肥一体化等新型节水灌溉技术，制定合理的灌溉策略，提高农田水有效利用系数，缓解区域水资源紧缺状况，保证不同季节农业用水需求；采用免耕制，减少土壤蒸发，增加水分向土壤入渗。

（4）沙化耕地土壤质量与种植制度优化产能提升技术：土质极为疏松、保水保肥能力很差的地块，可通过深翻、深耕等方法，将土壤亚表层的淤土、黏土上翻，使沙淤混合成两合土。或通过客土改沙，增加土壤黏粒含量，提高土壤蓄持能力；通过间作、套种、种植绿肥、营造防风固沙林等措施，增加地面覆盖，减少表层土壤风蚀。

三、对策与建议

由于农业机械化水平较低、投资成本高、成效低等原因，中低产田耕地质量和产能提升技术推广缓慢，亟需全方位的政策支撑。因此，需要确立可持续长期利用的土壤改良技术开发及推广鼓励政策，建立可持续区域发展决策系统及保障体系，对于缓解人地矛盾，实现藏粮于地，降盐增碳等绿色生态和资源节约等农业发展战略和目标具有重要的保障意义。

1. 深入实施科技兴农战略，加快农业科技进步

高校、科研院所加强合作，同时鼓励和支持实力较强的相关企业建立起产学研相结合的新型农业科技创新体系。创新各类中低产田改良利用理论与技术，推动农业高质量绿色发展，为中低产田可持续利用提供强有力的科技支撑。完善基层农业技术推广部门农业科技推广服务网络与科技示范网络，提升农业经营者素质，充分利用大数据、物联网技术采集分析农业生产数据，开展针对性的农业生产指导。

2. 提升农业产业化经营水平

大力发展农业龙头企业，增强其在行业的领头作用和带动能力，便于改良技术推广和机械化操作，进一步增加其规模和提升生产水

平，最终实现核心竞争力和辐射能力的全面提升。在中低产田区域优先发展订单农业，出台积极的企业优惠政策，引导核心企业、合作社等和农户建立长久稳定的合同关系，确保企业和农民的收入能够相关联，互利共赢，充分发挥重点企业对农户的带动作用。

3. 加强农业资源合理利用和农业生态环境保护

因地制宜，分类高质利用农业资源，通过积极调整和优化农业产业与产品结构，重点发展适合各种土地条件的生态农业，全面优化种植业、畜牧养殖业、林业、渔业产业结构。针对薄弱环节，加大农业基础设施建设投入力度，为中低产田农业可持续发展提供可靠保障。

4. 完善金融支持政策，增强资金支持力度

以政府为主导，加强对土壤改良方面的投入，保证资金的连续性；发挥市场机制的作用，形成多元化、多层次的投资机制，降低治理成本；政府利用降低税收等政策，完善利益分配机制，构建新型农业土地补贴政策体系，完善中低产田使用权的流转。完善政府购买农业技术服务的金融支持体系，加快中低产田改良技术成果落地应用。给予企业或种植户政策支持或专项补贴，在农机购买、土地平整、沟渠建设、改良物资、种植技术人员培训等环节予以资金补助，鼓励企业、个人和社会资本等进入到土壤改良中来。

当前农药监管的主要问题及建议

农产品质量安全分团　杨理健　宋海萍

农药是重要的生产资料，广泛用于农业、林业、卫生等领域控制有害生物，为保障粮食安全、农产品质量安全、生态环境安全发挥重要作用。据调查，我国有有害生物 1 600 多种，其中害虫 830 多种，病害 720 多种，杂草 60 多种，害鼠 20 多种。我国农药生产能力既可以全面保障农作物健康生长的需要，还可以大量出口至 180 多个国家（地区），出口总量占世界贸易的 50%以上，我国农药市场对外依存度高。同时，

我国农药生产品种丰富,常年能生产近500个活性成分。我国在农药供应总量和品类上能够充分满足我国农业生产多方面的需要,具备“虫口夺粮”的能力,在植保方面能全面保障粮食安全。据农业农村部种植业司统计,2021年我国病虫害损失粮食250多亿千克,施用农药挽回粮食损失1 400多亿千克,两项加起来1 650多亿千克,全年粮食总产6 828.5亿千克,由于病虫害损失的粮食占粮食总产量的23.7%。可见科学安全使用农药在保障作物稳产、保丰收方面发挥着不可替代的作用,可以说农药在维护农作物健康生长、保障粮食安全方面不可缺少。然而,农药是有毒的药品,就好比一把双刃剑,虽可防治病虫草害,但是也会残留在农作物上和释放到环境中,不利于人类健康和环境安全。农药使用好了就是天使,使用不科学也可能变成魔鬼。所以,加强农药监管,要用“最严谨的标准、最严格的监管、最严厉的处罚、最严肃的问责”管理好农药,确保广大人民群众“舌尖上的安全”十分重要。

一、农药监管主要存在的问题

1.农药生产企业、经销商对农药生产、销售情况不作登记,未按照规定建立农药生产、经营及包装废弃物回收台账

监督抽查专找好企业、好产品抽检,假劣产品处罚难,每年部、省农药监督抽查,发现的假劣产品不少,但是没有看到吊销了生产假劣产品企业的登记证、生产许可证。

2.过期劣质农药处理难

过期农药定为劣质农药,但农药里面的有效成分到底还有多少、是否还有效,农药经销商难以判定,所以结果往往是防治效果不好,继而加量使用导致药害。过期农药没有危险化学品豁免,贮藏、运输、处理仍然按照危险化学品办理。

3.互联网电商平台未对农药经营商户进行严格审查,农药经营商户所经营的农药产品与其上传的农药登记证不对应

目前,无证生产农药、假劣农药一般是在网上进行销售,假劣农药占比很高,而且经常发现添加高毒农药,或者有效成分为零的现象。

由于互联网电商平台对农药管理有关政策学习不够，很多对网上经营者不要农药经营许可证，也不审查农药登记证、标签和是否是限制使用农药。加之，网络经营农药途径比较多，有的就是通过微信、QQ 聊天群和抖音等进行销售，所以监管难度较大。目前，有三分之一的农药是网络购买，这些农药销售者遍布全国各地，网络销售农药建立进销台账、包装废弃物回收台账难度很大。

4. 农药联体包装和套餐式包装

这是一个新的监管领域，也许是一个“灰色”地带。包装外加连体包装、“套餐”农药，由于没有做几种农药或肥料一起使用的严格、科学试验，很容易产生药害、中毒、残留超标，影响农产品质量安全。

5. 农药标签二维码不能很好起到防伪的作用

农药二维码比较乱，谁都可以赋码，谁都可以做，比如农业农村部、农药生产企业、第三方都可以赋码，可以制作，所以假冒二维码较多。就是抽检到假劣农药，农药生产企业马上会说这二维码是假冒的，所以农药也是假冒的，结果不了了之。

6. 以委托加工为名出租、出借农药登记证，套证、套牌生产经营

委托加工本意是为了减少农药生产、运输、贮藏的成本，提高效益，但是随着农药登记费用的剧增、登记时间的延长，很多小企业登记农药比较困难，所以借证生产比较普遍。一些无农药登记证的企业往往先冒证生产，一旦被发现，就拿钱给有登记证的企业说明是委托加工。委托加工农药，委托方与被委托方没有签订合同，没有产品质量标准，没有产品质量保证要求，没有产品销售方式。

7. 擅自添加隐性成分

如添加在我国没有登记的成分。由于隐性成分难以检测，没有执法依据，所以在农药里面添加隐性成分成了一些农药生产企业的潜规则。

8. 飞防发展很快，监管没有跟上

飞防的管理缺乏相关规定，如：①飞防谁来批准？②农业农村部门是否备案？③飞防人员是否需要相关资质，机构是否需要取得营业执照？④是否建立购入、使用台账？⑤在农药中添加其他物质，购进

大桶没有标签的农药产品，以及不按照标签任意混合农药，向未取得农药生产许可证的农药生产企业或者未取得农药经营许可证的其他农药经营者采购农药；采购、销售未附具产品质量检验合格证或者包装、标签不符合规定的农药，不履行农药废弃物回收义务等怎么处罚？因为他不是农药经营单位，难以处理。

9. 农药范围不断外延，有的难以辨别，生产企业是否登记不好把握

①卫生消毒剂用于植物，如二氯异氰尿酸钠，用于菇房消毒；种豆芽使用6—苄基腺嘌呤。②农药使用在其他领域，畜禽养殖使用氟虫氰，海参养殖使用敌敌畏。③难以辨别的领域，如驱蚊手环、驱蚊花露水、驱蚊贴、驱蚊蚊帐，驱鸟剂、柿子去涩剂、避蛇剂、除苔剂、除藻剂等，这些是否按照农药进行管理、登记，增加了企业的登记和执法难度。

10. 对农药生产企业投入不足

农药行业划归农业农村部门管理后，工信部门的项目、技改、奖励、命名等基本不再给农药企业。但是农业农村部门又没有这部分资金投入、奖励奖项，所以农药生产部门基本是掉在空里了，这不利于农药生产企业做大做强和可持续发展。

二、几点建议

1. 进一步推进农药依法治理，对《农药管理条例》的系列配套规章进行修订

农业农村部是农药管理的顶层设计部门，要积极推进《农药管理条例》的配套规章，如农药生产、经营、标签、制度等文件的修订完善，积极探索、尽快实施农药生产许可与农药登记的有效衔接，特别要进一步明确“同一生产企业仅可使用一个品牌标志或商标”的内涵。如果同一个生产企业的所有产品只能用同一个品牌标志或商标，比如海利尔就一个品牌标志或商标，那么不利于企业的发展，建议改为“同一生产企业用一个标志，一个登记证用一个商标”。农药经营实行处方制和购买实名制，完善电子商务生产、经营农药管理制度，对电商平台

不按照规定审查农药经营者和农药产品给予处罚，制定电子商务生产、经营农药负面清单，继续加强农药市场监督管理，对误导农药使用并产生药害、中毒事件的给予处理等，确保农药产品质量，保障农产品质量安全。

2. 农药二维码统一赋码

目前，在我国农药生产企业、经营单位建立了农药质量追溯体系，农药产品实现‘一瓶一码’的基础上，农业农村部应当优化全国农药质量追溯系统功能，逐步构建全国统一的质量追溯系统，做到由农业农村部统一赋码，省级为监管单位，农药生产企业按照统一赋码进行制作、印刷，实现农药二维码的唯一性，做到真正的可追溯，有效防范百草枯等禁用农药、假劣农药流入市场，提升农药产品质量追溯能力和水平，持续打击非法添加和制售假劣农药行为，保障人民群众生命安全。

3. 积极实施农药管理制度创新

实施农药生产、经营人员持证上岗制度，农药销售开方卖药，农药实名制购买，定额制使用，进货、销售、废弃物处理电子台账管理，做到可追溯，处理药害、中毒事件有规可循，安全生产、销售、使用有保证，农药可追溯与农产品可追溯相互衔接，农药管理、许可、执法一体化并职责分明，农药管理、生产技术人员、经营人员培训制度化并有经费保障（如农业农村部门的培训计划，包括农药有关人员培训），进一步明确农药的边界，登记、范围，对我国研发的市场急需的新农药，开通登记“绿色通道”减少登记费用，缩短登记时间。农业农村部门要加大对农药企业的项目资金投入，特别是新农药、新制剂的研发，开展农药行业的表彰奖励。不是危险化学品的过期农药，应该实行危险化学品豁免。

4. 农药监督抽查规范化

目前，农业农村部门的农产品、农药抽检委托第三方，这里有很多问题。首先，第三方没有农产品、农药抽检的执法、监管人员，还要农业农村部门的执法人员去抽检，这就可能农业农村局事先抽样，直接送样给第三方，偏离市场现状，一般合格率很高。其次，如何保证第三方抽检的公正性、完整性、正确性。第三，如何避免被抽检部门与第三方的关系而变动检测结果。第四，抽检有问题农药的确认函，应该由省农药检定机构发给有关企业和经营单位，企业、经营单位有异议的直接提交有关证明资料，省农药检定机构负责落实真伪，确认的假劣产品报农业农村部有关部门对社会公开。

监督抽查是监督执法的程序之一，应该由农业农村部门下达抽检任务，分管部门组织实施，有关部门与县农业农村局负责抽样，由国家事业单位的检测机构检测，这样监管执法程序不乱。风险检测可以委托第三方进行，到农药市场、农产品市场直接购买农产品、农药进行检测，作为监管、监督检查的依据。

以创建国家农产品质量安全县为抓手 筑牢山东农产品质量安全根基

农产品质量安全分团　杨理健　张刚

农产品质量安全必须从基层抓起，县（市、区）是农产品生产和质量安全监管的前沿，创建国家级农产品质量安全县（以下简称“农安县”）有利于以点带面，推动建立责任明晰、监管有力、执法严格、运转高效、产品可追溯的农产品质量安全体系，对于切实保障食品安全、加快转变农业发展方式、推进现代农业发展具有重大意义。

一、国家农安县创建情况

1. 农业农村部进行顶层设计

2014 年，原农业部发布了《国家农产品质量安全县创建活动方案》和《国家农产品质量安全县考核办法》，地市 80％的县（市、区）都符合农产品质量安全县要求的，可以整市参加国家农产品安全市的创建。

2. 山东省积极实施创建活动

2014 年山东省在全国率先启动实施农产品质量安全县创建，在 9 个县（市、区）进行了试点。2015 年 3 月，省政府印发《关于开展农产品质量安全县创建活动的意见》。到目前，山东省有国家级农产品质量安全创建县 18 个、整建制创建市青岛、威海、潍坊 3 个，创建数量居全国第一位。

二、农安市、县创建的经验做法

各创建市县做到了"生产标准化、发展绿色化、经营规模化、产品品牌化、监管法制化"，实现了"率先实现网格化监管体系全建立、率先实现规模基地标准化生产全覆盖、率先实现从田头到市场到餐桌全链条监管、率先实现主要农产品质量全程可追溯、率先实现生产经营主体诚信档案全建立"。

1. 领导重视，确保创建工作落到实处

各市县高度重视农产品质量安全县创建工作。首先，成立了市县党委政府主要领导为组长，有关部门一把手为成员的领导小组，召开专题会议研究部署工作。各部门成立工作专班，对照标准，统筹调度，监督落实。其次，明确各部门对农产品质量安全分工，落实责任，制定责任清单、权力清单和负面清单，强化责任，划分中间地带监管，不留空白和死角。第三，将农产品质量安全监管工作列入发展规划，并按照 5%以上标准列入各部门、各乡镇（街道）年终绩效考核体系，压实监管责任。第四，将农产品质量安全监管、检测、执法等工作经费列入财政预算，并且年度预算增长幅度高于经常性财政收入增长幅度。以济宁市为例，2022 年以来，每年市财政列支 875.9 万元，用于农产品质量检测，为 169 个乡镇配备了胶体金速测仪器，建立了市农产品质量检测中心。

2. 体系健全，提升监管效能

一是健全县（市、区）、乡镇、村三级监管机构，成立了县（市、区）、乡镇农产品质量安全监管办公室，建立了网络总长、网络支长、网络分长、村级网络员四级农产品质量安全监管队伍。以莘县为例，莘县每个镇街配备 3～5 名专职监管员，每个村配备 1 名信息员（每月财政补助 150 元），全县监管队伍达到1 300人。

二是县（市、区）建立了农安追溯平台，实行信用监管。县农业农村主管部门开发网络农安手机 APP，联网覆盖三级监管机构、三级检测机构、农资经销店和认证基地，实时上传监管信息，把投入品、生产主体纳入监管平台管理，结合检测数据、信用评价，实行精准监管。以新泰市为例，市农业农村主管部门创建农业生产经营领域“信用管理、信易农”信用激励、联合惩戒等系列信用制度，把监管主体纳入信用监管，统一考核，分“A、B、C、D”级分别挂牌，实行“红黑名单”管理制度。

3. 制度创新，全面实施承诺达标合格证制度

建立起县(市、区)、乡镇、基地三级检测网络体系，配备提升了检测设备。通过县级抽检、乡镇普检、基地自检，实行批批有检测，次次有记录的安全检查网络。滕州市 2022 年财政列支 300 万元，更新提升镇街和生产主体农兽残留检测设备 74 台。莘县设立了县农安检测中心，配备移动检测车辆 10 辆，乡镇建立监测站，批发市场、标准化基地、农产品加工企业也建立了速测室全面实施承诺达标合格证制度，把农产品中间收购商纳入监管范围，与市场监管部门、教育部门协作，探索准入准出衔接机制。

4. 严格执法，做好农业投入品管理

制定农兽药进销台账、农兽药废弃物回收、农兽药处方等制度，强化执法检查，构建农兽药销售、使用、管理全流程闭环监管机制。滕州市开出了个人收购农产品未出具承诺达标合格证的首张罚单。平原县实行投入品经营门店星级化管理，鼓励诚信门店做大做强。济宁市财政拿出 150 万元用于农药包装废弃物回收，建设县农药包装废弃物存储站 54 个，乡村回收点 9 099 个，回收废弃物 370.7 吨。

5. 标准引领，助力优质农产品品牌建设

按照“有标贯标，缺标补标，无标制标”的原则，加快标准推广应用，开发上线“一乡一业”标准体系库，推动农业标准与生产需求紧密衔接。济宁市财政列支 500 万元，用于农业全产业链标准化示范基地、蔬菜试验示范基地、生猪产能调控基地和农业标准化示范基地，按照国家级、省级、市级最高 5 万元、3 万元、2 万元的标准予以补贴。平原县根据种植优势作物和特色作物发展情况，积极用好基层农技推广

改革与建设工作补助项目资金，在张华镇、前曹镇、坊子乡、王杲埔镇、桃园办事处、龙门办事处建设6个基层农技推广区域站，每个站投资50万元，总投资300万元，其中，上级财政180万元，县财政配套120万元。每个区域站建筑面积300～350平方米，辐射指导服务全县12个乡镇(街道)。

三、存在的主要问题及对于农安县创建工作建议

农安县创建为加强农产品质量安全监管提供了重要平台，各县(市、区)在提升全省农产品质量安全水平方面发挥了显著的示范和引领作用。通过检查发现部分问题，需要更有针对性措施予以解决。

1. 主要问题

当前，山东省农业生产组织化程度还不够高，小规模生产主体比重偏大，且农产品多为鲜活、散装上市属性等，导致农产品质量安全隐患依然存在。具体来看，一是农产品尤其是鲜活产品多为散装、批量上市，包装标识化比率较低，难以实现有效溯源。二是面对体量巨大的农产品和生产经营主体，基层监管力量相对不足，农产品质量安全风险隐患在一些地方、一些品种上仍然显现，蔬菜禁限用农药残留超标、禽蛋禁用药物使用等问题不同程度存在。三是农药、兽药、肥料等存在有效成分含量不符合要求、标明成分未检出、擅自添加其他成分等问题，一定程度上影响农业生产安全和农民群众切身利益。四是在政策保障方面，食品安全党政同责落实还需进一步加强，部分地区农产品质量安全监管在年终考核中占比偏低，农产品质量安全经费不能满足工作需要，村级协管员难以落实补贴、考核等管理举措。

2. 两点建议

一是要高度重视国家农安市、县创建工作。创建国家农安市、县是树立山东农业的品牌，打造乡村振兴齐鲁样板的基础性工作。创建国家农产品质量安全市、县，是山东由农业大省向农业强省跨越的有效措施和标志性行动，要持续高度重视国家农产品质量安全市、县创建工作，强化工作考核；加强财政经费支持，建议农业农村部验收合格，并授予国家农产品质量安全市、县的，由省财政给予奖励补贴，即

每建设一个国家农产品安全市(设区的市),省财政奖励补贴 500 万元,每建设一个国家农产品质量安全县(市区),省财政奖励补贴 300 万元;厘清零售、批发、加工三前与三后监管职责,强化中间地带的监管,实现农产品质量安全生产、指导、管理、执法、销售一体化管理。

二是要以创建国家农安市、县为抓手,提升全域农产品质量安全水平。要充分发挥农产品质量安全县创建工作协调小组的组织协调作用,充分调动各级政府的创建积极性,实现共创、共建、共管、共享,加快农产品质量安全县创建步伐。一是加强对农产品生产全过程管控,针对高风险品种开展专项治理,落实好承诺达标合格证制度。农业农村、市场监管部门联动,加大批发市场、农贸市场对食用农产品承诺达标合格证的查验,推进农产品产地准出与市场准入的有效衔接。二是压实主体责任,健全完善食用农产品生产者、收购者目录,督促生产主体严格质量控制,规模主体开展农兽药残留自控自检;督促从事食用农产品收购的单位或个人收取、保存承诺达标合格证,推行进入农产品批发市场的农产品必检制度。三是强化农产品质量安全宣传和培训,引导正确生产和消费理念,完善公众参与机制,畅通投诉举报渠道,引导安全消费,增加消费者选购优质安全农产品意识,构建自律、守信、互信的社会氛围。同时,力争通过 3—5 年努力,推动全省 30%以上的县(市、区)创建为国家农安县。以国家农安县创建为契机,推动全省农产品质量安全水平再上新台阶。

阳谷县建设村级农产品质量安全监管服务站
打通农产品质量安全监管最后一千米

农产品质量安全分团　杨理健　刘海霞

阳谷县为典型的农业大县,耕地面积 108 万亩,其中蔬菜面积 50 多万亩,蔬菜主要销往北京、深圳、长沙、成都、石家庄、保定、济南、青岛等大中城市。该县针对农药残留风险大、监管有难度的韭菜、芹菜、生姜、豇豆、辣椒等蔬菜生产实际情况，为了更好地实施“治违禁 控药残 促提升”三年行动，促进绿色防控技术普遍应用，农药使用更加科学合理，违法使用禁限用药物问题根本解决，常规农药残留超标问题得到有效遏制，生产销售的食用农产品符合食品安全国家标准，阳谷县农业农村局试点建设农产品质量安全村级监管服务站，创新构建“163 监管”模式，即一个农产品质量安全村级监管服务站、六项工作职责、三项工作机制；实施“十、百、万”农安工程，即监管服务十个蔬菜生产重点乡镇、一百个蔬菜种植聚集村、一万个蔬菜种植散户，进一步夯实了属地责任、监管责任、生产经营者主体责任。

一、建设农产品质量安全村级监管服务站

阳谷县是第二批国家农产品质量安全县，已基本建立健全了农产品质量安全监管县、乡二级监管体系，在农产品质量安全管理中初显成效，保证了农产品质量安全水平不断提升。但在实际工作中，村一级农产品质量安全监管一直是薄弱环节，特别是农产品种植散户占70％以上，种植散户“人多、地散、自律意识差”，难以在农产品生产环节做到全面的监管和服务。该县探索在蔬菜重点村建立村级农产品质量安全监管服务站，先对问题较为突出的韭菜、芹菜、豇豆种植面积较大的西湖、阿城、七级、张秋、寿张五个乡镇，遴选 10 处蔬菜集中种植村，示范建设阳谷县农产品质量安全村级监管服务站。统一设置办公用房，按标准配备相关仪器设备，站长由村级监管员担任，进一步提升农产品质量安全监管能力，延伸农业技术服务链条，使监管重心下移，服务端口前移，实现精准监管和全程服务，从而打通了农产品质量安全监管最后一百米，解决了种植散户难以监管的难题，破解了散户监管的困局。

二、制定村级监管服务站六项工作职责

1. 投入品监管

及时监督、劝阻种植户，杜绝使用禁用高毒剧毒农药，发现问题及时上报。

2. 农产品质量检测

做到辖区内每个种植户的蔬菜在销售前全部进行农残检测，不合格产品一律不得上市销售，并将检测结果实时上传到市、县质量监管平台。

3. 合格证打印

落实食用农产品承诺达标合格证制度，免费给检测合格的蔬菜及其他农产品打印和粘贴农产品合格证，实现产品质量可追溯。

4. 农产品安全知识宣传

组织本村农产品生产、经营主体开展农产品质量安全法律法规及蔬菜标准化生产技术等宣传培训，提升农产品质量安全意识和蔬菜生产水平。

5. 科学用药指导

指导种植户选用高效低毒低残留农药、生物农药，实行绿色防控，严格遵守农药使用浓度、频次和安全间隔期制度，确保蔬菜的农药残留不超标。

6. 生产基地巡查

按照监管对象动态更新机制，对本村蔬菜生产经营者进行全面摸底、备案，制作监管名录并及时更新；定期对辖区蔬菜生产基地进行巡查，发现问题及时上报和处理，防微杜渐，防患于未然。

三、创建村级监管服务站三项工作机制

1. 智慧监管机制

村级监管站开展的检测、巡查、合格证使用等数据，均可通过农产品质量安全追溯系统即时上传到县级、市级平台，实现远程传输、智慧监管。

2. 全程服务机制

对本村蔬菜种植进行技术指导，从播种、施肥、浇水到打药、采收，提供全过程咨询服务，指导种植户按照蔬菜标准化生产规范从事农事管理，生产出高质量的蔬菜产品。

3. 产销结合机制

蔬菜及其他农产品上市前进行抽样检测，出具检测报告，粘贴承诺达标合格证，通过扫合格证二维码可追溯到生产者。检测报告和合格证如同农产品的通关文牒，能够有效助力蔬菜及其他农产品进入市场流通环节，实现产地准出和市场准入的有效衔接。

四、制定农产品质量安全村级监管服务站建设标准

1. 站房

村级监管服务站办公室统一配备集成式双面彩钢移动板房，面积18平方米(3米×6米)，室内配备检测台、办公桌椅和档案橱等。

2. 设备

按照乡镇农产品质量安全监管站标准配备仪器设备，包括农残速测仪、打印机、电子合格证打印机、电脑、检测专用冰箱、上网设备等。

3. 人员

每个村级监管站配备1名村级监管员任站长，有条件的可配1名技术人员。技术人员一般由本村的蔬菜种植大户、蔬菜合作社社长担任。站长和技术人员由县农业农村局直接招考、聘用及管理，年龄一般在20至40岁之间，具有高中或中专以上学历，业务素质较高，实行工资和奖励制度，每人每月基本工资600元，年终考核按照优秀、良好、称职发绩效奖励，每人每年平均收入1万多元，基本做到农产品质量安全职业化监管及公益性服务。

4. 规章制度

每个村级监管服务站均制定了《村级监管服务站职责》《辖区重点监管生产主体名录》《阳谷县食用农产品合格证实施方案》《农业投入品管理制度》《农产品质量安全村级协管员管理办法》《聊城市禁止销售使用剧毒高毒农药管理规定》《绿色食品推荐使用的农药名录》《蔬菜种植标准》等。

5. 工作台账

完善工作台账，并分类装盒保存，包括相关文件、所在村基本信息、工作计划、监管名录、生产记录、检测记录、合格证打印记录、基本

信息、学习培训、工作记录等。

6. 经费保障

统筹聊城市、阳谷县每年对村级农产品质量监管人员补贴经费(每个村每年聊城市补贴100元,阳谷县补贴100元)、农业农村部每年安排的“基层农技推广体系改革与建设补助项目”、省财政每年安排的“山东省农产品质量安全追溯体系建设项目”等资金,以保证农产品质量安全村级监管服务站的建设、仪器配备、办公和人员工资奖励经费。

五、建站成效

自建站以来,农产品质量安全工作呈现出几个明显的特点,监管效果显著提高,具体表现为:

1. 监管对象精准化

一是监管名录详细精准,监管员调查记录了全村每个种植户的详细信息,包括地块面积、位置、种植品种、蔬菜种植及收获销售时间、销售渠道等,为全程监管奠定了良好基础。二是巡查方便及时,由于监管区域集中、范围小,监管员随时可以到田间进行巡查,发现问题及时处理。

2. 质量监管智慧化

监管员根据监管名录的信息,运用诚信通小程序,通过手机将巡查及发现问题的图片上传到县平台,县农业农村局能够及时掌握和有针对性地处理有关问题。对每个蔬菜种植户的产品在销售前进行抽样检测,检测数据实时上传到市、县追溯平台,检测合格后免费打印、粘贴合格证后方能上市销售,做到了上市蔬菜必须检测。手机扫合格证二维码能查询有关信息,实现了蔬菜质量可追溯。不合格的蔬菜杜绝上市销售。

3. 技术服务全程化

在开展面对面进行蔬菜技术服务的同时,监管人员和辖区所有种植户建立一个微信群,在群里进行信息发布和交流,使各项蔬菜技术和措施得到了及时推广应用,出现的问题也及时得到解决。

4. 产销衔接规范化

村级监管站基本都设立在蔬菜收购点附近，方便监管员为种植户和收购商牵线搭桥，搞好服务。在合格证的推广使用方面，能够及时为种植户销售的产品打印粘贴合格证，为蔬菜销售客商提供产地准出证明。在疫情防控期间，村级监管站积极为客商提供办理蔬菜运输通行证方面的咨询服务。

六、实施“十、百、万”农安工程

该县通过试点建设村级监管服务站，把“治违禁 控药残 促提升”三年行动落到实处，不断总结监管经验，形成较为完善的监管机制，提炼和打造“163 农安监管”阳谷模式。在此基础上，逐步在全县推广普及。计划利用两到三年的时间，在全县十个蔬菜生产重点乡镇，建设一百个村级监管服务站，精准监管一万个蔬菜种植散户，全力实施“十、百、万”农安工程，使全县的蔬菜质量安全水平得到大幅度提升，促进县农产品质量安全监管工作和乡村振兴工作的有效衔接，打造农产品质量安全全程化监管服务阳谷县样板，推动乡村振兴工作的快速发展。

山东省农产品质量安全检测机构调研情况与建议

农产品质量安全分团　刘宾

为全面了解山东省农产品质量安全检测机构现状，掌握各机构的基础设施、人员队伍、检测能力、业务开展等情况，分析山东省农产品质量安全检测机构的状况和问题，进一步发挥农产品质量安全检测在质量安全监管中的重要技术支撑作用，我们在全省范围内开展了 2018 年度农产品质量安全检测机构调研工作。调研采用现场考察及调查问卷等形式，共回收 102 份机构调研表，基本代表了山东省农产品检测机构现状。

一、农产品检测机构的基本情况

1. 总体情况

本次共统计山东省内农产品检测机构 102 家，其中事业单位 56 家，企业 46 家。

(1)固定资产：检测机构固定资产共 23.55 亿元。其中，属于事业单位的固定资产 16.22 亿元，属于企业的固定资产 7.33 亿元。

(2)仪器设备：拥有仪器设备共计 31 703 台/套，其中事业单位 18 949台/套，企业 12 754 台/套。

(3)业务收入：全年业务收入共计 11.86 亿元，其中事业单位业务收入 3.47 亿元，企业业务收入 8.39 亿元。

(4)检测报告：检测机构共出具报告 70.7 万份，其中事业单位共出具报告 17.1 万份，企业检测机构共出具报告 53.6 万份。

(5)机构面积：总面积为 37.13 万平方米，其中事业单位的总面积为 19.17 万平方米，企业的总面积为 17.96 万平方米。

(6)检测人员：工作人员共 5 761 人，其中事业单位检测机构工作人员共 2 014 人，企业检测机构工作人员共 3 747 人。

二、业务分析

1. 山东省农产品检测机构产业规模

山东省农产品检测机构与全国全行业机构相比，山东户均固定资产 2 308.8 万元，全国户均固定资产 809.6 万元；山东户均仪器设备 310.8台/套，全国户均仪器设备 160.6 台/套；山东户均业务收入 1 162.7万元，人均业务收入 20.59 万元；全国户均业务收入 712 万元，人均业务收入 23.93 万元；山东户均检验报告 0.69 万份，全国户均检验报告 1.08 万份；山东户均人员 74.1 人，全国户均人员 29.8 人。

从以上对比看，山东省农产品检测机构规模较大，机构固定资产、仪器设备、工作人员、业务收入均明显高于全国平均水平，显示山东省农产品检测机构产业规模较大。但人均业务收入尚不及全国平均水平，说明山东省农产品检测机构部分机构业务收入低，或者管理比较粗放、省内业务竞争比较激烈。

2. 事业、企业性质机构对比

（1）机构数量：调研的 102 家机构中，事业单位 56 家、企业 46 家，事业单位机构占机构总量的 55%，事业单位性质农产品检测机构稍占优势，基本持平。同期，全国企业制的检验检测机构 26 000 家，占机构总量的 65.87%；事业单位 10 924 家，占机构总量的 27.68%，事业单位制检验检测机构占机构总量的比重不足 30%。

机构数量比对结果说明山东省体制内原有检测机构基础雄厚，在近几年检测领域的事业单位整合改革和企业检验检测机构迅猛发展的大形势下，数量上仍然占据优势。

（2）机构规模：事业单位拥有仪器设备共计 18 949 台/套，固定资产共 16.22 亿元，机构人员共 2 014 人；企业拥有仪器设备共计 12 754 台/套，固定资产共 7.33 亿元，机构人员共 3 747 人。可以看出，事业单位的检测机构拥有仪器设备、固定资产远远超过企业机构，约为企业单位的 2.2 倍；但机构人员方面，企业机构数量明显超过事业机构，约为事业单位 1.9 倍。

（3）业务开展：事业单位的检测机构 2018 年出具检验报告 17.1 万份，收入共计 3.47 亿元。企业的检测机构共出具报告 53.6 万份，收入共计 8.39 亿元。业务开展情况表明，企业机构出具的检验报告数约为事业单位机构的 3 倍，业务收入约为事业单位的 2.5 倍。

3. 机构发展两极化显著

规模以上机构数量业务进一步增长。2018 年，山东省农产品检测机构中，年收入前 10 名的机构业务收入全部超 3 000 万元，合计达到 7.4亿元，规模机构数量仅占总机构数的 9.8%，但收入占比达到 62.4%，规模效应十分显著。

同时，山东省农产品检测机构中，规模在年收入 100 万元以下的机构数量达 41 家，占总机构数的 40.2%。其中还有 22 家事业机构收入 0 元。总体上“小、散、弱”的基本面貌没有改变。

4. 市场委托与政府委托检测比对

检测机构共出具报告 70.7 万份，其中属于行政执法或政府委托检测报告共53.6万份，社会委托检测报告共17.1万份。

可见，行政执法与政府委托业务仍是农产品检测业务主流，市场委托检测业务比例不高，前者约为后者3倍。而同期，全国全行业检验检测业务来源中，社会委托的检验检测报告3.76亿份，占比87.7%；仅有0.25亿份报告来自政府指令性任务，占比5.92%。表明山东省农产品检测市场还需要进一步成熟，政府任务与市场业务应进一步均衡发展。

5. 机构的地域分布（表1）

表1　　山东省检测机构分布情况

地区	机构数量	事业	企业
潍坊	17	6	11
青岛	15	1	14
济南	13	8	5
淄博	10	8	2
济宁	9	5	4
聊城	5	4	1
威海	5	3	2
滨州	4	4	0
德州	4	4	0
泰安	4	3	1
烟台	4	1	3
东营	3	3	0
临沂	3	2	1
枣庄	3	2	1
菏泽	2	1	1
日照	1	1	0
合计	102	56	46

从机构的地域分布来看，潍坊、青岛、济南机构数量居前，这与各地经济发展总体水平及农产品生产、贸易状况息息相关。同时各地机

构发展又各有特点，青岛市场化程度最高，起步早、规模大，已成全省农产品机构发展的标兵；潍坊、济南得益于事业机构基础较好，机构保存较好或整合后仍能开展农产品检测工作，同时市场化机构发展迅速，形成事业、企业机构协同发展的局面。

三、问题与建议

1. 基层农产品质量安全检测体系问题

农产品质量安全检测体系是农产品质量安全监管的重要技术支撑，为此国家大量投资，每个县投入 300 万～500 万元，每个市投入1 000多万元，经过多年努力，建立起了国家一省一市一县四级功能完备的农产品质量安全检测体系。但近年来随着各地的机构改革，农业部门的农产品质量安全检测体系受到严重影响，尤其是基层农产品检测机构，基本已被整合改制到其他部门，尚留在农业农村部门的县级农产品检测机构寥寥无几（初步统计仅剩招远 1 家），市级农产品检测机构尚保留在农业农村部门且能正常运转的只有 6 家。农业农村部农办质〔2019〕32 号文件《关于稳定和加强基层农产品质量安全检测体系的通知》中指出的问题，在山东省尤为突出。我们要建立农产品质量安全省，农产品质量安全检测体系不健全是最大的制约因素。因此，一是要强化省一级农产品质量安全检测体系，加大资金投入，保证设备不断更新。二是市一级农产品质量安全检测机构回归农业农村部门领导，便于生产指导、技术标准实施、抽样检测、监督管理一体化。三是县一级农产品质量安全检测机构，合并的要开展农产品质量、农业投入品检测工作，取得相关检测资质，与农业农村部门做好配合。

2. 规模化发展问题

山东省农产品检测机构与全国检验检测行业一样，近年来发展迅速，机构数量持续发展，仅种植业领域获省级农产品检测资质的机构就超 100 家。但数量发展的同时，大多数机构仍是 50 人以下、收入100 万以内的“小、散、弱”机构，应对市场能力非常薄弱，市场上仍靠拼价格等低水平竞争，竞争激烈。而且大量的事业单位检测机构检测任务少。因此，建议：一是对于县级以上人民政府农业农村、市场监督管理部门组织开展的监督抽查、飞行检查、暗查暗访等监督检测，要交给事业单位的检测机构检测，以保证检测结果的正确性。二是第三方检测机构主要负责社会委托检测、出具量大面广的农产品质量合格准出证的检测。三是要提升农产品质量安全检测机构的能力建设，开展检测比武、培训等活动，提高检测人员的技术水平。四是检查机构实行规模化发展，以适应市场需要。

3. 事业机构的业务开展

调研的56家事业单位的检测机构，仪器设备、机构场所、固定资产远超过企业机构；但工作人员共2 014人，其中50人以上的只有4家；业务收入100万元以下的机构36家，其中还有22家事业机构收入0元。因此，建议：一是要提高农产品质量安全检测是属于公益性的认识，不能把担负农产品质量安全检测的单位都市场化，推向市场，各级财政要加大对农产品质量安全检测经费的投入。二是制定事业单位检测机构的管理机制和收入分配制度，加大绩效奖励，允许聘用检测人员，体现多劳多得，其收入可以上缴财政，财政再按照检测需要拨给检测部门，实行收支两条线。三是事业单位的检测机构合并到其他部门的农产品质量安全机构，要强化农产品质量安全检测业务，继续发挥农产品检测机构的作用，担负起农产品质量安全检测的责任。